山东师范大学中国语言文学山东省高水平学科·优势特色学科建设经费资助

文化产业新态势研究

主　编　李辉　孙书文
副主编　吴承笃　张硕　刘娟

中国社会科学出版社

图书在版编目(CIP)数据

文化产业新态势研究/李辉,孙书文主编. —北京:中国社会科学出版社,2024.7
ISBN 978-7-5227-3476-7

Ⅰ.①文… Ⅱ.①李…②孙… Ⅲ.①文化产业—产业发展—研究—中国 Ⅳ.①G124

中国国家版本馆 CIP 数据核字(2024)第 082737 号

出 版 人	赵剑英
责任编辑	王小溪　顾世宝
责任校对	师敏革
责任印制	戴　宽

出　　版	中国社会科学出版社
社　　址	北京鼓楼西大街甲 158 号
邮　　编	100720
网　　址	http://www.csspw.cn
发 行 部	010-84083685
门 市 部	010-84029450
经　　销	新华书店及其他书店

印　　刷	北京君升印刷有限公司
装　　订	廊坊市广阳区广增装订厂
版　　次	2024 年 7 月第 1 版
印　　次	2024 年 7 月第 1 次印刷

开　　本	710×1000　1/16
印　　张	28.75
插　　页	2
字　　数	443 千字
定　　价	159.00 元

凡购买中国社会科学出版社图书,如有质量问题请与本社营销中心联系调换
电话:010-84083683
版权所有　侵权必究

目　　录

序言 …………………………………………………………………（1）

创意营造

海右此城古,泉清名士多:济南文学资源的数字化发展策略研究 ……（3）
数字时代的城市公共文化空间营造研究:以济南高新区
　　文化中心项目建设为例 ………………………………………（48）
老骥伏枥:老年创意阶层点燃城市创意活力的新引擎 ……………（70）
最美书店因何而"美" ………………………………………………（88）

文脉赓续

古飞天　新风情:论敦煌文创中的文化价值传承 …………………（95）
化梦成真:文化传播影响下的《红楼梦》产业化研究 ……………（108）

活化妙用

创意化的传统:河南卫视文化类节目的破圈秘密 …………………（129）
时尚的考古:《中国考古大会》节目探求公共考古的创意产业
　　融合之路 ………………………………………………………（155）
民族文化消费新风尚:"国潮"流行的机制探析 …………………（170）
深挖文化　科技赋能:博物馆文创的进阶之路 ……………………（188）

目 录

鲁韵非遗

从传统养生香制作到城市伴手礼:泉城飘"香" …………………（195）
一"笔"勾画齐鲁文化 …………………………………………（199）
穿越千年 爆红网络:忙趁春风放纸鸢 ………………………（203）
让文化活化走向世界:指尖"微缩"蹴鞠魅力 …………………（207）

人间百味

香飘四海:美食纪录片《风味人间》的传播价值研究 …………（213）
东方的滋味:论中外合拍纪录片《柴米油盐之上》中的
　　中国形象建构 ……………………………………………（228）
非遗酸蘸儿的"出圈"之路 ……………………………………（239）
黄家烤肉:探索百年非遗美食的奥秘 …………………………（244）

云游天下

露营进入"大众化"时代 ………………………………………（251）
演艺、直播、露营:别样"五一" ………………………………（255）

元宇宙纪

连接虚拟与现实的桥梁:超写实虚拟人研究 …………………（263）
假作真时真亦假,无为有处有还无:元宇宙趋势下的
　　虚拟数字人研究 …………………………………………（295）
虚境重生:元宇宙与中国非物质文化遗产发展新思 …………（312）
云游齐鲁平台　全面布局文旅"元宇宙" ……………………（329）

二次元界

西湖情未了:动画电影《白蛇:缘起》的中国元素分析 ………（335）

游戏世间:《哈利波特:魔法觉醒》的 IP 改编手游路径探索 ………… (356)

营销新境

独乐乐不如众乐乐:Z 世代下的新兴"棉花娃圈"的营销策略研究 …… (371)
新式线上笔记的流量密码
　　——"小红书"营销策略研究 ……………………………… (404)
短视频时代的阅读:抖音平台的科普类图书营销策略研究 ………… (418)

序　言

山东师范大学汉语言文学专业始建于1950年，经几代学人的不懈努力，"山师中文"成为声名远播的品牌学科。1955年在国内首批招收研究生，1981年获全国首批硕士学位授予权，为山东省首批重点系科、文科博士学位授予单位，一级学科博士学位授予单位。1997年中国现当代文学专业被评为省属高校文科首个也是至今唯一国家重点学科。拥有省属高校唯一的教育部人文社科重点研究基地、首批国家语言文字推广基地，为2016年首批立项建设的山东省一流学科。2017年在全国第四轮学科评估中获山东省省属高校最高等级。

在增强文化凝聚力、讲好中国故事、推进中华民族伟大复兴的进程中，中文人才的培养有着格外特殊的意义。以培养优秀中文人才为核心任务的汉语言文学专业，既是承自中国古代君子教育的传统专业，又是能将时代信息在更深层次上进行回应、对时代发展产生深刻影响的基础性专业。

新时代，新文科，山东师范大学汉语言文学专业坚持守正创新，拓展文化创意新领域，聚合力量开展文化创意产业研究，推进新旧动能转换重大工程，获批山东省中文学科唯一的教育服务新旧动能转换专业对接产业项目，连续三年共获得1500万元的资助。

知识和人力资本现已成为后工业时代经济增长的动力，文化创意产业方兴未艾，其对人才的需求与日俱增。2018年，汉语言文学专业"文化创意卓越人才培养计划"采取综合评价招生模式，开始招收本科生，每级30人。学堂瞄准社会急需，明确培养定位，既注重培养学生的系统学科理

序　言

论，又强调学科实践，与文化创意的政府管理部门和文化创意新锐企业密切合作，建立实践基地，全面提高学生的创新能力。

青萍起于微末，"文化创意"这一专业建设方向根基厚实。早在1996年，当时学校中文系就应对文化产业的迅猛发展势头，在省级特色重点学科文艺学硕士点设置了文化产业与企业审美文化方向，为省内首创，迄今已招收硕士研究生100余人；2006年，文学院在省内第一批开设了文化产业管理本科专业；2016年和2019年，又分别在中国语言文学一级学科博士授权点、硕士授权点下自主申报了文学与文化产业管理博士点、硕士点。目前，文学院已建立文化创意产业人才培养体系基本框架，文化产业管理本科专业是在省属高校中为数不多的建立起完整文化创意产业人才培养体系的学科，已培养千余名毕业生。

从培养特点来说，采取小班化管理，培养跨界跨学科思维，针对社会文化需求，具备学生项目化实战能力，聚集校内校外双重师资力量，培养学生具备多种技能，培育学生良好的团队意识，以国际化的视野从事中国文化建设。

"文化创意卓越人才培养计划"与社会需求相伴，与科技发展同行。在学堂教学团队的研讨、探索下，明确当前专业建设痛点和解决方案，形成了"四维"实践教学模式。

一是适应实践需要的目标之维。学堂与文化创意实践基地紧密合作，确立了定期沟通机制，围绕解决实践教学目标与社会需求错位的建设痛点，由文化企业结合实际提供相应岗位，由实习生根据自身性格、兴趣和特长等进行选择，探索高校与实习基地双赢的模式。

文学院结合落实《普通高等学校本科专业类教学质量国家标准》《新文科建设宣言》，主动对接山东省新旧动能转换重大工程，响应文化创意产业发展需求和学生全面发展需要，科学合理地确定专业人才培养定位与目标，明确人才培养质量标准，完善人才培养知识结构。

从培养目标上来说，汉语言文学（文化创意卓越人才培养计划）的培养目标为：坚持立德树人导向，以促进学生发展为中心，秉承与践行厚基础、宽口径、强实践、善创新的教育理念，立足山东、面向全国，培养学科基础扎实、人文素养深厚、理想信念坚定、文化情怀高尚、视野宽广、思维灵活、创新创意能力突出、动手操作能力强、团队合作意识强、敏于自我发展、善于反思、初具国际视野的文化事业和文化产业领域优秀从业者。

二是注重技术融合的内容之维。从课程体系上来说,文学院按照知识、能力、素质结构的内在联系和教育教学规律,构建核心学科专业必修课程+跨学科、跨专业、跨学校交叉选修课程的课程体系。在教学内容方面,加强科教、产教融合,设置的课程努力将科技创新最新前沿、文化创意产业技术最新成果、行业发展最新要求引入课程内容和教学过程,实现教学内容的及时更新与优化。使用最先进的计算语言实验室、实验数据分析室和讨论室、实验语言学实验室、眼动实验室、脑电实验室、语音实验室、书法实验室、智慧教室、秘书实训室等进行混合教学。不断丰富课程资源,加强在线开放课程建设,推动优质专业课程资源共享。

2022年汉语言入选国家一流专业。2020年10月,在公布的首批国家一流课程目录中,文学院中国现代文学入选。2020年3月,山东省教育厅公布省一流本科课程,美学概论和中国现代文学入选。2019年汉语言文学获评国家一流专业。

为破解实践教学内容滞后于文化科技发展的难题,学堂及时引进企业新技术短期培训课程,并嵌入各门课程,将新兴技术与文化产业的融合列为重要探究内容;邀请行业内知名专家进校园,让学生了解新兴技术前沿发展状况;定期带领学生参观技术领先、市场头部的科技公司,更新学生的技术理念。文学院深化校企合作关系,与文化产业新兴领域的企业签订实习协议,先后与山东省城市传媒、山东文旅传媒、潍坊富华游乐园、贝壳视频、一庭传播、建邦文创、中国课本博物馆、爱不释书、馨漫园、左右动画、嘉慧文化、科明数码、盛阳数字等签订产学研合作协议并开展实质性交流合作,共建实习基地40余个,协商提供能提高学生新兴技术运用能力的岗位。

三是跨学科建设的方法之维。理论和实践教学与跨学科项目训练有脱节,也是汉语言文学专业建设中的难题。文学院实行弹性学制,允许学生

序　言

休学创业，采取多种措施加强创新创业教育，学生创新创业成果丰富。为此，学院组建了竞赛项目团队，打破课程界限，培养学生的协作能力。

针对"互联网＋""挑战杯""电商三创"等不同竞赛，文学院组织观摩分析获奖项目，挖掘专业特长，邀请业内专家进行辅导，搭建各有特长的团队，培育有市场前景的文化创意项目。学生们参与"互联网＋"大赛热情高，参与人数多，获得立项层次高，多人获得国家级或省级以上立项，获得省级奖励的数量和层次在不断攀升。

2021年6月，不负学子们撰写数百份调研报告、计划书的辛劳，"文学资源在城市文旅发展中的运用研究与路径思考"获得第十七届"挑战杯"山东省大学生课外学术科技作品竞赛一等奖。2021年7月，"优可恩'U优＋'——打造智慧教育第一平台"项目荣获第七届山东省"互联网＋"大学生创新创业大赛金奖。学生们在济南出版社实习时，参与打造的"行走中的党课"户外党建项目获得济南市新闻宣传系统奖励"恽逸群创新奖"。

四是立足日常教学的手段之维。学堂实施小班化教学，除了研究生导师之外，学院还以班主任代行本科导师之责，实施个性化培养，将专业训练融于学生日常学习生活。导师们认真发掘不同学生的特长，进行个性化培养，定期组织学生策划开展诗歌朗诵、戏剧表演、杂志编辑、文艺演出、课题调研等课外实践活动，有效解决了学术研究、实践教学与学生活动结合有游离的问题。

文化创意产业方向的青年学生们学习氛围浓厚，团队合作精神突出，社会实践参与意愿强烈，组织管理能力强，新媒体使用熟练，写作特长鲜明，在学校和学院组织的各项活动中表现优异，在争优评先活动中成绩突出，所在班级曾连续多次获得校级优秀班集体和校级优秀团支部称号。在实习环节中，他们曾多次参与创意策划大型活动，进步明显，实习单位给予其很高评价。

本书所精选的新闻调查报道和论文是他们长期学习、调查和研究的结晶。他们思维活跃，问题意识强，论题广泛，涉及创意营造、文脉赓续、活化妙用、鲁韵非遗、人间百味、云游天下、元宇宙纪、二次元界和营销

序 言

新境等诸多选题，并对其中存在的理论和现实问题，针对性地提出了自己的见解。当然，由于他们尚身处学习之期，能力有限，知识积累相对不足，加上初出茅庐，所言有不当之处，还请方家指正教诲。

书中所选的新闻报道为学生们在山东商报速报新闻网实习期间发表，部分论文也曾在相关期刊发表。在此，对媒体记者和编辑们的辛苦付出表示衷心的感谢。

编　者

2022 年 7 月 4 日于山东师范大学千佛山校区

创意营造

海右此城古，泉清名士多：济南文学资源的数字化发展策略研究

在数字化已成为大势所趋的信息时代，济南文学资源也应充分发挥自身优势，积极顺应"上云用数赋智"的业态潮流，实现向数字文化产业和智慧文化生活的高质量跃迁。《济南市"十四五"文化和旅游发展规划》指出，文化产业要"顺应数字产业化和产业数字化发展趋势，深度应用5G、大数据、云计算、人工智能、超高清、物联网、虚拟现实、增强现实等技术，推动数字文化产业高质量发展，培育壮大线上演播、数字创意、数字艺术、数字娱乐、沉浸式体验等新型文化业态"。[①] 在发展规划的指引下，济南更应大力推进文学资源与数字科技的融合进程，提升文化产品供给效能，打造特色鲜明、内涵丰富、智慧沉浸的文学体验新场景。同时，驱动城市公共文化服务体系现代化，丰富市民日常生活。文学资源数字化有利于筑牢济南经济文化竞争的新优势。

学界对文学资源的研究早已有之，相关成果多集中在文化旅游领域，侧重于文学作为旅游资源所创造的价值。肖洪根认为，文学旅游资源的开发涉及发话者和受话者，是一个创造、接收、反馈的过程[②]；余靖华、李江风对文学旅游资源的概念进行界定，从吸引力角度就开发模式进行研究[③]；李领

---

① 济南市文化和旅游局：《关于印发〈济南市"十四五"文化和旅游发展规划〉的通知》，http://jnwl.jinan.gov.cn/art/2022/1/5/art_42997_4769702.html?xxgkhide=1。
② 肖洪根：《再论文学旅游资源的开发》，《华侨大学学报》（哲学社会科学版）1998年第3期。
③ 余靖华、李江风：《刍议文学旅游附加值的资源载入及开发模式》，《理论月刊》2009年第1期。

娣提出"文学地方"的概念,对山东文学旅游资源进行分析并提出方法建议。① 此外,还有学者从文学产业化角度对文学资源进行分析,强调文学资源在文化产业中的转化。陆环指出文学在产业链中经历三次资源化转变,由艺术文本逐级指向产业资源。② 葛红兵等人则从创意写作学的角度,提出"一度创意"和"二度创意"的两次转化。③ 通过文献梳理可知,学界对于文学的资源禀赋以及文学资源在当代的产业价值已经进行了有益探索。不过,还应注意到文学资源与所在城市的内在关联,把对文学资源的研究从创意开发的产业范畴提升到城市竞争力的整体层面,将文学资源融入城市文化品牌建构的战略布局。尤其是当新一轮科技革命和产业升级的浪潮席卷而来,对实地体验具有较强依赖性的传统文化业态容易陷入发展瓶颈,后疫情时代的不确定性更使文化和旅游产业面临空前挑战。而5G、大数据、云计算、区块链等技术的日益完善,创设了前所未有的创意生成空间,为文学资源提供了实现高质量发展的现实语境。在此社会大背景下,本文以济南为例,探讨文学资源数字化的发展策略,兼具理论探讨与现实应用的双重意义。

    首先,本文以济南为例,旨在思考文学资源如何与技术变革相适应,形成人文内化、科技外显、通力协作的文学价值链。自我国迈入5G技术商用元年以来,各级政府相继制定了一系列行业规划,出台了一揽子利好政策,大力助推"数字中国"和"网络强国"建设,文化事业依托线上平台深化改革,文化产业借助信息技术创意升级,数字文化生态活力十足。值此革新机遇,文学资源作为城市的无形资产理应加入数字化转型之列。以一座城市为具体案例,因地制宜提出数字化转型路径而非泛泛而谈,一方面有利于对文学资源的创意开发提供有益的理论建议,另一方面也可以从城市的角度细化文学资源数字化的可行路径。总而言之,对文学资源数

---

① 李领娣:《山东文学旅游资源与"文学山东"》,《山东青年政治学院学报》2019年第3期。
② 陆环:《后文学产业链:无形文化资产的价值实现路径》,《广州大学学报》(社会科学版)2006年第5期。
③ 葛红兵、高尔雅、徐毅成:《从创意写作学角度重新定义文学的本质——文学的创意本质论及其产业化问题》,《当代文坛》2016年第4期。

字化的策略研究是基于现实应用需要而指向未来城市发展的。

其次，本文将文学资源视为城市文化建设的生产要素，有利于理顺文学资源助力城市文化品牌传播的内在逻辑。在城市现代化建设的进程中，文化作为"软实力"的重要性越发得到彰显，日益成为衡量一座城市未来发展潜力的重要指标。文学资源作为一种特殊的文化资源，反映着城市的历史底蕴和风土人情，在当下社会生活中扮演着重要角色。因此，需要将文学资源有意识地纳入城市文化建设的讨论范畴，重视文学资源在城市形象、文化宣传、观念承载等方面的人文价值，在理论上充分重视文学资源与城市品牌的共生共赢关系。特别是在公共文化服务现代化和文化产业数字化的趋势下，文学资源的数字化呈现方式更有利于凭借新颖创意在城市间的横向竞争中脱颖而出，提升城市品牌的知名度、认可度、美誉度。

再次，泉水是济南的名片，名士是济南的标志，济南身为国家历史文化名城和"东亚文化之都"如何在数字社会中顺势而为，成为其必须面对的客观命题。文学资源具有内涵丰富、形式灵活的特点，借助数字技术的"东风"将更好地展现艺术魅力，能够很好地满足"文化济南"的需要。本文立足济南深厚历史文化底蕴，对济南文学脉络予以梳理，有利于对济南文学资源形成全面认知。同时理性分析济南在文学创意开发方面的发展潜力和现实困境，从而结合实际情况，打开济南文学资源数字化的新思路，有利于整合泉城文化资源，增强济南文学创新实力。再者，引入沉浸互动、虚拟现实、智能服务等理念，有利于济南文学资源在"强省会"战略的支持下、在"数字先锋城市""数字泉城"的规划中，充分释放创意因子，以高标准、深内涵、全媒介、重体验的数字文学产品全面满足大众对美好生活的向往，提升城市居民的幸福感、获得感和满意度。

最后，研究济南文学资源的数字化发展策略，对其他城市挖掘和开发自身文学资源具有积极的借鉴意义。国外如英国的莎士比亚故居——瓦维克郡斯特拉特福小镇、美国爱荷华"文学之都"等凭借资源优势和持续建设，文学城市之名早已享誉世界；国内也有很多以文学著称的特色城市，如国内首个荣膺"文学之都"称号的南京、与唐诗文化存在天然亲近感的西安、以鲁迅故里闻名的绍兴等，同样为文学爱好者们所心向往之。然而，国内还有很多城市虽然拥有较为丰富的文学资源,但文学资源在整座城市中的存在感或开发力度不足,与城市文化品牌的关联度也需进一步加强,在具体实践中可能存在挖掘深度不够、呈现方式落后、服务能力欠缺、园区管理粗放等问题。而分析济南文学资源数字化的可能性和可行性,有利于提醒同类型城市自觉思考如何把握数字技术的推广关键期,并为之提供可行性方法和具体案例参考,以期达到"他山之石,可以攻玉"的效果。

提出文学资源的数字化转型并将其带入城市文化品牌建设之中,是本文在观点上的创新之处。文学资源诞生在城市历史文化的演进过程中并以不同形态存在于城市地理空间内,与大众文化生活关系密切,是衡量城市文化品质的重要尺度。本文从文化生活智慧升级的视角审视文学资源,将文学资源与数字化趋势相联结,以济南文化和文学史为依据,对济南文学进行了较为系统的梳理。不局限于已闻名遐迩的"二安"(李清照,号易安居士;辛弃疾,字幼安)文化,而将很多济南文学名士、文学地标纳入其中,对曾巩、张养浩、李攀龙、王士禛、老舍等在济南文学中的重要地位予以展现,鼓励济南文学资源在未来发展中应形成以"二安"为首的济南文学明星群像。本文倡导把文学资源作为济南文化发展的战略要素,增强文学资源保护性开发的主动意识,全面挖掘城市文学的无形矿藏,引领数字生态新理念,打造数字业态新产品,激发城市主体新活力,在智慧名城蓝图规划中寻找适宜的生产生活新方式。同时,提出以数字化的文学资源助力城市文化品牌建设,意在帮助济南在"天下泉城"城市形象的基础上另辟蹊径,借助数字创意增强济南文学资源吸引力,擦亮"诗城词都"文化名片,重拾"曲山艺海"身份标识,全面提升城市文化竞争力。

一 社会驱动,业态创新:文学资源化与数字化

作为一种特殊的文化现象,文学自诞生之日起就与人类社会相伴而行,不断见证国家民族的时代变迁,时至今日仍以勃勃生机反映着社会的日新月异。在生产力发展的不同阶段,文学也相应地被赋予不同的社会属性。上古时期,文学的实用价值大于审美价值,存在于兽骨龟甲和青铜礼器上的文字多被视为工具,用以记事表功。春秋战国以降,文学又肩负起

宣扬施政理念和思想主张的重任,"三不朽"中的"立言"成为无数士人孜孜以求的毕生理想。推移至魏晋风流,文学由自发走向自觉,文学的审美价值为士人所推崇。唐宋时期,随着工商业的成熟、市民阶层的壮大还有印刷技术的优化,文学的商业属性逐渐得到显现。明清时期商业进一步繁荣,评书、戏曲、小说与大众生活的联系越发密切。晚清以来,现代意义上的出版社和报社纷纷涌现,加之稿酬制度的确立,需要"为稻粱谋"的职业作家群体正式形成,文学创作与商业的关系更加密不可分。在中国特色社会主义市场经济制度日益完善和信息技术飞速发展的当今社会,文学作为一种生产资料进入市场,在科学技术、消费需求、优秀人才、生产资本等诸多因素的共同驱动下,走向创意化、商品化、数字化、智能化的融合发展道路。

（一）作为城市资源的文学

文学是文化资源的重要组成部分,厚植于城市历史文化血脉之中,与城市中的景观建筑、风土人情建立起千丝万缕的联系,成为城市间综合竞争不可多得的价值要素,在经济"硬实力"和文化"软实力"的双重格局中呈现出独特魅力。与楼宇林立和车水马龙的观感冲击相比,文学似乎难以感知。加之电影、电视剧、短视频等大众娱乐产品的快速兴起,"快餐文化""眼球经济"一时间占据了人们的休闲时间,文学面临被边缘化的窘境。文学与城市的关系看似虚无缥缈,但实则不然。文学作为城市文化的宝贵资源,始终与城市紧密联结在一起。文学以语言文字艺术的形式承载着城市的文化记忆,折射着时代的精神风貌,激发着社会的创新活力,连通着市民的文化认同。在得到有效开发的文学资源富集型城市,文学在个人生活与公共空间中扮演着重要角色,文学资源对经济建设、文化建设、社会建设的综合价值彰显得尤为显著。综上所述,本文将文学资源定义为:因作家生平或文学作品而与城市建立归属关系,在城市发展中得到保护性开发并能够实现社会价值创造的优质文化资源。在文学资源与城市的关系中,作家作品及其相关的物质性和精神性内容是核心,保护和开发的程度影响价值高低,助力城市品牌建设、促进社会和谐发展、增加人民幸福感是最终指向。

作为文本的文学作品能够成为文学资源，是诸多社会因素共同作用的结果。在消费时代，文本自身即具有资源属性，文学作品所承载的丰富信息是文学转化为文学资源的先决条件。从作家层面来看，他们当中不少人如曹操、陶渊明、白居易、柳永、纳兰性德等，在文献史传的记载中获得了立体生动的人物形象，其生平经历、旅居足迹、思想情感展现了社会生活的广阔性和复杂性，与时下社会的精神取向契合相通，因而作家的故事至今为大众所津津乐道；从作品层面来看，以文本形式存在的文学作品寄寓着作家对现实物象的主动反应，饱含创作主体的思想感情和人生思考，经过品读理解后能引起读者共情，从而令读者不由自主地在脑海中构建起基于主观经验之上的审美想象，同时会期待通过更加直观真实的体验方式深化对文本的认知。作家故事和作品内容阅读过程的实现，都需要作为接受者的读者参与其中，而一定的受众基础又是文学文本和文学景观转变为文学资源的客观需要。文学的受众基础受社会生产条件的制约，随着社会的进步，文学的受众群体基数不断扩大，才可能达到文学资源开发的要求。能对读者群体规模产生影响的因素，最直接的无外乎教育和科技。在封建社会，识文断字的能力一直为少数群体所专有，加之受教育的成本较高，民间大众无暇亦没有能力和机会去阅读文学著作。而现代教育制度的确立和机械印刷的广泛应用，让曾经弥足珍贵的阅读权利"飞入寻常百姓家"，当今流行的无纸化阅读更为读者带来便捷。在市场经济关系下，读者获得了需求方和消费者的身份，形成了对文学的精神需要和消费潜力，吸引商业资本入场，为文学资源的开发供给提供产业条件。文学因资本的介入，由"生产—流通—消费"的传统范式，进一步拓展到社会化、产业化的再生产。资本首先根据市场反馈对文学进行评估，然后通过版权购买获得开发和再生产的权利，最后将产品投入市场以实现资本增值。[①] 优质资本为文学实现资源价值并成为文化产品提供保障，客观上提升了文学资源的影响力。以国内影视剧行业为例，由文学作品改编的影视作品不在少

[①] 李慧：《文学对资本的焦虑——大众文学及其资本化现象探究》，《理论月刊》2018年第9期。

数。自20世纪80年代起，"四大名著"就相继被制作成电视连续剧，此后仍不断翻拍。当代小说中，《红高粱》《白鹿原》等名著，被改编后也出现在电影、电视屏幕上。近年来网络文学的改编异军突起，《甄嬛传》《琅琊榜》《花千骨》等网文IP至今仍有较高的话题度。2022年开年以来，《开端》《人世间》两部改编剧获得广大观众的一致好评，不仅收视率引人注目，而且在自媒体平台也不乏讨论和再创作。

文学资源是一种特殊的文化资源，在具备文化资源共性的同时，又因为作家作品的缘故而体现出独特属性。在内容上，文学资源具有原创规范与改编再造相统一的特点。文学文本是作家在文艺规律的指导下，结合现实观察和生活思考形成的创作成果，一经诞生便具有之所以作为这部作品的基本规范，这也就决定了以文学资源身份进行的再生产必然要在文本拟定的范围之内，不能完全脱离作品文本的约束，否则就不能被称为对文学资源的开发，而是另一项全新创作。但文学资源的开发并非对已有内容的机械复制，再创作者在保有文本基础性结构的同时，也可以立足创新表达的艺术需要，对文本作品进行一定程度的"误读"、改编乃至重构。在功能上，文学资源具有教育启发与休闲娱乐相统一的特点。作为社会生活的一部分，文学自古以来就担负着教化的功能。文学资源也有助于开阔读者视野，其中天马行空的想象也可以成为城市的创意源泉，锻炼读者的创意思维和表达能力。同时，被开发为文化消费产品的文学资源，也能极大地丰富人们的日常生活，以创意化、轻松化、通俗化的形式起到休闲娱乐的效果。在归属上，文学资源具有城市特色与多地共有相统一的特点。文学资源多因作家作品而与城市结下不解之缘，久而久之融入城市之中，成为本地文化生态中的一环。但也很容易出现多个城市共同拥有同一种文学资源的情况。文学资源分布范围较广，一方面与作家旅居经历相关，如"诗仙"李白的足迹遍布大江南北，如今四川江油市有李白故居，安徽当涂县有李白文化园；另一方面也与作品内容相关，如《水浒传》虽以梁山泊为主要叙事场景，但故事中涉及地点极多，山东的梁山、东平、阳谷、郓城四县均有水浒文化园区。对于分布较广的文学资源，各地既应加强合作，又应差异化发展，以期实现"美美与共"和"各美其美"。

（二）文学资源的数字革新

在加强文学资源保护和丰富人民文化生活的现实要求下，推动文学资源数字化发展十分必要。根据存在方式的不同，文学资源可以分为物质性与非物质性两种基本类型。物质性的文学资源真实地存在于城市空间内，非物质性的文学资源则是存在于受众的文化观念之中。在自然或人为因素的影响下，物质性的文学资源无可避免地会受到一定程度的损坏。利用数字技术对物质性文学资源进行超高清图像信息采集，可以打造可供科学研究、线上展览、创意开发的开放型数据库，也有利于留存文学资源真实风貌，为日后"修旧如旧"提供参考佐证。文物保护是前提，资源开发是手段，文化消费是目的。在生产与消费的辩证关系中，消费是生产的根本目的，满足消费需求成为引导生产创新发展的前进动力，这同样适用于当今社会文化生活。随着互联网和移动终端的普及，电子媒介凭借自身优势更能满足受众群体需要，跃居文化创作和传播的主要方式。电子媒介的效力不仅通过短视频、社交、游戏、购物等线上平台得到释放，在"数字＋"的跨界融合之中也展现得淋漓尽致，如 2021 年 8 月在重庆面向社会开放的"画游千里江山——故宫沉浸艺术展"吸引了大批游客。为满足日益增加的高质量文化生活需求，文学资源开发者不仅要依托电子媒介形成符合观众接受兴趣的话语模式，更需要顺应追求真实沉浸、智能互动的数字化体验趋势，前瞻布局、主动转型。在文物保护的前提条件下，坚持需求驱动原则，运用蓬勃发展的数字技术进行保护性开发，创新文学消费方式，拓宽文学体验场景，以期实现供给侧结构性改革。

实现数字化发展是文学资源摆脱传统消费模式桎梏，在后疫情社会寻求希望和新生的必然选择。因新冠病毒具有传染性强、潜伏期长的特点，疫情发生以来，众多旅游景区和文化场所为配合疫情防控曾不得不暂停开放，我国文化产业和旅游业一度遭到冲击，进入发展的"寒冬"时期。经过长期坚持不懈的奋战，国内的疫情已得到有效控制，但各地零星病例依然时而有之，线下文旅产业难免仍受到影响。以山东济南为例，2020 年旅游总收入较之前呈现断崖式下跌，2021 年虽有明显好转，但行业整体发展相对乏力。较之实体文化产业和旅游业的元气大伤，数字文化产业发展由被迫转型逐渐走向主动拥抱，各类"云业态"迸发全新活力。如敦煌研究院和故宫博物院在2020年相继推出"云游敦煌"和"数字故宫"两款小程序，实现场景和藏品的"云展览"。从以线下为主到线上线下协同发展，文化产业和旅游业的变革将会是持续的、系统的，身处其中的文学资源与其他文化资源一样必将面临创新性结构调整。就目前文学资源的开发利用而言，虽不乏《中国诗词大会》《典籍里的中国》等优秀文化节目和《文学的故乡》《一直游到海水变蓝》等文学主题纪录片，文化创意产品对诗词曲赋、名人形象亦颇多选用，但物质性文学资源对线下文化旅游的依赖性较强，非物质性文学资源的艺术想象再现效果有待提升。对此，文学资源唯有实现数字化发展方能实现对自身现实局限的超越。随着文化产业和旅游业向数字化新业态转型，增强现实技术、虚拟现实技术、混合现实技术等数字手段对文学体验在打破时空界限、搭建虚实联系方面的优点将越发彰显。

  我国数字社会建设和利好政策环境为文学资源数字化发展提供了根本性支撑。为了在新一轮科技革命和产业变革中赢得发展机遇，近年来全社会高度重视打造数字竞争新优势，各地普遍推动"上云用数赋智"，数字技术越来越与生产方式、生活方式和治理方式趋向深度融合。"数字政府"建设提上日程，"一网通办"政务服务更加便民；"5G+"赋能实体经济，智慧农业、智慧工业成果斐然；特别是在社会生活领域，互联网、数字化已成为大众日常。社会网络化、数字化水平的整体提升，带动我国数字经济快速发展。信息设施建设稳步推进、互联网用户不断增加以及数字经济蓬勃发展，为文学资源得以数字化发展打下坚实基础。5G商用日益深化将拓展文化旅游体验新场景，为文学资源向超高清、低时延的数字资源转化提供技术保障。先进制造业生产的可穿戴式智能文化装备可以延伸人们的视听感官，塑造沉浸式、互动式的文艺虚拟空间。庞大的网民群体是数字文学产品的潜在消费者，在线消费习惯和对新颖数字产品的期待预示着广阔的市场前景。数字社会建设为文学资源数字化提供生存土壤，相关政策规划为其更进一步勾勒前景蓝图。面对数字化浪潮，文化和旅游部发布《关于推动数字文化产业高质量发展的意见》，从发展基础、新型业态、产业生态三方面指引产业高质量发展。《中华人民共和国国民经济和社会发展第十四个五年规划和2035年远景目标纲要》（以下简称"十四五"规划）指出，要推进公共文化场馆数字化，要"实施文化产业数字化战略，加快发展新型文化企业、文化业态、文化消费模式，壮大数字创意、网络视听、数字出版、数字娱乐、线上演播等产业"[①]，从宏观层面为我国文化产业和文化事业提供方向指引。在"十四五"规划的战略指导下，国务院和各部委相继从不同行业领域就文化和旅游数字化制定发展规划，形成了内容全面、各有侧重的政策体系。从文化事业角度来看，在相关规划的指导下，有利于各地公共文化场馆加快文学资源馆藏数字化进程，积极推动文学典籍"云阅读"，推进物质性文学资源"云展览"，充分发挥文化事业单位在社会文化中的公益价值，将文学鉴赏与全民阅读相适应，建设现代化公共文化服务体系，提升国民文化素养；从文化产业角度来看，文化产业数字化战略有利于激发文化企业创新活力，加快文学内容的超高清和沉浸式呈现，构建文学IP全方位转化价值链，打造文学主题"新文创"，最终实现文学资源的创造性转化和创新性发展。

（三）文学与数字文化生态

现代意义上"文化产业"这一概念的形成，大致可以溯源至20世纪三四十年代，彼时法兰克福学派对其展开了广泛的理论讨论。法兰克福学派代表学者霍克海默和阿多诺在《启蒙辩证法》中将文化产业称为"文化工业"，并从工业社会人类异化的视角对其进行深刻批判。但随着工业技术与人类社会交织，文化产业与大众生活越发密切相关，文化产品也逐渐走向世俗化。

较之西方发达国家，我国文化产业起步相对较晚，凭借深厚的文化积淀和巨大的市场潜力，在中国特色社会主义市场经济体制确立后得到长足发展。"1998年，文化部设立了文化产业司，标志着我国政府正式将文化产业纳入政府工作体系。"[②] 在国家政策支持和鼓励下，多年以来我国文化

---

① 《中华人民共和国国民经济和社会发展第十四个五年规划和2035年远景目标纲要》，人民出版社2021年版，第106—107页。

② 张廷兴、董佳兰、丛曙光：《中国文化产业史》，经济日报出版社2017年版，第95页。

产业得到全面发展,并逐渐迎来数字化转型的新阶段。2016年,国务院印发《"十三五"国家战略性新兴产业发展规划》,将数字创意产业提升至战略性新兴产业的高度。2021年,文化和旅游部印发《"十四五"文化产业发展规划》,提出深化文化科技创新应用,推动数字文化产业高质量发展。文化与科技并重,我国文化产业不断提质增效,"日益迈入一个以数字化和网络化为先导的全新发展阶段,主要显现于文化产业的结构性调整取得显著成效,数字化特征日益明显"①。以信息设施为基础、以文化要素为核心、以数字技术为关键的数字文化产业创新生态正在被建构起来。

　　文学在数字文化产业生态中应充分发挥自身资源禀赋,为数字文学产品的构思设计提供创作灵感与艺术来源,同时更应筑牢文化认同的思想基石。在当今文化市场中,文学资源的开发利用有两个特点值得关注。一是文学资源常被作为"母题"以开展新的内容创作。此处的"母题"是指开发者在对文学资源进行再创作时,不仅仅停留在原作改编,更是在保留作品符号的前提下进行创新。如《西游记之大圣归来》《哪吒之魔童降世》《白蛇·缘起》《青蛇·劫起》等国产动漫,小到人物设定、大到情节走向,都显示出对原作的继承和创新,这无疑是传统文学资源在当代文化艺术中的一种增值再生。二是文学IP逐渐趋于全产业链多元衍生。在技术升级和市场需求的双重驱动下,文学IP转化逐渐由图书销售和影视剧作的基础业务,向数字出版的多元产业领域进军,在线阅读、动漫动画、网络游戏、有声图书等数字产品在对接不同群体需要的同时,构建起以作品版权为根基的数字供给体系,文学在数字文化生态中的呈现形式越发多姿多彩。就我国古典文学而言,《西游记》《三国演义》《水浒传》无疑是当前受众基数最大、开发次数最多、产品种类最丰富的国民名著。而当代作品如《盗墓笔记》类IP,粉丝规模庞大,相关衍生产品也取得不俗的成绩。无论是文学"母题",抑或是IP转化,都是文学作品内容的创新阐释和创意表达,是文学作品精神与当代社会价值、数字文化科技的创意碰撞。其

---

① 范玉刚:《新时代数字文化产业的发展趋势、问题与未来瞩望》,《中原文化研究》2019年第1期。

中，文学作品内容始终是文学开发利用的"根"与"魂",而文学作品内容从根本上离不开千百年来中华民族思想文化的浸润滋养。数字技术仅是手段、方法、形式,深厚的文化力量才是文学作品牵动受众情感思绪的核心要义。文学应当通过数字手段展现中华文化的博大精深,通过生动形象的讲述加深受众对中华文化的情感归依,在全球化数字文化场域的角逐中赢得意识形态斗争的主动权,提升中华文化的国际影响力。

二　文脉赓续,风雅齐州:诗意济南的前世今生

"四面荷花三面柳,一城山色半城湖。"清人刘凤诰提笔挥就的一副对联,以区区十四字极写泉城风物,为人们所吟诵至今,成为描绘济南风光的名句。济南,一个坐落在齐鲁大地中西部的城市,南倚泰山巍峨,北跨奔腾黄河,历经千载沧海桑田而兴盛不衰,在前行与发展中越发凸显自身魅力。

(一)齐鲁首府的文化底蕴

"千里山川齐故地,百年风俗舜遗民。"① 济南历史悠久,文化薪火一脉相承。上古时期"五帝"之一的舜帝曾在济南驯象躬耕,留下"舜耕历山"的传说,"舜"和"历"也作为济南的地名被保留且沿用至今,成为济南历史的文化符号。从考古发现看,后李文化、北辛文化、大汶口文化都能于此找到痕迹,最著名的当数在今济南章丘区发现的城子崖龙山文化遗址。城子崖龙山文化遗址的发现不仅为我国古代城市研究提供依据,更是一扫"中国文化外来说"的学界阴霾。

西周分封后,济南位处齐、鲁两国之间,特殊的地理位置使济南受到齐风鲁韵的共同熏陶,稳重而不保守成为济南的文化气质。西汉时期设立济南郡,坐落于济水之南的"济南"因此得名。"济南官府最风流,闻是山东第一州。户版自多无讼狱,儒冠相应有宾游。"② 经历代经营,济南不仅因泉水为人们所熟知,而且经济日渐发达、文教越发昌盛。因宋元时期

---

① (宋)孔文仲、孔武仲、孔平仲:《清江三孔集》,齐鲁书社2002年版,第429页。
② (元)戴表元:《戴表元集》(下),陆晓冬、黄天美点校,浙江古籍出版社2014年版,第622页。

少受战火侵扰且交通区位优越,明洪武年间,济南正式接替青州成为山东的新治所,其省会首府的政治地位一直延续至今。现在的济南,既是省会经济圈的核心城市,又是山东省的政治、经济、文化中心,并不断向"大美富强通"的现代化大都市迈进。

纵览古今脉络,济南文化始终厚植齐鲁沃土,与泉水相伴,与名士结缘,在救亡中求新求变,在革命中涅槃新生。在历史的变迁和沿革中,济南逐渐形成了泉水文化与名士文化融通共惠、商埠文化和红色文化交相辉映的城市文化底蕴。深厚丰富的城市文化是济南人的骄傲,更是当代济南社会的精神源泉。

1. 泉水文化:城与泉的千年之约

"济南山水天下无,晴云晓日开画图。"[①] 济南泉水流通成河、汇聚成湖,与千佛山、华不注山、鹊山等诸峰同成一体,形成山泉河湖城的自然风貌。毫无疑问,泉水是济南风光的点睛之笔。正因泉水,济南景致才有了"北人南相"的婉约,才有了"济南潇洒似江南"的赞美。"七十二泉"中最著名的趵突泉,康熙帝为之手书"激湍"二字,乾隆帝留下"致我清跸两度临,却为突泉三窦美"[②] 之句。如今,"天下一泉"风景区凭借景色之胜荣膺国家5A级旅游景区,吸引着无数游客慕名前来一睹"芳容"。济南泉水景致之美直观可见,生活之美则需揣摩品味。曲水亭街,还可见到当年"家家泉水,户户垂柳"的风韵;黑虎泉旁,还能看见本地人取泉水饮用。泉水在潜移默化中滋润着济南人的心灵,赋予济南文化一份真挚热情、兼容并蓄的儒雅气度。举办泉水文化节,设立泉水博物馆,申请"泉·城"非遗景观,泉水文化已然成为济南的文化底色。

2. 名士文化:自然人文的交汇地

"历下军声从古盛,济南名士迩来多。"[③] 从古至今,众多名士与济南

[①] 刘玉民总主编,王玲分册主编:《济南文学大系·古代诗歌卷》,济南出版社2015年版,第138页。

[②] 朱传东主编:《趵突流长——碑刻楹联》,山东省地图出版社2006年版,第253页。

[③] 刘玉民总主编,王玲分册主编:《济南文学大系·古代诗歌卷》,济南出版社2015年版,第34页。

结下不解之缘。历城区百花公园西邻,大孝子闵子骞之墓就坐落于此,孝文化深植于济南人的文化基因;经学大师伏生在"焚书坑儒"时不顾杀身之祸,将儒学经书藏于墙壁,汉初向后学口授经典,对中华文化存亡继绝起到重大作用,展现文化传承的责任担当;被誉为"元人冠冕"的赵孟頫曾在济南为官,欣然写下"泺水发源天下无,平地涌出白玉壶"①、"云雾润蒸华不注,波涛声震大明湖"② 等名句,绘制名画《鹊华秋色图》,为济南审美文化史增添绚烂一笔;大明湖景区的铁公祠,供奉明初名臣铁铉,其忠义为后人所称赞;在民族危急关头,武中奇毅然走上抗日救国的道路,革命胜利后又投身新中国建设,拳拳爱国之情堪称楷模。名人文化丰富了济南的文化品质,承载着后世人对历代先贤的推崇。在济南历史文化名城的建设过程中,名士文化显得尤为重要。他们在济南的事迹为城市文化增添了历史厚重,实现名士文化与城市文化的有机交融。

3. 商埠文化:现代济南的出发点

济南老商埠诞生于中华民族救亡图存的历史背景,以海纳百川、移风易俗的变革气魄成为济南城市现代化的开端。1904 年,胶济铁路即将竣工通车之际,盘踞青岛的德国侵略者企图借铁路之便向山东内陆扩张,进而攫取更多非法利益。为应对外来侵略,山东主政者决定援取先例自开商埠,获取经营管理的主动权,利用区位优势与列强争利。于是在老济南城西侧开设商埠新区,以经纬划分方格路网,还通过道路将老城区与商埠区连接起来。随着商埠的设立,济南的开放程度不断提高,由一个传统封闭的内陆城市转向近代工商城市,随之增添了华洋并立、中西结合的城市风貌。千年前,齐相管仲提出"不慕古,不留今,与时变,与俗化"③,这种思想被齐文化汲取传承。对处在齐、鲁文化圈交界带的济南而言,在其文化血脉中不仅有鲁文化的敦厚,也有齐文化的进取。济南老商埠是近代民族屈辱和主动求变的共同产物,是救亡图存与抗争侵略的有形见证,引领

---

① 刘国辉编著:《赵孟頫书法真迹欣赏》,江苏凤凰美术出版社 2017 年版,第 210 页。
② 刘国辉编著:《赵孟頫书法真迹欣赏》,江苏凤凰美术出版社 2017 年版,第 211 页。
③ (唐)房玄龄注,(明)刘绩补注,刘晓艺校点:《管子》,上海古籍出版社 2015 年版,第 323 页。

近代中国内陆城市开放之先,是近代济南稳健而又不失创新的最佳例证。商埠文化蕴含的是济南敢于打破传统,因时而变、因势而动的文化思维,是齐、鲁文化深度交汇在近代社会的生动展现,对今天仍有借鉴价值。

4. 红色文化:革命岁月的英雄城

济南红色文化是在革命年代的血与火中淬炼而成的。中国共产党创始人之一董必武曾深情赋诗:"济南名士知多少,君与恩铭不老松。"① 就是指曾在济南求学的两位中共一大代表——王尽美和邓恩铭。王尽美和邓恩铭先后组织励新学会和马克思主义研究会,学习和宣传马克思主义理论,后又成立济南共产党的早期组织,为党的早期组织和革命事业做出卓越贡献。中国共产党带领人民取得抗日战争胜利后,解放全中国成为众望所归。在人民解放军战争史上,济南战役具有开启大城市攻坚作战先例的重大意义,应为我们所铭记。红色文化是革命先辈为济南铸就的文化丰碑,是砥砺前行的精神动力。济南应赓续红色血脉,充分利用山东省委机关旧址、解放阁等红色文化遗迹,铭记革命先辈的牺牲奉献,珍惜来之不易的和平生活,在红色文化的号召和激励下走之愈远、行之弥坚。

(二) 济南文学的历史积淀

"多少诗人生历下,济南自古是诗城。"② 独特的自然风光和人文滋养,成就了济南悠久的文学传统。李白、杜甫、曾巩、苏辙于此吟诵,黄庭坚、元好问、蒲松龄、刘鹗曾在这里游览,老舍、孔孚见证济南文学走向现代。甘甜凛冽的泉水亦哺育了李清照、辛弃疾、张养浩、李开先、李攀龙、吴伯箫等文学名家。千载积淀的济南文学植根于泉城文化和生活记忆,是一座熠熠生辉的精神富矿。点墨折射山泉河湖,只笔书就悲欢离合。济南文学融入泉城文化血脉,描摹出不同时空的景致风俗,承载着作家对济南的真情实感,与这座城市中的每个人都息息相关。

1. 上古至唐:文学长河的惊鸿一瞥

与后世相比,唐代以前的济南文坛稍显寂静。谭国大夫以《大东》抒

---

① 董必武:《当代名家书董必武诗作品集》,启功等书,中国文联出版公司1996年版,第89页。
② 李世欣选编:《泉·文人名士》,济南出版社2002年版,第139页。

发对无道统治者的怨刺之意，左丘明在《左传》中记录发生在济南的齐晋鞌之战，司马迁在《史记》中为济南人扁鹊、伏生立传。郦道元在《水经注·卷七》中以济水为线索，论述济南地理人文："水出历城县故城而南，泉源上奋，水涌若轮。"① 此处"泉源"就是趵突泉，"水涌若轮"足可见喷涌之猛。此外，郦道元还记述了"舜耕历山"和"泺水会盟"的典故，对古大明湖、华不注山等也有描绘。

至于唐代，济南文学迎来一次繁盛。不仅有以"文章四友"之一的崔融、文武双全的员半千等为代表的济南籍名家，还颇得李邕、段成式等名士青睐，更重要的是"李杜"的到来为济南文学史添彩不少。李白曾到济南并拜道士高如贵为师，也曾多次游览济南山水美景，写下《陪从祖济南太守泛鹊山湖三首》《古风·昔我游齐都》等名篇，以"兹山何峻秀，绿翠如芙蓉"② 之句赞美华不注山。约与李白同一时期，杜甫也来到济南，并且见到了当时享誉文坛的李邕。二人同享山水之趣，还宴饮为乐。在历下亭举行的宴会上，杜甫即兴创作《陪李北海宴历下亭》，以"海右此亭古，济南名士多"③ 概览济南古今文化气质，成为吟咏济南的千古佳句。明人汪广洋称赞道："济南山水多佳丽，工部文章最典型。"④

2. 宋辽金元：流连吟诵的齐州风月

济南在宋元期间，不仅迎来了诸多文坛巨匠，更养育了许多济南籍的本土作家，他们共同用笔墨纸砚成就了济南文学史上的高峰。苏轼、黄庭坚、陈师道、晁补之等都曾造访济南，黄庭坚更是久闻济南的自然风光，写下"济南似江南，旧见今不疑"⑤ 的诗句，将济南与江南相媲美。元好问则有"日日扁舟藕花里，有心长作济南人"⑥ 的感叹。济南籍文学家则

---

① （北魏）郦道元：《水经注》，谭属春、陈爱平点校，岳麓书社1995年版，第124页。
② 《李白集校注》，瞿蜕园、朱金城校注，上海古籍出版社2018年第2版，第159页。
③ （清）爱新觉罗·弘历：《唐宋诗醇》（上），中国文学出版社2000年版，第204页。
④ 刘玉民总主编，王玲分册主编：《济南文学大系·古代诗歌卷》，济南出版社2015年版，第144页。
⑤ 张传实、李伯齐选注：《济南诗文选》，齐鲁书社1982年版，第405页。
⑥ 刘玉民总主编，王玲分册主编：《济南文学大系·古代诗歌卷》，济南出版社2015年版，第93页。

有"苏门后四学士"之一的李格非、"东州逸党"的领袖范讽、《武林旧事》的作者周密、元代散曲家张养浩等人。

宋代济南的外地来客中,影响最大的当数曾在此为官的曾巩。"齐固为文学之国,然亦以朋比夸诈见于习俗。"① 出任齐州知州的曾巩既肯定了济南悠久深厚的文学底蕴,又敏锐地察觉到了当时社会的不良风气,于是"除其奸强而振其弛坏,去其疾苦而抚其善良"②,让百姓得以安居乐业。他还修建北水门疏导洪水,"于是内外之水,禁障宣通皆得其节,人无后虞,劳费以熄"③。曾巩将趵突泉由"爆流泉"改为今名,给大明湖增添了"七桥风月",还一连写下《趵突泉》《百花堤》《北渚亭》《华不注山》等佳作,关于济南的作品在其文集中数量居最。他亲自考察济南山川,为之溯源,创作出《齐州二堂记》,"使此邦之人尚有考也"④。离任后还赋诗"从此七桥风与月,梦魂长到木兰舟"⑤,以表思念之情。"我生本西南,为学慕齐鲁。"⑥ 继曾巩之后,苏辙也曾在济南为官,写有《齐州闵子祠堂记》《泺源桥记》等散文,诗歌中多有与友人的唱和以及对济南山水的称赞。

在济南籍的文学家中,并称为济南"二安"的李清照和辛弃疾为济南文学史乃至中国文学史增添浓墨重彩的一笔。李清照是今济南章丘人,她的童年和青年时期应当是在济南度过的,《如梦令·常记溪亭日暮》就是她对自己在济少女生活的温情回忆。与曾目睹北宋末年繁华的李清照不同,辛弃疾出生时济南已被纳入金朝版图,民族矛盾日益激化。辛弃疾在《美芹十论》中写道:"臣之家世,受廛济南,代膺阃寄,荷国厚恩。"⑦

---

① 刘玉民总主编,王玲分册主编:《济南文学大系·古代诗歌卷》,济南出版社2015年版,第25页。

② 刘玉民总主编,王玲分册主编:《济南文学大系·古代诗歌卷》,济南出版社2015年版,第25页。

③ 刘玉民总主编,王玲分册主编:《济南文学大系·古代诗歌卷》,济南出版社2015年版,第20页。

④ 刘玉民总主编,侯琪分册主编:《济南文学大系·古代散文卷》,济南出版社2015年版,第23页。

⑤ 张传实、李伯齐选注:《济南诗文选》,齐鲁书社1982年版,第392页。

⑥ 刘玉民总主编,王玲分册主编:《济南文学大系·古代诗歌卷》,济南出版社2015年版,第39页。

⑦ 徐汉明点校:《辛弃疾全集汇编点校》,崇文书局2013年版,第264页。

长大后的辛弃疾铭记祖父的教诲,在济南起义武装反抗,随后南归宋廷。可惜南宋统治者偏安一隅,空怀报国之志的辛弃疾终其一生也未能实现克复中原的大业,只能"阑干拍遍"。济南"二安"无疑是济南文学中最闪耀的明星,更是济南文化的代表人物。清代诗人王士禛说:"仆谓婉约以易安为宗,豪放惟幼安称首,二安皆吾济南人,难乎为继矣。"① 济南"二安"以其卓越的文学成就,彪炳济南文化史册,为今人留下受用无穷的文学资源。

3. 由明到清:泉边湖畔的诗人群像

明清两代,济南诗人辈出,一度对山东乃至全国诗坛风气产生影响,无愧于"诗城"的雅号。"济南诗派"即是在这座"诗城"诞生的诗人群体。

"济南诗派"由边贡开创,在李攀龙领导下走向鼎盛。边贡生于济南历城,为明代文坛"前七子"之一。因官场宦游,边贡虽然在济南居住的时间有限,但其盛名却足以让济南的书生墨客们仰慕学习。诗学之风兴起后,在李攀龙的引领下形成了颇有盛名的地域性诗人团体。李攀龙是明代"后七子"的领袖,也是当时文坛公推的盟主。离开官场后,李攀龙回到家乡济南并筑起白雪楼,与友人交往唱和。在济南居住的十年间,李攀龙游历济南山川,写有《神通寺》《涌泉庵》等作品,同时身边也聚集起以殷士儋和许邦才为代表的诗人,济南诗风大盛。

由明入清,朝代虽经更迭,文脉却不曾断绝。清初文坛盟主王士禛与诸名士宴饮于济南大明湖畔,作《秋柳》诗四首,成为济南文学史上的一段风雅佳话。王士禛的《秋柳》诗风靡一时,后学之人还在其吟咏之处成立秋柳诗社。王士禛有《历下亭》《砚溪》《娥英祠》等描绘济南景致之作,他远承边贡、李攀龙的诗学精神,将济南文学又向前推进一步,此后清代文坛济南诗人辈出,"诗城"之称可谓实至名归。蒲松龄因多次参加乡试,也与济南结缘。在济期间,蒲松龄游历欣赏济南美景,创作出《珍珠泉抚院观风》《暮春泛大明湖三首》《历下南郊偶眺》等诗,相关见闻在《聊斋志异》中也得到体现。"人生乐事浑难得,乘兴还须秉烛游"②,济

---

① 袁世硕主编:《王士禛全集》,齐鲁书社2007年版,第2489页。
② 刘玉民总主编,王玲分册主编:《济南文学大系·古代诗歌卷》,济南出版社2015年版,第357页。

南山水或许能对仕途失意的蒲松龄有所慰藉。

4. 近现代与当代：新老济南的历史交接

刘鹗的《老残游记》虽为谴责讽刺小说，但老残视角中的济南城却十分可爱。在刘鹗笔下，老残进城来首先看到的是"家家泉水，户户垂杨，比那江南风景，觉得更为有趣"①。仅寥寥数语便抓住济南景色的独到之处，将一个与泉水共生的城市呈现在读者眼前。随后又写"那千佛山的倒影映在湖里，显得明明白白。那楼台树木，格外光彩，觉得比上头的一个千佛山还要好看，还要清楚"②。为后世提供了"佛山倒影"的欣赏视角。周作人、张恨水、艾芜等现代作家在与济南谋面之前，《老残游记》中对济南的描述构成了他们对济南的最初想象。

老舍笔下的济南正处在传统与现代的历史交会点，经历着社会风气的转变和民族屈辱的剧痛。因在齐鲁大学担任教职的缘故，老舍曾在济南居住了四年。在这座城市里，老舍不仅度过了一段美好舒适的日子，而且还创作了《猫城记》《牛天赐传》等作品，"时短情长，济南就成了我的第二故乡"③。在老舍的笔下，既有对济南山水的热爱，也有在现代视野审视下对当时不良社会风气的文化批判。老舍丝毫不吝啬对济南的赞美之情，深情地写道："上帝把夏天的艺术赐给瑞士，把春天的赐给西湖，秋和冬的全部赐给了济南。"④ 当登上千佛山向北眺望，济南又是"城河带柳，远水生烟，鹊华对立，夹卫大河"⑤。特别是老舍的《济南的冬天》一文，以清丽隽永的文笔将一个山水相依、气候温和的老城送进读者的脑海，无不使人对仿佛在画卷中的济南产生憧憬向往之情。爱之深，责之切，对济南的缺点，老舍也给予严厉批评。在《趵突泉的欣赏》中，老舍揭示了管理不善对趵突泉造成的恶劣影响；在《广智院》中，对傲慢无知的小市民进行嘲讽。当敌寇入侵、山河沦丧，虽被迫离开济南，但老舍坚信，"济南，

---

① （清）刘鹗：《老残游记》，大众文艺出版社1999年版，第9页。
② （清）刘鹗：《老残游记》，大众文艺出版社1999年版，第10页。
③ 李耀曦、周长风编著：《老舍与济南》，济南出版社2018年版，第78页。
④ 李耀曦、周长风编著：《老舍与济南》，济南出版社2018年版，第13页。
⑤ 李耀曦、周长风编著：《老舍与济南》，济南出版社2018年版，第80页。

今日之死是脱胎换骨，取得新的生命；那明湖上的新蒲绿柳自会有我们重来欣赏啊"。① 老舍为济南留下珍贵的文学资源，济南因老舍而在中国现代文学史上备受瞩目。

在当代作家群体之中，诗人孔孚为楼宇林立的济南增添了一层山水诗意之美。孔孚生于曲阜，学在济南，此后长期在济南生活和工作，诗作之中不乏关于济南山水风貌的佳作。孔孚上承中国古代山水诗创作传统，得益于道教和禅宗的文化熏陶，在20世纪80年代就以新山水诗享誉诗坛，不仅得到钱钟书的认可，还被纽约《华侨日报》称为"当今中国新诗坛山水诗派的祭酒"。孔孚新山水诗倡导"东方神秘主义"和"远龙之境"，展现的是超脱世俗且无关功利的山水大美。在简洁的诗句之间，诗人试图"去触近包孕无限的生命之根与宇宙本源，去再造一个风云际会，灵通八方，恬淡澄明的生命空间"②。诗人眼中，雨滴落到湖中荷叶上，仿佛"竖一个绿耳/听白雨跳珠"③；穿庐下的华不注山"几十亿年/仍是一个骨朵"④，傲然于白雪之中，努力地开着；在"家家泉水"的城市，"请教泉有多少？你去问济南人的眼睛吧"⑤。孔孚新山水诗以寥寥数语顿显澄明之境，为深陷信息洪流之中的当代读者带来源乎自然的心灵慰藉。

（三）发展潜力与现实困境

"七十二泉流不尽，青烟两点鹊华秋。"⑥ 山环水绕的济南迎来送往无数名士，风雅游踪、文章唱和、故址遗迹交织融会，使得济南文学资源尤为富集。伴随创意产业和文化旅游的日渐兴起，济南文学资源得到人们的重视和青睐，通过各式各样的展现形式进入公众视野，适应市民文化生活多元需要的同时，为济南城市形象增光添彩。当"上云用数赋智"成为大势所趋，济南文学资源必将迎来数字化转型的发展跨越，以全新形态赋能

---

① 李耀曦、周长风编著：《老舍与济南》，济南出版社2018年版，第82页。
② 杨守森：《追寻澄明之境——读孔孚先生的山水诗》，《理论学刊》2007年第7期。
③ 《孔孚山水》，济南出版社1990年版，第74页。
④ 孔孚：《山水灵音》，陕西人民美术出版社1987年版，第69页。
⑤ 孔孚：《山水灵音》，陕西人民美术出版社1987年版，第86页。
⑥ 刘玉民总主编，王玲分册主编：《济南文学大系·古代诗歌卷》，济南出版社2015年版，第442页。

"文化济南"。现实基础决定未来建设的起点高度,只有对当前济南文学资源开发情况予以分析,才能及时发现文学资源数字化的创新点和增长极,从而在日后的价值创造中扬长避短、有的放矢。

1. 济南文学资源数字化潜力

济南推进城市品牌建设,打造公共文化空间,为文学资源数字化发展营造适宜环境。济南是国家历史文化名城、国家文化和旅游消费示范城市,凭借得天独厚的泉水景观招徕无数游客,成为山东最知名的旅游目的地之一。2021年8月,济南当选"东亚文化之都"。2022年4月,"东亚文化之都·中国济南活动年"正式启动。共享共建的文化盛会打开济南对外开放新格局,"文润古今,泉甲天下"的城市形象国际影响力持续扩大。不仅如此,济南还多次举办山东(济南)国际旅游交易会、中国国际文化旅游博览会,两次承办全国图书交易博览会,中国非物质文化遗产博览会、中国新媒体发展年会永久落户济南。在政府的大力支持下,济南公共文化生活同样有声有色。开设"海右文艺讲堂""文学照亮人生"中外经典文学讲坛,邀请文化名家讲授普及文艺知识;举办中华二安诗词大会,弘扬"二安"文学魅力;打造随处可见的泉城书房和泉城文化驿站,提高公共文化服务效能。济南市还与本土MCN机构贝壳视频深化合作,推出济南城市IP品牌计划,共建"鹊华MCN"短视频孵化品牌。"文化济南"建设征程中,文学资源能够提升城市内涵深度,更可以依托有利文化大背景,寻求科技与创意的结构性突破。城市品牌和文化盛会有利于与其他城市交流互鉴,在客观上为济南文学资源数字化提供思路、提出要求。公共文化生活的繁荣则带来市民文化素养的提升,为文学资源提供稳定增长的受众群体,同时对美好生活的向往日益驱动"5G+""互联网+"在文学产品中的应用。综上所述,济南积极构建文化发展生态,激发市民的文化参与热情,为文学资源数字化提供创新机遇。

济南市深入贯彻落实"数字中国"的战略部署,立足经济社会基础和数字市场规模,持续实施数字发展战略,率先提出打造"数字先锋城市",形成"数字泉城"整体规划,制定出台一系列规划方案,有利于引领文学资源供需市场新风尚。济南高度重视网络"新基建"在数字产业化和产业

创意营造

数字化的基础性通信效能，建成 5G 基站数量居全省领先地位，跻身全国首批 5G 商用城市、首批精品千兆城市之列。拥有国家超级计算济南中心、齐鲁软件园、明湖国际信息技术产业园等科技创新园区，数字经济发展态势良好。据北京大数据研究院发布的《2021 中国数字经济产业发展指数报告》显示，济南的数字经济总指数排名、数字经济规模与质量排名、各类头部企业数量排名等指标均处于全国前列。数字技术与济南各行各业的深度融合，或将引起文学资源开发观念的彻底颠覆，打破以影视改编、文创设计、旅游展演为主的传统文旅产业的桎梏，走出文学资源产品批量复制的粗放型再生产"舒适圈"，探寻文学与科技共生互惠的新模式。同时，凭借强劲算力和优惠，吸引头部文化企业分公司入驻，也有利于本地互联网企业借助政策"东风"健康成长，有效发挥产业园区的集聚效应，打通济南文学资源创意生产的关键环节，促进数字文学产品质量攀升。

驻济高校数量众多，相关学科类型全面，学科实力强劲，为济南文学资源数字化发展提供创意创新的"源头活水"和业态革新的智力支持。2021 年济南统计公报显示，驻济高等院校达 52 所，约占山东全省普通高校总数的三分之一。高校集聚意味着在济的高校师生规模庞大，而高校教师和学生受教育水平高，整体具有良好的学科素养、创新意识和实践能力，既具备对文学产品的审美能力和消费意愿，又有机会参与到文化艺术实践之中，为文学资源发展提供数量可观的消费人群和实施主体。从学科角度分析，山东大学、山东师范大学等高校研究实力雄厚，能满足济南文学资源数字化发展过程中对济南文化与文学史、当代中国文艺美学等相关领域的理论需要。由是观之，与文学资源开发密切相关的中国语言文学和文化产业管理在"文化济南"建设中大有可为。文学资源的数字化发展，归根结底还是对文学资源的发掘和转化，文学内容才是济南参与城市竞争的根本底气。驻济高校中文学科成绩突出，能够更好地开展济南文学系统研究，承接文学资源"双创"课题，为济南文学资源数字化提供用之不竭的创意源泉。辅以文化产业管理学科的决策支持，以期构建科学完善的产业链，形成健全的人才体系与经营模式，为数字创意新业态添砖加瓦。

2. 济南文学开发的现实困境

济南虽然文学创作传统悠久，素以文人名士云集而著称，但对文学资源的开发力度仍然有待提升。文学作为济南文化的有机构成并能够为城市带来人文滋养，这一点已然成为社会共识。不过从长远分析，济南文学资源开发存在"主干不强，枝叶不茂"等问题。"主干"是指作为济南文学代表人物的"二安"，"枝叶"则统指与济南相关的其他文学名家。生于斯，长于斯，济南本土成长起来的"二安"受泉城文化熏陶，以辉映古今的文学成就确立济南"诗城"之名，在众多城市中独树一帜。但李清照和辛弃疾在济南居住时间毕竟有限，历史资料对二人在济的生活经历涉及甚少，"二安"关于济南的作品也寥寥无几，如何增进"二安"与济南的内在联系，应当引起人们的格外关注。此外，"二安"诗词文化虽已得到高度重视，有举办中华"二安"诗词大会、打造"二安"文化园等举措，但还应在创新开发方面持续发力。以影视作品为例，国内关于李清照、辛弃疾的电影电视作品较少，2020年上映的电影《辛弃疾1162》由浙江的传媒公司出品，反观作为"二安"故里的济南，本地影视公司在"二安"文化推广上则陷入"失声"的窘境。目前济南对"二安"的开发方式比较单一，市场竞争力和产品创新性略显匮乏，其内涵深度的彰显与城市品牌要求和词人文学成就尚未适配。除"二安"外，其他文学名家在济南遗留的文学资源未能得到有效开发。一如济南籍的张养浩、李攀龙，再如曾客居济南的曾巩、老舍，他们都对济南文化发展做出了不可磨灭的历史贡献。但这些名家的文学作品及其文学遗产，在文旅体验、创意设计、城市品牌等方面没有得到充分运用，与济南形象关联度不强，不仅外来游客不了解，甚至本地市民同样知之甚少，文学资源利用率整体较低，致使在城市宣传上缺少具有泉城特色的作家群像。

在城市文化品牌塑造过程中，济南"诗城词都""曲山艺海"的文艺IP宣传力度相对有限，在"酒香也怕巷子深"的传播环境下，不利于联通文学资源的宣传和消费渠道。从线上角度分析，影视剧和短视频对济南文学资源的宣传效果不佳。在国内众多热门影视作品中，以济南为故事发生地的作品包括但不限于《大染坊》《闯关东》《大宅门1912》等，不过作

创意营造

品大多仅以济南为社会背景，对风土人情涉及甚少，对文学资源更是无从得知。近年来，网络剧、网络大电影市场风起云涌，但与济南相关的同样少之又少。随着短视频的兴起，一个人人可参与、人人能创作的全新数字生态来临，短视频平台成为当下城市宣传的重要阵地。在抖音、快手、哔哩哔哩等短视频平台，关于济南的作品并不少见，但是对文学资源的介绍则稍显不足。一方面，媒体致力于对济南城市形象进行全面展示，因而文学资源只能作为文化旅游的组成部分予以介绍；另一方面，创作群体缺少文化研究者的参与和引导，普通的视频创作者更倾向于通过视频分享生活，所以短视频内容以美食、风景等为主，对涉及专业知识的文学领域则较少讨论。

从线下角度分析，济南文学资源缺少有力的文化推介载体。名人故居、碑文匾额等物质性文学资源在济南分布较广，多数已成为旅游景区的内部景点，但缺少一座济南文学馆对古今文学脉络予以梳理。分散的文学资源一定程度上增加了游客的出行成本，碎片化的文学遗产不利于系统展示济南文学脉络的古今传承，影响观赏者的文化体验感和知识获得感。同时，济南的文化创意产品也多以山川街巷的风景为主，诗词内容多采取图文相配的形式，虽不乏创意之作，但文学主题产品整体上样式比较简单，创意理念有待提升。

伴随数字技术与社会生活的广泛融合，济南文学资源虽逐渐向数字化新业态主动转型，但创新意识和呈现水平仍需进一步提升。对于物质性文学资源来说，济南当前缺少高质量高水平的数字化展馆，无法满足智慧文旅的发展要求。如李清照纪念堂、曾巩纪念馆、辛弃疾故居等文学场所，尽管已经采取电子视频、三维投影、有声讲解等展示手段，但总体上依旧是以图片、文物、塑像等展品为主的传统陈列形式，距离沉浸式、互动式、智能化的数字场馆要求仍有进步空间。传统文学场所对观赏者的吸引力不强，位于景区之中或附近的纪念馆、故居等尚可吸引游客在游览过程中顺道进入参观，而独立于城市旅游景区群落之外、特别是相对偏远的文学景点在客流量方面则是相形见绌。当游客置身其中，往往是走马观花式的浏览和拍照，对作家生平、作品内容的了解仅浮于表层。由于没有创意思维和数字技术的支持,文学内容难以立体直观地呈现在游客面前,相对枯燥单调的表达方式致使接受过程缺乏趣味性。此外,线上展馆建设工程仍需进一步推进。在济南市文化和旅游局官方网站的"网上展馆"板块中,目前共有五个展览,与文学资源有关的有两个,分别是济南曲山艺海博物馆和济南老舍纪念馆。展馆均为360度全景模式,观看者可以在线上自由观看展馆内景和陈列展品。不过,济南文学资源储量丰富,还有大量文学遗产尚未转化为线上资源,如张养浩墓、李开先纪念馆、徐志摩纪念公园等本就因知名度不高而鲜受关注,加之缺少线上观览途径,其文学资源价值恐难以得到充分实现。对非物质性文学资源来说,诸多文学图景尚未被转化为网络视听产品,只能依靠读者在阅读时自行想象。许多文学作品对济南的山川风貌和市井风俗都有细致描摹,但受到环境变化、城市建设、社会发展等客观因素的影响,"七桥风月""佛山倒影"之类盛景终究不为日常生活所能多见。但目前济南的旅游景区、文创产品、新媒体平台等城市品牌宣传端,对文学形象的具象转化工作关注度较低,有关城市文学记忆的数字新型文化创意产品缺位。综上分析,济南文学资源的数字化发展空间极大,通过技术手段能够弥补现实呈现的不足,更好地释放文学资源的创新活力,以文化科技融合增强济南文化"软实力",打造独属济南的城市名片。

三 海右名城,数字赋能:文学资源数字化策略

针对文学研究重视学界探讨、忽视大众接受的真实状况,温儒敏教授在2009年提出"文学生活"的全新概念,认为"文学生活"应该"包括文学创作、批评和研究等活动,但更主要的,是指社会上有关文学生产、传播、接受、消费等方面,是与文学密切相关的普遍社会生活"[①]。"文学生活"将文学的研究视野引入普罗大众的文学消费状况,强调文学与当代社会文化生活的联系。随着供需关系和商业体系的确立完善,文学产业化、商品化的趋势越发明显,社会大众的审美体验更加丰富多彩。文学作

---

① 温儒敏:《"文学生活":新的研究生长点》,《中国现代文学研究丛刊》2012年第8期。

为普通百姓的一种消费和生活方式,也由作品阅读向更广阔的领域拓展延伸。在数字技术和文化生态的双重作用下,文学获得了前所未有的存在方式,文学生活所能涵盖的绝非仅局限于文本文字的单一媒介,更应将直接面向大众传播的视听一体乃至虚拟现实的全新形态纳入其中。

文学资源数字化是高品质文学生活的达成路径,文学生活中社会大众的协同参与是推动文学资源形态转型的必要前提。文学资源数字化发展是对数字文化产业新业态和文化产业数字化动向的主动适应,能够为接受者提供兼具文艺范和科技感的文化体验,提升文学生活的参与感、获得感。文学生活的参与者肩负着文学资源数字化发展主体的重任,因此应充分调动政府、企业、大众和社会组织的积极性,在全社会倡导和推广数字时代文学生活的新理念,打造内容齐全、创意新颖、沉浸互动的产品矩阵,走好文学资源数字化升级之路。

(一)倡导文学生活新理念

济南文学资源的数字化发展是一项长期的系统性工程,难以毕其功于一役。在建设过程中,既需要投入巨大的时间成本,更离不开各方社会力量的广泛参与。因此,在文学生活数字化的转型实践中,需要从发展实际出发,厘清生产者与消费者之间、发出者与接受者之间、文化产品与需求方之间的关系,在保证人的主体性和文学的思想性的前提下,倡导形成适合未来生活生产趋势的文学生活新理念,为文学资源的智慧跃迁营造良好的社会氛围。

1. 虚实共生与守正创新

如何做到既不坠入虚拟"陷阱",又能避免实体"困境",恰如其分地把握好虚拟和现实之间的辩证关系,是济南文学资源数字化能够顺利进行的前提。信息技术问世以来,人类进一步获得了对自身生存"空间"拓展的主动权,不再局限于对现实世界的探索,而是营造出与现实世界同时运行且并行不悖的虚拟空间。当进入虚拟空间后,人们可以暂时摆脱现实背景,以新的身份参与其中并获得体验的快感。但是虚拟空间的易沉迷性同样为人们所警觉,短视频和网络游戏因此饱受争议。而在2021年,"元宇宙"问世以后,再度引起轩然大波,人类在虚拟世界中的生存遭遇困惑。

同时，现实世界因新冠疫情同样面临空前的震动。快节奏的生活方式本就让身处城市的"上班族"承压前行，突如其来的新冠疫情不仅让旅游等休闲活动被迫搁置，甚至生活质量也受到影响。后疫情时代，线下活动备受困扰，线上"云生活"或将大放异彩。虚拟与实体之间的关系，同样体现在文学生活之中，这就要求必须及时转变理念，弥合文学资源在虚拟实践和现实空间的裂痕。济南文学资源在数字化发展的过程中，必须坚持以物质性文学资源的修缮保护为第一位，以免文化事业和文化产业脱实向虚，成为"无根浮萍"。然后，应兼顾虚拟和实体在活化开发中的重要作用，既要展现数字技术的优势，打破文化获得的时空局限，又应依托现实场景，为受众提供真实沉浸的体验环境。在文学产品供给时，注意加强虚实联系，推进文学资源上云、上平台的同时，还可以在线下场所设立数字技术体验区域，增强互动感和趣味性。

在守正的前提下创新，在创新的过程中守正，是济南文学资源数字化发展的思想基础。对文学资源而言，守正即是把握和坚守其文化内涵，这是要求，更是底线。文学思想和民族精神是文学资源最重要的文化内涵。文学思想与作家的生平际遇和创作环境相关，表现为体察社会所产生的个人情感，寄托在文学作品之中，是文学作品的关键所在。当文学资源作为创意要素被开发时，承担再生产任务的创作者能否正确把握其中的文学思想，决定着以全新形态出现的文学产品所能达到的艺术高度。如品味孔孚老师的新山水诗，就应当基于诗人对济南风物的热爱和所追寻的澄明之境，而非仅仅停留在笔下图景的再现。民族精神积淀于中华民族的历史文化，是中华民族千年经久不衰的精神支柱，在作家的生平事迹和文学创作中均能见其踪迹。济南籍的文学名家中有忧国忧民的张养浩，有气节铮铮的李清照，还有爱国情切的辛弃疾。因此，济南文学资源在数字化转型中应充分挖掘作家的气概风骨并予以继承和发扬，让作家形象成为精神感召的文化标识。文学资源对内守正，对外则需避免消费潮流的裹挟，以防在过度娱乐和媚俗引流的喧嚣中迷失方向。在保证思想性的基础上，更需要发挥创新思维，通过数字技术赋予文学资源无限的创造可能，实现跨形态转化。中央电视台的大型综艺节目《典籍里的中国》和河南卫视的舞蹈表演《洛神水赋》，通过演绎节目将文本文字内容用更加直观且喜闻乐见的形式呈现出来，得到观众的一致好评。济南文学资源数字化发展可以此为借鉴，运用数字技术为文学内容赋形，打造立体逼真的数字"拟像"，增加大众对本地文学的了解，增进对泉城文化的自豪。

2. 公共普惠与文化融通

文学资源存在于城市公共文化空间中，因而具有公共属性，为本地居民和外来游客所共同拥有。济南文学资源的数字化发展应始终秉承公共普惠的原则，面向社会文学生活中最广大的受众群体提供产品和服务，让全社会共享发展红利。本地文化产业可以运用大数据技术开展调研，分析市场需求动向，掌握文化消费趋势，借助技术优势降低文学资源数字衍生品的生产成本，扩大消费者基数，培养消费习惯；文化事业需承担文化建设责任，履行文化服务义务，推进数字公共文化场馆建设，通过线上平台和数字媒介扩大公益性文艺活动的覆盖范围。在数字文学生活中，老年人群体明显居于弱势地位，更需要受到关怀和帮助。尽管我国当前"银发 e 族"的人口规模已达 1.19 亿，但"从年龄来看，60 岁及以上老年群体是非网民的主要群体"[①]。作为"数字移民"，老年人因身体机能衰退、媒介素养缺乏等方面影响，表现出对"互联网＋"的不适应，移动网络和数字消费新场景的日益普及反而加快了他们与数字社会的脱轨。即便是能自主上网的老年网民，其对数字产品的接受能力、对网络生活的参与程度也非常有限。如何拓展老年人在数字社会的活动空间，消除客观存在的"数字鸿沟"应引起思考。未来实现数字化的济南文学生活应当给予老年人口充分的理解和照顾，一方面应以人为本，关注老年人的文学需求，通过即时通信、短视频平台等老年人常用的软件提供服务；另一方面还应对数字文学产品进行适老化改造，提升智能程度，简化操作流程。文学资源数字化要以成果共享为目标，满足人民对美好生活的向往。

文字是思想情感的物化，是文学的媒介，搭建作家与读者之间沟通的

---

① 中国互联网络信息中心：《第 49 次中国互联网络发展状况统计报告》，2022 年 2 月 25 日，第 20 页。

桥梁。文字不以外观形态引起接受者的情感变化,而是任凭读者在阅读时依靠自身经验对符号进行解读,于脑海中重新构建起关于作品和人生的文学想象世界。因此,与其他艺术形式相比,文学具有不可比拟的表现力,更能以简洁的形式表达丰富的内涵。开发文学资源时,应充分利用文学的基本属性,发挥文学对文化内容的载体作用,以文学串联城市文化,从而实现文学资源与城市文化的融合互通。以数字技术赋能济南文学资源时,可以将济南文化同样纳入其中,用文学力量彰显泉城文化,用地方文化让文学形象有血有肉,更具城市生活气息。如对《老残游记》再创造时,可用虚拟现实技术再现黑妞白妞说书的场景,并以此为切入点,将济南曲艺文化融会其中。再如可将作家形象与济南美食文化结合,张恨水对蒲菜的品尝、老舍对大葱的夸奖、季羡林对油旋的喜爱、陶钝对把子肉的回忆,文学能让"舌尖上的济南"更具吸引力和说服力。还可以鼓励新时代的文学创作者们,用作品将济南的泉水文化、名士文化、商埠文化、红色文化娓娓道来,通过文字描绘介绍济南的市井风情,为数字化提供源源不断的文学创意资源。同时,还可以探索文学资源与城市精神结合的有效路径,推动作家形象向城市代言人转化,推动文学地标向城市标志物转变,让文学成为城市居民精神力量的来源。

3. 品牌意识与城市意蕴

在同类横向竞争日益激烈的当代社会,品牌的重要价值早已不言而喻。在当今文化生活中,网络技术加速文化内容的制作和传播,接受者只需登录线上平台就能轻而易举地获取信息。极为丰富的文化内容供给体量与个体的选择和消费能力明显失衡,平台上的关注度或热度也成为资源,人类进入"流量时代"。拥有知名品牌就意味着得到稳定的流量基础,在市场关系中就能获得主动权、话语权,占据强势的传播地位。而且面对繁多的文化内容,品牌的形成与消费者的消费心理不谋而合。优质的品牌由宣传推广和消费反馈共同铸就,本身就含有质量精良的文化隐喻。当消费者面临众多产品而无所适从时,自然优先选择更具知名度的品牌,顾客忠诚度和消费黏性随之增强。济南在历史上就有重视品牌的传统,北宋时期刘家功夫针铺的商标是世界现存最早的实物商标,反映了当时就已有意突出品牌辨识度。济南文学资源在进行数字化转型时，也应凸显品牌的价值功用，这可以分别体现在产业品牌和城市品牌两个方面。文学资源的数字化发展离不开本地数字文化产业的参与，而企业在济南文学数字衍生品的推广和销售阶段，应以品牌意识贯穿始终，努力打造一批以内容、创意、技术为核心支撑的知名品牌，在方兴未艾的数字文化消费市场占据先机，兼顾企业发展的经济效益和文化传播的社会效益。而济南作为山东省会城市，更应将文学资源数字化发展对接城市文化品牌建设需要，以潜移默化的形式在本地居民和外来游客的心目中树立起文学之城的形象，摆脱传统保守、粗放豪迈的刻板印象。以上海嘉定区为例，其投资的动画片《中国古诗词动漫》（别名《中国唱诗班》）讲述嘉定名人故事，凭借精良制作深受观众喜爱，在哔哩哔哩平台的播放量就已近四千万次。济南可以此为鉴，在文学资源推广中融入创新元素，增添泉城开放进取的品牌内涵，让古城历史、现代活力和文艺气息共同成为社会大众对济南的文化印象。

  文学资源应当体现城市意蕴，这既是作家作品深受城市文化滋养的结果，也是文学融入大众文化生活的需要。文学资源向数字衍生品的创意转化，或可尝试展现城市风物、承载城市记忆、反映城市生活。我国首个也是目前唯一荣膺世界"文学之都"称号的城市——南京，流经其境内的秦淮河历来极负盛名，在文人墨客的吟咏中成为南京文学形象宣传的靓丽窗口。身为"东亚文化之都"的济南坐拥趵突泉、大明湖、千佛山、明府城等人文胜景，同样可以在文学作品中发掘和呈现泉城的独特魅力。可让文学内容搭配泉水、荷花、柳树等泉城标识物，将数字形态的文学资源置于城市景观背景之中，使文学思想与济南风情相得益彰。再者，文学还应化身城市记忆的见证者，用文字和遗迹重绘历史上的济南。因为时代久远，今人难以见到古代的城市风貌，只能依靠考古遗址再辅以地图、绘画等加以想象。而文学是作家对社会全貌的能动反映，具有超越时间界限的优势，能将作家在城市中的所见所闻以文字形式如实地传递给读者。如通过元好问的《济南行记》可知当时济南的城周风光，品读张养浩的《龙洞山记》能领略山水的游览见闻。即便是近十几年的济南，也同样发生了翻天覆地的变化，回忆起来难免引起感慨。所以可以借助数字技术，将文学作品中记载的不同时代、不同环境下的济南城市形象予以还原,由操作者自行选择观看时期,满足好奇心的同时增加对社会变迁的了解。不仅如此,济南文学资源的数字化发展还需要与济南城市生活相融互鉴。区别于学术著作的理性探讨,文学对城市风俗的描述更加生动感性,更易为读者所理解接受,也就更能传播和展现城市意蕴。济南文学中不乏对市井生活的描绘,在设计和生产数字衍生品时可对其深度挖掘并将日常生活包含其中,以寻常街巷、普通人家的生活之美,引起体验者的情感共鸣。

4. 人文情怀与中华美学

在网络技术深度参与的当代文化生态中,文化产品触手可及,思想观点碰撞交锋,接受者无时无刻不被海量信息所包围,大众生活进入众声喧哗的"文化狂欢"状态。我们既要承认技术变革给文化的创作、交流、获取带来的巨大便利,又应直面随之产生的社会忧虑。首先是技术对人的异化。人们越来越离不开电子产品,网络社交、短视频、手机游戏占据绝大多数的空闲时间,手机成为参与文化生活的重要渠道,接受者在视觉图像带来的感官刺激中趋于安逸,长时间的沉浸式阅读缺位,理性思辨能力日渐弱化。其次,当今文化生活表现出泛娱乐化倾向。生产者为了谋求经济效益,更愿意向消费者提供流于娱乐快感的产品,文化逐利观念甚嚣尘上,文化的严肃性被侵蚀消解。再次,接受者在无意识中落入"信息茧房"。平台基于日常使用的数据分析,为用户画像并投其所好,优先选择为用户提供可能喜欢的内容,长此以往,用户将固定地处于一定的文化圈层。综上分析,应理性看待文学资源数字化转型的全过程,避免陷入技术崇拜和享乐主义的陷阱。以人文情怀为思想指引,坚守文学是人学的本质,增强文学资源与现实生活的血肉联系。如《平凡的世界》《人世间》等电视剧,将作品由文本形式转化为影视形态,即便小说的背景时间与现在有一定距离,但其关注人生、体察社会的思想内涵依旧令观众动容。济南探索文学资源与数字技术结合的可行道路时,建议鼓励和支持文学资源开发的现实意识,推进文学和科技共生共赢,用数字技术提升消费者的感知能力,为品味文学资源韵味提供可靠保障。既可以利用数字化的文学遗产建设线上文化园地,寻找名士先贤思想道德与现实社会思想的契合点,更可以推进新时代文艺创作的转化,反映当代济南的社情世事。

在人类文化发展史上,世居欧亚大陆东部的中华民族形成了独具民族特色的美学思想和审美理念,构建起区别于西方美学理论的中华美学。中华美学建立在中华民族集体记忆的文化根基之上,表现为中华儿女对本民族审美品位的文化认同和对本民族生活大美的心理归属。中华美学兼采儒释道三家所长,具体体现在建筑、服饰、文学、艺术等领域,历来与社会生活息息相关,继承和弘扬中华优秀传统文化,需要中华美学提供的理论支撑。如河南卫视先后推出《元宵奇妙夜》等节目,为观众奉上中华文化之美的视听盛宴;再如上戏416女团推广弘扬戏曲文化,展现传统艺术之美。文学资源向数字化形态转化,也应遵循艺术规律,深刻体会中华美学理念,积极付诸创新实践,赋予文学资源美的内涵和形式。济南文学资源数字创意产品的设计过程,对中华美学理念最直接的运用可以体现在建筑构形上。济南明府城片区古迹众多且留存完好,依稀还能感受到老济南城青瓦白墙、泉水环绕的古典意境,能够为以数字形式存在的文学资源提供具体真实的容载环境。开发者在熟悉我国古代建筑艺术知识的基础上,可以尝试以明府城为原型,遵循中华美学的标准要求,以数字媒介呈现二维或三维的建筑群落,从而为消费者提供身临其境的文学资源提供数字化体验空间。

(二)打造数字产品全矩阵

文学资源的数字产品是文学资源利用数字手段完成创意跃迁的成果,是社会大众借助数字媒介进行信息选择和内容接受的必要载体,文学资源的数字再生产水平直接影响着城市文学生活的体验质量。济南文学资源的数字化发展归根结底就是城市文学资源在保护、创意、生产、传播、接受的全流程价值链上对数字技术的深度应用,在日常的体验场景中具象为数字形态的文学衍生品。

1. 影视作品:济南文学的视觉盛宴

视频作品凭借直观真实、通俗易懂的优势深受人们青睐,成为当今社会上最喜闻乐见的文化传播载体,移动互联网设备的普及更让视频作品在日常生活中随处可见。以时长为划分标准,本文将在抖音、快手等短视频平台投放的从几秒到十几分钟不等的视频称为短视频，而将电视剧、电影、纪录片、综艺节目等时长多在几十分钟以上的视频统称为长视频。在制作济南文学资源的视频作品时，应根据短视频和长视频在内容承载能力和受众需求的不同特点形成差异化定位。

截止到2021年12月，我国短视频用户已达9.34亿，用户规模庞大且对大众文化生活的覆盖率高，必须充分重视短视频对城市文化的宣传效果和对城市品牌的塑造作用。如知名视频创作者"盗月社食遇记"曾推出关于衢州美食的作品，以几分钟短片传递城市烟火气息，话题讨论一度登上微博热搜，对城市的推介作用得到当地政府的充分认可。在利用短视频介绍济南文学资源时，需要把握短视频的本质特点，即用最短的时间留住观众，用有限的时长呈现精彩内容。济南文学资源的推介短视频，在风格上可以相对轻松灵动，改变说教式的介绍话术，顺应网络潮流，将乏味的文字记录转化为创意有趣的表达形式；在画面上，可为文学内容搭配济南城市景观，将文学形象与城市形象紧密结合，令观众由对作家作品的崇敬转化为对济南的向往；在语言上，可以在视频中穿插具有标志性的话语，使之成为观众的记忆点，增强作品在短视频平台的辨识度和传播能力。总之，建议济南文学资源在短视频平台传播时，更加突出短小精悍的特点，以富于娱乐趣味和文学知识的精品内容填充用户的"碎片时间"。

不同于短视频片刻的精彩呈现，长视频则应更加注重内容的完整性和系统性。长视频因时长优势具有更强的内容承载能力，观看者也更具观看视频作品的时间和耐心。因此，以文学资源为创意来源的影视作品可以运用伏笔铺垫、镜头语言等艺术手法，将文学内容娓娓道来。如电视剧《觉醒年代》中《狂人日记》的创作场景，导演通过意象和运镜将鲁迅创作时的心境体现得淋漓尽致。当将济南文学资源作为电视剧、电影的素材时，应当更加注重作品在结构上的完整性，引导观众紧跟故事情节进展，将文学内容按照剧情逻辑层层递进逐步展现，如可以按照时间顺序反映曾巩在济南的为官生活。同时，注重对细节的刻画和描写，通过细微之处给观众留下深刻的印象。也可以制作专题纪录片，将文学作品、文学名家与城市中的文学遗产对应起来，以更加成体系的讲解方式拉近观众与济南和济南文学的距离。建议继续开展和升级类似中华"二安"诗词大会的全民竞赛,将其打造成为具有济南特色的系列综艺节目,激发社会大众对济南文学的学习热情,增强对文学生活的参与感,营造热爱文学的城市文化氛围。济南文学资源的长视频作品更应侧重给予观看者持之以恒的思想滋养,着力于提升文化品位和审美能力,让文化受众在潜移默化中熟悉和了解济南文学。

2. 数字出版：文学体验的虚拟空间

网络游戏和网络动漫是数字出版产业的组成部分,已经成为目前最主要的休闲娱乐方式之一。网络游戏和网络动漫拥有以青少年为代表的稳定消费者群体,产品的生命周期长,IP转化可行性强,可持续开发潜力大,随着受众规模的扩大,能依托社交平台形成主题鲜明的文化圈层,在当代文化生活中占据一席之地。在制作和推广阶段,动漫游戏多会选择融入一定历史文化内容,以期尽快搭建与接受者的文化联系,增进心理认同,如国漫《画江湖之不良人》以唐末及五代十国为故事背景,《一人之下》以道家文化为内在思想。文学资源作为特殊的文化资源,是自然地理和人文风貌的集合,同样能成为网络游戏和网络动漫的素材。

济南或可主动探索文学资源向动漫游戏创意源泉转化的产业模式,提高本地文学资源对大众休闲生活的渗透力度。首先,从融合方式分析,目前有自主生产和品牌合作两条基本路径可供济南选择。一方面,济南可以重点扶持本地文化企业,依托济南国家动漫游戏产业基地的平台优势,鼓励和引导以动漫游戏制作为主营业务的数字传媒公司深入考察和挖掘济南文学资源,将其作为创作主题或者组成部分,运用到游戏动漫的产品开发,争取在"数字泉城"建设规划期间,形成一批具有业界影响力和受众认可度的知名动漫游戏企业,推出一系列具有思想深度和创新意识的动漫游戏,围绕自主产权开展济南文学IP的全方位开发;另一方面,济南还可以与目前市场上反映良好的数字出版品牌达成合作意向,特别是与热门网络游戏携手推出济南文学主题的游戏活动,让玩家在游戏环境的耳濡目染中领略济南文学资源的意蕴。自主生产是筑牢竞争优势的治本之策,品牌合作是短期宣传的取巧之法,在运用过程中应彼此搭配、互相支持。其次，从融合角度分析，济南文学资源与动漫游戏的结合体现在为虚拟空间的营造提供内容支撑。宏大世界观的长篇文学作品可以成为动漫和游戏创作的"蓝本"，在网络中营造出一个虚拟的文学想象世界，文学内容经改编可以作为动漫游戏的主干情节，像游戏《诛仙》、动漫《斗罗大陆》等即是如此。文学人物、文学遗址还可以作为动漫和游戏的有机组成部分，分别以人物形象和故事场景的形态呈现出来。其中，网络游戏尤为值得关注，因其具有持续开发的稳定性，还可以各种游戏活动和道具的方式展现文学内容，如手机游戏《王者荣耀》的英雄皮肤等就体现出鲜明的文化特色。作为文化创意的原始材料，济南文学资源在融入网络游戏、网络动漫的开发制作过程中，找到文学意蕴和虚拟空间的最优结合点，是二者得以相得益彰的必要保证。所以，需要继续深化对济南文学资源的挖掘和研究，综合分析济南文学的内容特质，为之匹配最适合的产品载体和应用形式，使济南文学资源恰如其分地体现在动漫游戏之中，而不至于造成内容组合的突兀。同时，必须保证文学内容的思想性，避免文学经典沦为娱乐消费的附庸。文学资源与动漫游戏的融合旨在通过更易得到受众青睐的形式，为受众提供更多元和更有趣的接触文学资源的渠道，通过虚拟体验增加对城市文学的热爱。

3. 智慧文旅：诗城词都的寻迹之旅

济南文学资源储量丰富，在泉水文化、名士文化、商埠文化、红色文化中均有体现，与城市知名旅游景点、古城街巷联系紧密，便于顺势开展济南文学之旅。建议文学之旅以文学爱好者和学生群体为主要服务对象，围绕济南文学的核心主题，以参观城市中的文学遗产为主、浏览其他旅游景点为辅，在旅行过程中增加文学知识讲解、文学游戏体验等配套服务，同时将济南自然风光和人文风情融会其中，做到既满足游客的休闲放松需要，又满足游客增长阅历的求知欲。为提高旅行的体验感，可设计专属小程序，通过线上平台满足不同游客的个性化需求。小程序可以在常见地图的基础上采集和标注出济南文学资源的分布情况，形成济南文学地图；还可以在保证信息安全的前提下对用户进行信息采集，从而为用户提供定制的路程规划和配套服务。小程序或可与城市文旅系统连接，充分释放数字技术的治理效能，实时反映旅游景点的参观客流量，以便游客及时调整参观计划，获得最佳的文学感受体验。同时，还可以在小程序上整合线上消费渠道，方便游客对部分文学地标提前预约或购买门票。此外，还应加快济南文学 IP 向文化创意产品的转化效率，在文学景观处投放相应的文创产品，并允许游客在产品初级形态上自行设计，实现线下欣赏、线上定制、配送到家的订单式柔性生产。

济南文学之旅应重视数字技术在智慧文旅建设中的关键作用，为实体文学景观延伸出数字化的虚拟体验空间。曾巩、苏辙、李攀龙等历史上与济南结缘的文学名家，在济南的活动足迹分布老济南城的各处，其中不少地方如白雪楼、万竹园、秋柳诗社等已被纳入知名景区之中并得到保护修缮，但也有不少地方现在已因城市建设而无法分辨。对于景区之中的文学遗址，可以搭配 AR 导览的功能，游客只需用手机即可体验。应充分发挥 AR 技术连接现实与虚拟的优势，让游客通过手机屏幕即可在线看到与实景重叠的虚拟导游形象，这些导游形象可以是文学家本人，而游客则被设定为受邀参观的好友并与之互动，在实景中再现历史图像，增加游客的代入感。对于已经湮没在现代楼宇之中的文学故地，可以在特定区域设置体验点，让游客根据小程序或手册的提示，以寻宝的活动方式探索寻找，设计隐藏在城市中的文学打卡地，让参与者体会今昔对比。因为当前穿戴式智慧文旅装备尚未普及，所以可以在文学景观附近集中建设 VR 体验区，允许游客参与体验，利用数字设备将体验者的观感与现实世界相隔断，将体验者带入沉浸式的虚拟空间，为体验者重现历史中的文人风骨与文学景象。

在满足游客文旅体验后，还可以邀请游客参与城市文学创作，鼓励游客用诗词或散文等文学体裁表达自己对济南文学之旅的感受，优秀作品可择优结集在新媒体平台展示，对获奖者可以提供文创产品、文旅优惠等实质性奖励。更可以鼓励具有音乐创作才能的市民和游客为济南作词谱曲，形成一批关于济南和济南文学的城市歌曲，一如几年前在抖音平台爆火的《济南济南》，优秀作品经专业人士指导和完善后，可作为网络音乐产品推向市场，实现文化旅游对城市数字出版的产业反哺，丰富数字化形态的当代济南文学作品数量。

4. 智能场馆：文学资源的沉浸体验

进入数字社会，文化场馆在大众生活中依旧扮演着重要角色，在举办公益性的群众文化活动方面仍然发挥着无可替代的承载作用。文化和旅游部强调，要"推动数字文化产品和服务在公共文化场馆的应用，丰富公共文化空间体验形式和内容"。① 在济南文学资源的数字化进程中，对智慧场馆的建设不容忽视。结合文学资源开发的客观需要，本文所指的公共文化场馆主要是城市中的图书馆和文学馆，而所谓智慧场馆则是指在文化场馆中增加可提供沉浸式、互动式体验的智能设备，营造文学体验的数字场景，构建身临其境的公共空间。

图书馆应充分发挥图书馆藏优势，为群众了解济南文学提供可靠途径。济南文学资源数字化的相关工作，可由济南市图书馆具体承担。济南市一直注重"书香社会"建设，至今已连续举办十二届"书香泉城"全民阅读节，分别于2009年和2021年承办全国图书交易博览会，在全社会营造爱读书、读好书的阅读氛围，让阅读书籍成为市民的生活方式，为文学资源融入市民生活创造良好环境。从济南市图书馆官网可知，目前济南市图书馆的电子馆藏已经形成了包括李清照专题文献、济南地方文献、济南名泉、济南名士、济南记忆等特色馆藏，取得实质性的成果。济南市图书馆可以此为基础，继续增设济南文学作品电子书馆藏专栏，将济南文学研究、文学创作的相关成果收录其中，面向广大市民读者开放。还可建立济南文学资源数据库，以大数据分析能力为济南文学研究提供创新点。此外，分布在济南市各区县的泉城书房也可以作为市民线下文学生活的集散地。据济南市2021年统计公报显示，济南当前已建成泉城书房38家，其中包括"二安文化"主题的雨滴广场分馆、文学主题的领秀城分馆。泉城书房可以形成市民生活的"文学阅读圈"，能够对济南文学资源起到良好的推介作用。在泉城书房中可以设置数字显示器、VR穿戴设备，拉近读

---

① 文化和旅游部：《文化和旅游部关于推动数字文化产业高质量发展的意见》，文旅产业发〔2020〕78号，http：//www.gov.cn/zhengce/zhengceku/2020－11/27/content_ 5565316.htm，2020年11月18日。

者与济南文学资源的距离。还可将泉城书房作为线下文艺讲坛的举办地，现场进行同时全程配套5G+4K/8K网络直播，让数字媒介助力"云讲座"普及文学知识。

建设济南文学馆有利于济南文学的系统呈现和济南文学资源的数字化转型。国内已有文学资源富集型城市建设文学馆的先例，如北京的中国现代文学馆、福州的冰心文学馆，青岛则有国内首家城市文学馆。济南作为一座文化底蕴深厚、文学资源富集的城市，理应秉承创新意识，率先建成高品质、数字化的城市文学馆。济南文学馆可以整合曾巩纪念馆、老舍故居和曲山艺海博物馆等现有场馆的馆藏资源，以城市文化为展馆的风格基调，按照时间顺序或专题排列的方式，系统呈现济南文学从古至今的发展脉络，展现济南文学的各类文物。在展馆内部展览布局上，济南文学馆不仅要有文物展览、缩放模型等传统展示方式，还可以灵活运用5G、VR/AR、数字屏幕、人工智能、超高清视频、全息投影等先进的数字技术，配套虚拟讲解、AR展示、交互设备等数字展馆新基建，打造沉浸式的现代化城市文学馆。此外，数字藏品的开放和销售不失为济南文学馆的一种创新可能。故宫博物院、河南博物院等都已在数字藏品交易平台发行数字藏品，济南文学馆可借鉴经验，推出泉城文化与文学主题的数字藏品。

（三）提升文化主体创造力

文学资源数字化发展不仅需要适配的理念、创新的产品，还需要调动文化主体参与建设的积极性和创造力。济南文学资源数字新生态的构建和完善，需要地方政府、文化企业、社会大众、专业性人民团体和高等教育机构协同参与其中，以实际行动为大众文学生活的跨越式发展提供最坚实的主体保障。

1. 地方政府：保驾护航的有形之手

首先，济南市应提高对济南文学资源价值的认识，形成对文学之城的清晰定位。文化和旅游局、济南电视台等单位在推进济南城市品牌建设过程中，不仅要突出济南"天下泉城"的城市形象，还应明确济南也是一座文化之城，尤其是文学之城。在制定城市发展规划和指导意见时，可以考虑将文学资源的开发利用纳入其中，积极推动济南丰富的文学资源在文化旅游、文化产业、公共服务、非遗保护、终身学习等领域凸显社会价值和经济效益。鼓励文学资源发展共享"数字先锋城市"建设红利，探索文学资源与数字技术的融合共生路径，支持文学资源创意项目与城市数字新基建匹配联通，为文学资源数字化提供客观环境。

　　其次，济南可以利用各类渠道、载体营造文学氛围，推动文学资源的数字产品进入大众日常文学生活。济南可以利用电子屏、宣传图、灯箱等有形载体，将文学资源与旅游景点、大街小巷相结合，增进文学资源在日常街景中的直观感受，赋予济南文学浓郁的生活气息。如可将晏璧的《七十二泉诗》在相应泉眼周围展示，提升济南名泉的文学附加值。各类群众性文化活动也有利于为济南打造良好的社会环境。一方面，可以在"文化惠民消费季"中开设文学主题专项，激发市民在文学旅游、书籍购买、戏剧演出等方面的消费热情；另一方面，可以承办或主办具有区域乃至全国影响力的文学活动和文化展会，为参加者提供打破时空限制的"云演艺""云展会"的参与渠道，利用数字技术将活动影响力和覆盖范围最大化。还可以发挥学校教育对文学资源的推介作用，为学生提供系统掌握济南文学典故的学习机会。可以探索在中小学开设济南文学特色课程，鼓励教师利用电子教具和智慧课堂设备增强学生的直观感受，探索文学育人模式；为高校学生开设人文选修课，引导学生在新媒体平台分享讨论，在创业赛事中学以致用。

　　最后，政府还可以在文化市场中发挥正向作用，以真抓实干建设文学济南的有为政府。在济南文学资源的数字化发展过程中，政府相关部门可以对文化市场进行引导，为文学资源的"双创"提供活力沃土。可以面向全社会开展文学资源衍生产品的评选活动，既鼓励市民和游客创作高质量的文学主题自媒体作品，又为本地文化企业在创意设计、数字出版、装备制造等行业树立标杆。还可以举办不同级别的创新创业竞赛，在作品主题范围设置城市文学资源的数字化发展专题，对在比赛中脱颖而出的相关项目予以政策和资金扶持。此外，因为文学资源的数字化发展涉及多领域、多专业的跨界组合，所以更需要地方政府多部门通力合作。既可以出台优惠政策，增强济南对文化企业和文化复合人才的吸引力，又可以优化济南国际创新设计产业园、齐鲁文创推广研究中心、华谊兄弟济南电影小镇等在济南园区服务功能的智能程度，释放创意产业和数字技术在文学资源方面的产能，更要履行好政府主体对市场的监督管理职责，面对文学资源数字衍生品在设计、生产、流通等环节可能出现的盗版问题，坚决依法保护知识产权，同时针对过度逐利行为对文学资源产生的不良影响加大正向引导力度，为济南文学资源的数字化发展提供以人为本、崇尚创新、重视科技、依法运作的文化市场环境。

2. 在济企业：市场活动的重要力量

企业是市场活动的参与者和创新主体，文化企业的发展水平直接影响着所在城市文化资源的开发力度和文化创意产业的供给效能。因此，济南文学资源的数字化发展必须重视在济文化企业对产品生产的关键作用，支持相关企业在数字新业态中谋求文化产业数字化和数字文化产业化，在新发展格局中强化合作、有序竞争、差异发展，形成有利于济南文学资源由粗放型的低级形态向智慧型的高级形态跃迁的数字文化场域，彰显济南文学在经济社会发展中的资源禀赋。

首先，在济文化企业应优化自身产业布局，加大对数字技术和创意生产的研发投入，为更好参与济南文学资源的数字化生产奠定基础。相关企业应充分重视数字技术在现代文化创意产业中的革新动力，明确数字要素在数字文化产业中的产业价值，敢于以创新精神跳出当前企业发展的"舒适圈"，及时以资本、技术、人才等生产要素布局新型数字业态，推动自身优势产业适应数字化新趋势。同时，还可以与驻济高校签署合作协议，完善企业内部人才培养体系，提高员工在项目策划中的创意写作能力。一方面可以共建文学和新闻传媒、文化产业管理、计算机技术、通信工程等相关专业的校企合作基地，以实习的方式培养学生综合素养和实践能力，并对有招聘意向的学生提供入职渠道，实现订单式人才输送；另一方面还可以向知名高校创意写作研究机构聘请教师开设创意写作课程，鼓励在职员工终身学习，培养兼具创意思维和创作能力的高素质文化人才。在济企业的活力发展将会为济南文学资源的数字化创意生产提供资质优秀的市场主体和创意纷呈的人才队伍。

其次，在济文化企业更需要投身文化消费市场，融入济南文学资源开发利用全过程，在社会效益和经济效益的平衡中找到适合企业发展和创意生产的价值增长点。企业可以深度挖掘文学资源潜在内涵，推动数字技术更迭和文学内容多元衍生，根据受众画像精准营销，尝试探索和形成一套成熟稳定的商业框架和收益模式，提高文学 IP 的变现能力，扩大自身盈利空间，以产业链的良性运作保证文学资源的长期有效开发。以企业规模和生产能力为标准，不同类别的公司或可制定差异化发展策略：山东影视传媒集团、山东出版集团、济南出版有限责任公司、山东奔跑吧贝壳文化传媒有限公司等本地文化企业应发挥在行业内的领军作用，利用资金、技术、人才优势参与主题园区、商业集合体等大型城市文学项目的落地实施，以卓越的文化创意实施能力助力城市文化品牌对外宣传；中小型文化企业则可以垂直深耕细分经营领域，着力打造"拳头产品"，争取成为行业内的"瞪羚企业"和"隐形冠军"。同时，借助文化产业园的集聚优势，促进彼此间的合作交流，将竞争压力转化为企业创新动力。无论大中小企业，在实现盈利的同时，必须兼顾社会效益，承担自身的社会责任。例如，在济企业可以针对济南文学资源知名度有限的问题，通过新媒体平台和文化创意产品，向广大消费者宣传讲述济南文学故事，形成城市建设和企业发展的共赢局面。

3. 文化大众：数字社会的创意阶层

多伦多大学教授理查德·佛罗里达认为："创意阶层的显著特点就是其成员从事着旨在'创造有意义的新形式'的工作。"[①] 实际上，当今社会中的每一个人借助线上社交平台都有可能跻身"创意阶层"。线上社交平台不同于现实生活的人际交往环境，用户之间无须认识，甚至可以彼此隐藏在个人账号的"面纱"之后，只需要通过网络设备就可以不受时空限制地进行交流，一名用户在理论上可以与其他所有用户建立联系。不仅局限于QQ、微信、微博等专业社交应用，甚至支付软件、网络游戏、短视频

---

① ［美］理查德·佛罗里达：《创意阶层的崛起》，司徒爱勤译，中信出版社 2010 年版，第 8 页。

创意营造

平台都形成了个性化的社交模式,网络社交显然成为大众文化生活的常态。社交平台的搭建和海量用户的进驻,相当于每位用户都拥有了自媒体,UGC 模式(User Generated Content)成为可能,文化生活随之进入全民创作时代。线上平台让用户获得了更多参与文化生活的权利,在法律和道德的约束范围之内能够自由地进行创作、传播、评论。创作方面,线上平台几乎不存在准入门槛,凡是经过注册的用户都能生成自己的作品,文学艺术由精英创作向大众创作演进;传播方面,去中心化趋势明显,在众声喧哗的文化生态中流量和热度成为影响传播效力的关键因素;评论方面,对文化艺术作品的评论群体由评论家扩大到普通用户,每个人都可以根据自己的喜恶发声,如短视频平台的评论区和微信读书的书评。不仅如此,"借助新媒介,普通大众也起到了文学传播、'群塑经典'的作用"[1]。像改编自《夜谭十记》的电影《让子弹飞》,虽不乏对其媚俗和商业化的质疑,但平台上的二次创作和内容解读却一直不断。

由是观之,线上社交平台赋予文化大众创作和发声的权利,丰富的用户原创作品蕴含着对城市文化品牌建构的无穷力量。济南文学资源的数字化发展需要作为数字社会"创意阶层"的文化大众的参与,文化大众在线上平台上创作的关于济南文化和文学的文字内容和视频作品,即济南文学资源由实体向虚拟、由抽象向具象的可视化转变,又能在新媒介传播中提高济南文学的知名度和影响力。对此,应积极引导包括市民和游客在内的文化大众,意识到自身在城市文学生活中的主体地位,鼓励他们主动参与济南文学的新媒体作品创作和品牌推介。大众的文学创作必须建立在对济南文学的深刻理解和对济南文学资源真实体验的基础之上。可以通过新媒体社交平台,及时向文化大众传递济南文学活动的最新消息、提供文化消费的惠民折扣,为本地市民和外来游客提供了解济南文学的渠道和机会,引导社会大众通过文化旅游、创意产品、文艺演出、全民阅读、城市生活等方式,增加对济南文学知识的积累,近距离感受济南文学遗产风采,从而创作出蕴含真情实感的自媒体作品。尤其对本地市民而言,更应树立主

---

[1] 黎杨全:《新媒介与国民"文学生活"的转型》,《文艺争鸣》2016 年第 9 期。

人翁意识，对济南文学资源予以高度的文化认同，以更加活跃的姿态参与济南文学资源数字化建设全过程，利用自媒体平台创作更多推介济南文学的优质作品。同时，还可以借助"全民阅读"的契机，鼓励市民阅读关于济南的文学作品并在社交平台分享心得、开展讨论，借助网络的传播促进济南文学经典作品向社会广泛传播。当大众利用网络平台助力济南文学资源的数字化发展时，必须加强自律，在济南文学相关作品的创作、传播、评论中坚守不媚俗的理性意识和不抄袭的原创底线。

4. 社会机构：文学创新的知识群体

作为由济南文学创作者组成的专业性人民团体，济南市作家协会一直发挥着指导和鼓励济南文学创作的重要作用，在济南文学资源的数字化发展中理应积极作为，推动济南当代文学生活的繁荣发展。首先，济南作协应一如既往地履行基本职责，鼓励和组织本地作家开展文学创作，为济南文学生成源源不断的新作品新资源。市作协既可以引导作家在济南深入社会调研，增进对济南风土人情和历史文化的感悟，在构思阶段汲取泉水文化、名士文化、商埠文化、红色文化的精神养分，创作出能够反映济南人文历史和当代生活的优秀作品；又可以接纳和培育本地文学新人，不断壮大济南文学创作的有生力量。市作协还可以借助新闻媒体和自媒体渠道，制作城市文学主题的视频作品，利用数字媒介的优势持续扩大济南文学的影响力。此外，市作协还可以增进与本地网络作家的联系，尝试吸纳优秀的网络作家，以创作研讨的方式促进济南纯文学发展与网络文学创作交流互鉴、取长补短。在济南文学资源数字化的发展过程中，济南市作家协会能够丰富城市文学资源储量，引领济南文学生活良好风尚，传播热爱文学、热爱城市的价值理念。

众多的驻济高校及其齐全的学科门类、完备的人才培养体系是济南作为省会城市的发展优势，应鼓励和支持高校师生参与济南文学资源的数字化发展，释放城市学术资源的价值因子。因为几乎没有的准入门槛和难免疏漏的审核机制，当前网络环境尚存在鱼目混珠、泥沙俱下的乱象：正确内容与错误信息混杂，网络内容真实性需要辨识；去中心化使每个发布者都有机会成为话语中心，对权威和理性构成潜在挑战。在此环境之下，高校教师或可凭借其知识储备和社会身份成为网络空间的意见领袖（KOL），在城市文学的新媒体传播中起到存真辨伪的引导作用。以哔哩哔哩平台为例，当前已不乏高校教师入驻的情况，最广为人知的莫过于拥有两千余万粉丝的罗翔教授。中文专业中，当前热度较高的是杨宁老师，其他则还有钱理群教授、马瑞芳教授、戴锦华教授等知名学者。利用网络渠道传播文学知识有利于将文学资源转为高品质的知识类视听作品，同样是济南文学资源的数字化发展的可行路径之一。因此，在济高校的中国语言文学专业的教师可以把握网络平台成为知识传播载体的数字生态机遇，入驻哔哩哔哩、得到等已经具有良好受众基础和学习反馈的线上平台，垂直深耕济南文学研究领域，创新推出泉城文化与文学主题的普及作品，将自身科研任务、教学工作与新媒体作品创作相结合，成为城市文学知识的传播者和城市品牌建设的参与者。在条件允许的情况下，教师还可以与贝壳视频等济南本地MCN公司签约合作：高校教师专心负责济南文学的研究，为视频作品和吸引粉丝提供核心竞争力；MCN机构则立足自身运营、数字技术的优势，选派专业团队具体负责形象塑造、产品创新、内容推广、粉丝经营、商业合作等业务，完善内容创作与账号运营的分工体系。高校教师的济南文学知识的传播方式可以分为两个方面：一是免费面向平台观众开放的短视频，拓展济南文学的传播范围，提高账号知名度；二是面向具有系统学习需求的文学爱好者，提供系统的知识付费课程，以课程讲授的形式全面展现济南文化和文学的丰富内涵。此外，教师还可以参加线下讲座活动，将直播或视频上传到平台，增进文化大众对济南的熟悉程度。除教师外，也可以鼓励学生围绕"济南文学+"的思路参加创新创业赛事，或与《齐鲁晚报》、《济南日报》、济南电视台等文化机构共建实习基地，支持学生在实战中获得锻炼并产出成果。

结　语

当文化力量在城市形象构建中的作用越来越被重视，作为城市文化资源的文学理应同样得到人们的关注。城市的品牌宣传既需要依靠外在景观的视觉渲染，又必然离不开内在理念的精神滋养，文学资源恰恰能同时满足内外两方面的要求。文学资源以作家对城市的艺术创造为前提,与自然风貌、城市文化、市民审美相契合,分别通过物质性和非物质性的存在方式与大众文化生活相连通,在与公共文化和创意产业的融合中谋求价值实现。文学资源的开发水平是衡量城市文化品牌建设成功与否的重要尺度。在文化与科技深度融合的数字时代,文学资源数字化发展将成为文化生活品质飞跃的有力抓手,成为城市品牌提升的全新引擎。

"海右此亭新物色,济南名士旧风流。"[1] 介乎海岱之间,位处齐鲁交界,身居山泉比邻,兼收并蓄的济南文化坚毅而不失内秀,纯朴却不乏灵动,故有海内名士往来云集,在岁月变迁中遂有充沛丰盈的城市文学积淀。济南自古以来就有文学创作的优良传统,文脉悠长赓续而不曾断绝。纵览历史线索,济南文学创作上溯先秦,盛于唐宋,臻于明清,传至当代,在不同的时代皆别具气韵风神。具体观之,济南古代文学以诗词见长,素有"诗城词都"之雅号;现代文学诞生于救亡图存之际,见证济南的蒙尘受辱和解放新生;当代文学反映现实生活和社会思想,在文学产业化的助力下迸发勃勃生机。济南文学资源发展潜能巨大。

在新一轮科技革命和产业变革到来之际,济南应当积极迎接发展机遇,顺势营造网络化、沉浸式、智慧型的文学生活体验场景,完成文学资源数字化的华丽转型。济南文学资源数字化发展既应当前瞻布局,还需要久久为功。庞大的文学资源"上云用数赋智"是一项系统性工程,绝非一日之功。因此,济南当借鉴国内外著名城市先进经验,结合自身区位要素因地制宜,在"数字先锋城市"建设中引入数字新技术、文创新理念,以长远规划总揽全局,以创意策划持续发力,推动智慧名城和文学城市齐头并进。相信数字化发展将会极大激发济南文学资源生命力,在助推数字文化产业新业态的同时,缔造诗意盎然的泉城文化品牌。

(作者为李文浩,指导教师为李辉)

---

[1] 刘玉民总主编,王玲分册主编:《济南文学大系·古代诗歌卷》,济南出版社 2015 年版,第 383 页。

数字时代的城市公共文化空间营造研究：
以济南高新区文化中心项目建设为例

公共文化空间是融合了综合娱乐、展览会议、公共建设惠民等核心功能于一体的综合性场所。各个功能之间相互依存，多功能、高效率、复杂而又统一。公共文化空间如今在数字赋能创意赋能的加持下，不仅极大地整合了城市的各种生活功能，其出现和发展也极大地影响了城市空间布局、城市交通和城市形象等。

城市公共空间是文化空间的母体，城市公共空间结构深刻影响着文化空间的形式与内涵。"公共"一词是从英语的"Public"翻译过来的，源于古希腊词语"pubes"或"maturity"，可见早在古希腊时期就有了公共性的萌芽。当时的公共性可以用政治共同体来表达，与古希腊的民主政治制度关联密切。18世纪马克思对科学社会主义的论述中也有公共性的相关议题，尽管在其著作中几乎找不到对"公共性"的明确定义，但从他对"公共权利""公共利益""共同体""自由人的联合体"等概念的论述中我们可以推断，马克思认为公共性与人类社会的发展是一体的，因为从唯物史观看，实践是人类的公共活动。① 20世纪60年代，简·雅各布斯在《美国大城市的死与生》一书中提出，理解城市最直接的方式就是通过城市自己，而不是其他的客体，只有充满活力、互相关联、错综复杂的用途才能

---

① 张莉华：《"唯物史观视野中的公共性问题"理论研讨会综述》，《思想理论教育导刊》2009年第9期。

给城市带来适宜的结构和形状。① 城市公共文化空间在 20 世纪 70 年代中期，逐渐成为西方城市形态与城市生活研究的主题。

进入数字时代以来，伴随着生产力提高，人民的精神需求不断增加，传统公共文化空间的发展在科技的加持下有了新的飞跃，围绕挖掘文化，以发展传播文化为主，同时以数字新媒体为新型向导的公共文化空间不断出现在城市中，传统的博物馆、美术馆等文化空间也通过新兴科技不断转型升级，展现了在全新数字科技的发展下对于城市发展和市民生活关怀的新面貌。同时作为城市市民日常活动的场所、人们生活的重要载体，公共文化空间也承担了更加重要的作用，因此研究公共文化空间意义重大。

济南高新区文化中心项目位于旅游路以南、舜华南路以西，文化中心占地面积1.40万平方米，地上建筑面积3.06万平方米，地下建筑面积1.5万平方米，设置有区级文化馆、档案馆、医疗设施区、社区体育等四大功能区，包含各类惠民文化功能，是一个按照现代化标准设计和打造的新型城市公共文化空间。济南市积极响应国家政策，制定了济南"十四五"规划，在"文化济南"战略布局中，高新区是济南市科技的前沿高地。高新区文化中心所确定的发展定位和发展方向符合国家方针政策以及宏观发展导向。同时，"国家级科技与文化融合示范基地"的挂牌为高新区发展"科创+文化"的发展模式创造了机会。以济南市高新区文化中心为例进行研究，对于数字化公共文化空间的研究和建设，以及济南市未来公共文化空间发展方向，提供良好的导向作用，并为新时代中国公共空间建设提供可借鉴经验，符合当下政策大环境和商业总体的发展方向。

一 公共文化空间的发展概况

（一）公共文化空间的定义

公共文化空间的定义有广义和狭义之分。

狭义上的新型公共文化空间是以建筑群为主要载体，承载如商业、酒

---

① ［加拿大］简·雅各布斯：《美国大城市的死与生》，金衡山译，译林出版社2006年版，第188—221页。

店餐饮、综合娱乐、展览、会议、公共建设惠民、文化宣传功能的，可供大众休闲娱乐，满足精神文化需求的城市文化空间，同时也是城市市民日常活动的场所，是人们生活的重要载体。

广义上的公共文化空间，除了传统意义上的地缘性的，以现实存在的建筑或开放空间为主要载体的场所，更在社会层面上有着抽象的内涵，不仅仅包括空间内的物质组织建构，更包括在空间内的活动对象和活动主体，即同时包含文化和空间参观者。公共文化空间的形成，需要人主体的参与，同时文化作为公共空间的主要对象，是空间的精神所在，参与者、相关文化、承载空间以及运行系统四者相辅相成，共同构成了公共文化空间的形象。通过狭义的公共文化空间概念我们也可以得知，作为参观者日常活动的载体，公共文化空间承担了人类活动和精神文明发展的一部分，对于城市文明的发展以及人类精神文化的发展具有重要意义。

（二）公共文化空间的类型

按照不同的标准划分，公共文化空间有着不同的类型。按创办主体划分，主要有三种类型：政府建设文化空间，如政府出资建立的博物馆、美术馆、文化艺术中心和社区公园等；民营文化空间，如商业体中心、主题书店、电影院、文化型书咖等；公私合办文化空间，如社区开放书屋、市民中心等。政府独立投资的公共文化空间如南京博物院，其前身是创建于1933年的国立中央博物院，中华人民共和国成立之后经由文化部牵头，由国家投资兴建，将其改为南京博物院，南京博物院也成为我国第一座由国家牵头承办的综合性博物馆。民营文化空间如长沙"文和友"，"文和友"主要发展美食餐饮业空间，火爆全国的"茶颜悦色"奶茶品牌就出自长沙"文和友"，经过长时间的发展，"文和友"形成了独特的美食文化空间，并在全国展开连锁业务，是商业体型的公共文化空间。公私合办文化空间如济南市"泉城书房"，是由政府牵头，通过济南出版有限责任公司进行承办建设而成的社区阅读空间。

公共文化空间按照用途划分，可以将其分为户外公众活动场所、室内文化展览场所以及室内综合性活动场所。

1. 户外公众活动场所

主要包括文化广场、高校校园、公园等自由公共空间。它们建设的基本用途为供群众自由进行游乐活动、体育活动、文化活动以及休闲，同时可能包括精心的园林景观设计或者历史遗迹。文化广场展示着城市的文化，奠定了城市基本的文化基调，主要以城市文化为主题，由官方牵头建设可供市民日常活动的公共区域和开放空间。

例如坐落于梵蒂冈的圣彼得广场，这座堪称经典的基督教圣地的广场，由世界著名建筑大师贝尔尼尼亲自监工，是梵蒂冈城几百年来文化繁衍的伟大见证。广场正面为圣彼得大教堂，兼具文化广场和历史建筑两者的功能，罗马教廷通常在这里举行大型宗教活动。圣彼得广场作为宗教圣地，承担着承办宗教活动、提供日常休闲的功能，同时作为历史遗迹和景区，设置了可供娱乐的商业区。位于圣彼得广场的圆屋顶顶楼，是罗马的购物胜地，纪念品以便宜但并不廉价的浮雕宝石而闻名，同时这里也是眺望广场景色的好地方。

由于多数高校具有开放性，向大众开放的、具有园林设计以及建筑设计的可供自由活动的文化性高校也可以算作公共文化空间的一种。如北京大学燕园自然地理条件优越，外有西山可借，内有泉水可引，早在金代就成了京郊著名的风景区，同时又是明清两代封建帝王的"赐园"。北京大学充分利用了留存的古典园林，营建了园林化校园环境。北京大学校内保留前身燕京大学的建筑遗址，具有明显的中式传统建筑特征，许多建筑采用庑殿顶或歇山顶，素色墙体，深红柱子与格栅窗以及条石基座。深厚的历史因素和文化因素，使北京大学成了特殊的文化空间，并建立了成熟的参观机制，游客可以通过线上申请和预约进入校园进行休闲活动和参观。

2. 室内文化展览场所

室内文化展览场所包括但不限于美术馆、图书馆、科技馆、博物馆等，是征集、保存、典藏、陈列、展示艺术作品的设施，场馆内对相关主题进行分类管理，是具有教育功能、研究功能、文化传播功能的社会性公共文化空间。通常展馆较为注重视觉艺术，为相关主题内容提供展示空间。此外，此类展览馆通常通过举办各种文化活动兼具推广与文化相关的教育，以及相关领域研究的功能。文化展览馆通常也凝聚了一座城市的文化精华，并向民众提供接受文化讯息、欣赏艺术、学习知识的公开场所。

例如坐落于西班牙毕尔巴鄂的古根海姆博物馆，该馆创办于1937年，是世界上著名的私立现代艺术博物馆。古根海姆博物馆打破了传统博物馆的经营方式，以连锁方式建成了博物馆群。毕尔巴鄂古根海姆博物馆由生于加拿大多伦多的解构主义建筑大师弗兰克·盖里设计，其结构独特、外观造型富有现代科技感，使用特殊的建筑材料，独特创新符合时代特色的建筑外观引人瞩目。因其独特而华丽的外形设计，古根海姆博物馆也成了毕尔巴鄂这座城市的独特标志。毕尔巴鄂在历史上曾经是西班牙重要的海港城市，但17世纪后，这座城市日渐衰落。19世纪因为矿业的开发和工厂的建设而重新振兴。但20世纪中叶，毕尔巴鄂旧城区遭遇了一场巨大的洪灾，城市被严重摧毁，这座即将复苏的城市再度陷入了困境，这对于这座已经没落的小城来说简直是雪上加霜，虽然城市也做出了其他努力，但依旧无法改变城市的衰落。20世纪90年代，西班牙毕尔巴鄂这座蕞尔小城已经消失在大众视野，这座城市让人了解到它，也许只因毕尔巴鄂球队在西甲联赛中的水平尚可。除了关注球赛的球迷，其他人也许将终身无法听闻这座城市的名字。但是古根海姆博物馆的建设，让这座奄奄一息的毕尔巴鄂起死回生，再度回到了大众视野，同时博物馆的建设也带动了城市其他的相关运作和艺术发展。

3. 室内综合性活动场所

包括体育馆、电影院、智慧书店和市民活动中心等要素在内的室内景观地域单元实体，都可称为室内综合性活动场所。这些场所一般为营业性质的基础、综合性惠民场所，以提供文化服务的场所为主。室内综合性活动场所区别于室内展览场所的根本点在于其普遍不具备文化展览性质，更多的是为大众提供室内文化场所。如济南各区政府联合济南出版集团在济南推行的"泉城书房"，就是为广大市民打造的现代时尚阅读空间。向公众免费开放的自由阅读书房，旨在提升全市公共文化服务形象和水平，打造泉城15分钟阅读圈，将优质阅读资源送到老百姓家门口，为市民阅读生活提供便利。

综上，公共文化空间的类型并不仅仅限于公立的由政府部门牵头的博物馆、美术馆等，普通的文化广场、高校校园等具有公开性、开放性的文化场所，以及剧场、电影院、文化主题书店、画廊、艺术展示馆、咖啡馆等场所都可称为公共文化空间。①

（三）公共文化空间的性质

随着社会的发展、科技的进步，在物质生活逐渐丰富，与群众文化需求提升的情况下，公共文化空间自身属性也随之建立起来。尽管不同领域下的公共文化空间彼此之间存在分异，但也表现出了共同的关键特征。公共文化空间的基本属性主要包括公共性、文化性、惠民性以及商业性四个方面。

1. 公共性

公共文化空间核心的关键词首先是"公共"，它是开放的、免费的、公平的公共空间。它允许人们自由进出，没有年龄限制和具体的受众局限性，它为人们提供自由公开的休闲场所，是民众在闲暇时间可以自我放松、接受文化熏陶、进行文化宣传的场所。同时，"公共"一词也可视作公有的，大部分的公共文化空间都由政府牵头建设，并由相关文化单位或者行政单位牵头管理，具有一定的公有性质。

2. 文化性

公共文化空间的另一个关键词是"文化"，文化内涵以各种各样的形式在这个空间内集中地体现、展示给民众，有利于城市居民接受文化服务和享用文化成果。以文化作为贯穿城市发展的一种推动力，以满足城市居民精神需求为目的，将文化作为资源整合的黏合剂，提高公共空间提供公共服务的能力。同时，利用有效资源，将现有文化进行盘活，创新再利用，让文化在新数字时代中通过新形式不断发展。再者，利用文化发展，可以促进城市品牌的形成，打造具有核心竞争力的城市文化，为城市公共空间注入新的生命力。

---

① 黄放：《城市公共文化空间的融合发展路径》，《图书馆研究与工作》2020年第5期。

3. 惠民性

公共文化空间建设的最终目的是以人民的精神价值需求作为基本参考、以以人为本为基本方向的，根本目的是服务城市中生活的居民，满足人民的精神文化需求，具有明显的惠民性特征。在城市公共空间的治理中，首先要明确城市居民对公共空间的需求。人民的精神需求随着物质生活的不断增长，经济水平的不断提高，在精神生活上也提出了更高的要求，而承担着一部分人民精神活动的公共文化空间的发展要求也随之提高。公共文化空间对于民众而言，除了外在承担活动的硬性物质条件，为人民提供自由活动场所以外，也反映着整个城市与民众在文化与精神上的风貌。

4. 商业性

公共文化空间并不是单纯的公益场所，而是基本以公开为主，以盈利为次要目标的带有商业性质的公共场所，公共文化空间最终的理想状态是达到收支平衡，同时能够产生一定的收益，实现自身的长效发展。但商业性并不是公共文化空间的最主要特征，而是作为其他属性的辅助特征。在公共文化空间的建设发展过程中，要提防商业因素夸大化变为主要因素主导发展而导致的文化发展的衰落和片面。

二　公共文化空间在数字时代下的发展特色

公共文化空间是现代社会中具有文化属性的公共空间，是建设公共文化服务体系、满足公民精神文化需求的载体。而现代计算机技术和数字媒体技术的发展，促使一系列新媒体艺术和虚拟科技诞生，公共文化空间与数字科技以及新媒体的融合，使得新时代文化空间的发展有了新的特点和特色，重塑了数字文化空间构成形态。

（一）业态布局："政产学研金服用"为一体的发展方向

"公共文化空间"作为公众性较强的综合惠民性场所，其在新时代数字产业下发展的参与主体比较复杂。政府出资、企业承办或政府直接建设的模式较为常见，同时也有以企业作为主体开发的商业综合体，但这几个模式都容易出现环节问题。由政府直接承办容易出现产业样板化问题，创新性相对不足，科技融合不到位，而由企业组织建设，则非常容易出现商业化气息过重，因而无法达到公共文化空间中"惠民"需求的情况。单纯的政企合作虽然能规避创新性风险和普适性风险，但依旧容易出现政府资金不足、文化挖掘不到位、科技融合落后等一系列问题，使公共文化空间的开发建设无法达到预期效果。

"政产学研金服用"协同发展模式中的协同主体，将建设公共文化空间中的每一个相关主体联结成网，针对开发建设中出现的问题精准补漏，同时每个环节都能在协同联动中获得相对的效益，可以看作 1+1＞2。"政产学研金服用"七大主体在创新开发建设新型公共文化空间中分别承担不同的角色和任务，并在相互协同中共同实现有效创新的目的。七大主体在创新共同体中的出现并不是同时的，随着创新复杂性的增加和创新质量要求的提高，新角色与新主体的加入成为必然要求。①

济南市高新区文化中心在开发中旨在打造"文化+科技"的"政产学研金服用"的体系平台，建设国家级科技与文化融合创新基地及文化出口基地，成立创意设计产业中心、AI新媒体艺术产业中心以及新媒体技术赋能的戏剧产业孵化中心。

创新产业在市场竞争中占据主导优势。在公共文化空间持续发展的产业体系内，想要在科技飞速发展的数字时代占有一席之地，加强空间内科技持续研究和发展以及长久利用是关键。前沿科技在协同网络中占有核心地位，推动整个核心网络向前发展，是协同体系中的根本动力。济南市高新区拥有规模以上文化企业 53 家，形成了以规模骨干企业为主，高新技术企业、瞪羚、独角兽企业活跃的企业发展梯度。济南市高新区文化中心在开发建设时，考虑到高新区当地的龙头科技产业，将前沿科技产业和公共文化结合起来，在文化中心平台做集中的宣传推广以及展示，为高新区前沿研发成果提供综合性展示展览平台。结合高新区自贸区发展战略，重点发展人工智能、金融、医疗康养、文化、信息技术等产业，开展开放型经

---

① 王萍萍：《"政产学研金服用"创新共同体协同机制研究——基于协同创新网络的视角》，《上海市经济管理干部学院学报》2019 年第 4 期。

济新体制综合试点试验,建设全国重要的区域性经济中心、金融中心、物流中心和科技创新中心。①

单纯的数字化展示吸引力不足,高新区文化中心将高新区科技龙头产业引进之后的应用,除了传统的展示窗口之外,更将科技体验融入日常元素中,将交互系统引入尖端科技,韩国高阳市日山现代汽车文化中心的开发模式可以印证这种模式的合理性:其中心一层展厅有很多智能机器人"克洛伊",它们能够通过感应跟随参观者,前来参观展览观光的体验者可以跟机器人互动、对话、拍照、进行检索等,展厅因为这些身高一米五左右的滚轮机器人而充满了可爱的现代气息。文化中心在建设中可以利用智能机器人的检索和互动功能,为文化中心的所有活动提供检索和帮助服务,同时也能为参展企业进行宣传却并不占用特殊的展厅或渠道。

高校是科技创新的重要基地。高校集聚了大批的科研人才,各类研发基地为高校科技创新提供了重要载体和平台,国家每年对高校进行大量的科研资金资助,各类经济产业组织也向高校提供大量横向资金,这些得天独厚的条件,使高校成为科技创新的重要载体。高校的科技创新能力往往体现为创新基础能力、创新投入能力、创新产出能力、成果转化能力和环境支持能力等。高校的创新能力也已发展成为高校科研成果转化为服务经济增长的能力,高校蕴含着实力强大的科研创新能力,对经济增长具有重大的作用。② 因此,加快高校科研人才的培养、深化产学研合作、加大对高校科技创新能力的多维度评估,能够实现"政企学研"四方面的互惠互利。

高校科技为公共文化空间在数字时代融入新科技,增强互动性,走在科技发展前线,丰富民众文化体验提供了同步的可能。公共文化空间为本地尖端科技提供展示平台,不仅能够使得尖端科技以最快的速度展示在大众面前,更能对公共文化空间内其他内容做应用和补充,将文化空间内的其他功能科技赋能,激活文化,达到"文化+科技"的发展目的。

联合高校,不仅能为研究成果提供展示空间,而且能为当地科技企业

---

① 梅新育:《迈向开放型经济新体制》,《中国外汇》2014年第1期。
② 王萍萍:《"政产学研金服用"创新共同体协同机制研究——基于协同创新网络的视角》,《上海市经济管理干部学院学报》2019年第4期。

提供发展的风向标，更能够在连接成网的发展模式中，为高校科研起到宣传作用，为高校招揽更多的人才。例如在济南市高新区文化中心案例中，高新区文化中心计划联合济南市重点科研高校，建立博士后科研创新实践基地，文化中心的建成和联合，为高校科研人员提供了技术发展平台，对未来的高端技术实现孵化，为高新区科技创新注入未来发展的强心剂。"政产学研"四者环环相扣，网状结构互相补充互相促进，形成收益较高的模式。

"政产学研金服用"中"金"为资金。公共文化空间开发的一大问题在于资金链中断或资金不足。在政企联合开发模式下，企业不断整理预算，根据预算进行工期倒排，以达到政府对建设公共文化空间的需求。但政企要发挥协同作用，必须要发挥各自的优势，否则开发过程中便有可能出现协商效率低导致的开发效果差。企业单凭政府资金的支持所做出的预案，由于资金有限开发的水平也相对有限，后期极易因为资金链断裂而砍掉核心环节或者使用其他备案，可能无法达到初时预计的开发效果。平台体系的大规模创建离不了资金支持，金融机构能为平台发展和科研项目开发提供资金支持，是研发资金的重要来源。政府的投资出现短时间不到位而产生的资金空缺，制约了公共文化空间在建设过程中的可持续发展。引入稳定的外部资金，无论是对于前期建设、中期创新还是后期的运作，都能起到有效的润滑和激活作用。在整个协同体系中，科技创新这个关键环节，一定意味着对金融供给和金融服务的更高要求。要想在体系中持续发展科技，以便通过科技这个核心推动其他环节协同发挥作用，需要在科技创新环节中推动金融支持环节的创新。高新区文化中心在开发中，就以政企合作为主，为解决因资金问题而产生的前期投入过高，后续动力不足的问题，旨在为公共文化空间前期的大体量开发和后续发展增添动力。普罗斯项目的引入，为高新区文化中心开发全程的关键环节提供了有力的后续保障，既能为前期的耗能开发提供资金，又能成为后续文化中心运营达到收支平衡之前的坚实后盾，为平台企业提供了强有力的金融支撑。

就平台方面而言，高新区文化中心推行"可推广的文化+科技的成熟模式"，在平台内形成闭环式的平台产业链条，将"政产学研金服用"各点连接成网，通过响应国家政策连接国内大循环的战略相关节点，为公共文化空间的开发提供了良好的思路。

（二）产业优势与特色：产业融合的新样板

在数字时代新媒体艺术、虚拟科技与元宇宙等新生文化业态诞生的情况下，当今的公共文化空间也应跟随时代之潮流，与时俱进，通过与不同产业之间的有机融合，能够有效解决商业发展模式问题，提升文化创意、前沿科技对文化空间的驱动性，促进文化的深度挖掘，优化文化空间惠民性，从而打造更加具有发展前景与优势的公共文化空间。

1. 稳妥的商业体发展模式：政企合作

公共文化空间的惠民性特质和文化性特质决定了发展的首要任务是民生需求，在目前的公共空间以及商业体发展模式中，政企合作方式更优于单纯的全租赁商业模式和单纯行政牵头模式。租赁式不利于文化中心的发展，商业性过重很有可能导致其后期发展为普通的商业体，或商业气息过重的文化体，从而失去了发展文化的空间。文化综合体需要客流量，跟一般商业体相区别的是，商业体一般采用的是租赁式，承办方负责收取租赁费用，客流量带来的是商业价值，代表的是一个普通层面上的经济水平和消费水平。对于普通的商业体来说，商业化的文化体在民众心理上更加不占优势，容易导致无文化宣传，运营失去控制的局面，入驻企业水平良莠不齐，无法保证文化中心的文化运营，后期更无法吸引高端的优质的文化资源入驻艺术中心。

而文化中心需要客流量，不仅是因为需要客流消费，而且是为了更好地建设、展示、传播高新区的特色文化，并向民众提供更优质、更丰富的文化活动，丰富普通民众的精神生活。文化资源和优质的文化活动也象征着一个城市、一个区域人们的精神生活状态，能让普通民众接受更新、更好的文化活动，是一个文化综合体对于民生方面比较正面的意义。政企合作能够有效地规避商业化风险，相较于其他两种模式来说能够更好地平衡盈利和公益两者之间的关系，获得人民、政府、文化和企业多方面的收益。高新区文化中心在建设时，就采取了较为稳妥的政企合作方式，由高新区管委会牵头，由济南出版集团有限公司作为承办方，签订相对应的甲乙关系，高新区管委会能够在开发时实现为民生服务，发展高新区乃至济南市的特色文化的目标，同时能够充分发挥乙方的作用，有利于提升公司的业务能力，是对乙方自身业务的一种宣传。

2. 高端工业设计文化引入：创意赋能

当下的公共文化空间正在如火如荼地发展，多样化的文化空间也出现在人们的眼前，传统的公共文化空间也在科技的加持下不断转型升级，在当前各类文化空间不断涌现的时期，如何能在众多文化空间中独树一帜，产生特色，与时代结合领悟发展的诀窍？答案必定是创意赋能。公共文化空间在发展中，通过创意赋能，使得传统的单一的发展模式得以改变，同时也使得公共文化空间内所产生的产品在新科技和创意的加持下获得了新生，内含高端工业设计、高端创意的空间设计理念和尖端的创意产品让现代发展的公共文化空间拥有更多更广层面的受众，受到各个年龄段群众的喜爱。高新区文化中心在设计过程中侧重创意赋能文化方面，有效地将科技与艺术结合起来，将创意融入生活，为民众展示出新的文化风貌。

高新区文化中心首先引入了红点设计项目。红点设计大奖作为国际上最具权威的设计奖项之一，除每年一次的设计大奖评选外，红点每两个月会举行一次作品巡展，高新区引入该巡展项目与相关设计作品，并设立红点大师工作室，实现参观者与前沿科技、前沿艺术的近距离接触。

其次，高新区文化中心在引入红点项目的同时，还引入了设立柔宇实验室项目。柔宇科技是全球成长最快的独角兽科技创业公司之一，因其自主研发前沿柔性技术，以及包括折叠屏手机在内的新一代人机互动产品，而跻身该领域世界前列。设立柔宇实验室，让参观者能够在线下近距离接触世界级柔性电子科技。

红点设计和柔宇科技的引入都为高新区文化中心注入新鲜活力，更可以与高新区尖端科技进行交流和融合，实现自我提升和功能互补。国际顶层巡展的引入，实现前沿产品工业设计理念的交流，为现有文化科技提供最前沿的艺术设计理念，在精神力和外观上与科技进行融合提升。而国际顶尖设计团队的入驻，促进工业产品包装品质的提升，促进尖端科技的相互融合，提升自我发展的内驱力，用创意赋能文化，用艺术展现文化，用文化改变生活，提升了所在城市科技企业产品以及该公共文化空间的竞争力。

3. 城市美学新标杆：挖掘文化资源，展现精神内核

综合性公共文化空间作为城市文化的集成之地，公共文化空间内体现的文化内容和文化精神既是该城市文化发展的历史也是未来文化的发展方向。政府在开发公共文化空间时，也有意将本城市的代表文化加入其中并进行展示。公共文化空间对当地文化的开发，不仅能够丰富公共文化空间的文化内涵，更能通过前沿的展示方式和文化相结合，将城市沉寂的文化挖掘出来，做到有效开发，不仅拉动了经济增长，更盘活了文化。同时，新型演艺形式也在不断发展，演艺的发展为城市提供了更好的文化资源和机会。许多城市的公共文化空间利用 AR 和 VR 技术，开发了互动式剧目和沉浸式观影剧目，电影院和话剧院也引入了沉浸式体验，成为演艺行业的新尝试和新风尚。因此，文化挖掘也出现了新思路，利用"文化 + 演艺"挖掘当地文化，盘活传统文化。传统文化结合尖端科技，演艺事业结合互动演出，为公共文化空间的发展提供了全新的路线。

公共文化空间发展前期，首先需要稳定客源，或者说巩固市场地位，这时可以选择较为成熟的戏剧，面向多年龄段的民众开展活动，为后期开发城市特色戏剧奠定市场基础。济南市高新区就选择了这样的方式，达到一个引流的效果。初期发展选择引入开心麻花剧团作为戏剧项目部分的排头兵，开心麻花作为目前广受喜爱且老少皆宜的喜剧剧团，能够为文化中心的发展注入新鲜活力和带来一定的流量，好的文化资源带来的流量更能对文化中心内部的优秀项目起到引流、宣传作用，而这些优秀项目又能反哺引进项目实现双赢。

发展城市特色文化戏剧，不仅是民众的文化需求，更是城市打出文化牌，展示丰厚文化底蕴的有利通道。在吸引一定的客流量平衡收支之后，济南市高新区文化中心将发展特色文化戏剧提上日程，立足济南市"十四五"规划确定的打造"诗城词都"目标，高新区文化中心策划了"稼轩"戏剧节项目，打造以新媒体应用为依托的"文化济南"主题剧目制作孵化，创新展演模式，利用新兴的投影技术制作裸眼 3D 的效果，联合交互技术、动作捕捉和全息投影等技术，对戏剧演出本身进行创新，实现科技

与戏剧文化的另一种融合。科技融合戏剧的成功，其实早已在国际的优秀案例中得到证实。英国皇家莎士比亚剧团携手英特尔和动作捕捉公司 Imaginarium，在古典戏剧中联合交互技术、动作捕捉和全息投影等技术，呈现莎士比亚的《暴风雨》。传统的舞台剧依靠布景、化妆、演员等演绎剧目，而使用了交互技术的《暴风雨》增加了 27 个投影仪，演员身着带有 17 个动作传感器的演出服，当角色施魔法时，虚拟的形象会随着演员的动作而出现，无论是瞬间长出的森林还是会开口说话的雕塑，都能在舞台上呈现。①

戏剧节的打造不单依赖新型捕捉技术和裸眼 3D 技术等高新技术，更是立足济南城市名人典故，以济南宋代时期著名词人辛弃疾为命名由来，着重开发以辛弃疾、李清照等济南出身的名家诗词故事和生平经历为主线的原创戏剧。加之高新区文化中心积极承办、对接如《如梦之梦》《暗恋桃花源》等全国巡演的经典话剧，为原创话剧和经典话剧同时提供展示和宣传平台，既能保证一部分稳定收入，同时又能推进城市文化的进一步挖掘、发展和建设。

公共文化空间内的特色剧目除了引入 VR 交互，在未来剧目互动方面可以尝试引入界面交互。界面交互是未来影视发展的一大趋势，能够很大程度地调动观者的热情，将作品融入其中可以将主观、灵活的剧情效果呈现在观者面前，对观者的感受产生延长作用。2018 年底《黑镜》系列电影《黑镜：潘达斯奈基》上映，电影为界面交互式以"树杈式"的分叉叙事。当剧情走向出现分支的时候有 10 秒钟的反应时间来选择一个剧情走向，通常是二选一，如果观者未选择则系统会随机选择一个选项来继续叙事。影片共有 5 种结局，观影长度为 90 分钟，而影片实际内容为 5 个小时。影片的结局与观众的每一次选择息息相关，观众可以依据自己的判断来决定剧情走向。② 视频网站哔哩哔哩也推出了以分叉式剧情为主的互动视频投稿。界面交互在新时代公共文化空间，尤其是在演艺类型的公共文化空间之中发挥了作用，例如高新区文化中心案例中的济南文化、济南"二安"、高

---

① 沈家栋、王健、金芮：《交互技术在数字化普及非物质文化遗产中的应用》，《科技传播》2021 年第 1 期。

② 张成：《数字媒体时代互动电影的发展现状与趋势》，《传媒》2019 年第 14 期。

新区文化建设、济南历史轨迹等，都可以应用到文化空间以及城市相关的宣传片和纪录片之中。这样编排融合，可以有效地使观众形成自我接受的模式，提高观看热情。

4. 先进科技的宏大盛典：文化科技产业化的实际应用

信息技术的发展拓展了公共文化空间研究的技术方法，文化空间虚拟与现实的互动叠加将开辟出全新的研究视角。感知装置捕捉和互动感应科技的应用以及大数据信息，使得针对城市文化空间物质、精神和行为三种属性的研究得以更加深入。交互性的沉浸式公共文化空间场馆的建设，让本为独立的公共空间在科技交互下与参观者连接在一起，通过新媒体科技对文化的新沉浸体现，以科技交互为主要载体，让观众与新型艺术在交互与体验中得以沟通，连通虚拟与现实。

计算机网络的发展催生了赛博空间（Cyberspace），它是一种新的空间形式。日后增强现实（Augmented Reality）、虚拟现实（Virtual Reality）、混合现实（Mix Reality）等媒介新形态的大量应用，使虚拟文化形象与真实文化空间载体相互叠加，营造出融合五感共通的交互式体验，虚拟与现实的边界感逐渐减弱，超越物质空间对文化传播的限制，呈现出更加多样的文化形态，有力地提升了城市文化空间的功能和体验。[①] 社交平台和新媒体的发展极大地突破了公共文化空间的在地局限，使得公共文化空间能够依托互联网建立起超距的精神感应和文化共鸣，将文化发展从在地建设拓展到云端漫游。新媒体艺术行业和交互式艺术也成为现代艺术的新研究方向，近年来广泛应用在公共文化空间的设计中。

先锋艺术应用于公共空间中的成功案例当数北京尤伦斯当代艺术中心以及日本 Team Lab 数字艺术团队。尤伦斯当代艺术中心（UCCA）是一个服务于公众的公益性艺术机构，艺术机构的命名与创建都来自比利时收藏家尤伦斯夫妇。这座承载着时代艺术的新型艺术馆于 2007 年 11 月在北京 798 艺术区正式建馆运营。而日本数字艺术团队 Team Lab 更是目前发展迅猛的"沉浸式展览"竞争中的佼佼者。Team Lab 自 2001 年起开始活动，

---

① 杜澍等：《中国城市文化空间研究的进展、趋势和应用建议》，《中国名城》2022 年第 3 期。

是探索艺术、科学、技术和自然界交会点的国际性跨域艺术团队，由艺术家、程序员、工程师、CG 动画师、数学家和建筑师等各个领域的专家组成。两者是新媒体艺术和先锋数字艺术与公共文化空间融合应用的典型代表，济南市高新区文化中心在设计建造时，计划将两个项目引入济南。

尤伦斯当代艺术中心的部分作品和 Team Lab 无界美术馆两者都利用全息投影、5D、VR 等前沿技术，用全新的艺术手法，发挥现代艺术的魅力，将新媒体技术与美术设计作品进行融合，打破原有美术绘画的 2D 视角，在视觉上带来突破现实的 3D 沉浸式体验。建设新媒体领域艺术巡展的集散地，用大众可以接受的方式，将科技赋能的文化予以落地，通过团队创作去融合艺术、科学、技术、设计和自然界。公共文化空间中引入沉浸式艺术体验，不仅可以打造沉浸式的视觉体验和网红景点，更是文化与科技的产业化实践应用。沉浸式体验目前大多为光影声效技术、多媒体数字技术、全息投影技术、VR 可视化技术、交互技术以及交互式多点触摸感应技术，其中新时代新媒体艺术中利用的交互技术，大体包括人声识别、人体动作捕捉系统、瞳孔识别、眼动跟踪、脑波交互等，引进这种技术可以大大增强交互性，比单纯的展览创意性、科技性、体验性更强。

5. 科技赋能文化：民生服务新地标

《中华人民共和国国民经济和社会发展第十四个五年规划和2035年远景目标纲要》把"公共文化服务体系和文化产业体系更加健全"列为"十四五"时期经济社会发展的主要目标之一。城市公共阅读空间对于城市和市民来说，是承担文化传播与阅读文化发展的文化空间类型，更是充实心灵的公共文化场所。电子书等线上阅读模式发展突飞猛进，传统的阅读文化空间受到前所未有的冲击，加之疫情时代下户外活动减少，传统书店逐渐衰落。线下公共文化阅读空间面临着转型挑战，全国各地开始不断涌现新型的文化空间，为公众提供更加人性化和便利的阅读体验。如北京三联韬奋书店推行了 24 小时不打烊模式，市民可随时进入书店，享受阅读时光。其他的 24 小时书店也不断涌现，如南京先锋书店以及台湾诚品书店等以品牌化发展的书店，也逐渐成为当地的打卡地标。新型创意的阅读空间不断发展，成为数字时代下新型公共文化空间发展中的重要组成部分。

创意营造

　　济南市高新区文化中心的"泉城书房"如今也是城市公共文化阅读空间的典型代表。"泉城书房"覆盖了济南市区，是专门为市民打造的现代时尚阅读空间，建设初衷是提升全市公共文化服务形象和水平，打造泉城15分钟阅读圈，将优质阅读资源送到老百姓家门口，为市民阅读生活提供便利。市民可通过验证身份信息或者携带身份证件免费进入场馆学习和阅读，具有明显的惠民性特征。高新区文化中心作为复合式公共文化空间，在项目建设时，将普通的"泉城书房"转型升级，建设了"泉城书房"旗舰店，在原有的泉城书房便民利民的基础上，将线下图书会议、沙龙与书房结合起来，同时增加多方面的图书活动，如引入名家线下读者见面会，名家图书讲座与专访，读者交流沙龙等图书文化交流活动。

　　书店不仅是字面意义上只专注于书籍的"书店"，文化性书店经过长期的发展，逐渐成长为公共艺术空间。当代新兴书店逐渐转向了以图书销售为主，以文创产业、文化沙龙、咖啡厅或者文具店等为辅的综合类公共空间。"泉城书房"从创意照亮生活的视角出发，利用一系列的活动，例如展览、文化沙龙以及文化创意产品产业等，形成复合式公共文化阅读空间，使普通的书店摆脱了死气沉沉的模式，逐渐打造为具有多元活力的公共领域。

　　文创产业依托具有文化内涵的公共阅读空间，销售具有纪念意义的文创产品。以故宫为例，故宫以其自身历史悠久、价值深厚的文化底蕴，设计和衍生出许多故宫文创产品，深受消费者的欢迎，传播了文化也助推了文创产业的发展。城市公共阅读空间也可以通过线上入驻网络电商平台，与微信公众号、微博大V、各视频栏目等社会化媒体合作的方式进行推广，打造属于城市公共阅读空间的文创产业链。另以台湾的诚品书店与日本现行的线下书店为例，诚品书店的店面除了传统书店陈列售卖书籍的方式，更将文具、办公用品和杂货销售货架摆上店面，同时推出有当地人文特色的周边产品，打造出与传统书店不同的品牌特色。

　　日本线下书店产业非常发达，一些稍具规模的书店会定期举办亲子阅读会，用活动的形式，从小培养孩子的阅读意识和习惯。这种活动往往收益不大，但可以拉动人气，也拉近了书店和附近居民的感情。并且日本书店的店员普遍素质较高，大多是爱书之人，甚至是某一领域的专家。与店员攀谈则会发现他们对店内的许多书籍有着详细的了解，读者通过与之交流，能够更好地选择和了解书中内容，而店内的店员也经常给读者阅读建议。

这些经验都为建设像泉城书房这样的线下图书实体门店提供了参考。书店不仅可以在书籍贩卖上发挥创意，更可以将书店看作独立的人文艺术空间，充分发挥公共文化空间的特点，结合本地文化突出文化创意和品牌效应，在功能业态和阅读空间上体现自身特色。在打造品牌文化时，除了推出创新的书籍消费方式，更可以像诚品书店那样，打造和销售与书店、当地文化特色相关的书籍和相关的创意衍生品或周边产品，加强品牌或者地域与书店文化之间的适当联系。公共性阅读文化空间内的书籍类型不仅要多而全，还可以紧贴文化艺术空间与数字化文化的概念，适当增加人工智能、元宇宙、应用类书籍，增加优质科幻小说和科普类图书，还可以在书店增加音像部门，提供借阅老式唱片、光盘等服务，来一波"文艺复兴"旧影像，可以通过画面修复技术在书房单独区域进行放送。同时作为"泉城书房"的旗舰店，可以增加基础座位数量，让更多想要实时阅读的民众能坐下来。

三 公共文化空间发展困境

公共文化空间发展至今，诞生的新发展模式和新业态已经解决了一部分旧业态的问题，也探索出了公共文化空间创新发展的新模式。但在现有的公共文化空间业态下，仍有问题亟待解决，这些问题对公共文化空间未来的持续发展有负面影响。

（一）收支平衡难两全

目前公共文化中心的开发，大体上有政府全程主办、企业主体主办以及政府主办企业承办协办等方式。但当前文化中心的开发模式依旧有一定风险。

首先，政府全程主办的方式，好处在于它能够考虑民生的积极因素，多为人民着想，积极致力于公共文化建设和城市文化建设，对人民的文化体验和文化需求来说是好事。但政府主办的风险在于，资金链全程由政府承担，由于公共文化空间不只有公益性的特征，还有商业性的特征，无论哪一方承办建设，都需要在建成之后的一段时间内达到收支平衡，只靠政府投资，容易出现前期预算不足，后期入不敷出，维护马马虎虎，功能性和体验性下降的局面，最终可能因资金链断裂而导致破产。

其次，企业作为主体承办的文化空间的问题恰恰相反，企业承办的初衷以商业性为主，对开放性和惠民性的考虑较为欠缺。一些公共文化空间的主要问题就是商业化气息过重，以致最后抹杀了文化因素和惠民因素，文化利用或是浮于表面或是挖掘不到位，只做表面功夫，实则已经成为以营利性为主的大型商场和旅游景点。同样，民营企业建设的公共文化空间，若是无法达到收支平衡，也会因缺少资金而最终面临倒闭。如2016年深圳市隆盛博物馆，展厅面积达6600平方米，开业之初受到了很多人的关注。隆盛博物馆虽然是民营性质，但实力却不容小觑，展品共计300件，其中不乏郑板桥、张大千等顶级国画大师的作品，成为深圳乃至国家的地标性民营博物馆。可是在开馆仅仅一年之后，这家号称国内最大的民营博物馆就因为资金短缺而无奈倒闭。

最后，像高新区文化中心项目采取的政企合作的模式，虽能规避前两种的部分缺点，但依旧存在一些不足。政府和承办企业之间是甲乙关系，在项目承办过程中，企业为乙方承办方，需要对项目做出预算评估。政府作为甲方，其对经费有一定的限制，尤其在数字文化空间的设计前提之下，应用前沿科技，引入国内外优秀项目，需要大量的资金支持，极有可能出现项目预算超支、与政府预算预期不符等情况，而这时承办方在与政府部门对接时会出现经费被削减压缩、工期强制提前、工程点反复修改等情况，在项目建设和投入实际操作时，这些因素会导致建设质量下降，达不到预期效果。

（二）功能划分易分散

在众多公共文化空间的建设和发展中，另一个显著的问题是公共文化空间或场馆的位置分布问题。一是场馆本身建设的地理位置，许多展览馆如博物馆等建设在城市边缘地区，远离市中心，难以从地理空间上融合成城市文化圈，人气凝聚力低。二是场馆内部的功能划分，像济南市高新区文化中心这样聚合了科技展览、公益书房、新媒体艺术体验、新型演艺项目等综合性的公共文化空间，其功能与功能之间，容易处于互相割裂的状态，各部分相互之间缺乏联系，关联不强，体验感也随之下降，如何提升各部门之间的关联性，使其形成一个整体，也是公共文化空间开发亟待解决的问题。

（三）整体规划样板化

随着经济的快速发展，城市居民对高品质公共文化空间的需求也越来越高。过去较长一段时间内，国内建设了较多低水平、同质化、排浪式的文化区，以仿古文化景区和文化创新基地为典型，建设建筑外观、内部体验内容、运作模式和管理模式千篇一律，声称打造当地文化特色。

除了外部的形式不断同质化，公共文化空间内部的内容也无比单一。活动策划无法摆脱传统模式，缺乏创意与对本地文化的把握。想要推出相应的品牌文化产品却容易流于表面，打造出相应的文化产品必定有不够精致、缺乏特色、实用性不高的问题。随着人们生活水平不断提高，各个年龄段的市民在不同领域拓展了新兴的文化活动。对新发展的公共文化空间来说，民众抱有更多体验值、期待值。然而刻板化和同质化，在同期竞争压力下，生存环境不容乐观。既难以提供有品位的文化产品，亦缺少真实的文化氛围，与人民群众日益多样化、多层次的精神文化需求不相匹配。

四 公共文化空间发展建议

城市公共文化空间在当下的发展已成为提升公共文化服务的重要内容。未来，如何针对城市公共文化空间已经出现的问题，克服公共空间生产现实困境，促进公共空间营造持续优良发展，克服自身弊端，提升空间品质，增强服务效能，提高建设水平，已经成为未来公共文化空间重要的任务。

（一）长效发展，促进收支平衡

数字文化空间发展下，新技术、新媒体为文化资源共享和传播提供了更广泛的平台，新兴企业与前沿科技入驻高新区文化中心，也会承担一定的风险。首先，公共文化空间的本质是为人民大众提供优质的文化活动场所，打造城市文化的新地标，丰富人们的精神生活内涵，故公共性较强，商业性较弱。其次，由于在文化生产主体全民化发展过程中，传统的公共文化生产方式受到挤压，这为传统的行业带来了冲击，而入驻的新兴企业与前沿科技项目由于所历时间较短，缺乏经验，更为数字公共文化空间的项目自行运转，盈利问题带来一定风险。如何运营才能在不抛弃大众性、公共开放性的同时，又有合理的盈利，从而能在一定的项目周期内，使之盈亏相抵，产生利润，从而更好地发展文化空间，是一个巨大的挑战。

（二）内外联动，发挥地域优势

城市中的公共文化空间，在建设时要慎重考虑地理位置。不仅要尽量选择人流量大的地区，或者潜在受众较多的地区，更要考虑地域的文化氛围，以及能否与周边其他公共文化空间形成联动与呼应的问题。城市中心地理区位条件优渥，交通便利，在这些地方对公共文化空间进行选址，可以刺激不同类型、特征的公共空间和文化场所进一步创新。

若城市中各个相关的公共文化空间散落在城市的不同位置，仅仅依靠场馆自身的努力与建设，很难吸引更多的参观者前来参观，地缘位置也容易影响投资者前来注资工艺类型的文化空间，或影响企业产品进驻商业体类型的文化空间。相互依靠的文化空间能够更好地与对方产生区块效益，并对周围的文化发展起到带动和辐射作用，从而带动更多地区公共文化空间的发展。

公共文化空间在建设时可以通过联动活动，适当加强各部分之间的联系，如在高新区文化中心的案例中，可以在科技展示环节增加新型沉浸式话剧的科技解说和剧目宣传，也可以在泉城书房中举办有关特色剧目的相关文学宣传活动，相互联动从而实现由点及面的发展。

（三）创意赋能，凸显空间特色

一般化、套路化的文化区建设应努力转型，转向例如济南市高新区文化中心这样的发展模式年轻化、精品化、差异化的文化空间营造，以满足长尾需求。通过高新区文化中心案例，我们也可借鉴其优势，提升文化数字要素，充分利用数字化手段提升自身的规模与品质。前沿科技的不断引入和利用也可以减缓空间相对于时代的老化，从而让文化空间内部跟随潮流不断更新。

文化空间的发展应以文化创新力作为驱动力,提升数字化文化要素,以创意赋能文化,能够使文化重新活动起来,以全新的方式展现在大众眼前。多关注人群的文化偏好,例如国风、国潮文化等流行新趋势。此外,公共文化空间还应从细节着眼,规划设计与相关设施的配给应考虑长者、幼童、残障人士的特殊需求,充分体现人文关怀。

结 语

公共文化空间是在政府主导下建设而成的公共文化服务设施,它是在城市的发展与群众文化需求提升的基础上建立起来的。数字时代公共文化空间的功能更加齐全,建设内容更加丰富。本文主要以济南市高新区文化空间为例,结合自身实习经验,阐述了公共文化空间的典型类型和发展公共空间除了具有公共性这一基本属性之外,还具有内涵丰富的多重属性,为人们的个性释放提供了广阔的舞台,在一定程度上改变并重塑着人们的生活方式,成为市民日常生活的一部分。分析研究了数字时代发展下,公共文化空间的新发展特征。公共文化空间多元化功能的开发、各项创新文化传播与提高公众服务水平的新途径,也是提升公共文化职能的一项有效举措。数字化技术快速发展的当下,为发挥"文化+科技"创意赋能的作用,宣传当地文化,用突破传统的方式,打破传播方式的局限性,充分调动受众的积极性与主动性,这种发展模式对于区域文化中心的开发有着一定的参考价值。

同时,公共文化空间现有的建设发展模式依然存在一些问题,在未来如何平衡商业性和惠民性两大性质对所有公共文化空间的发展来说依旧是一个不小的挑战。希望未来公共文化空间这一形式的发展建设,能够通过整合有效资源,激发文化赋能,达到宣传城市文化、促进民生幸福、推动新兴科技发展等一系列目的,并总结出自己的建设经验,有效规避商业化、样板化风险,最终能够变成公共文化空间、城市文化商业综合体数字赋能的领头羊和先锋队。

(作者为刘春雨,指导教师为李辉)

老骥伏枥：老年创意阶层点燃城市创意活力的新引擎

新时代创意经济的蓬勃发展对城市发展提出了新要求。城市需要建设有活力、有创意、多元包容的人文都市。结合我国城市现实，城市化进程的推进和老龄化加速相互交织，使许多城市处于老龄化问题与城市更新发展的双重矛盾之中。老龄城市的发展必须考虑社会现实，尤其是要注意我国城市老龄化问题的特殊性：城市中存在较多具备丰富的文化素养和充沛的创造精神的活力老人，有较大的参与潜力。但同时也因为衰老、社会歧视等因素的影响备受孤独感侵扰，导致自我认同感下降，心理健康问题日益严重。老年群体积极参加文化创意活动不仅能够减轻老龄化压力，也能够助力人文城市建设，已然成为老龄城市实现更新发展的双赢路径。新时代城市老年群体也表现出了巨大的社会参与潜力，他们不应再被"老而无用"的刻板标签束缚，他们也可以是创新、创意的，并能够发挥优势为城市的发展做出贡献。从创意城市与创意经济的互动关系看，他们是当之无愧的创意阶层。

一 城市发展需要创意

城市作为区域经济社会发展的"火车头"，具有较强的辐射和带动作用。改革开放以来，城市规模不断扩张，城市经济实力持续增强，城市发展呈现高速猛进状态。高速度地发展虽为城市发展带来巨大的经济效益，但也让城市发展出现软硬实力不均衡的问题，严重影响了城市活力的迸发，高质量发展已然成为新时代城市发展的主题。而在全球化背景下，随着创意经济的蓬勃发展，创意日益成为城市发展的命脉，为城市的高质量发展赋能。越来越多的城市达成共识：21世纪的城市发展离不开创意。

（一）高能耗高速度驱动的城市影响城市活力

城市作为我国先进生产力聚集地，为我国经济建设贡献了主要力量。以2021年经济数据为例，2021年中国大陆国民生产总值突破110万亿元，GDP前十强城市GDP占据我国经济总量的比重超过23%。[1] 城市硬实力稳步提升，成就举世瞩目。但以高投资和高耗能作为推动的发展模式，也使得"城市病"问题日益突出。依赖传统资源的发展忽视了城市软环境的建设。城市出现"头重脚轻"现象，文化内涵和人文含量不足，严重影响了城市的持续健康发展和活力的迸发。

1. 经济发展重物质轻人文

高能耗高投资的经济发展加剧生活碎片化与社会原子化。环境污染、交通拥堵、生活成本高、地区发展不平衡、房价飞涨等城市问题日益严重，给市民工作和生活带来了许多不便，也给城市个体造成了巨大的生存压力。资源和机会的减少使竞争加剧，工作生态环境的尔虞我诈，生活中复杂的人情世故，给人们造成了巨大的心理压力，使社会产生信任危机。现代生活方式和技术便捷了日常生活的同时也使得人们越来越倾向于仅关注自己狭小的生活领域，逐渐形成了个体化、碎片化的生活场景。长期下去，现实中人与人之间关系越来越疏离，社会互帮互助的观念逐渐式微，城市人文含量严重不足。随之而来的是城市出现创意人才流失、高科技企业外迁等问题。

2. 城市规划缺乏人文关怀

"千城一面"的城市现代化景观缺少城市个性和人文关怀。随着我国城市化的发展，各地城市进行了大规模的城市建设，城市面貌变化巨大。但无论是高耸林立的办公楼还是繁华喧嚣的商业街，大都是千篇一律的现代化都市景观。都市景观的现代化装点了城市的"面子"，却无法使城市

---

[1] 国家统计局：《中华人民共和国2021年国民经济和社会发展统计公报》，《中国信息报》2022年3月1日第2版。

居民建立起与城市的感情。一样的玻璃幕墙、一样的立交桥、一样的大广场……漫步于这样的现代化的繁华中，瞬间产生不知身在何处的错觉，这种雷同与僵化无异于走进城市建设的死胡同，加剧了城市个体的虚无感和孤独感。《美国大城市的死与生》的作者雅各布斯认为，"充满活力、多样化和用途集中的城市孕育的是自我再生的种子"①。而反观我国，许多城市建设热衷于"宏大""气派"的建设风格，却未充分考虑居民日常生活的便利性和实际需求。不仅如此，一些城市对旧城简单粗暴的改造，使城市的历史文化空间遭到严重毁坏，那些渗入城市肌理的人与人、人与空间之间的独特性逐渐式微。

3. 文化建设缺乏灵魂

"大而空"的文化建设缺乏文化内涵和个性魅力。一个有文化特色的城市，自然也充满着吸引力。地域文化特色的彰显不仅有利于城市个性塑造，也能够传达城市的人文内涵和城市精神。而我国长期以来以追求经济发展为目标的发展模式，未能意识到城市文化对城市形象塑造和提升城市竞争力的重要性，忽略了城市地域文化的挖掘和传承。文化的建设和事业缺少创新性和趣味性，既不能体现城市特色的地域文化和特质，也造成大众审美疲劳，无法引起城市居民的认同。同时，城市的文化建设也忽视了市民的重要地位，市民参与度不高，无法激发城市个体的创意活力，自然也就不能使其形成强烈的认同感和归属感。

（二）创意为城市迸发新活力赋能

今天，人们对城市的要求已从生存到生活、从物质需求到美好生活需要转变。创意经济时代下创意与城市的关系越来越密切，从多方面为城市迸发新活力赋能。

1. 创意为城市经济赋能

随着第四次科技革命的到来，以文化、创意为核心，运用知识和技术创造财富的创意经济将人的创造力视为经济发展的核心。不再依赖对资源

---

① ［加拿大］简·雅各布斯：《美国大城市的死与生》，金衡山译，译林出版社2006年版，第188页。

的消耗。不仅如此，创意经济还能为现有的文化资源附加新的经济价值，从而创造新的经济增长点。作为绿色经济，发展创意经济可改变我国传统上依靠高投资和高能耗的经济发展思路，创意经济展现出的强大能量，让越来越多的城市意识到，创意或创新能力才是城市新的核心竞争力。

2. 创意为城市环境赋能

"人本"的经济发展价值取向①使得创意城市发展理念转向重视个体需求，城市个体幸福指数上升，城市人文含量提高，城市认同感和凝聚力增强，从而改善城市信任危机。培育创意气质，将创意融入生活，鼓励创新和创意精神的释放，也使得城市富于活力与激情，助力城市塑造年轻、有朝气和活力的形象，为城市可持续发展提供动力。此外，年轻态的城市必然吸引更多年轻人才、新兴产业加入。而由这些人才和产业释放的越来越强大的创新能力，能为城市提供源源不断的新产品、新技艺及新创意。这些都是城市可持续发展的不竭动力。

二 城市老年群体的"孤独"与"活力"

中国城市人口规模快速扩张，城市老年人口群体呈快速增长的趋势。在此背景下，受身体机能下降等因素的影响，城市老年群体的孤独感问题日益突出，成为引发城市老人心理问题的主要因素。同时，随着经济水平、医疗水平的提高，城市老年人口仍处于低龄化阶段，与过去相比，新一代的城市老人身体素质、文化素养提高，社会参与意愿普遍强烈。新时代新国情下，城市老人展现出"孤独"与"活力"并存的特殊面貌。

（一）中国城市人口老龄化形势日益严峻

人口老龄化问题已经成为我国的基本国情。自 2000 年迈入老龄化社会以来，中国人口老龄化程度持续加深。2021 年中国 60 岁及以上人口为 26736 万人，比上年增加 992 万人，占全国人口的 18.9%，比上年提高了 0.7 个百分点。② 通常来说，一个国家或地区占比超过 7% 的人口为 65 岁

---

① 王慧敏：《创意城市的创新理念、模式与路径》，《社会科学》2010 年第 11 期。
② 国家统计局：《第七次全国人口普查公报（第五号）——人口年龄构成情况》，《中国信息报》2021 年 5 月 12 日第 2 版。

及以上时，意味着已经进入老龄化，而占比达到14%时则为深度老龄化。而中国336个城市中已有149个城市进入深度老龄化。老龄化已成为城市发展面临的主要问题。

(二) 城市老年群体备受孤独问题困扰

孤独感是城市老年群体产生心理问题的普遍表现。在老龄化问题中，老年人的心理健康问题日渐凸显。据调查，城市老年人心理健康率为30.3%，农村老年人心理健康率仅为26.8%。[1] 我国老年人的心理状况普遍不容乐观，而孤独感是影响老年人心理健康的主要原因。有研究发现孤独感会使死亡风险增加29%。潘光旦在《论老人问题》中提到"老年人问题分为两部分：经济与经济以外的生活，经济外的生活最主要的是他的情绪生活"[2]。随年龄的增长，大多数老年人会因为自身和外部环境的双重改变而产生孤独无助等负面情绪。城市老年人产生孤独感的原因主要有以下几点。

1. 身体机能逐渐下降

身体机能下降打击老人的生活信心。随着衰老的加剧，老年人身体的各项机能日渐衰退，即使是身体素质较好的老人，也难以抵抗器官的衰老而患上慢性病。老年人再也不能按照自己的意志随性地生活。尤其随年龄增长，死亡威胁悄然来临，身边亲友特别是伴侣的死亡，会严重降低老人生活的信心，从而加剧孤独感。

身体机能下降限制老人的学习能力。根据认知理论，随着认知功能的减退，老年人加工资源的速度和能力降低。[3] 这意味着老人学习和接受新鲜事物的难度提高，学习周期延长，老人的生活能力降低。而现代社会互联网技术渗透日常生活的趋势更成为横在老人和社会之间的"数字鸿沟"，这些都使老年人丧失生活自信，陷入自我怀疑的情绪中。

---

[1] 《老年人心理健康者不足1/3 国家卫健委推进老年人心理关爱项目》，中国经济网，2019年6月11日，http://www.ce.cn/cysc/yy/hydt/201906/11/t20190611_32321035.shtml，访问日期：2022年1月11日。

[2] 潘光旦：《潘光旦文集》第一卷，北京大学出版社1993年版，第134页。

[3] 苏淑文：《不同养老模式下老年人社会支持、孤独感和健康的关系研究》，博士学位论文，南方医科大学，2019年。

2. 退休后的角色丧失

退休后的角色丧失降低老人效能感。退休是城市老年人产生孤独感和焦虑的另一重要原因。角色理论认为,父母、员工、配偶等角色的消失会导致老人感到失去对生活的掌控,进而产生自我疏离、无能为力等情绪,进而损害身体健康。①

退休不仅带来了大量空闲时间,也改变了老人的日常生活规律和行为轨迹。许多老年人因为无法支配闲暇时间而产生失落感。尤其从集体时代过来的老人几乎将一切时间奉献给了集体。而从集体场景中"撤退",不仅无法支配个体的自由时间,也因为不可逆的角色丧失,使其失去长期以来获得自我价值满足的途径,最终陷入被社会抛弃的失衡情绪之中。

3. 独居降低社交意愿

独居降低老人主观幸福感。凌贤才关于老年人孤独感与独居状况的调查显示,独居老人的抑郁症状较同居老人更严重。② 而由于少子化、劳动人口流动活跃等原因,城市独居老人的比重呈现明显增长趋势。城市中很多老年人不得不面对晚年独居的现实,独居老人一般社会关系比较简单,而居住方式的隔离又降低了与外界世界联系的必要性,也减少了与他人交往、交流的机会,增加了老年人产生孤独感的概率。

4. 社会歧视加剧心理压力

社会歧视加剧老人"边缘化"。1966 年,柴斯门提出的社会损害理论认为,老人晚年生活的不适应或者出现生活崩溃征候,主要是由于社会给他们加上不良的标签,这是一连串过程的结果。③ 社会歧视正是社会将不切实际的期望强行放到老年行为中的结果。

社会中普遍存在着针对老年人的刻板印象,许多人将老人视为巨大的负担和社会资源消耗者,并未关注到老年群体的社会参与潜力和真实的心

---

① 段世江、张辉:《老年人社会参与的概念和理论基础研究》,《河北大学成人教育学院学报》2008 年第 3 期。

② 凌贤才:《老年期独居生活的抑郁症状与主观幸福感》,《中国社会医学杂志》1993 年第 1 期。

③ 李白羽、卜长莉:《低保独居老人社区照顾路径分析》,《长春理工大学学报》(社会科学版)2019 年第 2 期。

理状况。尤其在媒体的推波助澜下,"孤独""苦闷"等标签被不断强化,最终将老人推向"他者"的边缘。受到社会歧视的影响,老人内心会不自觉地将自己内化为悲惨的角色,认为老是一件悲惨和孤独的事情,这种心态使得他们逐渐丧失对晚年生活的期待。这在一定程度上影响了老龄人群社会参与活力的激发,长此以往也将加剧整个社会对老年群体的歧视。

5. 社交局限降低生活趣味

社交圈局限降低老人社交兴趣。根据英国伦敦大学与联合国人口基金会合作对东欧地区65—85岁老年人开展的一项调查显示,社交圈局限是引发老年人孤独感的风险因素[①]。中国城市老人从事的娱乐活动大都局限在传统绘画、广场舞等,形式较为单一且缺少新鲜度。尤其是社区内活动大都具有自发性,专业性不强、组织度不高,难以维系老人积极参与的热情。

此外,由于行动不便,老年人的文化活动大都以社区为单位展开。而社区内活动内容新颖度不足,且具有普适性,给予个人展示才能的机会有限,既无法有效调动老年人参与的积极性,也无法让其展示自身专业特长。而社交空间的局限也很大程度上减少了老人接触新事物的机会,不利于老人获得新的社交关系。以上情况都大大降低了其参与社交的兴趣,孤独感随之而来。

(三) 城市老年群体的"活力"

"活力"已成为城市老年群体的新标签。长期以来,人们形成了关于老年人的一些思维定式和刻板印象,事实上老年人内部始终处于动态"换血"之中。随着医疗水平、教育水平的不断提升,我国人口预期寿命在持续提高,平均寿命已达77岁[②],这说明我国的老年人口仍处于低龄化阶段。

中国城市中新一代老人所表现出的精神面貌,已经不同于以往年代的同龄老人。这批老人享受了改革开放的红利,也见证了国力的不断增强,又正经历着互联网时代下的社会新发展,在心态上日显年轻化,无论是身体素质还是接受新事物的开放心态都打破着社会刻板印象,展现出巨大的

---

① 刘珂冰:《老年孤独问题不容忽视》,《中国社会科学报》2022年2月9日。
② 国家卫生健康委员会规划发展与信息化司:《2020年我国卫生健康事业发展统计公报》,《中国病毒病杂志》2021年第5期。

"活力"。城市中许多老人大都具备丰富的专业素质,有着稳定的退休收入,既无抚养义务和房贷压力,又有大量的休闲时间且身体素质普遍良好,有着巨大的社会参与潜力。

1. 相对良好的身体素质

城市老年群体身体状况普遍提升。据《2020年我国卫生健康事业发展统计公报》,2021年中国老年预期寿命为77岁,健康预期寿命为68.7岁。而我国平均退休年龄为55岁,① 每位老年人平均至少有13年的健康且闲暇的时间有待支配。随着生活条件的不断提高和医疗的发展,城市中的新老年群体普遍呈现年轻化的状态,他们的身体素质相对较好,即使身体不适,也以慢性病为主。

2. 数量可观的高文化素养

城市老年群体的文化素质不断提高。中国60岁及以上老年人口中,拥有高中及以上文化程度的占比为13.9%,比十年前提高了4.98%。② 据调查,我国现有离退休科技人员600多万名,约占全部科技人才的1/5,其中70岁以下具有高中级职称、身体健康、有能力继续发挥作用的有200多万人。随着离退休人员的逐年增长,老年人才的队伍将不断扩大,这是一笔宝贵的人才资源。所以全社会应该改变刻板观念,因为老年人也可充分利用自身优势,实现老有所为。

3. 活跃的社会参与度

城市老年群体社会参与热情提高。随着活力老人数量增多,城市中许多老年人参与政治、经济、文化等社会活动的意愿和热情逐渐提高。他们不仅表现出巨大的参与意愿,在现代社会中也越来越发挥着重要作用。无论是社区服务工作还是文娱活动,又或是社会公益志愿服务活动,都可以看到其活跃的身影。而且一部分老人已经开始主动发挥专业优势和能力,自发组织活动和参与社会性事务,在文化事业、文化娱乐活动、志愿活

---

① 国家卫生健康委员会规划发展与信息化司:《2020年我国卫生健康事业发展统计公报》,《中国病毒病杂志》2021年第5期。

② 张翼:《我国人口素质不断提升——解读第七次全国人口普查数据》,《发明与创新》(大科技)2021年第6期。

动、再教育事业中发挥着积极的作用,为城市建立宽松、有序和多元化的社会文化生态环境贡献了价值。这些老人是老龄城市发展建设的宝贵资源。

三　老年群体从事城市文化创意活动的积极意义

老年群体积极参与城市文化建设是老龄城市在新时代实现新发展的必要路径。城市文化是市民在长期的生活过程中共同创造的、具有城市特点的文化模式,① 城市中的个体是不可忽视的力量。城市作为人的城市,只有被人认可和找到归属感,城市的发展才有意义和动力。社会互动是人生活的核心,与他人和周围环境的互动影响了人的世界观、生命观以及行为和思维。因此对于城市来说,活动与事件是促进城市居民交流、互助、共享从而加强社群关系的重要触点。

结合中国城市现实,老龄城市更需要考虑老年群体参与社会的特点和需求。而老年人在由共同性结成的共同群体中,能够产生群体归属感和自豪感。因此,兼具趣味性、文化性、社交性的文化创意活动无疑是老龄城市解决城市发展与人口老龄化矛盾的有效触点。基于兴趣和爱好的群体组织不仅有助于老人找到真正适合自己的亚文化群,也能够承担更多的社会责任,成为老龄化城市构建良好社会氛围的有效途径。

（一）营造温馨城市人文环境,提升城市魅力

老年人从事文化创意活动有利于城市提升人文魅力。兰德利认为,创意是城市的命脉,而人是创意的关键,城市要达到复兴,关键在于城市的创意基础、创意环境和文化因素。② 而丰富的文化创意活动能够增加文化多样性,促进城市文化交流,激发个体创意,增加城市的创意活力,营造开放、包容和有创意的城市环境。而在老龄化城市的建设和更新中,老年群体将自身优势和特长运用到文化传播、公共领域内的大众教育、艺术娱乐活动等城市文化创意活动中,不仅为城市的发展注入了新的人力资源,老年人以其独有的和蔼形象和亲和力在城市中活动,也为城市增添了更

---

① 刘国光:《中外城市知识辞典》,中国城市出版社1991年版,第477页。
② 兰德利:《创意城市:如何打造都市创意生活圈》,杨幼兰译,清华大学出版社2009年版,第135页。

多人文情怀和温馨氛围，有助于提升市民认同感，助力构建包容开放的人文城市。

无论是为将非遗技艺留存于世而积极尝试与现代融合可能的老年非遗传承人，还是老年专业协会中"为所爱发电"奔走宣传、广场舞中活力奔放、公益服务中细心耐心热情服务大众的老人，又或是在自身专业领域内继续发挥自我价值、起到带头作用的老年人才，都在用实际行动向人们展现他们的价值和贡献。他们用毕生精力凝结的人格魅力和时代留下的良好品质活跃在城市文化建设事业中，为城市增添着人文气息，同时也树立了良好的精神榜样。其独有的亲切和温和也为城市个体输送了精神意义上的舒适和温暖，能够激发城市居民的认同感，从而增进对城市的感情。城市的建设和更新因为有了这些老年群体的参与，闪耀着温情的光环，有了更浓的人情味，城市因此变得更有魅力。

（二）释放老年人创意活力，缓解孤独感

老年群体从事文化创意活动有利于实现老有所为、老有所乐。活动理论认为与活动水平低的老年人相比，活动水平高的老年人更容易感到生活满意和更能够适应生活，因此应该用有补偿性的活动来维持老人在社会及心理的适应。① 而新的参与、新的角色可以改善老年人由于社会角色丧失而引发的情绪失落，将自身与社会的距离缩到最短。

老年群体积极参加老年文体比赛、社团组织、社会公共文化志愿服务等文化创意活动，能够在新事件参与中获得新角色，建立新的社交关系，从而树立起对老年生活的信心。文化创意活动的艺术性有助于老人丰富娱乐生活，充实精神文化世界。文化创意活动的趣味性有助于老人在忙碌中填补时间空虚，从而缓解精神压力，得到心灵的治愈。文化创意活动的社交性有助于老年人结识更多的新朋友，建立新的社交圈。此外，老年人在文化创意活动中，既可以是内容的输出者，也能够成为公众的服务者。多种角色的塑造不仅能够激发其创意活力与社会参与的热情，也有助于拉近老人与社会的距离，使社会对老人的刻板印象得到改观，从而增强老人的

---

① 王裔艳：《国外老年社会学理论研究综述》，《南京人口管理干部学院学报》2004 年第 2 期。

生活信心。总的来说，文化创意活动的参与不仅助力城市文化建设，也能够帮助城市老人真正实现老有所为、老有所乐。

（三）积极应对老龄化，以创意解决老龄化问题

老年群体从事文化创意活动有利于城市减轻社会压力。我国目前是以低龄老年人为主的人口老龄化，老年人社会参与潜力巨大。从工作中退休的老年人依然是家庭、社会甚至国家的积极贡献者，他们的技能知识、经验和资源是社会发展的宝贵财富。

老年人参与兼具文化性与趣味性的文化创意活动不仅能够获得生活乐趣，也有机会发挥自我特长和优势为城市发展贡献力量，是积极应对中国人口老龄化的有效举措，是加强老年人社会参与的有效路径。将老人视为宝贵的人力资源，不仅能够释放老年人的创意活力，也能够缓解城市老龄化压力。通过有效的机制合理将自娱自乐的老年创意阶层统合起来，搭建适合其发挥效用的平台，充分发挥这些老年人才的作用，不仅能够将这些巨大的人力资源有效地利用起来，也能为这些老年创意阶层找到自我价值实现的路径，填补心灵和时间的空虚，从而使老龄化对社会经济的压力转化为促进可持续发展的动力，对促进我国社会经济可持续发展具有重大意义。

四　老年创意阶层的形成条件及角色担当

城市经济学家佛罗里达最早提出"创意阶层"概念。他将创意阶层分为两部分：超级创意核心群体和创意专业人士。[①] 并认为这部分创意人才将成为城市经济发展的主要推动力。创意城市理念和创意阶层的概念相伴而生、密不可分。二者的关系为：创意经济离不开外部环境的支持，而通过改善城市创意环境，能够起到会集创意人才、提升城市创意氛围的作用，从而助推创意经济的发展，推动城市实现高质量发展。[②]

受佛罗里达影响，有关创意阶层的理论对凭借创造力创造财富的知识

---

① ［美］理查德·佛罗里达：《创意阶层的崛起》，司徒爱勤译，中信出版社2010年版，第80页。

② 吕庆华、林炳坤：《中国创意城市发展研究》，《理论探索》2021年第4期。

人才的关注度更高，但较少关注城市中那些虽不凭借创意创造财富，却依旧为创意城市建设做出贡献的群体力量。从创意城市和创意经济的互动关系来看，创意人才对城市发展固然具有重要经济价值，但拥有良好的创意氛围才是促使城市形成源源不断发展动力之本，而创意氛围的营造则需要城市每个个体的贡献。尊重和激励个体创造力的发挥，鼓励每个人发挥自我价值助力城市建设，这正是创意指导下的以人为本的城市理念在社会价值层面的延续。

我国正处于低龄老龄化的阶段，这意味着城市中存在着一大批具备深厚专业知识和技能的老年群体。其中有许多老教师、老医生、老科技工作者、老艺术家，他们拥有较高的专业知识和技能经验，且身体素质和心态都表现出巨大的活力，他们不仅身体健康，有钱又有闲，有巨大的社会参与潜力，且参与意愿高涨。越来越多的城市老人正积极投身于城市社会文化事业中，为城市的发展贡献了巨大力量，"老年创意阶层"的概念就由此产生。

"老年创意阶层"是在老龄城市转型更新的特定发展背景下涌现的、能够助力城市创意活力迸发的新兴力量。具体指老龄城市中身体素质较好、具备一定艺术素养或专业知识技能的、有能力和意愿发挥自身专业特长和经验优势，通过参与有意义的文化创意活动（如创新创造和传播文化艺术内容、自发性地组织和开展文化教育、艺术启蒙活动，积极参与社会公共文化相关的公益服务等），助力城市提升创意活力、营造开放包容多元的城市氛围的群体力量。

老年创意阶层有丰富的人生阅历和经验，有毕生积累的知识和技能，在智力结晶和品德品质上拥有其他群体不可替代的优势。在退出劳动岗位后，这些老年创意阶层积极主动地发挥自身优势和能力，在建设城市文化、营造城市开放、包容的氛围的实践中展现着活力。由诗词创作爱好者组建的山东诗词协会，成员全部是退休或即将退休的政府工作干部，虽已到暮年，但是凭借着对诗词的热爱，这些老年群体发挥自身作用为中华诗词的推广和传承做出了积极的努力和创新性的尝试：通过以赛促用的形式推动了诗教活动深入全省中小学，还积极寻求与专业高校合作，甚至帮助诗词文化站上了世界舞台。他们用实际行动为城市文化事业的建设贡献了力量。

在中国,类似山东诗词协会的团体组织不胜枚举,这些老年创意阶层用实际行动撕下了刻板印象中的"无用者"标签,也为那些陷入退休危机和孤独感的老人们树立了榜样:老年人依旧可以发光发热,发挥自己的能力照亮社会。同时,他们也用实际行动践行了创意城市的建设理念:在创意城市,任何人都有创造巨大价值的极大潜力和无限可能。

五 老年创意阶层从事文化创意活动的优势

老年创意阶层对社会的贡献总表现出"润物细无声"的特点。人们往往不容易注意到他们的身影,甚至一些正在从事文化创意活动的老人或许从未想过要为社会创造何种价值。但如果城市公园少了广场舞,如果社区文化活动没有老年朗诵比赛、广场舞,如果公益活动和服务中没有老年志愿者,城市将会失去很多色彩和温暖。老年创意阶层在从事文化创意活动中具备年轻人无法比拟的优势,具体如下。

(一)心理品质优势

老年创意阶层从事文化创意活动具备耐力性和持久性优势。美国耶鲁大学的研究发现,人在进入中年期后,做事毅力就会更强。相比于年轻人来说,老年创意阶层基于年龄优势拥有更多的人生阅历和社会经验,虽然学习能力因为机能下降而降低,但学习热情不减。大多数城市老人经历过新中国建设的艰苦岁月,时间的磨砺使他们的心理品质更坚强,做事更有持之以恒的耐心。

(二)思想素质优势

老年创意阶层从事文化创意活动具备无功利性和志愿性优势。许多老年人在长期的人生经历中已经形成不追求名利的奉献精神,且大多数老年创意阶层在退休后拥有更少的经济压力和更充裕的时间,使得其社会参与的目的更加单纯,不以功利为目的,而致力于实现自我效能,感受晚年生命的价值。老年人退休之后可支配时间增多,对文娱活动的需求更加迫切,因此与年轻的创意人才相比,老年创意阶层参与文化创意活动多是以满足精神愉悦为主,功利心不强。

（三）气场威望优势

老年创意阶层从事文化创意活动拥有无可比拟的气场和人格威望。几十年的人生磨砺让老年人具备年轻人无可比拟的人格魅力。几十年的岁月铸就了其乐于奉献、严谨细致、认真勤奋等高尚的思想品格,是年轻人无法替代的优势。许多老年创意阶层是在其工作领域内拥有深厚专业素养的人才,如老年教授、艺术家、医生、科技工作者等,他们为国家的科技进步、为经济社会发展做出了重要贡献,在行业中大都享有较高的人格威望。他们的一言一行能够产生较大的影响力,他们发挥优势助力城市建设,能够在言谈举止中影响和培育社会品格,进而助力城市提升凝聚力,塑造良好的城市精神。

六 老年创意阶层从事文化创意活动存在的问题

如今,越来越多的老年创意阶层积极投身于城市文化创意活动之中,用实际行动为城市发展做出贡献,让晚年生活发光发热。但从目前老年创意阶层从事文化创意活动现状来看,他们从事文化创意活动多以满足自我愉悦为目的,社会影响力较小且创新不足,不仅影响其社会参与的热情,也无法充分释放老年创意阶层的社会参与潜力。

（一）娱乐性强,较少考虑社会需求

老年创意阶层从事文化创意活动多以满足精神愉悦为主,较少考虑社会需求。老年群体在退休后参与活动主要用于填补闲暇,因此其参与文化创意活动在参与文化活动时表现出较强的随意性。老年创意阶层在退休之后时间充沛,对文娱活动的需求更加迫切。与年轻的创意人才相比,他们并不一味地追求新的创造,而是以娱乐为主,对社会意义考虑较少。这是传统老有所乐思想的延续,需要向老有所为转型,需要"有所乐"与"有所为"相结合,既能够在自己兴趣领域内发挥价值,又能助益社会发展。

（二）闲暇性高,以就近参与为主

老年创意阶层从事文化创意活动多作闲暇消遣之需,社会影响力不足。将自己全部闲暇时间用于文化创意活动的老年人较少,较多老年创意阶层会根据就近原则，选择以社区为辐射的成本低、可独立完成的文化创意活动。比如，参加社区组织的文化娱乐活动、社区周边的老年大学等。因为专业性和组织化程度不高，所以参与文化创意活动具有偶然性和随意性特点。且由于社区组织的文化娱乐活动面向所有老年群体，多以群体性参与的文化艺术节等大型活动为主，娱乐性较强，相应的教育性和社会公益性削弱。

（三）传统为主，缺乏创造性和创新性

老年创意阶层从事文化创意活动多以继承传统为主，内容缺乏创新。老年人参与文化创意活动主要分为以下几种：以文化艺术兴趣为出发点参与文化创意活动，如参与文艺演出等；以服务社会、服务他人为特征的志愿活动，通常以社区或社团协会组织为单位，如加入社区社团等组织。可以看出，这些文化创意活动大都沿袭传统，内容缺乏活力和创新，老年人自身的创新性和专业性的可发挥空间较少。且这些文化创意活动都以线下参与为主，较少运用互联网平台。而线下的文化创意活动需要时间、场地和组织，且不确定性较大，对于行动不便的老年创意阶层来说，比较受限制。

七 老年创意阶层从事文化创意活动的可行性路径

老年创意阶层在从事文化创意活动时，只有考虑社会需求、增强创新意识，将自身特长真正投入社区、社会公益实践之中，才能真正实现老有所为，为城市精神的塑造、城市凝聚力的增强、城市高质量的发展做出贡献。

（一）考虑社会需求，建立社会服务意识

老年创意阶层从事文化创意活动应更多关注社会需求，发挥自身价值。退休老年人来自各个单位、各个行业、各个领域，其中有很多艺术人才，有的退休于学校，有的退休于文化部门，有的退休于文艺专业团体，有的青年时期曾经是所在单位的文艺骨干，有的自幼就爱好文化艺术。这些老年创意阶层应该积极主动利用自身专业、特长，在文化艺术普及、传播等方面发挥自身优势，积极提供社会服务，为城市人文环境的打造贡献力量。

首先,积极投身于城市非物质文化遗产的保护与传承活动中。许多非遗传承人个人力量有限,既无法保证非遗作品的产量也无暇顾及非遗的推广。而老年创意阶层积极参与到非遗培训和宣传的工作中,不仅能够为非遗产品增加产量,又能够助力非遗的宣传工作。老年大学是退休后的老年人群的主要活动阵地,因此一些趣味性和可操作性强的非遗项目,可以引到老年大学课程中,鼓励老年创意阶层积极参与学习。不仅能够助力非遗技艺的传播和推广,也能为非遗技艺的传承贡献力量。

其次,积极投身于城市旅游文化的传播和推广活动中。作为城市发展的见证者,老年人本身就是城市的"活地图",他们对城市文化既充分了解,也对其生活的城市积累了深厚的感情。文化旅游景点应该积极鼓励老年创意阶层加入旅游景点的文化宣传活动中,通过定期举办文化宣讲课程,设置老年人导游岗位等发挥老年创意阶层的积极作用。老年人在智力结晶和品德沉淀上拥有其他群体不可替代的优势,其独有的亲切感也能够拉近景点和游客的感情,使文化景点变得更有韵味,为城市文化的宣传起到推动作用。

再次,积极投身于提升老年互助班质量的工作中。一些艺术院校退休的教授拥有丰富的艺术素养,在一些老年互助活动中,这些老年人才可以充分发挥自身的艺术素养,通过互补式学习收获新技能。例如,拥有舞蹈艺术素养的老年人才可以利用其专业能力,将更多专业的表演内容融入广场舞中,提升广场舞的质量和艺术性。此外,相较于发达国家而言,中国比较欠缺专业或从事较高难度表演的老年表演团体,老年创意阶层可以发挥价值,组织退休老人舞蹈队,将培养专业的老年表演团体作为目标和动力。而城市中一些由于各种原因闲置了的公共空间,如果能被老年艺术团体重新利用起来组织排练,对于城市创意氛围和人文环境的营造也有着积极意义。

(二) 紧跟技术潮流,增强创新意识

老年创意阶层从事文化创意活动应充分发挥自己的创意和创造能力,紧跟技术潮流,增强创新精神。老年创意阶层应积极利用互联网时代的便利性，积极尝试借助互联网新平台展示自己的价值和才能。一些具备专业艺术技能的老人可以尝试利用抖音、快手等短视频平台展示自我，通过开设线上课程、拍摄短视频、直播等形式进行内容输出。不仅能够发挥余热贡献社会，也能够从价值输出中获得认同感，甚至能够因为内容输出而带来额外收益。

除此之外，老年创意阶层应充分发挥自己的创意能力，创造和输出新内容。老年创意阶层的创新能力和人格魅力不容小觑。喜剧演员冯巩在2020年5月8日入驻抖音，上传原创短视频，这位65岁的老人在短短35天里收获粉丝420万人。70岁的时尚老人"天蝎奶奶"王沛通过短视频讲穿搭、做美食积极展现自己的退休生活，因为时尚、自信和从容的生活状态，不仅收获了几十万粉丝，还受邀参加时装走秀活动，在晚年活出了精彩。由此看出，创意不只能够帮助老年人填补闲暇，更激发了他们敢于创新与尝试新事物的兴趣。更多的老人应积极挖掘自己的创意潜质，学习和利用互联网技能，通过新媒体平台，整合并输出自己的专业和技能优势，展示自我，在不断探索中获得新的人生经历。

（三）扎根社区，提供公益文化服务

老年创意阶层从事文化创意活动时应扩大活动的内容和范围。老年创意阶层应走出社区，到更多创意舞台中发挥自己的能量，充分发挥自身的特长，关注城市中的需求，积极参与城市多种形式的公共文化服务。

老年创意阶层可以积极投身城市公共文化设施的志愿服务之中，从事文化博物馆、科技馆、美术馆的宣讲工作。老年人拥有更多的空闲时间搜集和补充资料，深入了解文化作品的背景和艺术价值。加上他们经年累月的知识积累和人生阅历，他们的讲解变得更加生动。对于博物馆受众来说，在良好的文化氛围中接受老一辈人的精神洗礼，无疑是一堂宝贵的课。尤其对城市中的青少年儿童的发展和成长来说具有宝贵的启迪意义。

老年创意阶层以其温和善良、和蔼可亲的形象出现在公共文化服务的环境中，不仅为城市带来亲切友善的氛围，其一言一行中的良好品德的展示，也在无形中为社会树立了榜样，影响着城市个体的品行发展，能够助力城市塑造开放与包容、创意与活力并存的氛围。

结　语

经济发展新常态与人口老龄化交织的背景下，老年创意阶层积极参加文化创意活动是老龄化城市实现更新发展与缓解老龄化压力的双赢路径。老年创意阶层为新时代城市发展提供了新动力。在文化创意活动的参与中，老年创意阶层通过多种角色的体验，能够充分释放创意活力，也能够建立新的社交关系，缓解孤独感。同时，越来越多的老年创意阶层开始转变自娱自乐的心态，积极参加城市文化事业、社会再教育事业以及志愿服务等，为构建创意、开放、包容的城市环境贡献力量，用实际行动证明了"创意阶层"并非年轻人的专属头衔。

随着城市人口老龄化的不断加深，未来将会有更多老年创意阶层涌现，展现出巨大的创意潜力和社会参与热情，在文化创意活动中积极发挥自身价值，为城市发展做出贡献。他们不再是阻碍城市发展的"包袱"，而是助力城市发展的宝贵资源。老年创意阶层在新时代城市的发展和复兴事业中扮演着愈加重要的角色，是点燃城市创意活力的新引擎，也会为城市发展带来更多惊喜。

（作者为梁琪，指导教师为李辉）

最美书店因何而"美"

以书籍为核心打造的实体书店,与城市历史脉络及文化性格相互印证,丰富大众精神文化生活。随着时代的发展,网络信息技术的冲击,实体书店遭遇重创。然而,兼具市场审美与文化底蕴的最美书店异军突起,以"美"之品牌,探索书店转型升级之路,助力全民阅读和书香社会建设。

2022年2月,山东省最美书店评选活动启动。最美书店何以得"最美"之名,为此,记者近日专访了山东师范大学文学院教授、文学与文化产业管理专业博士生导师李辉。

一 复合式文化生活空间

看得见一城山色,闻得见满城书香。在城市发展进程中,书店不仅是民众阅读、购买图书的消费场所,也是一个国家文化建设的重要体现。

随着时代的进步,网络信息技术的飞速发展,线上购书平台和电子书的兴起,促使遭遇重创的实体书店开始走上转型升级之路。"当线上购书成为大众主流消费习惯,电子书、碎片化阅读开始流行,去实体书店购买纸质书的读者越来越少。"李辉表示。然"锲而不舍,金石可镂",此时,也促使了"最美书店"这一实体书店探索转型之路上的创新模式应运而生。

事实上,关于"最美书店"这一概念,世界范围内早已有之。李辉介绍,比如日本的茑屋书店,以三栋建筑组成的该书店,藏书约15万册,同时伴有影音馆、咖啡馆、餐厅等场所，此外，建筑外还有一处公园绿地，为民众打造出一处复合式文化生活空间。如今，这一有着全球最美书店标签的书店，既是东京时尚人文地标，也是世界各地游客来东京游玩、拍照的著名打卡地。目前，该书店已经在中国上海、杭州、西安、南昌等地开枝散叶，设立分店，并有进一步扩张的计划。

2013年，美国一家知名网站评选出全球最美的20家书店，中国有3家书店入选，分别是老书虫书店、蒲蒲兰绘本馆和好样本事书店。其中，位于北京的蒲蒲兰绘本馆，目标读者是儿童群体。当小读者置身于书店中曲曲折折、层层叠叠的巧妙设计中时，仿佛进入了一家梦幻般的儿童阅读乐园。

不难看出，在探索和转型中，从实体书店到"最美书店"的升级，被赋予了更多的内涵。"除图书销售主体外，最美书店也应是让民众能够感受到心旷神怡、流连忘返，且收获'美的享受'的一片文化净土。"李辉表示。事实上，历年山东省最美书店的评选，便十分注重书店"颜值美""悦享感"和"功能性"的体现。尤其是2022年山东省最美书店评选工作，空间设计有特色、注重引领阅读风尚、满足读者个性化需求、定期举办阅读推广活动、注重中华优秀传统文化的熏陶等被写入评选标准，这既是对实体书店内涵的延伸，也是当前民众多样化阅读需求的体现。

二 由书开启，不止于书

"为书找读者、为读者找书"，是书店联系读者的重要功能，它架起了出版社、读者和书三方之间的联系，让书和人相遇在美好生活中。从发展角度看，书店的经营虽然由书开启，但其生存和探索的载体绝不止于书。

"将书店看作是一个文化生活空间，一个与图书，或者说和文化有关的活动空间，我认为更恰当。"李辉表示，书店不仅仅是图书的销售场所。"早些年，书店也不仅销售图书，而且也卖收音机、唱片、音响、DVD等。当时的人们也没有觉得这些书店脱离了'书店'本质，所以说书店转型复

创意营造

图1　山东省最美书店——日照尼山文化空间

（图片来源：作者拍摄）

合空间，卖文具、文创产品、卖咖啡，也只是顺应时代发展的一个新的进程而已。而且，现在人们购书，可以通过线上电商平台购买，此外，现在很多大型商超也设置了一些图书展架，方便顾客在逛超市的时候就近选择一些实用书，尤其是童书。所以，从这个层面看，卖书的不一定是书店，书店不一定在卖书，人们的观念要随着时间转变。"

同时，人们自身的社会需求也在发生变化。"以前，人们对于书店的需求更多的是买书。现在人们到书店去不仅是买书，甚至可能也不买书只是翻翻书、坐一坐而已。书店的转型和整个社会的需求转型是密切相关的。"李辉表示，所以，为了满足人们不同时期的需求，书店多了休闲区、活动区、咖啡区，甚至就餐区等，这些功能区增多后，人们对于书店设计、展陈等方面的审美需求也在增加，于是，这些书店逐步升级为文化综合体，成为一座城市的时尚人文地标。

当然，从另一面看，书店的存在也赋能一座城市一处商圈的文化建设。"比如济南万象城中的西西弗书店，它的存在未必为整个商业实体带来多少营收，但这一文化生活空间所形成的外部效应，提升了整个商业实体的文化品位和品牌形象。"

三　"书店+"　探索未来之路

如今，随着出版行业稳步发展，实体书店转型升级，"不止于书"的实体书店更是在积极探索"书店+"未来模式。

尽管地理位置、读者群体、侧重图书销售种类各有不同，但各地实体书店在探索中依然逐渐形成了自己的特色。比如，聚焦城市文创生态、积极推广阅读文化以及济南本土文化的阡陌书店利用书店独特的品牌效应，真正实现"阡陌纵横，书声遍处"的文化愿景；作为山东省内首家作家书店的"想书坊"在多地布局的同时建设社区书房，旨在打造一处综合性阅读场所。此外，烟台理想书店创办"书遇有缘人"及"行走图书馆"公益阅读项目，举办读书签售、艺术展览、音乐现场、电影放映、手工体验等大量文化活动，着力打造城市公共阅读空间，让读书成为日常……

李辉表示，实体书店的转型是其在销售图书功能之外进行的多种功能性探索，"围绕文创、脱口秀、剧本杀、研学等文化活动进行的探索，让书店'文化空间'属性凸显出来，这是书店需要进行的一种转型"。不过，不能否认的是，书店在转型过程中也出现了诸多问题。"比如，当遭遇困境后，书店压缩书籍空间和所占比例，将其用来租赁给其他行业，长此以往属于图书的空间越来越小，最终消失不见。这时就失去了书店的价值意义。"李辉认为，对准文化生活空间属性，书店的经营范围仍需定位为文化场所，这样复合运营下彼此之间才会产生 $1+1>2$ 的效果。

向阳而生、渐趋成长。值得关注的是，随着书店转型探索的推进，最美书店的品牌效应也正在赋能文旅融合。"文化场所是城市人文休闲游的重要地标，兼具颜值与内涵的最美书店代表着一座城市的形象，是游客出游的热门打卡地。"李辉表示。同样，一些书店还落户在景区内，成为景区展现文化特色的一角。

诸多行业专家认为，当下，实体书店的生存与发展既需要满足阅读这一共性，也需进行差异化与多样性探索。"实体书店瞄准的定位一定是为公众提供公共文化服务，这一点不能变。无论书店中空间的布局形式、具体摆放的产品，还是提供的服务样式发生怎样变化，它的文化属性不变，这也是书店能够抓住消费者的卖点和最核心的地方所在,只是我们提供公共文化服务的具体方式可以灵活变化,以此来进行更长远的探索和发展。"李辉建议。

(作者为许倩、邓丽昕,原文刊载于《山东商报》2022 年 3 月 3 日,此次出版有修订)

文脉赓续

文史通义

古飞天　新风情：
论敦煌文创中的文化价值传承

理查德·佛罗里达曾在《创意阶层的崛起》一书中指出："在创意经济的时代，基本的生产资料已经不再是资本、自然资源、劳动力等等，而是人头脑中的创意。"① 所谓"创意经济"，是在创意活动成为主流语境的情况下，围绕创意活动开展的基础经济，具有极高的开放性与包容性。具有创造性和个性化特征的创意经济如今已成为社会经济发展的重要推动力，为城市文化传承与发展注入新鲜血液，激发城市产业发展的活力与潜力。而基于传统文化开发的文创产品是创意经济的典型代表。文创产品的价值，最重要的不是其本身的价值，而是其呈现出来的文化价值。文创产品的开发主要是围绕传统文化价值传承，激发消费者的文化认同与情感共鸣，利用创意的"裂变效应"，实现商业利益与社会效益的共赢。

作为举世无双的文化蕴藏地，敦煌吸引了无数游客前来瞻仰，吸引了无数学者前来研究。敦煌莫高窟可称作一部容纳中华千年文明的大百科全书，表现的是佛国故事和极乐世界，但背后反映的却是每个朝代在服饰、器具、建筑、科技等各个方面的时代风貌。可以说，敦煌文化之繁盛是研究不完的。敦煌壁画的保护，必须借助数字化技术才能以最快的速度保存正在消失的壁画。"数字敦煌"的实现，不仅让壁画以图像的形式保存下

---

① [美]理查德·佛罗里达：《创意阶层的崛起》，司徒爱勤译，中信出版社2010年版，第5页。

来，为考古研究和文创开发提供支撑，观众也能突破时空限制感受壁画之震撼。洞窟内所藏的文物中，古代文书占很大部分，但因古籍年代久远且多涉及宗教文化，大多晦涩难懂，不易为大众所接受和学习。基于此，敦煌文化的传承保护对开发文创提出了要求，让文物变成一个个文化符号融入商品之中，不仅让无法到场的观众感受到文物的底蕴，更能让现场参观过的观众丰富对于敦煌文化的感知维度。

随着我国经济快速发展，居民生活水平显著提高，精神文化消费成为消费的重要内容。近年来，文化馆、博物馆等文化单位逐渐向公众免费开放，博物馆作为具有公益属性的事业单位，解决好日常运营开支、开辟发展路径的问题，才能为公众提供更加优质的公共文化服务。博物馆开发文创产品具有天然优势，蕴藏丰富的文化资源，聘请业内专业研究人员，对文物再创造提供专业指导，确保了文物文化的传播效果和公众的体验效果。如今，我国文创产品开发总体呈现良好态势，文创开发作为博物馆产业的重要内容，成为各地博物馆发展的风向标。作为代言莫高窟的文物单位，敦煌博物馆以及敦煌研究院所开发的文创日益走进人们的视野，但与国内故宫文创以及国外大英博物馆文创等优秀案例相比，在文创开发过程中还存在一定差距。

一 敦煌文创文化价值传承的创意策略

敦煌是古代丝绸之路上的一颗明珠。季羡林曾说："世界上历史悠久、地域广阔、自成体系、影响深远的文化体系只有四个：中国、印度、希腊、伊斯兰。而这四个文化体系汇流的地方只有一个，这就是中国的敦煌和新疆地区。"① 由此可见敦煌地位之重要。地处敦煌的莫高窟是一座综合文化艺术宝库，南区主要有塑像和壁画，精致动人；北区的洞窟建筑更为完善，形制各异；洞窟内的各种藏书记录着浩繁历史。它们互相呼应，交相辉映，精美的艺术创造形式背后，是历史文化的深沉积淀。

2015年北京师范大学首都文化创新与文化传播工程研究院发布《外国

---

① 王岳川：《季羡林学术精粹》，山东友谊出版社2006年版，第110页。

人对中国文化认知调查报告》。报告称,排在外国人认知度前三位的中国文化符号分别是熊猫、绿茶、阴阳,而对于敦煌壁画等蕴含中国哲学观念的文化符号认知度最低。敦煌莫高窟虽然在1987年就被评为世界文化遗产,这样一个广袤的艺术宝库,却成为最容易被忽视的地方,传承传播敦煌文化已然成为重点工作。文创产品作为普通人触摸文化的最有效、最直接、最易接受的方式,自然要承担起传承敦煌文化的任务。

敦煌艺术的文化价值不仅体现在本身的文化艺术上,也体现在它对于文化创意产品设计的启发。近年来,传统文化文创市场热度居高不下,各类市场主体纷纷想要占据市场领先地位,市面上涌现出了许多水平参差不齐的文创产品,但不乏艺术精品。文创产品是连接文化与生活的桥梁,文创产品是否有市场,美的外观是一方面,更要注重将文化价值融入文创产品的实用性中,所以一味追求当下潮流,不注重塑造自己的风格,绝不是长久之计。近年前,故宫博物院文创走红,将故宫内神秘的文物与人物带入大众视野,走出一条可持续发展的创新之路,为博物馆文创提供了一个可以借鉴的优秀范例。

由于敦煌深处内陆的地理位置和洞窟限制参观的保护规定这两大因素,做好敦煌文化的文化创意产品衍生,是十分有必要的。文博单位应抓住机遇,聚焦文物的价值挖掘,用现代语言去阐释文化内涵,创新表达方式,满足大众对文化厚度和情感温度的需求,实现传统文化在新时代的意义拓展。

近年来,不少从事敦煌文化研究的相关机构开展了文创设计工作,例如敦煌研究院、敦煌博物馆、敦煌美术研究所等。

(一)"敦煌+生活",塑造文化创意新生活

丝绸之路畅通后,中原文化在此扎根发芽,产生于印度的佛教文化也随贸易往来传到敦煌,译经家竺法护及其子弟在这里传教,佛教在此浸染生发。佛教等外来宗教与本土道教交流碰撞,艺术形式创造与表现手法的多元化,具有很高的审美价值。比如北凉时期洞窟内的壁画主要内容有佛说法图,佛传故事和佛本生故事。出自民间的本生故事,通过工匠的妙笔,成为莫高窟中富有生活气息的作品,较为著名的有"九色鹿拯救溺人

本生""尸毗王本生"等,描绘的虽是佛教故事,但壁画的表现手法已然接受了中原的艺术形式,故事画开始世俗化与中国化,具有中华民族的审美风格。从魏晋南北朝时期开始,具有敦煌特色的中国式佛教艺术体系逐渐形成。这些宝贵的文化资源,成为文创开发的源头活水。

目前,敦煌的自品牌文创开发以敦煌博物馆和敦煌研究院为主体。其中敦煌博物馆选择与甘肃丝路手信文化传播有限公司合作打造文创品牌。自品牌的文创开发着眼于人们的现实生活,提取敦煌传统文化元素,用新的方式呈现出来。

早期的博物馆文创市场上,大都是一些简单复制,质量参差不齐的产品,有的甚至不能满足受众最基本的使用需求。在实地旅游盛行阶段,这些设计简单直白的产品具有较强的纪念属性,销量尚可。但在时下竞争日益激烈的情况下,需要设计者及时转变思路,改变消费者对于普通文创产品的消极印象,需要将实用性与审美性有效结合。敦煌的博物馆文创,把文创产品开发与现代生活方式相结合,彰显"以人为本"的理念,不仅满足使用者的功能需要,也给受众带来多层次体验,形成独特的敦煌品牌。

文创产品设计背后的文化内涵和审美倾向,与个人的情感活动产生关联,引起受众的共情认知,更能体现出文创产品的生命力。敦煌石窟中最为出名的故事画《九色鹿经图》是北魏洞窟的代表作。它出自敦煌莫高窟第257窟,描绘了佛教中的"鹿王本生"故事,讲述的是佛祖释迦牟尼前世的经历。壁画大致分为五个情节:溺水、九色鹿搭救溺水者、溺水者告密、国王捉住九色鹿、九色鹿向国王控诉。其中的"九色鹿"形象承载着温润亲和、善良勇敢的良好品德,同时劝诫人们不要恩将仇报。故事传承至今,后被上海美术电影制片厂改编成动画片《九色鹿》,成为经典国漫之一。

敦煌博物馆文创中取九色鹿富贵吉祥、福禄显荣的象征内蕴,将传统华美风格与现代审美观念相衔接,色调整体采用莫兰迪色系,凸显画面之和谐优美。相关文创包括蚕丝方巾、吊坠耳钉、收纳袋、滑板等一系列生活实用品。传统文化不仅带有民族特色的文化价值,而且这种文化价值是适合于进行开发创造的,这样才能与商品实用性更好结合。大众看到九色鹿就会想起中华民族的优秀品质,因其带有的美好寓意,九色鹿也是与其他品牌联名较多的形象之一。

敦煌文创设计时更要注意,不要随意摘取古典纹饰以及个别文化元素,制成类似后现代的大杂烩,虽然视觉元素能够最快突出文化特征,但文化内涵得不到有效传承,自然不是长久之道。

如今的文创产品开发依然要向古代匠人学习,慢工出精品,以社会效益为先,切不可急功近利,唯有如此才能将千百年的文化宝藏更好地呈现给世人。使用价值与文化价值的结合,才能把握用户所需,增加用户黏性,走出一条开发文创产品、巩固文创品牌的长久之路,让越来越多的人加入"与敦煌一起对抗时间"的这场长跑中。

(二)"敦煌+品牌",引领文化传承新风尚

敦煌文化延续至今近两千年,蕴藏着源远流长的文化内涵。洞窟内的壁画与彩塑交相辉映,表现着中古时期鲜活的精神风貌。透过敦煌留下的文物,能够看到北凉的萌芽,隋唐的兴盛,元朝的衰落……看到历史的更迭。敦煌莫高窟内还存有大量的古代写经、典籍、文书和佛画等文物,所含历史学资料极为丰富。除了佛教经典、官方文书等具有史学价值的典籍,敦煌文献中还保留了大量中古时期反映大众文化生活的资料,比如平民百姓在日常生活中所用的账本、借条、课本等,这是从一般古籍中找不到的,让我们直接了解到中古时期人们饮食穿衣、婚丧嫁娶、社交礼仪等方面的风俗习惯,具有较高的民俗价值。这些宝贵的文化资源需要借助新手段进行开发。

首先,与"国潮"联合,打造流量爆款。自敦煌开发文创以来,与敦煌联名跨界营销的案例数不胜数,与不同行业的合作,可以碰撞出新的火花。但不得不承认,大多只是提取花纹图案,甚至是照搬原图,初看精美,实则生硬,造成了为联名而联名的营销怪象。敦煌博物馆与李宁的联名合作,将敦煌故事与服装设计有机结合起来,体现了李宁服饰与众不同的品牌文化。2020年,李宁服饰联合敦煌博物馆在雅丹魔鬼城举办了一次"丝路探行主题派对"。这场T台走秀以人物故事为中心,讲述了主人公青

文脉赓续

年时走上丝绸之路，历万险经千难，成熟也依然坚守初心，于而立之年回乡的故事。联名服装设计有提取壁画元素为印花，有复古风格与敦煌纹样碰撞，也有街头廓形与传统手工技艺相结合。联名鞋品设计吸纳敦煌历史故事，以汉朝"十三将士归玉门"的不屈精神和隋朝裴矩经略西域的奉献精神等故事为灵感设计。十三将士誓死守卫家园，裴矩筚路蓝缕开拓西域、经营西域，传递出坚韧不拔和勇于开拓的民族精神。李宁服饰对于敦煌文化的深入解读，准确把握了消费者对于传统文化的认同感，成功打造出"敦煌·拓"系列。敦煌大漠中少年的成长故事也源于李宁服饰的发展经历，少年成名，西行路上遇见种种艰辛，但一直保持初心、不断探索，最终东山再起。再加上这场在大漠举办的时尚盛典，带来的文化与视觉震撼力，让消费者愿意为高品质产品买单，在走秀后第一天产生巨额销量，实现了文化价值与商业价值的双赢。

其次，利用网游动画吸引年轻群体。网络游戏是传统文化的一种创新式传承载体，品牌用文化元素来打造游戏体验上的新鲜感，文化借助品牌扩大影响力。自2019年开始，网易游戏《梦幻西游》与敦煌博物馆的一系列合作，吸引了更多年轻人关注敦煌文化。游戏中的经典人物形象"舞天姬"成为敦煌博物馆的虚拟守护代言人，缠绕在身的丝带与敦煌飞天相呼应，加强了用户的视觉印象。不仅如此，二者合作上线了灵魂占比测试，借助九型人格理论进行性格分析。在小程序页面是与敦煌壁画相类的国风设计，伴随异域乐曲，将人们拉回大唐盛世，带给用户沉浸式体验，为游戏内容营造氛围。同时，网易游戏出品动画片《梦游敦煌》，也是由舞天姬作为主人公，带领观众游历敦煌世界。接近于游戏风格的Q版画风，在紧抓游戏用户心理的同时，也吸引了更多观众，尤其是低龄儿童。《梦幻西游》本就是以《西游记》为故事蓝本，设计将敦煌文化融入游戏内容和玩法之中，中国风的碰撞，一定程度上提升了游戏的文化内蕴，同时增强了用户黏性。

敦煌文化与品牌的合作实现了相互赋能，为敦煌文化加入新鲜元素，增加敦煌文化的吸引力与亲和力，形成更为广泛的传播效果。品牌通过技术与文化的结合提高了自身产品附加值，双方都取得了很好的营销效果。

(三)"敦煌+平台",激发文物保护新活力

互联网快速发展的背景之下,敦煌研究院注重数字平台建设、数字化服务加持,使得观众足不出户即可领略敦煌文化之美。敦煌研究院联合腾讯新文创,合作开发数字敦煌H5——"云游敦煌"微信小程序,包括游览、探索、保护和新文创四个模块,满足不同用户的不同需求,向用户全方位地展示立体的、真实的、鲜明的敦煌文化形象。

在探索模块,此款小程序提供了四种不同的切入方式。其一是以视频的形式探索,其中包括数字动画片、纪录片以及讲座研讨会录像。其二是从艺术形式出发,其中包括的壁画、彩塑和石窟形制——石窟的三大艺术结晶都值得细细品味,用户还能欣赏到个别不对外开放的洞窟内景。其三是从朝代出发,展示了从北凉到元朝十余个朝代的石窟造型艺术演变。其四是从颜色出发,"玛瑙末""小豆茶""红珊瑚""岩焦茶"等,色调一致的画面使人观感舒适;富有异域风情的颜色名称,让用户对石窟探索更添一层好奇。最后,用户还可以360度全景体验畅游敦煌洞窟,观景图后附介绍,引导用户了解石窟艺术背后的审美价值与历史价值。

在游览模块,小程序为实地游览的游客提供了系统化的游览指导,包括经典壁画故事、景区智慧导览、敦煌石窟文化特色体验等。受风沙等自然环境影响和人为损坏,壁画的保护工作显得尤为重要,游览背后更需要大众的保护,小程序介绍了壁画的有关病害知识,让大众了解到壁画保护之不易。同时,"敦煌数字供养人"项目呼吁社会帮助敦煌壁画的数字化采集工作,将敦煌文化更好地传承下去。

新文创模块现已推出十余项趣味互动,互动方式新颖有趣,老少皆宜。最新推出的"敦煌岁时节令"数字创意互动,以出土于藏经洞的敦煌文献——元稹所写《卢相公咏廿四气诗》为互动文本,以敦煌壁画中出现的与二十四节气相应的图画为主体,用户通过选择任意节气抽取福卡,福卡不仅呈现了相应的诗句和敦煌壁画,还展示了关于节气的相关典故。例如,"冬至"节气对应《咏冬至十一月中》这一节中的"二气俱生处,周家正立年。岁星瞻北极,舜日照南天。拜庆朝金殿,欢娱列绮筵。万邦歌有道,谁敢动征边"。古人多将阳气作为君道之象,而冬至是一年中阳气

文脉赓续

上升的日子，这天朝堂官府会举办拜贺之礼，极为热闹。打开福卡，一幅动态壁画呈现在用户眼前，白色与青绿色相间，色调和谐，福卡背面是对于冬至作为节日的历史相关介绍，简单明了的文字和壁画相间，配以朝廷拜贺赏送的壁画，画面生动形象，使用户得以开阔视野。同时，通过点击"知识图谱"，观众可以由此延伸浏览七十多个洞窟壁画和藏经洞文献，进一步了解敦煌文化和传统民俗，优美的画面展示给人以精神上和视觉上的双重享受。

多模块的微信小程序，并不呆板乏味，设计富有引导性与趣味性。传统文化的创新传达，激发用户对敦煌文化的喜爱。这种多样化的表达方式，给用户提供了多方位的服务，也能激发用户对于文物的保护热情和相关文创的消费热情。数字平台的开放性和共享性将敦煌文化的传播效果最大化，让用户在了解历史中接受审美教育，吸引更多人了解敦煌文化、前往敦煌一睹莫高窟之风采。

图1 "敦煌岁时节令"小程序界面

（图片来源：微信小程序"敦煌岁时节令"）

二　敦煌文创产品创新发展启示

文创产品的创新发展，不仅对文物保护、日常生活有着重要影响，而且也给我们带来了一些启示，这指引着我们朝更积极的方向发展，同时也可以规避发展中带来的问题。比如，要把握价值导向、坚持质量保障和开拓发展思路。

（一）把握价值导向

博物馆作为公共文化机构，在社会上起着价值观引领作用，对青少年价值观树立也有着重要影响。需要提高思想站位，树立大局意识，注重价值导向，保持严谨的科普态度，充分认识到文创工作的重要性。

电子烟作为卷烟的替代品，受到众多年轻人的追捧，但其危害不比卷烟小，长期使用也会上瘾。时下，许多商家把电子烟贴上"科技""赛博朋克"的标签，变相诱惑未成年人消费。敦煌博物馆与电子烟品牌铂德合作IP一事引起了社会的广泛关注。"浮生若梦，为欢几何""摇曳生姿，洒满人间""我们不一样"，这是网上流传的联名概念图中的宣传标语。此次敦煌博物馆与电子烟联名，再冠以潮流文化之名，很难不对正处在心智成长期的青少年产生负面影响。这种另辟蹊径的"创意"反映出了相关单位急于求成的态度，博物馆想要通过联名迅速"出圈"，却走错了路，选择争议颇多、管控趋严的电子烟合作。无论是令人尴尬的文化价值植入还是产品潜在的不良影响，二者合作从一开始就是行不通的。"国潮热"不是谁都可以蹭，IP合作不能失去底线，博物馆要不断完善合作审核机制，需要合法合规、合乎公序良俗，杜绝低级疏漏的出现，为利益而过度娱乐化商业化的做法并不可取。

（二）坚持质量保障

敦煌研究院文创开发多次运用"反弹琵琶"这一元素。例如，精梳礼盒中的木梳以琵琶为形，以非洲酸枝木为材，配以手工雕刻描金，更显制作精良。小夜灯以舞者为形，衣带翩翩，白描图案线条流畅，清丽传神，光感舒适，给人以梦幻之感。以上两件文创借助"反弹琵琶"的外形以及线条走向，展现了壁画中的美学元素，设计出既实用又富有设计感的生活常用品。

细节彰显匠心。创意是关键，但产品的质量直接影响到受众对博物馆的第一印象。不论是敦煌博物馆还是敦煌研究院，除开发自有品牌博物馆文创外，也会与其他品牌联名或授权其他机构。在批量化生产中，产品的质量有时会得不到保证。比如，"故宫淘宝"与某公司合作的故宫彩妆，上架不足一月就下线停产。这次联名中暴露出许多问题，膏体流畅度与颜色设计都有进步空间，眼影出现飞粉现象，一些颜色不够实用，这些应该是最初设计时就考虑到的问题。在生产环节，博物馆应严格选择合作厂家，保证生产环节的质量监督，树立良好品牌形象。

（三）开拓发展思路

前来瞻仰敦煌莫高窟的大多为省外游客，如何让来自四面八方的游客最快地领略敦煌的城市底蕴，旅游演艺的作用不可小觑。在旅游演艺领域，国内目前有三大IP，即宋城演艺集团的"千古情"系列、张艺谋导演的"印象"系列以及王潮歌导演的"又见"系列。三个系列均立足当地文化底蕴与实际情况，但形式各有特色，"千古情"系列打造出灯光与舞台的完美融合，"印象"系列呈现山水实景演出，"又见"系列将室内演出与互动体验相互结合。曾获"中国十大演出盛世奖"的《印象·刘三姐》将山水作为舞台，少数民族与渔家元素融入表演，呈现了"桂林山水甲天下"的视觉盛宴。这个具有开创性的项目在一定意义上探索了新形势下旅游产业发展新路径，找到了一条文化旅游融合的高质量发展之路。

敦煌抓住市场机遇，开发了大型情景体验剧——《又见敦煌》，让观众跨越千年，走进敦煌，记住敦煌。该剧分为四个篇章：第一部分是与敦煌相关历史人物的T台亮相，第二部分是还原被世人误解的王道士的故事，第三部分是莫高窟秘事探寻，最后一部分是现代学者与王维跨越千年的对话。由于是移幕式情景剧，观众需要跟随剧情穿梭于不同场景之中，不同于风格单一枯燥的语音解说，《又见敦煌》营造了一种互动感和体验感。观众在这里得以了解到张议潮统军出行收复失地之艰难、王道士的无奈与悔恨……博大精深的敦煌文化艺术史以如此丰富的维度展现在观众面前。通过剧情解说与舞台张力，表现出宏大的千年跨度，让观众仿佛身临其境，了解了一个立体、真实、全面的敦煌，给观众呈现了一场文化感厚重的视觉盛宴。大型文旅演艺节目作为旅游产业的深度开发项目，通过具有创造性的设计，最大限度地挖掘城市文化内涵。在文创开发中，要敢于突破现有局面，尝试多样化发展思路，充分挖掘"敦煌"二字"含金量"，形成城市文化品牌。

三 敦煌文化价值传承的当代意义

敦煌文化价值的传承，功在当代，利在千秋。从千年以前的敦煌文物中，我们可以发掘出独具特色的文化价值，传承这些价值是我们义不容辞的责任。在当代，敦煌文物的开发可以传承地域文化价值、宝贵民族精神和优秀创意精神，为我们带来珍贵的现实价值。

（一）传承地域文化价值

敦煌文化是以地域命名的文化，不同于其他地域文化，它是亚非欧交流交融碰撞的文化，呈现出多样化的特征。正如冯骥才先生所说的"人类的敦煌"，它是"人类的文化圣地"。在汉武帝统一河西之前，敦煌一直是月氏等少数民族所居住的地方，他们成了中西贸易的承担者。汉代张骞受汉武帝之命两次出使西域，走出一条闯过高山荒漠的丝绸之路，打开了中原汉民族对于西方认识的大门。元鼎六年（公元前111年）修建敦煌郡城，敦煌迎来大量移民。汉代中西交流之路畅通之后，不仅是经贸往来频繁，文化上也开始了交流与交融。唐朝时，不同民族的民众在此安居，世家大族在敦煌开凿"家窟"成为流行，精神文化与物质技术交流不曾间断。后来归义军政权维护了敦煌近二百年的稳定，为敦煌文化的持续发展提供支持。在明朝以前，所有通往西域的道路都要从敦煌分开，随着海上丝绸之路的开通、元朝疆域的扩大，敦煌逐渐被陆上丝绸之路所遗弃，失去了在丝绸之路上的地理位置优势，由辉煌走向没落。昔日文化昌盛的大都市因地处偏远的西北边陲而被遗弃在关外，无人问津，中原文化、西北文化和西域文化的交流硕果被尘封，直到20世纪初才得以重见天日。随着敦煌文化资源的不断挖掘，敦煌这座城市及其独特文化正逐渐大放异彩。

（二）传承宝贵民族精神

敦煌文化中的"飞天"可视为中华民族精神的象征。"飞天"是敦煌石窟非常独特的典型形象，它本是一种佛教的造型艺术，在与中华文化的交流中逐渐富有中国的民族风格与美学气质。对于伎乐天飞天这个词，记载最早可见于东魏时期的《洛阳伽蓝记》，"有金像辇，去地三尺，施宝盖，四面垂金铃七宝珠，飞天伎乐，望之云表"[1]。不同于西方带有翅膀的"飞天"，敦煌石窟中最为常见的是无羽而飞天，依靠灵动的身形、飘曳的衣裙、飞动的丝带呈现出轻盈的翱翔姿态。从古代神话的嫦娥飞天，到庄子渴求自由的灵魂在飞，再到明朝万户飞天，中国人的飞天情结从未中断。"飞天"象征着对于世俗伦理的反叛，对于自由生活的憧憬。在敦煌，佛的庄重与神圣被飞天中和，被飞天世俗化，被飞天艺术化。"飞天"成为中华文化的标志性符号之一，堪称现实主义与浪漫主义的完美结合。

"飞天"精神在古代的工匠身上亦是一种体现。不论是彩塑还是壁画，都是匠师们经过周密推敲、精心布局、精工细作得以完成的。匠师们突破种种制约，在崖壁中"架空凿岩"，在宗教题材的范围内，在有限的佛龛内展现了突破束缚的艺术想象、非凡的创造才能，例如在敦煌莫高窟第194窟，有两尊天王像，在这狭小的佛龛之内，两尊天王神情各异，个性不同，呈现动态一般的感觉，具有极强的艺术感染力。无与伦比的彩塑艺术与壁画艺术在技艺高超的工匠手下栩栩如生地展现于世。工匠的生命虽已流失，但艺术生命得以永存。

"飞天"精神今日仍在传承。以常书鸿、段文杰和樊锦诗为代表的一代代敦煌人面对艰苦的物质生活条件从无怨言，一生奉献在敦煌文化的保护与传承事业中，这也激励着新时代的中华儿女不懈奋斗，向上向善。在接受中华文化滋养的同时，争做优秀传统文化的继承者、传播者和创新者，实现传统文化的创新性转化和创新性发展。

（三）传承优秀创意精神

彩塑会褪色，壁画会脱落，在荒漠戈壁中，敦煌留给后世的文化需要

---

[1] （北魏）杨炫之：《洛阳伽蓝记》，时代文艺出版社2008年版，第34页。

继承下去。实用价值是文创产品最基本的设计出发点，但它也在传承传统文化、反映大众生活中起到重要作用。传统文化的再创造和应用不是简单的复制和粘贴，而是需要真正沉下心来追求每个元素的本源和创作意义，对元素意义进行适当的衍生与创新，将自身对元素的理解融入产品设计中，并依据产品的使用情况对整体形象进行进一步修改，使文化创意产品能够给大众带来视觉美与舒适美的双重享受。高质量的文创产品能够使消费者在不断消费中提升和丰富文化素养，完善价值观念，激发创新意识，有利于社会主义核心价值观的普及与践行。

结　语

"中国的许多文化遗迹常常带有历史的层累性……而敦煌莫高窟不是死了一千年的标本，而是活了一千年的生命。"[①] 千年来无数工匠在洞窟内创造着动人的艺术，人们从这鲜活立体的艺术生命中学艺术、谈文化、追历史，中华民族历史精神被人们感知。

敦煌文化作为中华文化宝库中的瑰宝，还有许多亮点等待人们的挖掘与改造。相较于其他传统文化的文创产业，敦煌文创设计尚处于起步阶段，发展潜力与空间不可估量。我们需要加强对文创设计的深入研究，协力打造敦煌文化名片，利用文化创意的裂变效应，为地方经济可持续发展注入源源不断的活力，实现经济效益与文化效益双丰收。对敦煌文化的深度挖掘，是对敦煌文化的最好保护。

（作者为李小萌，指导教师为孙书文）

[①] 余秋雨：《文化苦旅》，长江文艺出版社2014年版，第44页。

化梦成真：文化传播影响下的
《红楼梦》产业化研究

　　文化传播作为完整文艺活动必然包含的关键环节，其发展变迁将直接制约对文艺活动规律的认识与判断。以中国古代经典小说《红楼梦》为例，在其问世的三百年间，其传播方式随着社会历史的变迁不断创新，而不同的传播方式显然也带来了不同的传播效果，并在不同程度上推进了"红楼文化"的产业化进程。但随着现代数字网络媒介的发展，传统文学著作在产业化方面也出现了产业链不完善、质量良莠不齐、更新换代速度慢等问题，这种情况既阻碍了经典文学作品的产业化进程，也无法培养人们对中华传统优秀文化的自信力。近年来，伴随"国潮风"的兴起，越来越多的文化企业开始关注文化传播方式在文学产业化方面的巨大潜力，不断尝试以新媒介、新科技、新手段促进文学文本的多样化开发，这使得传统文学形成规模化产业在当下成为现实。

　　经典作品《红楼梦》的文化产业在清朝就已经初具规模，随着社会变迁和传播媒介的更新，其表现形式也日新月异。民国时期，《红楼梦》就以文化元素的面貌出现在商品及广告设计中，并单纯充当艺术点缀。而到了 20 世纪 80 年代，电视传播以全新的媒体姿态引领了《红楼梦》等经典名著的跨媒介传播潮流，并缔造了我国大众消费时代的第一批文化 IP。自 2016 年以来，在文化产业转型升级的大背景下，以文化 IP 构建为核心的文化产业新业态登上舞台，"数字 +"开始对传统文化的传承、传播、共享发挥重要作用。

自《红楼梦》诞生以来，出现了品类多样的文化传播方式，包括文本、曲艺、影视、学术研究等。同时，"红楼文化"也以文化元素的形式广泛存在于广告、文创产品等其他独立传播形式中，不断促进相关文化产业的衍生。但在现代新媒介化社会和未来生态图景下，新的文学传播态势给传统文学的产业化制造了不小的挑战。现有的文学产业机制无法适应日新月异的媒介渠道，经典文学的"自信力"也不断下跌。如何发现并解决这些问题，优化互联网媒介下文学作品的开发过程，发挥好"文学的整体力量"，笔者在本文中将会对这些问题进行着重探讨，以期为问题解决提出可行方案。

一 文化传播影响下的文学产业发展历程

作为四大名著之一的《红楼梦》，随着漫长的历史演进成为经久不衰的旷世之作，其传播历程也贯穿了整个媒介发展史，这无疑对于研究文学作品传播的媒介历程具有代表性。本文将以《红楼梦》为例，探讨各个阶段文化传播对文学产业化的影响。

（一）传播载体演变下的文学产业发展历程

首先，作为文学文本，《红楼梦》最早也是借助纸质媒介在市民阶层进行传播，而后作为精神文化产品渐渐传入市场。乾隆中期，作品的手抄本形式完全可以满足大众文化需求，但也存在讹误多、速度慢、质量良莠不齐等难以避免的弊端。《红楼梦》的印刷版本在乾隆中期才逐渐流行。相较于人力手抄，印刷版本无论是准确性还是传播效率都取得了突破性成果，也将许多栩栩如生的插图进行了灵活应用，更大范围地吸引了不同知识层次的读者，"红楼风"开始流行起来，图书产业也开始起步。

随着大众文化需求的提高，纸质插图版《红楼梦》已经不能满足人们日渐提高的审美文化需求。恰逢清朝是我国戏曲艺术发展的鼎盛时期，文学书籍的戏曲改编就被提上了日程，包括《葬花》《绛蘅秋》《十二钗传奇》《红楼梦散套》等。在民国时期，经典文学主要以人物形象等元素出现在广告、宣传页、香烟盒上，成为商业产品的文化附加成分。这一时期传统文学作品主要是依据时代的需求进行产业化，元素的植入也表明早期的"文学文创产品"已经萌芽。

进入现代新时期，随着有线电视媒介的发展，影像传播登上了历史舞台，《红楼梦》等经典作品开始以戏曲影视剧、电影电视剧等传播方式进入大众视野。戏曲影视剧方面，包括梅兰芳先生所创作主演的《黛玉葬花》等。电视电影作品方面，首部真正意义上的影视作品是由复旦影片公司在1927年拍摄的电影《红楼梦》。改革开放后由中国中央电视台翻拍的1987版《红楼梦》，播出后更是达到万人空巷的效果，并作为经典剧集多次重播。这也催生了众多文学影视IP的发展，传统文学越来越多地参与到影视产业之中，文学真正开始以产业化的形态存在。①

21世纪以来，互联网当仁不让地成为《红楼梦》传播的新桥梁。人们在互联网上广泛下载《红楼梦》的文本、音频、视频，甚至进行自主再创作。传统经典文学作品也纷纷也加入了快节奏下的碎片化阅读，以短视频、表情包、段子等形式火爆网络，在间接扩大现代读者群的同时衍生出多样化的互联网文学产业形式，传统文学的活力得到不断提升。在许多自创区，各种新奇的混剪视频也是层出不穷。据哔哩哔哩网站数据，搜索关键词"《红楼梦》"显示词条达上百万条，有些视频的观看量甚至突破千万，这也进一步证明了网络媒介的出现给古典名著带来了全新生机。②

（二）传播形式进步下的文学产业化发展现状

21世纪之前，传统文学主要以纸质化和影视化作为其传播方式，也都是对原著不同方式的经典演绎。而随着数字媒介的发展，传统文学也和网络文学一样，更多地把产业化的眼光放在了文学元素渗透的方式上，也就是我们常说的"IP化"。游戏改编方面，以《西游记》为IP创设的《大话西游》系列成了几代人的童年记忆。IP化也同样适用于线下传播。在旅游产业方面，《红楼梦》中精美的建筑景观描写为文化园林建设提供了参考范本，将中国传统园艺和古典建筑设计融为一体的北京大观园就是典型的

---

① 蔡梦虹：《论传播方式变革对文学经典传播的影响——以〈红楼梦〉为例》，《新闻传播》2015年第21期。
② 位灵芝：《曹雪芹〈红楼梦〉文化传播实践探索》，《曹雪芹研究》2019年第1期。

成功范例。各地的"三国"文化小镇也力图在还原原著的基础上,建设现实中的梦幻世界。①

现代传播形式的改变也更多集中在其参与性、互动性与实用性的提升上。在此影响下,传统文学产业化也不再将眼光停留在单向输出上。北京曹雪芹文化发展基金会就"蹭"了一波热度,面向普通群众发起了公益类线上"品红课",拉近了红迷们与经典名作的距离,带来良好的体验感。而红楼梦精雅生活馆则以《红楼梦》多元的价值内涵为基础,延伸出以"红楼文化"为主题的线下家居馆、饮食文化馆、服饰馆、线上文创等相关衍生产品,这也成为现代人们了解这部传统文学名著最为直观的方式之一。

二 新媒介影响下文学产业化开发情况

在当代,以信息技术、AI技术等数字科技为基础的新媒介使得文学产业化在全球范围内活动得更加频繁、多元和复杂。现阶段,虽然依托数字媒介进行传统文学产业化转型已成为业界共识,经历此前多年的积累,看似蓬勃发展、风光无限,但事实上,风光背后依然存在着众多亟待解决的问题。

(一) 新媒介传播究竟新在哪?

区别于传统视听媒介,新媒介主要依托互联网进行交互性传播。由于"数字+"的融入,以技术为导向的传统线性传播模式被打破,以传播关系为导向的、对话式的全息传播模式成为现代新媒介的独特性所在。具体来说,新媒体新在三个方面。第一,影响程度的深远性。新媒介将通过高交互性和高体验性加强人们对传播结果的感知,深刻影响人们的情感态度、社会生活甚至是喜怒哀乐。第二,电子平台的广泛应用体现了新媒介在传播效果上的平等性。每个人都能平等地接受大量的媒介信息,每个人都将享受大数据的私人化定制。第三,新媒介将传播中心由网站变为人,无论是传播内容还是传播渠道,都不再固定于某个基点进行传播,而是随着信息接收者流动,每个人都有机会成为信息传播的中心。②

---

① 邵倩倩:《跨界融合背景下"红楼文化"的产业化》,《红楼梦学刊》2019年第6期。
② 陈先红:《论新媒介即关系》,《现代传播》(中国传媒大学学报) 2006年第3期。

新媒介的出现使得文学也出现了全新的表现形式。数字文学作为文学媒介不断革新发展的产物，会随着计算机和网络技术，以及消费市场的快速更替而生成新的文化业态。相对于单一固态的旧媒介体系下生成的文学形态，数字文学是动态可变的，具有数字性、虚拟性、沉浸性和交互性等多种复杂特征。

（二）新媒介对文学产业的影响

毫无疑问的是，新媒介必然催生新业态，任何产业在媒介环境中都会或多或少地受到波动，文学产业也不例外。

首先，新媒介改变了文学产业所呈现的内容质量。由于新媒介迅速、超强的交互性，其环境中更多的是再创造而非转述，其中短视频创作更是将视听语言的主动创新性发挥到极致。不同于以往通俗的"段子"创作，越来越多的自媒体人开始利用自身热度走上了专业化创作道路，将微电影式的后期制作、特效创意、美术设计等融入其中，由此实现高质量发展。形式不断创新的同时，越来越多的视频账号也开始追求内涵的深远，这也给传统文学经典提供了重新被新媒介环境认可的机会，将具有人文内涵和审美价值的文学文化融入其中，实现传播传承与产业化双赢。可以确定的是，新媒介的出现使得传统媒介对文学内容直接搬运的设定被打破，逐渐成长为具有传播价值的内容载体和传播渠道。而其接收便捷、更新迅速、超强交互性的优势，使得其中孕育的传统文学产业也能走向更高层次的开发，更多的影响新一代人。

其次，新媒介改变了文学产业的呈现形式。在新媒介环境中，信息逐渐呈现出非集中化倾向，叙事视角的碎片化已经成为互联网传播的最首要特点，文学产业化也势必依据形势而变。由此，越来越多的文学传播选择以要素的形式广泛存在于各种联合元素之中，以《红楼梦》为例，比起原著，更为出圈的可能是以此为古风主题的各类文创周边。① 同时，呈现形式的碎片化必然会使越来越多的文学作品能够参与到文学产业化业态之

---

① 潘桦、孙一：《论电影与新媒介的冲突与融合：以媒介传播史为线索》，《现代传播》（中国传媒大学学报）2021年第10期。

中，在增加文学产品市场供给的同时也提高了对文学产业多元化开发的新要求，要求对不同作品有针对性地提取价值内涵，从多个角度出发，进行多样化呈现，比如有眼市集开发的系列文创、虚拟影像的融合、趣味剪辑等。随着呈现形式的改变，文学产业受众群体的体验形式也发生了变化，实现了由被动到主动、由接收信息到交互体验、由单向到多向的动态转变。

最后，新媒介扩大了文学产业的影响规模，推进了文学产业化进程。以互联网交互为基础的新媒介最大程度提升了传播的普及力度，这也就意味着数字媒介下具有获取信息的公平性。而且随着现代科技的进步，文学产业化所带来的服务质量也将得到提升，个性化私人定制服务将普遍存在于文学产业服务中，为文学产业发展提供良好的市场前景。同时服务完善又将进一步扩大读者的文学参与性，越来越多的人借助新媒体的力量成为传播中心，人们在自己的自媒体平台进行创作，打造自身文化输出，不断赋予传统文学全新的理解，文学产业链也将因此进入更加完善的有机循环业态。

三 以《红楼梦》为代表的传统文学作品开发的 SWOT 分析

SWOT 分析法是产业化分析常用的方法之一，通过对以"红楼文化"为代表的传统文学产业开发的内部优势（Strengths）、劣势（Weaknesses）及外部机会（Opportunities）、威胁（Threats）等进行研究，努力寻求文学文化产业开发的未来发展战略，更好地助力新时代传统文化活化利用。

（一）以传统文学 IP 为核心进行产业化开发的优势

首先，作为经久不衰的长篇巨著，传统文学文本中包含着大量具有现实生活意义的内容。以《红楼梦》为例，原著中所涉及的服饰、饮食、家居、诗词书画、饰品器具等，均具有实现产业化的可行性，以产业化新形式满足大众需求。其次，在 IP 开发的过程中，经典文学的高知名度将无可置疑地成为"流量密码"，通过经典 IP 的加持，规模庞大的潜在接受群体都将助力其产业链的顺利运行。且当前消费者多元化、个性化的市场需求还处于空窗阶段，开发前景十分广阔。再次，文学作品能打动人，最重要的原因是其中的细腻表达可以给予读者美的全面体验，传统文学情怀的融入又使其包含更为丰富的亲近感，从而带来快餐式文化难以与之相比较的高雅感知。

（二）以传统为文学IP为核心进行产业化开发的劣势

自"文化产业"这一理念提出，就有越来越多的人将眼光集中于那些知名度高且文化底蕴丰厚的经典文学作品。和大多数传统文学作品一样，它们历经弥久，已经成为全社会公共财富，产权使用的广泛性就必然使得开发门槛过低，挖掘深度不够。且产业开发总体零散无体系，品牌的知名度和美誉度欠佳，呈现出盲目开发的特质。虽然人们普遍对中国传统经典名著的产业开发倾注了许多期待，盼望"中国风"也能吹遍世界。然而令人遗憾的是，目前全国所有"大观园"的客流量之和也难抵一个迪士尼乐园的十分之一，同质化、粗制滥造等问题不断增加消费者的审美疲劳，也势必会影响到其后续开发。

除了产业结构等外部条件的阻碍，传统文学的产业开发也受到了自身限制。以《红楼梦》为例，作为一部长篇叙事小说，其内容为产业开发提供了充足资源，但其中文学内涵的深奥性，情感的隐晦性，故事的整体性都给创意开发提出了较高要求。以现有产业浅尝辄止式的皮毛开发和快节奏下的碎片传播根本无法表达"红楼一梦"的文化精髓，甚至会间接曲解当代年轻群体对古典文学的理解，伤害红学老粉的情怀，或许这也是目前文学产业体系难出精品的原因之一。

（三）以传统文学IP为核心进行产业化开发的机遇

近年来，国家相关部门高度重视文化产业的发展，陆续出台了一系列扶持政策措施，包括2017年发布的《关于实施中华优秀传统文化传承发展工程的意见》，2020年发布的《关于加快推进媒体深度融合发展的意见》等。在此激励下，以博物馆为代表的文学产业开发试点单位率先进行了探索，从开发机制、平台建设、人才培养等方面根据现有政策保障进行提升，力图建设满足大众文化消费需求的产业试点。比如南京博物馆以《红楼梦》为主题设计的江宁织造博物馆，开馆后不断上新，其主打的"梦中红楼"项目成功在北京卫视播出，取得了不俗的成绩，给传统文学的开发树立了榜样。相信随着中国经济产业的逐渐转型升级和文化软实力的战略提升需求增加,文学文化产业的发展环境也会更加适宜。

(四)以传统文学 IP 为核心进行产业化开发的威胁

互联网媒介时代,产品更新的速度日新月异,只有紧跟时代热点、抓住客户眼球才能突出重围,这恰好是现在文学浅层化开发所缺少的。以晋江文学网为例,每年有大量热门小说进行多样化传播,甚至发展成为现象级"S+"的产业项目。与此类待开发 IP 相比,早已超过著作保护权和发表权的传统文学市场一直有大量低质量生产主体涌入,相比较而言显然不占优势。较低的开发门槛必然致使产品雷同现象严重、开发质量严重下跌,无法与版权独立开发的其他流量型大热 IP 抗衡。由于开发商共享版权,企业就无法为传统文学开发打造量身品牌,导致传统文学在这场 IP 流量变现的竞争中长期处于劣势。同时,传统文学产业开发多依赖于博物馆等文化文物单位,外部环境和内部运行都相对缺乏市场活力,这都对产业化转型相当不利。①

四 新媒体环境下文学产业化痛点

随着越来越多的文学经典以全新的形式走入大众视野,许多旷世之作终于不再蒙尘。但是通过上文的 SWOT 分析,不难看出在新媒介环境下文学产业化的发展还面临许多不可忽视的问题。

(一)缺乏完整 IP 的影响力

从上文的 SWOT 分析中不难看出,由于传统文学 IP 面临着版权失效带来的品牌缺失,所以很少有企业愿意在开发上大量投入精力,这就不免造成了 IP 产品的单一性和分散性。过量分散的开发主体,加之中国现阶段的由市场配置资源的发展环境,大多数文学产业开发商呈现扎堆现象,开发效果也只停留于皮毛。这就使得文学作品进行产业化的方式十分有限,即使在新媒介发展已经走向虚拟媒介阶段,文学产业化也仍然集中于影视化,其他产品的开发更是少之又少。同时,品牌的缺失导致文学 IP 全靠作品知名度苦苦支撑,其他创意附加值几乎为零,不能很好地抓住 IP 的流量

---

① 贾佳:《从文本到消费:〈红楼梦〉文创产品的文化意义》,《红楼梦学刊》2021 年第 2 期。

密码。所以，当前的文学产业开发必须形成高品质优口碑的文学品牌，才能形成更强大的合力以顺应新媒介环境的变化，走在文化产业的前列。

以全球闻名的文化娱乐 IP 巨头迪士尼公司为例，从迪士尼动漫到统治级文娱集团，再到现在以迪士尼乐园为轴心的一系列衍生产品和元素联名，迪士尼品牌俨然已经形成了一整套完备的 IP 产业链。自品牌成功开发第一个动漫 IP——米老鼠后，迪士尼就以米老鼠家族为核心不断向外辐射，相继开发出迪士尼公主、达菲家族、维尼系列等经典卡通形象。而不断更新壮大的迪士尼 IP 家族又直接巩固了其品牌地位。其 IP 更是凭借着高程度的文化融合将自己本土化的产品甚至是价值观向全球输出，利用数字转播、虚拟人像等现代传媒技术，每一次创新都在全球掀起热潮。以上海迪士尼乐园为例，自 2014 年开园以来，先后凭借融入多样化的中国传统节日给乐园带来了"中国风"的氛围，并在线上平台邀请广大网友通过网络直播等方式在迪士尼"云过年""云端赏烟花"，引发较高关注度。随后上海迪士尼又推出了上海园区本土人物 IP，达菲家族的新朋友——探险家"川沙妲己"玲娜贝儿，狠狠出圈了一把，相关特殊皮肤的玩偶甚至已经炒到千元以上，可见其在 IP 开发和媒介推广方面有着远超传统文学产业的能力。

（二）内容过分迎合新媒体

在互联网媒介高速发展的今天，各类产业都在积极迎合媒介的更新换代以求"互联网+"带来的超高传播红利，一条爆款视频或许就能盘活一整条生产线，但这也导致了跟风甚至抄袭现象的大量出现，文学产业本应以自己独特的文学风格和历史底蕴独树一帜，但却因陷入盲目跟风的旋涡，而丧失了其独有的内容优势。

首先，在经济飞速发展的今天，网络流量变现已然成为媒介领域的热词，以文学的短视频改编为例，平台评价标准的重点已经不再是质量，而是转评赞数量、带货数量、流量数据等变现因素。在文化应用媒介上，以数字文化为代表的消费领域发展较快，而在文化生产和创新领域，相关资源的投入无论在数量还是品质上都先天不足，创意、设计、生产、创造等产品产出的核心环节没有得到实质性的突破。数字媒介消费端的迅猛发展，没有成功倒逼文化生产方面的高品质发展，从而难以在与传统产业融合的基础上，催生新兴业态或商业模式。在《红楼梦》的产业化升级过程中，数字媒介是一股有生力量，将文化推向更广的平台，但以短时间内实现最高创收为目标的平台最终也会被限制其精品化发展，各领域的博主在抖音、快手等平台上含糊地讲着《红楼梦》故事与自己的见解，在千篇一律的文字里插入毫不相干的广告，大大破坏了文学原著所塑造的精神境界，使观众无法感受到文学经典真正的魅力。

其次，没有把握好文学资源，理解程度较浅，出现产品粗制滥造的情况。以经典作品《三国演义》的开发为例，短视频平台上广泛传播的不是所谓的"大家说三国"，就是关于书中历史人物的八卦秘闻解读，浏览量和平台数据都不太理想。而三国风网络游戏产品也没有新颖的创意设计，像"三国杀""王者荣耀"，甚至含有大量歪曲历史的成分，这种拿名著元素为噱头来吸引潜在受众群体的传统文学开发，不仅没有传承其中的文学意蕴和文化内涵，也必然会破坏传统文学的口碑和影响力，阻碍其在新时代的传播与发展。

最后，由于 IP 的版权不受保护，大多文学产业处于混乱与重复开发的状态，产业内部存在着极端同质化的开发倾向。以文化旅游产业为例，以《红楼梦》中的大观园场景为范本进行复刻，再现书中园林式建筑的景点就有上百家。《西游记》中广为人知的花果山也衍生出大量周边性风景区，包括连云港花果山景区、广州花果山公园等，但大多数旅游景点只是其他古典园林的简单复制混合，与其所标榜的文学主题园林建筑其实并无多大联系，在旅游模式上也没有任何创新，千篇一律的线路和纪念商品、脏乱差的园区环境和匮乏的体验活动都是文学产业园区游客稀少的原因。[1]

五 多媒介融合时代对传统文学产业化发展的意义

什么样的文学产业才是真正成功的文学产业化？笔者认为，在当代新媒介数字时代，文学产业化的过程其实是一条"为有源头活水来"的产业

---

[1] 邵倩倩：《跨界融合背景下"红楼文化"的产业化》，《红楼梦学刊》2019 年第 6 期。

链。以IP作为产业文化生态群的串联者，应更加注重精细化、创新性、实用性。下面将以迪士尼、青壹坊和红楼梦精致生活馆为例，积极探求利用新媒介平台进行文学产业化开发的几个新思路和新途径。

（一）助力实现高质量的IP化

数字媒介为优质IP提供了更加上乘的发展平台。传统文学IP通过新媒介平台广泛而多样的传播机制达到正向反馈，由新媒介平台带来的超强的粉丝黏性和变现价值都将给产业开发商带来超额利润，这也是文学产业在"互联网+"时代必须靠拢的创新之路。文学产业势必要通过媒介领域内的分析渠道对传统IP进行产业潜力分析，逐步制定个性化发展路径，真正利用媒介资源实现文学文本的开发利用和融合发展。

在文学产业中，IP作为产业社群的串联者，通过不断衍生实现相关产业链的沟通连接，而数字媒介就成了产业社群的"社交平台"。其所培育的IP在某一领域兴起时就是实现流量变现的最佳时机，抓住其成为爆款的优势所在，不断扩大。同时，新媒介强大的交互性可以使上游IP开发成果顺利衍生到相关领域，进行连续性创作，不断扩大影响力，发展完整IP体系和品牌集群，从而广泛占领市场。而随意减少新媒介的参与环节必定导致产业影响力积累不足，不仅会使大量的营销成本转化为沉没成本，也会丧失一批超强黏性的初始用户。

（二）帮助精准定位客户群体

传统文学作为经久不衰的传世名著，其开发的文学产品内涵也应当与之相匹配，其产业开发也应该更加注重精细化、创新性、实用性。在开发过程中尽量避免将开发范围限制在传统影视改编、单一景区、简单元素拼贴等传统的开发模式，广泛的市场调研就显得尤为重要。利用新媒介进行大数据分析，可以充分了解客户群体的需求和心理，对游客进行群体分层，结合他们的性别特点、年龄特点、审美水平等进行产品独家定制，设计个性化创意体验，由此拓宽市场前景，实现产品的动态化开发。利用多媒体、广告投放等宣传渠道，重点针对有传统文化消费需求的人群展开点对点式信息传达和精准营销。正是因为信息及网络技术大数据能够精准监测知识产权成果的转化和现代科技与人之间的关系，从客户需求的角度将传统文学广为普及，从而为数字时代和网络时代的现代信息技术及文化产品的创作打下良好的基础。

（三）更好地拓宽内容传播渠道

新媒介是以数字信号的实时传递作为技术基础，通过传统媒体与信息科技产品之间的技术嫁接而衍生，以人际和群体传播为主要传播形式的媒体群。这就大大拓宽了文学及文学产品的传播渠道，扩大了文学产业的影响力，促进了文学产业化的发展和传统文学的传承发扬。同时，人与人之间的时空距离会由于新媒介传播的介入而骤然缩短，使得人类社会重新变成一个地球村，文学影响扩展逐渐同步，传统文学作品将借助新媒介的力量向全世界渗透。同时，新媒介的新传播也是双向的。以交互社群为纽带的新媒介赋予了大众话语权，这就使得传统文学有了再创造的机会。同时，新媒介技术的虚拟性也促使传播方式向虚构性和想象性转变，推动了传统文学的产业化转型。由虚拟媒介所衍生的大量新兴文学产业种类，使得传统文学产业的创新性、技术性走在时代前列，将文本内容更全面、更多元、更有新意地表达出来。本文将在下一部分对新媒介下的虚拟文学产业做详细介绍。

六 如何利用新文化传播的优势促进文学产业化发展

新时代更要在以原著内容为核心的基础上，正确挖掘文学作品文化和经济的双重价值，努力寻求新立足点，改变单调的开发范式，贯通文学产业链的上中下游。同时加大高新科技投入，结合文学文本的价值特点进行产业链延伸，使"红楼文化"以产业化的形式在国际范围内不断拓展，深度弘扬中华传统文化内涵。

（一）实现跨媒介融合

在媒介融合时代，文学作品的价值内涵在传播接受的循环过程中不断重构。其所蕴含的审美内涵、文学价值、人文价值等都不再受时间和空间的限制，在无尽的时空中与读者展开对话。立足于融媒介时代，文学经典价值的相对永恒性仍面临被重建的命运。随着新旧媒介由协同发展走向广泛融合，经典文学作品已经处于开放包容的传播大环境之中，从以纸质媒介、广播电视媒介等作为主要介质的单向、固定、体系化的传播方式，逐渐进入由媒介体系融合而营造的多元、互动、动态、碎片化的传播大环境。

　　为适应全新的媒介环境，契合融媒体时代读者接受信息的习惯，社交平台、抖音、快手、蜻蜓FM这些现代数字经济催生下产生的"软载体"逐渐成为产业化的主要渠道。不可忽视的是，"软载体"的出现也间接促进了文学产业的多样化新传播，这也正是进行文学产业化不可忽视的一点。"软载体"也是现代打破文学名著在大多数人头脑中固有印象最好的方式，将媒介宣传的广泛性放在产业链末端，在注重生产高品质产品的同时，更要让大众从多种不同的媒介渠道同时看到产业化品质的诚意所在。同时，多媒介融合也反哺了内容质量的创新升级。依托不同的"软载体"渠道，文学文化产业就能产生不同的呈现形式。以哔哩哔哩为例，弹幕问卷视频就成功代替了科普性文章，成为人们了解《红楼梦》细节的趣味方式。"游园一梦"系列情感分享漂流瓶取代报纸评论，为我们了解大众反馈、解答受众疑问提供了更加温和的方式。这都是融媒体时代给文学文化产业带来的全新生机。同时，媒介跨度的延伸，也为新时代中国文化"走出去"奠定了基础。越来越多的外国友人从NETFLIX平台接触改编影视作品，YouTube上也出现了《红楼梦》中人物角色的Cosplay、中外十二钗性格PK等有意思的创意。或许在多媒介时代，不仅是文学文化产业，更是整个"中国风"的魅力都将席卷世界。

　　任何事物总有着正反两面，媒介融合也不例外。从另一方面来说，这种以大众化和通俗化为主要目标的传播方式，更多的是追求传播范围而非影响程度，可能会逐渐消解传统文学著作的严肃性、高雅性和权威性。文学经典的独特内涵被淡化，其审美价值也会逐渐被边缘化，"娱乐至死"成为文学在现代媒体的主推方向，其人性启迪价值和思考深度反而被解构和摒弃，似乎所有的文学文创都要被打上"泛娱乐化"的标签才有发行的机会。这些问题都需要引起我们的注意，媒介是文学产业化的助推器，是文学文化产业现代发展的向导而非主导。在媒介融合的花花世界，我们更应擦亮眼睛，以正确的态度看待媒介的应用和新的传播形式，乘风而起而非随波逐流。

融媒体时代，文学产业也要迎接好转型挑战。随着数字媒介的迭代，数字时代催生了网络文学。文学界对有关网络文学的讨论一直络绎不绝，支持者认为传统文学IP早已丧失活力，网络文学IP才是现代文学产业发展的大势；亦有反对者认为网络文学的文学价值在传世经典面前不值一提，网络文学作品更是读来味同嚼蜡，是文学在新媒介时代的畸形发展。但事实是，网络文学虽然备受争议但没有走向消亡，而是不断在文学界立足，吸引着越来越多的学者探索网络文学的时代价值和文学意义。以《红楼梦》的电子化为例，其发生发展对文学传播与接受的影响不外乎两个方面，人们不再以严肃的精英文学观念来看待《红楼梦》，而是对其文学观念和审美规范进行全新的审视。在虚拟的非现实空间里，网络文学这种用传统文学标准无法规范和认定的文学类型横空出世，无疑让身处精英文学的写作者和阅读者在震惊之余更多的是寻求正确的相处之道。相信除了网络文学，文学文化在产业化的过程中还会面临数不尽的机遇与挑战，其实称之为传统文学在多媒体创新环境下的自救也未尝不可，毕竟只有取长补短，才能在媒介环境日新月异的今天立定脚跟。①

（二）广泛应用高新技术

从文学媒介的发展历程中，我们不难看出，文学传播媒介随着科技水平的不断进步也在与时俱进。从纸质媒介的活字印刷术，广播电视无线技术，现代主要以短视频平台为主的互联网数字传播媒介，再到利用网络基站维持平台运营实现IP变现盈利的数据流量时代，快手、抖音、西瓜视频、聚好看等都是依靠大数据平台和5G数据进行运营的。但文学产业的不断发展对新技术提出了更新要求，虚拟技术、3D打印、人工智能甚至是元宇宙都有可能让文学产业的未来发展更上一层楼。

以虚拟技术为例，目前应用最广泛的虚拟技术主要是VR全息影像技术，VR影像技术与我们熟悉的电影技术存在千丝万缕的联系，但两者在构建逻辑、剧作法与应用技术上存在明显不同。VR影像是对文学影像的

---

① 韩传喜：《媒介融合时代文学的传播与接受》，《安徽文学》2020年第11期。

语言拓展，而且是对影像语言在三维立体层次的拓展，因此拿虚拟影像与其他媒介的二元论框架内部比较是毫无意义的，VR也绝非对二元媒介的制裁。相反，VR的出现才进一步证明了文学影像语言在未来更多的可能性。相对于纸质等平面可视化媒介来说，观众面对VR影像，不仅可以实现自身观影视点的自由，更重要的是可以在影像交互之中亲身体验，真正走进《红楼梦》所营造的文学世界，甚至真实地感觉在海棠诗社和众姊妹吃蟹赛诗。从这一效果来说，所谓人机合一的"赛博格状态"将基本得以实现。

在虚拟空间极具拓展的当代，虚拟技术更应该专注于开拓文学产业化的内容市场，以全新的形式呈现文学经典，构建行业虚拟生态圈。现代虚拟技术主要依托VR眼镜作为影像实现的技术载体，无论是为电子游戏设计的Oculus、Google，还是沉浸式VR游戏头盔的领航者大朋DPVR，都十分注重其交互性、自主性、多感知性和存在感，这就为体验者进入虚拟生态圈的建设提供了过硬的支持。由于VR所构成的影像空间大大拓宽了视野尺度，体验者坐在互动椅上，戴上VR显示器，便能进入设定者为其创造出的逼真虚拟世界。或许有人质疑，在注重开发内容质量的今天，虚拟技术是否降低了开发程序产业多样化，无法以单一渠道表现文学经典的深刻，但最终虚拟文化给我们带来了意外之喜。以文学经典为发展背景的虚拟IMAX影院将讲述绛珠仙草和神瑛侍者的爱恨纠葛，甚至观众都能感受到露珠在手边划过，在虚拟的太空开启一场"红楼一梦"，感受在书中无法设身处地理解的"太虚幻境"。所以其实从某种意义上来说，虚拟现实技术让人、文学文本与科技更好地实现了有机融合，让看起来高高在上的高雅文学走下神坛，以更加生动的体验形式面向大众。

与传统媒介不同的是，虚拟技术使媒介的交互性得到了大大提升，遥控手柄代替具体的身体语言成为虚拟设施的一部分，这标志着人与科技从共存迈向共生阶段，让观众能获得真正的个性化定制体验。例如在著名VR影像大片《地三仙》中，文本叙事逐渐升级为互动体验的铺设而非直接表达主题。当观众戴上体验装置，就仿佛真正进入了绚丽多彩的海底世界，海洋生物就在自己的眼前和身边，这种体验互动感是3D影像所无法媲美的。虚拟技术把观众的第一视角变为剧中的海洋生物而非文学文本叙事中的角色，让他们感觉自己好像真的需要从所营造的迷雾重重的虚拟海底世界逃出。同时与传统 3D 电影不同的是，观众除了真实地观看，还可以身临其境地体验，可以与不同的生物对话，并在设备机关的引导下获得不断的"pass"。他们将通过手柄上不同的操控键与片源产生联系，影片中的每一个情节点都暗藏着不同的机关，在规定情境中进行自由的选择。体验者将通过操作按钮随着影片的进行同时完成逃离虎口的任务，这就将观众的专注力和体验值拉到最满，使观众在整场电影中都呈现亢奋状态。虽然现在有许多影视剧也加入了虚拟互动的环节，比如《爱情公寓第五季》第十三集"弹幕空间"，就巧妙地利用虚拟弹幕与观众的情节互动挽救了一波口碑，但是其体验的全面性还是远远不及虚拟技术加持的沉浸式短片。

所以，如果用虚拟技术来营造"红楼世界"，将会是怎样的呢？首先将运用虚拟建模技术，塑造出书中所描绘的环境，荣宁两府、大观园、太虚幻境等，与现实中的园林景观建设不同，虚拟世界完全不受时空等现实条件的限制，通过一系列算法和编程，曹雪芹对环境的极致描写都可以在虚拟世界得到实现，四时变换、人物穿梭，甚至是潇湘馆内的竹声萧萧都仿佛就在耳边、眼前。其次，影片也将接入虚拟设备，让观众在剧情走向框架下沉浸式"阅读"。与全息影像影片不同的是，文学文本的改编将会给原著带来更多不确定性，整场体验既是观众深入了解原作的过程，也是体验者的思想与文本碰撞创新的过程，传统文学作品的再创作或许将迎来新时代，实现文学接受真正的定制化。

许多现代技术工作者提出虚拟技术最终将归结于"元宇宙"，这是与当前世界完全独立的虚拟空间。早在 1992 年，尼尔·史蒂芬森就在科幻小说《雪崩》中提到过"Metaverse"这个概念，提出元宇宙的经济体系是以区块链技术为基础进行延展，VR、AR、MR 等交互技术将进一步模糊现实与虚拟世界的界限。当然，如今的元宇宙还只是存在于科幻文学中的幻想，是一种关于科技、关于力量的幻想。正如大多数人所认可的那样，元宇宙的核心在于构筑一个完全沉浸式的虚拟世界，通过虚拟平台与元宇宙进行交互，获取各种各样的体验，想象一下，你的意识进入另一个完整的虚拟红楼世界，或许是旁观者之一，又或者是其中的重要角色，你不再受到"上帝视角"的束缚，可以开启多重"副本"的体验。在元宇宙的世界里，穿越剧里才会出现的情节都将得以实现，人们的阅读模式将产生颠覆性改变。"改变"或许就是科技带给文学、带给人类发展的最大影响。

（三）完成产业跨界合作

随着产业化进程的不断推进，除了提升全平台产业链完整性，更要寻求跨界融合之路，提升 IP 开发的连续性，将先进技术应用到实处，将特色领域与文学文化产业纳入互动圈。既要结合各自领域内的个性研究进行具有针对性的开发，又要加强相关联产业间的互动，整合资源，进行优化配置，减少不必要浪费。

连续性 IP 的开发也能有效地避免相同产业链内的产业领域各自为营。以《红楼梦》为例，青壹坊作为以传统文化为创意核心的文创产品开发品牌之一，以其玩偶故事为独立设置，以 Q 版形象的开发为定位点，试图开辟独立的产业链。但受其低投入低宣传度的现实条件制约，舍弃了利用互联网整合资源和局部跨界衍生，所以在开发程度和受众接受上都丧失了开辟产业化的新途径。而与北京曹雪芹学会等相关红学研究机构达成合作的"红楼梦精致生活馆"就利用跨界融合机制，成功做大做强。生活馆除了在线下依托各地博物馆开设门店和乐学机构外，其文化周边如玩偶、文书用品、台历摆件等文创产品就积极利用各类电商平台进行销售，并借助短视频平台的力量进行社群推广，利用新媒介不断提升其自身影响力。从其产业内部来看，其产品种类也十分丰富，除了常规文创产品的开发，还包括"大观园之谜"卡牌解密解锁桌游、占花名行酒令签筒、复刻老君眉茶等，更多地把自己定位于创意输出方与文献史料增补审计方，与各类品牌寻求融合，打造范围更广、质量更上乘、历史文化底蕴更深厚的红楼文化产品。

从"红楼文化"发展现状来看，仅仅依靠行业内的纵向产业细分难以实现由 IP 向产业化的成功转换，利用全产业链延伸模式实现从源头到终端的产业链衍生路径也相对困难。以《红楼梦》的游戏开发为例，"梦回红楼"和"红楼梦"两款 PC 端游戏都有完整的运行产业链,但由于独立的单机游戏属性,无法实现与原著的互通和与玩家的交流,所以其热度无法与仙剑系列、阴阳师、王者荣耀等游戏比肩。传统文学文化产业完全可以向局部跨界衍生发展,改变依靠传统单一渠道来吸引消费者的模式。通过配套相关中游行业联动,多元化新媒介整合,不断提升大众对传统文学的关注度。同时,随着产业链中游的不断完善发展,实现中端内部链接对上游文学 IP 的反哺,从而唤醒现代人们对于传统文学经典的相关记忆和渴望,带动重温传统文学的热潮。

相关产业联动在传统文学的产业化进程中也非常重要。良性的产业互动一方面能在最大程度上实现资源共享,实现文学 IP 的充分开发,营造"后文学产业链"的成长环境,创造高附加值的产业循环;另一方面,也有利于跨行业融合发展,有效避免产业同质化。通过各条产业链间的内部互动,携手探索在传统文学中富有开发价值的隐藏部分,完成创意新开发。各领域之间相互影响,相互促进,积极发展新的产业转型升级模式,共同推动"红楼文化"品牌的形成发展。①

经典文学作品中丰厚的底蕴在时间中提炼出了我们文化中最为典雅壮美,最能摄人心魄的部分。如今,在时代的气象万千中,我们借助文化产业这一特殊的载体,在接纳历史的同时也传承着历史。文学无声,作品无言,但它们所能表达和影响的,却是整个灿烂民族,整个泱泱华夏。

结　语

文学经典是一个民族和国家深刻的历史文化印记,而文化经典传播又是完整文艺活动必然包含的关键环节,其发展变迁必然将直接制约我们对文艺活动规律的认识与判断。在现代以数字媒介为背景的时代浪潮中,我们需要应用现代传媒技术,不断丰富与发展我们灿烂瑰丽的传统文化,由此,应对新媒体时代传统文学作品所处的困境,文学产业化便成了必由之路。这既是创新继承以适应新时代的过程,也是融合与产业转型的过程,

---

① 邵倩倩:《跨界融合背景下"红楼文化"的产业化》,《红楼梦学刊》2019 年第 6 期。

文脉赓续

既包含着开发者所容纳的精神气质和价值观,又将受众群体对于文学产业化新形态的期待和体验表达出来,这也是以《红楼梦》为代表的传统文学传承与创新的时代要求。

(作者为徐语鸿,指导教师为吴承笃)

活化妙用

创意化的传统：河南卫视文化类节目的破圈秘密

优秀传统文化是民族精神的延续、思想创新的源泉和文化认同的重要基础。中华民族在历经千百年来的风霜洗礼之后仍然屹立不倒，都离不开中华文化在其中强有力的支撑。抛弃传统就意味着丢掉根本，而处在中华民族伟大复兴征程上的当代中国，唯有加强文化传承与保护，焕发全民族文化创造活力，才能够不断提高国家文化软实力，捍卫自己在世界文化之林的地位。

近年来，中国重视传统文化在当代语境下的传承与保护，关注在进行社会主义精神文明建设过程中传统文化所承担的重要作用。在进行传统文化传承与保护的过程中，推动中国传统文化创造性转化与创新性发展被放到了首要位置。"双创"①的提出与推进焕发了传统文化活力，对于有着先天优势的广播电视和网络视听来说，双创无疑给了它们新的机会。特别是作为主流媒体的各大广播电视中心，处在文化输出的第一梯队意味着承担着"正本清源""树立正确历史观、文化观"的重要任务。然而此前过度娱乐化的节目横行，过度商业化使得各大卫视渐渐背离初心。因此，作为文化输出口，为引领价值观而存在的各大卫视如何更好地发挥自身媒体力量，平衡好大众娱乐与文化传承之间的良好关系成为新时期社会主义建设赋予它们的重大使命。在国家大事前使命性与导向性的强烈压力下，各大

---

① "双创"即创造性转化与创新性发展的简称。

活化妙用

卫视开始转向文化类节目的出品与制作，力图推出时代性、标杆性的作品，以彰显文化魅力与地域特色，承担起国家赋予广播电视与网络视听的责任。

2017年以来，中央广播电视总台提出"综艺稳生态"理念，以《国家宝藏》《上新了故宫》为首的综艺节目异军突起，获得社会好评。各大地方卫视也纷纷走上文化赛道，从新的视角出发，展现文化魅力。在央视的压力下，各大地方卫视也纷纷走向了转型之路，湖南卫视打造公益文化真人秀《百心百匠》，深圳卫视推出文博推理节目《诗意中国》，东方卫视则以英雄故事为主题打造纪实寻访节目《闪亮的名字》……文化类节目一度引发热议。

2021年初，以《唐宫夜宴》为代表的河南卫视文化类节目在网络上悄然破圈，赢得网友们的一致赞誉。河南广播电视台趁热打铁，陆续播出《元宵奇妙夜》《端午奇妙游》《七夕奇妙游》《中秋奇妙游》等"中国节日"奇妙游系列节目，为传统文化节日的现代化表达提供了精彩范例。

河南卫视文化类节目引发社会热议，其热播证明了在新的历史和媒介语境下，将传统文化更好地与现实结合，做出符合时代价值观的新式解读能够引发观众对于传统文化的强烈兴趣，这种做法是值得肯定的。但是我们也必须意识到，在全媒体时代，文化节目的打造在精确把握受众喜好方面仍有许多不足。因此本文通过对河南卫视文化类节目创新路径的探讨，找寻在文化类节目泛滥的融媒体环境下的破圈方式，总结其成功经验，为非物质文化遗产的创新性发展提供理论支持，促进此类节目的良性发展，既有理论意义，也有现实意义。

从理论意义上来讲，笔者在梳理相关文献时发现，学界针对河南卫视文化类节目的研究多针对其传播形式上的创新，对于节目自身特点以及后续发展缺乏探讨。而研究河南卫视文化类节目的"破圈"秘密，一方面能够开阔以河南卫视为代表的晚会类文化节目的研究视角，拓展研究思路；另一方面能够探析文化与科技联动下的全媒体语境节目传播创新方法，为传播学、文化产业学等相关学科理论丰富案例支撑。

从现实意义上来讲，河南卫视文化类节目自播出以来收视率屡创新高,仅《七夕奇妙游》六个节目就收获 68 个微博热搜,话题浏览量破 16.5 亿次,赶超同时段其他节目;《端午奇妙游》在节目播出之后带动景区旅游业发展,客流量不断上涨,吸引观众前来网红地打卡,实现了节目与景区线上线下的联动。河南卫视文化类节目的热播带来了文物热、建筑热、古典舞蹈热,然而我国优秀传统文化仍有领域亟待开发。因此,研究河南卫视文化类节目创意化传播传统文化的破圈路径,可以为未来文化类节目的可持续性发展提供可借鉴经验,以更好地推动传统文化创新性发展,弘扬社会主旋律,符合现阶段的社会语境,具有现实意义。

一 河南卫视文化类节目的破圈背景

文化类节目作为电视节目的一种类型,是指以文化教育为宗旨,采取电视传播的形式,以传播知识为内容的节目。[1] 中国的文化类节目在普遍意义上向观众传达中国文化以及社会价值观,从而起到弘扬中华民族优秀精神品质以及传承非物质文化的作用。

(一)中国文化类节目发展随时代而变

中国文化类节目最早可以追溯到 1961 年北京电视台《文化生活》栏目,后来随着改革开放以及 1995 年国家文教发展政策的提出,部分电视台开始以中国传统戏曲、历史故事以及科学知识为主进行节目打造,节目大多以说教和精英文化为主,[2] 例如《走近科学》等科普类节目,以及《百家讲坛》等学术类历史节目。但是受限于经济状况以及人民群众知识水平,此类"精英性"文化类节目出现受众窄化,并没有在人民群众中得到广泛普及,遭受收视率不佳的冲击。

21 世纪以来,随着娱乐化节目井喷式的发展,文化类节目收视率持续走低,20 世纪 90 年代出现的《开心辞典》《幸运 52》等节目渐渐退出银屏,电视节目开始过度娱乐化,出现了"泛娱乐化"现象。2011 年国家广电总局颁布"限娱令",中国电视节目开始从"泛娱乐时代"走向

---

[1] 刘晓欣:《电视文化节目研究综述》,《中国广播电视学刊》2015 年第 12 期。
[2] 孙楠:《融媒体时代下电视文化类节目的创新研究》,硕士学位论文,西安工程大学,2020 年,第 10 页。

活化妙用

"后娱乐时代","后娱乐时代"即是对"泛娱乐时代"混乱秩序的重组以及电视生态失衡的重构。① 2013年12月,原国家新闻出版广电总局《关于积极开办原创文化节目 弘扬和传承优秀传统文化的通知》正式发布,各个广播电视机构相继进行原创文化类节目打造,将中华文化元素与新时代流行的传播方式进行充分结合,不断创新节目形态,打造了许多优秀的文化类节目。以中央电视台为主,各地方台也在不断进行文化类节目出品。

面对文化类节目发展低迷的现象,2013年河南卫视别出心裁,首先推出原创文化类电视节目《汉字英雄》,文化类节目开始了风格转变的第一步。文化类节目从20世纪90年代教育导向的"精英文化"转向娱乐教育兼具的互动式"大众文化",开始有了准确的节目定位,不再宽泛地进行文化堆叠,节目受众群体也越来越大众化。以《汉字英雄》为首,《成语英雄》《中华好诗词》《中国汉字听写大会》等一系列文化类互动式节目应运而生,这些节目无一例外都在"泛娱乐时代"的影响下带有浓烈的综艺色彩,不再单纯地进行"填鸭式"文化知识传播,而是以游戏和竞赛类闯关的形式,改变旧文化节目的严肃性和传播的受众局限性。

特别是2017年,文化类节目出现"井喷式"发展,这批节目顺利地在传统文化与大众文化之间找到了平衡点,并不断探索新的表现形式。新发展的文化类节目不再单纯地采用文化竞技的单一模式,出现了文化体验类、文化真人秀类、文博探索类、国学传承类等多种类型,且涉及的中国文化类型也呈现出多样化。尤其是2017年底央视现象级文物鉴赏类综艺节目《国家宝藏》的出现,引发社会广泛讨论,成功提升了电视文化类节目的高度。纵观2017年电视文化类节目的成功经验,我们不难发现,节目制作方已经初步探寻到了利用电视节目有效传播传统文化的方法,即在带有精英属性的传统文化与带有消费属性的大众文化之间找寻情感契合点,利用创新的节目形式,满足观众的精神需求。例如《见字如面》以"书信"和其所带有的故事为出发点,寻找故事相关人物进行朗读,在信息快速化

---

① 戴硕:《后娱乐时代的电视现状与动向》,《山西青年》2013年第18期。

的社会中让观众感受到"车、马、邮件都慢"的浪漫,在一封封信件中流露出丰富的情感;《国家宝藏》则是第一个将舞台剧与文物鉴赏结合的节目,创造性地进行了节目展现形式的突破,将严肃的纪录片与轻快的综艺节目结合在一起,用"八卦"的文物细节故事视角展现历史,将博物馆中的文物活灵活现地呈现在观众面前。此外,这些综艺节目无一例外地将网络融入节目宣传之中,开启了电视节目新的营销方式与传播手段,这也是电视文化类节目发展的一个新拐点。

2017年以后,文化类节目的大幅度崛起直击现代观众心中的文化"痛点",在经济高速发展带来的精神上的不对等以及个体自我实现的强烈要求下,文化类节目满足了大众不断增加的文化精神需求。但是随着时代的发展,手机移动端开始占据人们的生活,在碎片化信息时代,势单力薄的电视文化类节目如何进一步发展也在考验着各大制作方。

进入全媒体时代,网络平台不断发展,文化类节目不再单纯依赖传统老牌电视台出品,越来越多的网络平台加入出品方行列。例如爱奇艺自制出品的《登场了》系列,依靠平台自身推广优势在2021年引发热议,豆瓣开分7.7分,微博主话题阅读量11.3亿次,相关话题全网总阅读量超过50亿次,开播第二天全网热度值即达9067.39万,[①]在收视和口碑上都取得了意料之外的成绩。但是全媒体时代带给文化类节目传播优势的同时也带来了挑战,碎片化的信息以及短视频充斥着受众的业余生活,新鲜话题以及实时推送的信息越发改变了受众对娱乐生活的要求,"长篇大论"的文化类节目如何进行创新性的发展成了节目出品方在融媒体时代面临的难题。

(二)中国文化类节目发展遭遇困境

随着"三网融合"[②]的发展,互联网媒体、传统媒体以及电视媒体开始实现交互发展、融合共通。在融合发展的过程中,不可避免地在传播路径、传播内容以及传播形式上出现问题,如何保证文化类节目在承担好传播主流社会价值观以及传承优秀传统文化功能的过程中更好地吸引受

---

① 参见猫眼 App 平台数据,2021 年 9 月 16 日。
② 三网融合即实现有线电视、电信以及计算机通信三者之间的融合,三者之间相互交叉,形成你中有我、我中有你的格局。

活化妙用

众更是难上加难，中国电视文化类节目在发展的过程中渐渐走向僵局。

1. 单纯内容搬运，平台难以破壁

互联网的崛起使得 PC 端和移动端并存的在线视频网站发展迅速，各个平台开始打造自制综艺，形成自己的独特风格。各大地方卫视也在建立自己的独立移动端，企图搭上在线视频的快车。然而，在线视频市场被爱奇艺、腾讯、优酷等视频网站垄断，地方卫视独立移动端只有芒果 TV（湖南卫视移动端）打出了名号，其余独立移动端则反响平平。于是，地方卫视为了保证文化类节目的收视率开始与各大视频网站合作，制作网站独播综艺，改变文化类节目的传播路径。

然而，实现真正的文化类节目的"三网融合"不是仅仅依靠单独的技术融合就可以实现的，传播路径的改变并不能解决文化类节目发展的根本问题。传播路径以及传播平台的更新换代带给文化类节目的仅仅是物理意义上传播人群的扩增，节目实质内容的固化仍然无法破开观众圈层。尼克·斯尔尼塞克曾这样描述平台存在的意义：什么是平台？从最普遍的层面来说，平台是数字化的基础设施，使两个或两个以上的群体能够进行互动，它们将自己定位为将不同用户聚集在一起的中介，这些用户包括客户、广告商、服务提供商、生产商、供应商甚至实物……平台不是从根本上建立一个市场，而是提供基础设施来调解不同的群体。① 显然在中国"三网融合"的过程中，各大节目出品方并没有意识到不同的平台受众有着不同的接受美学，在传播过程中仅仅进行单纯的内容搬运，并没有进行内容的二次创作与传播。

不同的社交平台有着不同的受众类型，例如 B 站在大部分空间是"二次元"受众以及"游戏"玩家的平台，文化类节目只是在 B 站建立独属账号进行节目的二次上传，并没有考虑到平台自身的用户节目需求，缺乏与其他圈层的对话与交流。类似于河北卫视播出的《成语天下》在 B 站的播放量仅有 36.3 万次，仅为节目上传，并没有针对平台用户需求进行节目二

---

① ［加］尼克·斯尔尼塞克：《平台资本主义》，程水英译，广东人民出版社 2018 年版，第 50 页。

次剪辑与创作，节目在进行平台融合推广的过程中并没有起到吸引新观众的作用。

2. 内容模式固化，选题难以创新

我国现存的文化类节目均是以中国传统文化作为选题依托，其中又以诗词歌赋、文物保护、历史文化、文学经典为主。因此，在节目创作的过程中难免会出现选题重复、内容缺乏新意的情况。内容的模式化最终导致的结果是，节目的类型化以及选题难以实现突破，观众在看到节目选题时就已经猜到节目的内容，使得节目在开播之初就已经丧失了神秘感，缺乏吸引力。文化类节目在进行内容选择时，为了避免出现早期"受众窄化"的现象，便会选择一些简单易懂易传播的内容进行打造，又因为节目后期制作缺乏专业指导，出品方不敢大胆尝试，内容难以破壁。

同时，某种选题的文化类节目爆火之后，市面上会出现部分出品方"模仿"的产品，然而同类型产品的过多会导致观众出现审美疲劳。例如央视出品的《朗读者》在爆火之后，江苏卫视《阅读·阅美》紧随其后，节目内容均是以文学经典为依托，节目形式均为朗读和访谈，同类型的珠玉在前导致的是后续节目的观众审美疲劳，甚至可能会让观众产生对于此类节目的厌烦。从这种层面来看，如果内容模式固化的文化类节目越来越多，便会慢慢地消耗掉观众对于文化类节目的热情。

3. 依赖明星效应，形式难以突破

所谓明星效应是指在商业领域，为了树立品牌形象和带动销量，企业邀请明星进行品牌代言，利用明星自身的观众黏性而获得市场最大效用的一种手段。反映到文化类节目上则体现为越来越多的节目出品方为了获得更高的收视率，选择让老牌明星以及当红流量明星以常驻或者飞行的形式进行节目打造。例如《国家宝藏》选择让明星担任宝藏守护人的方式，将文物背后的故事利用舞台剧的形式进行表演，明星在这个过程之中承担了部分收视带动的作用，节目出品方巧妙地利用粉丝经济来为节目造势。

但是这种方式并不是文化类节目破圈的"万灵药"，《国家宝藏》的爆火又仿佛为"明星效应"打了一个响亮的招牌，越来越多的节目创作团队开始依赖于明星效应，反倒忽略了真正意义上的内容制作。"明星效应"

活化妙用

虽然能够保证一定的收视率，但是也显而易见地带来了一些问题。由于明星自身所存在的粉丝"对立"以及过于娱乐化，采用流量明星"压阵"的文化类节目在一开始便出现了受众固化，单纯依靠粉丝而忽视了节目自身的内容水平。正如前文提到的爱奇艺自制《登场了》系列，节目承接于爱奇艺自制选秀节目《青春有你》，成为选秀明星出道后的首档综艺，依靠粉丝黏性充分拉动收视率，带来了极高的讨论度和话题量。同时相对应的是节目圈层固化，并没有实现形式破壁，吃尽粉丝红利的后果是节目在播出完毕之后便丧失了话题度以及观众二刷的动力。这种现象深挖其背后的原因还是节目自身在打造过程中的形式僵化，导致观众观感的疲劳。

（三）中国文化类节目的技术支撑

科技发展往往为节目打造提供外部支撑。随着现代科技的快速发展，各个高新技术在影视作品以及电视节目中被广泛应用。除人工智能外，AR、VR、XR 以及 5G 等技术也在逐渐进入节目制作领域，为文化类节目的制作开辟了许多新的展现形式，促使节目走出困顿局面。

AR 技术，即增强现实技术，是利用计算机生成逼真的视、听、触的虚拟环境，将虚拟的物体与真实的场景进行叠加，使得"实""虚"可以在同一个画面共存，给予受众沉浸感和真实感。由于 AR 兼具虚实两个维度，因此最近几年 AR 技术在影视领域中的应用越来越广泛。例如其中最受欢迎的 AR 电影预览技术系统，可以在实拍绿幕中实时合成，为后续加工剪辑减轻了工作量。例如《三生三世十里桃花》大部分剧集的拍摄就采用了绿幕抠像，实时合成，后续加工。AR 技术不仅在电影电视剧集中使用，在大型现场节目上的使用也早有先例，选秀节目《明日之子》中虚拟歌手赫兹在全程节目中正是应用了 AR 技术，这为后来各大节目启用虚拟人物提供了经验。此外，AR 技术的使用不仅停留在影视文化上，各大博物馆也在采用虚拟现实，可以将看展人带入文物世界中，身临其境地感受文物的魅力。

5G 技术，作为当代信息通信的基础设施开始走向全面服务于数字化社会。相较于传统媒体时代的文字、图片叙事，4G 开启了直播以及短视频的流量式传播，5G 则是从用户层面出发，完美满足用户需求，体验感大幅提升。现阶段，5G 技术协同人工智能利用大数据网络采集海量数据，并进行高计算量数据分析以及动态策略生成，对于电视节目出品方来说提供了丰富的用户资源，能够及时了解市场信息以及用户需求，在下阶段节目制作过程中充分考虑用户理念，做出更加符合用户思维的爆款作品。

（四）河南文化底蕴深厚，卫视自身"文化立台"

河南卫视作为河南省省级卫视，占据了丰厚的地方文化资源。上下五千年的中华文明以中原文化为重要源头。中原地区是中华文明的摇篮，而河南省位于黄河中下游地区，是整个中原文化的核心地带，自夏朝开始便有 20 多个朝代先后在此建都，中国十大古都有四个在河南省，分别为郑州、洛阳、开封、安阳。河南省非物质文化遗产丰富，前四批公布的河南世界级文化遗产有 5 项①，国家级非物质文化遗产有 113 项②，省级非物质文化遗产有 728 项③，高于全国平均水平。经过岁月的更迭，河南大地见证了众多朝代变迁、经济繁荣，在文化方面更是具有强大的根源性、原创性、包容性与开放性，这都为河南卫视打造传统文化类节目提供了地方历史文化依据。

中原文化在某种意义上是中国传统文化的代表。在文学方面，中原文学是中国文学的源头，作为核心地带的河南省更是有着许多优秀的文学作品。《诗经·国风》中的《卫风》《郑风》等都源于此，洛阳的史官整理的《尚书》是中国最早的散文总集。魏晋时期更是产生了建安风骨、正始之音等新的文学风格。到了隋唐时代，中原文学更是空前繁荣，名家辈出。北宋时期，东京（今开封）的繁华盛景对宋词和小说的产生起到了强大的推动作用。这些文化的繁荣为河南卫视打造文化类节目提供了内容支撑，无论何种节日何种习俗都能在中原文学中找到富有底蕴的描写。在饮食方面，豫菜是中国各大菜系的源头，且饮食风格口味居中，兼具南北，

---

① 数据来源于国家文物局官网，http：//www.ncha.gov.cn/col/col1745/index.html，2023 年 4 月 17 日。
② 数据来源于河南省文化和旅游厅官网，https：//hct.henan.gov.cn/2020/03 – 31/1311333.html，2023 年 4 月 17 日。
③ 数据来源于河南省文化和旅游厅官网，https：//hct.henan.gov.cn/2020/03 – 31/1311333.html，2023 年 4 月 17 日。

活化妙用

美食众多。美食往往能够在瞬间拉近人们之间的距离，河南卫视也是利用河南美食众多的特点，在节目之中传播饮食文化，利用镜头语言展现色与香，使得观众更加沉浸地了解河南。在建筑方面，河南省拥有大量历史建筑以及文物遗址，河南拥有5个世界遗产地，分别为龙门石窟、殷墟、天地之中古建筑群、大运河遗址以及丝绸之路遗址，历史建筑的存在为节目外景实地拍摄提供了场地，并且易进行氛围感和历史感的打造。无论是文学、饮食还是建筑，河南都拥有长久的发展历程和历史底蕴，为河南卫视制作文化类节目提供了重要的地域文化资源。

在深厚文化底蕴的支持下，河南卫视找准自身发展定位，始终如一地坚持文化为魂的节目立场。自20世纪90年代以来，河南卫视便坚持传承中华传统文化、传播中华优秀传统精神，将博大精深的中国文化作为内容资本进行节目创制。与内容资本丰富的优势相对应的是如何在大量的传统文化中选取合适的门类进行节目打造，"博大精深"因此也成了文化类节目出品过程中的最大"挡路石"。但河南卫视巧妙地抓取受众圈层，1994年打造的《梨园春》成为中国首档电视戏曲综艺栏目，抓住"戏迷"圈层；2003年打造的《武林风》以武学文化为内容依托，以武术搏击为形式主题，抓住"武迷"圈层，并成功走出国门；2004年《华豫之门》开播，成为继央视之后唯一坚持至今仍然在播的鉴宝类节目；2011年年初河南卫视更是将"文化卫视，寓道于乐"作为口号，将"河南卫视，文化卫视"和"文化卫视，寓道于乐"作为两个具有递进意义的宣传口号，使得文化内核在河南卫视可以一脉相承。

此外，随着转企改制的进行，2014年10月，河南广电下属的4个传统媒体单位以及8个媒体公司进行内部整合，成立河南大象融媒体集团，而这仅仅是河南卫视体制机制改革的第一步。从2020年开始，河南大象融媒体集团开始回归广电中心，成立河南广播电视台全媒体营销策划中心。经过此次内部改革，广电内部成立了18个独立导演工作室，引入内部竞争淘汰机制。"奇妙游"系列节目的策划方案，便是在这种竞聘机制下产生的。并且工作室导演团队的人员配套涉及各个年龄阶层，合适的人员架构使得导演在节目策划的过程之中不仅能够展现个人的创作特色，更能够进行风格互补，在创新形式吸引年轻受众的同时深耕内容，把握老一辈人的审美需求。

长期以来，立足于传统文化的河南卫视始终处于电视节目制作的"文化赛道"，但在此过程中审查制度的影响使得节目制作组缺乏适合发挥的宽松良好的环境，节目的创作与出品时常遇到瓶颈，"吃老本"的现象长存。体制机制改革以来，河南广电后期制作的活力全面焕发，充分尊重艺术创作自由，为节目创制扫清障碍，"中国节日"系列就在这种环境下应运而生。

二 河南卫视文化类节目的创新路径

中国文化类节目在几十年的发展过程中慢慢暴露出了自己的问题。2020年以来中国娱乐行业因新冠疫情的暴发进入了电视节目的寒冬期，文化类节目如何在后疫情时代破局成了各个制作团队需要解决的问题。河南卫视文化类节目勇于创新，打破节目类型局限，聚焦本土文化，借助科技支撑，创新营销策略，积极打造IP品牌，走出了自己独特的节目路径，使得节目获得了口碑和质量的双丰收。

（一）内容建设是根本，节目选材有新意

在融媒体时代，内容仍然是节目出品的根本。节目在创作的过程中应该用人民喜闻乐见的语言讲述人民群众的故事，并在讲故事的过程中，起到进一步增强民族文化认同、传播中华文化的作用。

1. 把握市场空缺，立足传统节日

河南卫视文化类节目的破圈在选材上充分把握了观众心理。一方面在现存的文化类节目中，河南卫视找到了可以连接全民的文化形式，抓住传统节日晚会转型的业内空缺，以中国传统节日为创作主线和载体，将各个传统节日的习俗以及民间故事融入节目之中，连续推出《河南春晚》《元宵奇妙夜》《清明时节奇妙游》《端午奇妙游》《七夕奇妙游》《重阳奇妙游》《中秋奇妙游》等一系列特别文化晚会类节目，在节目中引发观众的集体节日历史记忆，让节目切实来自人民，植根人民，从而达到文化认同和社会认同。另一方面，其他卫视还在进行常规晚会设置时，河南卫视选

活化妙用

择在传统节日的关键节点上进行节目播出，既能够吸引大量观众，避免新系列节目的收视低迷，又能够满足观众的文化需求，以一种巧妙的方式在一众冗长的晚会类节目中脱颖而出，强化观众记忆，烘托节日氛围。此外，"中国节日"系列的选材在长期来看并不会出现文化落后的现象，节目依托传统节日自身的长期性与延续性，在节目播出的后期仍能够吸引大批观众进行二次传播。这对于河南卫视的文化类节目有着塑造口碑与提高收视的双重作用。

2. 展现节日习俗，挖掘文化内涵

文化给一类群体以身份认同和归属感。河南卫视"中国节日"系列文化节目将各个传统节日的习俗融入节目之中，将带有历史记忆的地域习俗巧妙转化，引发观众记忆，从人民出发，在节目中实现文化认同，从而吸引更多受众。《端午奇妙游》中的开场节目《龙舟祭》将端午祭祀以及赛龙舟的习俗融入节目之中；水下舞蹈《祈》则是取材于曹植名篇《洛神赋》，舞者化身洛神，在水中拂袖起舞，舞者双臂缠绕五色丝线，体现了端午节时给孩子们拴五色丝线祈福的习俗。

《中秋奇妙游》中全部节目围绕"中秋团圆"的线索开展，并在其中穿插舞龙、喷火等民间艺术表演。《七夕奇妙游》中的节目融入了拜七姐、染指甲、七夕观星、玩磨喝乐等七夕节民间习俗。《清明时节奇妙游》中《春好近清明》节目展现了古时清明景象，折柳、蹴鞠、放风筝，尽显春日之美。2022年《元宵奇妙游》打造灯景，张灯结彩，在氛围上展现出"闹元宵"的热闹感，在节目《守望山河，舞狮东方》民俗视觉秀中采用"舞狮"这一众所周知的民俗，彰显南北方不同的舞狮传统，节目《元夕之约》采用传统傩舞的表演方式，女子扮男装出场跳舞闹灯，江南女子提灯走桥走百病，都切合传统习俗；在情节上，《元宵奇妙游》更是进行了"月上柳梢头，人约黄昏后"的氛围打造，选择了男女在元宵节脱单的故事走向，甚至在人物服装上也用尽心思，在宋朝元宵节男子会簪花出门的场景也在节目中有所展现。

3. 传统文化与社会生活深度结合

凯尔纳认为，在多媒体文化的影响下，把生活在媒体和消费社会的人

创意化的传统：河南卫视文化类节目的破圈秘密

们带入一个新的符号世界，媒体和消费则会深刻地影响人们的思想以及日常生活行为。① 也就是说，文化类节目的打造与传播必须要有现实依托，在利用媒体打造感性幻象的同时要调动受众思维，文化应该在体验中被接受和认同。

传统文化自身的厚重以及严肃性决定了其在传播过程中的艰难性，且由于部分传统文化的小众性很难在短小的节目内充分向观众展现其文化内涵，因此在过往的文化类节目中，传统文化的僵化展现一直存在。作为文化类节目的创作者，如何协调好节目内容的创新性表达与时代性转化成为节目是否能够获得更高收视率的关键。

阿多诺认为，"区分雅俗的关键在于是否附庸风雅、沽名钓誉"②，而传统文化在传播过程中融入"俗"文化也并不意味着高台坠落，更何况现在所传承的许多传统文化在古代也是那个时代的"俗文化"。在坚持传统文化优秀内核的前提下纳入现实语境解读以及更具有吸引力的叙事手段才更能实现传统文化的有效传播。河南卫视正是巧妙利用传统文化与现实文化进行结合的方法，在结合现实语境的情况下，将传统文化的内核融入现实故事之中，既展现了传统文化千百年来顽强的生命力，又能够引起观众共情，从而使得节目得到观众的认可和接纳。

在形式上，"中国节日"系列的文化类节目在节目串联上采取了传统与现实交织进行情节打造的方法，例如2021年《元宵奇妙夜》中"唐宫小姐姐"的苏醒和沉睡均是由博物馆"保安甲"的笛声所链接。在叙事风格上，"中国节日"系列中的人物行为虽然是在历史语境下展开，但是在进行刻画时大多带有现代生活的印记，这种叙事方式更容易被观众所接受，也更加活泼、生动有趣，使得传统故事更接地气。例如《元宵奇妙夜》中"唐宫小姐姐"苏醒后在穿梭各个场所时有着不同的表情，互相之间嬉戏打闹，像日常玩闹的姐妹一般，但是一旦进入宫殿和表演状态时便展现出严肃严谨的表情，情绪有着明显的前后对比，被观众调侃为"营业

---

① [美]道格拉斯·凯尔纳：《媒体奇观——当代美国社会文化透视》，史安斌译，清华大学出版社2003年版，第2—14页。

② [德]阿多诺：《美学理论》，王柯平译，上海人民出版社2020年版，第137页。

活化妙用

现场"。在展现方式上，节目不仅依靠传统舞蹈以及传统音乐进行文化输出，而且还将时下流行的音乐以及乐曲表现形式进行改编。例如将中医药名及贴近生活的医学常识改编成RAP，年轻人眼中枯燥乏味的中医知识瞬间变得朗朗上口、平易近人起来；节目《回马枪》将戏腔与二次元国风巧妙结合；还有《大碗宽面》《清明雨上》等热度歌曲的改编，在其中纳入非物质文化遗产以及相关民风民俗，利用歌曲的流量热度带动传统文化传播，让传统文化在不知不觉间渗入日常生活。现代性的叙事以及流行与传统并存的展现形式在更大程度上调动了受众对于传统文化的好奇感，降低了传统文化在传播过程中的困难程度。

在内容上，河南卫视文化类节目将传统精神与当代社会价值观相连接，将社会议题融入文化节目，在结合时事以及传播当代向上精神的基础上传承传统文化。豫剧《五世请缨》将一位佘老太君改为四位老太君，在节目中歌颂了中印冲突中牺牲的四位烈士，将传统文化中的忠君爱国精神与当代社会主义核心价值观的爱国主义相结合，展现家国情怀，让观众更加感同身受。《七夕奇妙游》开场节目《龙门金刚》中的金刚大力士在传统文化中扮演的是"守护天神"的角色，但是在节目中却被赋予了守护人民群众渡过"郑州特大暴雨"以及"新冠疫情"难关的守护者的形象内涵，让观众在观看节目的过程中更能感受到千百年来中国人民甘于牺牲奉献的精神；同时在《七夕奇妙游》中情感表达突破"七夕"在世人眼中爱情代表意义的狭窄框架，把整篇情感主题上升至"梦想"层面，将"牛郎织女"的神话故事与现代航空航天事业进行联动，将古时飞天梦与现代航天梦进行了巧妙连接，在展现中国航天事业宏伟成果的同时赞美了中国航天人自强不息的精神传承。

（二）表现形式是保障，节目类型破局限

在"内容为王"的时代，节目形式并不是附属品，很多时候节目类型的突破往往能够在第一时间吸引受众，充分发挥"眼球效应"。传统意义上的晚会类节目大多采取明星短节目拼盘的演艺内容以及主持人串场的演艺形式，节目时间长，节目质量良莠不齐，缺乏统一主题，这种类型化模式化的节目堆积很难在各大卫视晚会扎堆的播出时段脱颖而出。

而从《清明时节奇妙游》开始,河南卫视便采用"网剧+网综"的节目形式,取消了主持人串场的环节,取而代之的是整场节目采用一条完整的故事主线进行单个节目的串联,通过人物的戏剧化故事讲述呈现节目内涵,弱化了传统晚会节目的"拼接感",达到了自然过渡的效果,增强了连续性,使得观众不易抽离,更加沉浸。例如在《端午奇妙游》中以四位唐小妹的视角拉出了四条平行交错的故事线,将端午节当天发生在不同人身上的故事贯穿在一起,更自然地展现出端午节的各种习俗。《中秋奇妙游》中则讲述了宫廷乐师的女儿"唐小月"期盼与父亲相聚,通过时空穿梭以及重重考验终于集齐信物,全家团圆的感人故事。

同时,"中国节日"系列节目改变了以往文化类节目以大量文字与故事为主的内容选择,而是选择中国传统舞蹈与音乐形式通俗化的传统文化,但是在节目的串场与穿插中又以旁白介绍的方式解读文化背景,将"精英文化"与"大众文化"巧妙融合在一起,这种表现形式使得受众在观看节目时既能够直观生动地感受到传统文化的魅力以及体会到其中的动态美,又能够持续输入以"中国节日"为主题的习俗知识与文学常识。

(三)高新技术是支撑,技术与美学相结合

广播电视本身就是一项技术。在新时代科技语境下,借助数字技术进行文化传播早已成为屡见不鲜的事实,也就是说技术破壁成为决定文化类节目是否出圈的重要手段。

近年来,在人工智能技术以及数字影像技术的助力下,越来越多的大型文艺晚会与文化类节目运用新兴技术使得传统文化"活起来""动起来",降低了节目与观众之间的时空边界感。但是,制作方在成功带领观众融入节目与传统文化的同时,却并没有完全突破节目置景的限制,舞台边缘与台框的存在仍然会给观众一种心理上的暗示——这仅仅是一种技术造景,观众并没有办法完全沉浸入节目之中。河南卫视"奇妙游"系列节目采取实景拍摄与AR增强现实拍摄相结合的方式进行节目拍摄,将节目从舞台上搬入实景场地,真正让节目表演做到了情景交融。

在时间的"奇妙"上,河南卫视巧妙地利用数字技术展现古今对话,在现代话语下展现传统故事与美学。例如《七夕奇妙游》和《中秋奇妙

活化妙用

游》均采取了"穿越主题"进行节目设置，串联古今，在时间穿梭的过程中将整场节目串联起来，也使得节目更加具有故事性。

在空间的"奇妙"上，节目在设置上利用 AR、VR、XR 等数字技术突破传统的舞台空间，将整场节目依托于河南非遗景点、文物、古画以及虚拟时空之中，让观众真实地沉浸感受传统文化的魅力。例如在《元宵奇妙夜》中利用了 VR 技术将河南博物馆的唐俑真人化，化身为"唐宫小姐姐"带着观众穿梭于商朝妇好鸮尊、春秋时期莲鹤方壶、新石器时代贾湖骨笛以及《簪花仕女图》《备骑出行图》《千里江山图》等文物之中，且节目的置景相对于传统的 LED 屏幕呈现更加具有真实性和层次感，形成了"人在画中"的奇妙感，充分完善了观众的听觉和视觉体验。

虚拟空间的具象化生产一方面为观众营造了一种身临其境的视觉享受，另一方面则将难以触摸的情感氛围进一步烘托，由此也表现出技术赋能的另一维度，即赋予受众想象的能力。[①] 河南卫视充分利用了虚拟空间的这一特点，将整个"中国节日"系列的节目架构在虚拟与现实之间，在放大真实感的同时进行情感渲染，让观众充分发挥自己的想象力，深度体验在传统舞蹈与传统音乐中展现出来的细腻情感与家国情怀。例如在 2021 年的《端午奇妙游》中"唐小彩"的故事设置，韦庄的《与小女》和传统音乐《兰陵王入阵曲》进行巧妙搭配，日本和大唐景象交相辉映以及人物之间展现的激烈的对话冲突，这些设置的适时搭配将观众直线带入唐朝遣日使无法返回但心系文化传承的情绪里。再例如《端午奇妙游》开场节目祭祀典礼与《金明池争标图》的联动，观众在观看节目的同时可以看懂古画，在虚拟与现实的来回切换中想象古时的端午节各家各户的故事以及人物情感，在"真实感"与"临界感"之间对于传统文化进行深度的体验。

同时，通过数字技术改变了节目的空间叙事，整场节目的串联毫无"出戏痕迹"，通过虚拟文物与虚拟博物馆场景与实拍外景舞台"无缝衔接"，使得整场节目画面浑然一体，沉浸感十足。

[①] 曾一果、李蓓蕾：《破壁：媒体融合下视频节目的"文化出圈"——以河南卫视〈唐宫夜宴〉系列节目为例》，《新闻写作》2021 年第 6 期。

数字技术在"中国节日"系列里的应用不仅仅体现在虚拟场景的录制,还体现在突破了传统意义上对于舞台的定义。舞蹈《祈》将"水下世界"变成舞台,运用水下高清摄影技术更加真实地展现出"翩若惊鸿,宛若游龙"的洛神诗意气质,技术的加持使得节目效果倍增;《龙门金刚》则采用了三维激光扫描技术与 VR 技术,使得舞台直接变为了非遗景点龙门石窟,采用 3D 建模、AR 以及数字着色技术精准复刻金刚大力士以及飞天乐伎的形象,使其在石窟背景前翩翩起舞,将虚拟与现实两个舞台空间无缝衔接,呈现出亦真亦幻的舞台奇妙感。此外"5G + 子弹时间"技术给观众带来了超真实的体验感,将已经腾空起舞的演员进行时间定格,360 度全景强化慢镜头,使得观众从屏幕外的观看者变为更加贴近演员的舞台参与者,视角进行多方转化,增强了节目的感染力,突破了二维视角下的视觉观感。

演艺科技的运用使得"中国节日"系列突破了观众的视觉想象力,打造了一批极具科技风的文化盛宴,带给观众全新的视觉体验,技术赋能给予了"中国节日"系列破圈的动力。

(四)全媒体融合助力,扩大传播途径

在融媒体时代,传播媒介不再仅仅局限于传统报纸、广播、电视等老牌载体,网络平台以及短视频的热潮给予了文化节目新的传播机会,加强了传播深度。此外,信息的传播已经从"传者中心"转变为"受者中心",也就是说,观众不仅仅是观看者更是内容制造者,他们不仅能够对节目进行效果反馈,更能对节目二次加工,与节目进行互动,以此来增加节目的曝光度和讨论度。

在全媒体时代,传统文化类节目的制作与传播应坚持移动化优先的原则,以适应全媒体时代的小屏传播形式。河南卫视全媒体营销中心的建立正是乘上了全媒体传播的东风,借助新媒体矩阵,搭建自己的专属移动端,依靠传统媒体的同时依托各大主流新媒体平台,改变了以往电视端节目单向传播的劣势,扩大了节目传播范围。

"中国节日"系列的出圈取决于 2021 年河南卫视春晚上《唐宫夜宴》节目的爆火,实属于无心插柳柳成荫之作。但其实春晚上《唐宫夜宴》节

活化妙用

目并没有在当天引发大众讨论，而是在节目结束的第三天，随着节目片段被二次剪辑上传至微博平台，引来各大营销号与微博用户的多级传播与宣传，节目话题持续走高，甚至跃至热搜第一，也因此引来了更多的点击量与话题量。借此机会，河南卫视放开版权限制，微信公众号、腾讯新闻、新浪、B站、抖音等多家新媒体平台开始抢占话题度，节目一度霸屏，自此新的一轮"碎片式"平台传播开始。

在《唐宫夜宴》突然成功的刺激下，河南卫视紧紧抓住节目热度，迅速对于马上到来的元宵晚会进行调整，短期内打造《元宵奇妙夜》，制作出《纸扇书生》等一众节目，顺势推出"中国节日"系列，及时巩固自身热度。同时，河南卫视采取了"电视端+移动端"同时直播的双重播放模式，充分考虑到全媒体时代用户的多种观看需求与信息接受习惯。在利用自家专属大象移动客户端的同时，继续依托跨平台融合传播的形式，这给予了"中国节日"系列更高的社会推广度。此外，"中国节日"系列还在哔哩哔哩上进行直播和轮播，哔哩哔哩作为国内最大的年轻人文化社区，用户定位为"Z世代"，他们是新时期中国娱乐文化以及进行文化传播的重要力量。B站的直播模式给予了"中国节日"系列巨大的视频流量，仅《唐宫夜宴》单片纯享版就达到794.6万次的观看量，后续《端午奇妙游》全片二次重播播放量也达到467.9万次，数据直观地展现了Z世代对于传统文化类节目的支持以及节目获得的社会认可。

依托B站直播和轮播不仅仅考虑到节目播放量的增长，更是考虑到平台的弹幕功能。节目直播时，观众在弹幕区域自由发表言论，进行实时讨论与互动，例如在节目《纸扇书生》播放时弹幕区域便有观众安利节目中出现的"将军柏"，讲解其历史故事，这样的情况在每个节目的弹幕区域都会出现，滚动出现的弹幕将每个节目所代表的民俗与城市进行了详细的介绍，充分利用了观众的力量进行文化的传承与传播，观众在观看时能够通过弹幕来获取信息，增加了对传统文化的认知，激发兴趣，观众也能够在讨论过程中得到前所未有的观看体验，更能够引发情感共鸣。同时，节目出品方能够在第一时间接收到观众反馈，观众在弹幕区域和评论区发送自己想要看的城市与非物质文化遗产，通过这一环节，节目组无须大量调

创意化的传统:河南卫视文化类节目的破圈秘密

研时间便能够得知观众节目偏爱度以及收集未来节目打造过程中所能依托的文化点,以便能够快速进行后续节目调整,把握热度,在后期节目制作过程之中让观众有意料之外情理之中的感觉,这是传统电视节目和晚会所不能做到的。

此外,直播结束后,河南卫视更是将幕后故事进行剪辑上传,在 B 站账号建立各大节日节目专区,联合 B 站文化博主进行节日文化解读,让观众在观看完直播之后的两三天里能够继续将目光停留在节目之中,探索节目背后的秘密。这种做法在一定程度上留住了部分受众,为下一次节目的推出打好了观众基础。

短视频的出现给了传统文化类节目机遇,自然也提出了相应的挑战。人们在生活中接收到的碎片化信息过多,对于冗长又烦琐的节目越发缺乏兴趣。而反观河南卫视"中国节日"奇妙游系列节目并没有将所有的砝码放置在全部节目上,在进行节目打造时制作组便合理地构建了节目整体与部分之间的关系,长达 40 多分钟的节目由多个 2—3 分钟的短节目组成。这种做法便于后期拆分视频,进行节目的二次剪辑制作,有助于在抖音、微博等短视频平台进行传播和扩散,也便于社交平台的保存和转发,最终使节目达到了一种病毒式裂变的传播效果。

不同的社交平台有着不同的传播机制与用户接受机制,河南卫视在进行节目宣传与推广的过程中并没有一概而论地进行平台策划,而是针对不同的平台采取了不同的办法。相较于 B 站安利向与解读向视频的上传,河南卫视在微博客户端则更多地利用了微博热搜和话题的力量,进行了节目的提前预热,让观众在节目开播之前就产生对于节目的好奇心,为后续节目播出奠定一定基础。例如微博发起互动让大家为四位"唐宫小妹"取名的活动,以及"唐宫小姐姐为你点亮心愿灯"活动,最终在节目里将心愿评论区中收集到的心愿放进祈福环节,满足观众的参与感。也就是说,从节目开播前到播出后,观众一直处在节目的讨论过程之中,充分满足了融媒体时代观众的互动需求。

此外,谈到河南卫视文化类节目的出圈就不得不提到主流媒体在舆论热度上所做出的贡献。在《唐宫夜宴》有破圈之势开始,全国各大主流媒

活化妙用

体纷纷介入，整体舆论热度短时间内火速推高。据统计，自节目开播以来，陆续有数百家媒体参与报道，人民网、新华网、《环球时报》等也纷纷下场高度称赞节目的优秀，共青团中央以及各省市共青团媒体账号也纷纷转载。主流媒体的介入更是给了河南卫视机会，话题持续引发热议，呈现现象级传播的景象。

（五）树立 IP 思维，打造文化品牌

IP 是"Intellectual Property"的缩写，意为"知识产权"，即具有独特性以及无法复制的可识别性。在融媒体的背景下，对于文化类节目来说，要想达到节目传播的持续性以及及时性，吸引更多的受众群体，使得受众群体保持对于节目的持续关注，节目 IP 的打造成为解决此类问题的一个良好方式。近年来，中国越来越多的电视综艺节目走向类型化生产的道路，很多成熟型综艺节目向 IP 系列化方向转型。河南卫视在进行文化节目打造的过程中也采取了这种方式。

首先，节目打造品牌化、系列化。和其他娱乐性综艺节目一样，文化类节目也需要打造出专属于自己的风格与品牌特色，才能在众多文化节目中脱颖而出被观众所熟知和记忆。例如此前文化类节目《国家宝藏》是从视觉上和内容选择上进行创意突破，内容制作上依托明星讲演文物，舞台小剧场讲述文物背后故事的方法打造专属特色，视觉色彩选择蓝色作为基础色调，整体呈现出一种大气稳重的氛围，让观众记忆犹新。

综观河南卫视文化类节目，会发现这并不是一个个单一的节目，无论是《唐宫夜宴》《洛神水赋》还是后来的《元夕之约》等，始终都是围绕唐宫小妹的故事情节进行打造，给予受众一种连载感。而且，自 2021 年河南春晚过后，"中国节日"系列晚会推出，《七夕奇妙游》《中秋奇妙游》接连不断，最后以"重阳奇妙游"收尾。这种系列化的手法能够使观众快速熟悉节目模式，并且期待下一节日时河南卫视的表现。河南卫视以此打造出了强大的文化品牌，使传统文化 IP 深入人心，让河南卫视"传播华夏文化"成为众所周知的品牌特色。这种品牌化、系列化让河南卫视文化类节目成功锁定观众群体，从而能够吸引来更多的节目赞助与广告商。现在河南卫视承办"神马奇妙夜"的商业晚会，将各种老字号、品牌赞助商巧妙地安插进节目之中,既不破坏节目自带的美感,又能够起到宣传的作用,为"中国节日"系列节目本身带来更多的发展空间以及发展资源。

其次,人物IP化人格化运营。如何以人格化的IP来产生持久的吸引力,一直是内容运营中难以破解的秘密。河南卫视"中国节日"系列自打造之初就塑造了"唐宫小姐姐"这一人格化IP概念,不仅将唐俑之中的乐伎真人化,以"憨态可掬、俏皮活泼"的形象出现在节目之中,而且在后续节目制作过程中更是将"唐宫小姐姐"动漫化,以动画形象出现在节目开场动画以及串场之中。此外,人物形象装扮秉持"人从画中来"的原则,充分结合唐朝人物外貌、服装风格进行设计,以一组绿色、黄色、红色为主色调的唐三彩乐俑为原型,演员形态和妆容也在高比例复原文物中的人物样貌,并增加了节日色彩。"唐宫小姐姐"的动漫形象结合不同的节日风俗进行不同的服装设计,且不断地增加人物以及故事情节。例如,在《七夕奇妙游》的开头动漫里,"唐宫小姐姐"的形象与民间故事中牛郎织女鹊桥相会的情节巧妙结合,开始增添男性人物,不再单纯局限于女性乐伎的动漫形象。

再次,节目IP的人格展现也在不断地进行具象化演变。"唐宫小姐姐"人格指向从一开始单纯指向为"乐伎"慢慢转变为指向一个个具有独立思维、有着不同身份的个体。例如《七夕奇妙游》讲述了有了自己名字的"唐宫小姐姐"唐小天,借助现代科技重回洛阳与唐小竹、唐小可一起过七夕的故事,节目巧妙利用了"月亮"的意象。《中秋奇妙游》中"唐宫小姐姐"则又被命名为唐小月,节目通过讲述其历经重重困难集齐信物一家团聚的故事,并且在进行相关人物设置时巧妙利用热播电视剧《甄嬛传》中的当红演员,被网友调侃为唐代"甄嬛传"后续故事,引发热议。无论是唐小天、唐小月还是之前出现的唐小可、唐小竹都是"唐宫小姐姐"这一集体概念的具象化展现,使得观众在真实的人物和故事塑造过程之中更加容易产生情感共鸣,并且也更容易被记忆。

最后,依托节目IP进行文创产品打造。在节目播出后的第一时间,河南卫视便将所有"中国节日"奇妙游系列的IP进行了知识产权版权申报,保护后续产品开发,及时转化,在短时间内实现价值变现。河南博物馆同

活化妙用

郑州歌舞剧院一起进行线上联动活动，组织唐宫手绘大赛，同时河南广电联合阿里文娱筹备开发线下演出，动画片、电影、网剧等后续相关创作也已经提上日程。此外，河南卫视还推出类型多样的衍生品，并与相关非物质文化遗产联名制作系列手办和盲盒，深受消费者喜爱。

IP思维和品牌意识以及全产业链运营的理念在"中国节日"系列中应用得淋漓尽致，完美抓住了现代观众的审美需求，从用户出发，做好IP人格化运营，打造独属品牌风格，让传统文化在现代语境下再放光彩，使节目逐渐成长为跨平台爆款，收视率屡破纪录。

（六）城市形象带动，文化与旅游融合

文化和旅游有着天然内在的联系，文化和旅游是密不可分的，文化是旅游的灵魂，旅游是文化的重要载体。两者能够有机结合和深度融合是文化和旅游互动共荣的客观需要，也是文化和旅游发展的必然规律。河南卫视在进行"中国节日"奇妙游系列节目打造的过程中，将河南各大城市的文化元素进行了集中整合展现，用极具设计感的镜头语言诠释建筑以及城市背后的意义。前文已经提到，在"中国节日"系列中大多采取"实景+虚拟"的录制方式，在进行实景录制时充分考虑到中原大地各大城市以及历史建筑所代表的文化意义，从厚重传统的文物遗址到鳞次栉比的城市建设，再到耳熟能详的地标建筑，全方位地为观众展现出一个日新月异的中原大地。这种城市形象带动的方式在后疫情时代给予了观众在家云旅游的体验，让观众提前立体地感受到河南美景的魅力，为后续河南文化旅游业的发展也起到了助推作用。

此外，河南文旅业的发展也在反向助推"中国节日"系列。河南卫视和各大景区联动，采取"线上+线下"结合的方式，在节目中出现的郑州标志性地标以及洛阳博物馆，"唐宫小姐姐"从荧幕中走出，与游客互动，扩大知名度；同时，河南还利用中原福塔内部以及周边地带进行唐宫文创沉浸体验馆打造，为网民提供线下沉浸体验与了解唐宫知识和传统文化的空间。这种参与式文化与文旅体验旅游的发展为节目的后续打造与运作打下了深厚的观众基础，并且拓宽了传统文化的传播渠道，契合当今时代人们多元化、多层次的文化需求。

三 河南卫视文化类节目的后续发展与启示

一个节目发展的是否长远还要看它是否在发展的过程中顺应时代，不断创新进步，在新的节目出现时是否仍能够给受众惊喜感。河南卫视文化类节目在2022年开启了自己的新篇章，以新的创意新的故事再次走入观众视野，其中也在不断地吸取之前文化类节目的经验，更给了未来文化类节目的制作启示。

（一）河南卫视文化类节目后续发展再开新篇章

尽管河南卫视文化类节目已经实现了完美"破圈"，但是节目却在不断地类型化、模式化。2021"中国节日"系列以《重阳奇妙游》作为收官之作，在这个节目中已经暴露出了问题，节目的收视率相较于前几场晚会来说有所下滑，观众也纷纷表现出审美疲劳的现象，在这样的情况下，河南卫视如何进行后续节目优化并在保证收视率的同时同步创新成了接下来需关注的问题。

2022年开春，河南卫视文化节目再度引发社会热议。河南卫视开始推出"中国节气"晚会主题片系列，以《春分奇遇记》开场，《谷雨奇遇记》紧随其后，展现方式上不再延续"中国节日"系列单纯以"古风舞蹈"为主打的歌舞类节目形式，而是选择以电影的剪辑模式来"讲故事"。这种形式上的转变使得文化类节目在展现传统文化的同时更加具有教育意义。

"中国节气"系列与"中国节日"系列不同的是"唐宫小姐姐"的消失，转而纳入了"节气先生"的新IP人物，完美承接2022年河南卫视春晚，让观众有耳目一新的全新体验感。在内容设置上，虽然仍有传统习俗的讲解，但更多讲的是古代文化与当代人生活的碰撞，例如淮南王刘安在穿越之后发现许多与古代不同的现代家电，"有神物四季皆可造冰"是他对冰箱的描述；在宏观叙事上，与之前的传承和介绍传统文化所不同的是更加具有教育意义，展现节气自身带来的科普性和共情性，"穿越"本身让观众在节目中了解到了淮南王刘安与二十四节气的关系，证明了"艾火令鸡子飞"的真实性，而节目之中古今人物的对话更是向观众展现了"成事在人"的魅力，春天本就是万物复苏、充满希望的季节，《春分奇遇记》

活化妙用

更是传达出了面对失败时更要充满勇气和希望的奋发向上的教育思想，毕竟失败可能只是某个"神仙"不小心打了个喷嚏（节目中刘一旦实验的失败巧妙地用节气先生打喷嚏来形象化展示）；在情感升华上，无论是人物语言还是后续原创歌曲改编，都以一种更加接地气的形式直击观众心灵，以小见大，寓情于理，传递"莫负春光，莫负理想"的精神情感。

主创团队在采访中提到"二十四节气诞生于农耕文明时代，指导农事生产、生活作息，休闲娱乐，见证着大地的四季变化，而其背后深层次的内涵是体现着人与自然和谐共生的中国精神哲思"，他们希望在每一期的节目中都能提炼出二十四节气中的情感，并融入故事中去。时间还很长，河南卫视接下来对于文化类节目的发展也被观众时刻关注着，希望看到他们不断突破的表现。

（二）河南卫视文化类节目对传统文化的传播启示

无论是从内容到形式，从传播策略到技术支撑，还是从IP思维到产业带动，河南卫视文化类节目都为各大地方卫视与传统媒体在新时代语境下进行传统文化传播提供了范例。传统文化要想做好创造性转化、创新性发展，必须立足内容，在形式上独具创意，并且与文化产业联动，乘上技术快车，搭建全媒体平台矩阵，才能够得到更好的弘扬与传播。

1. 激发传统文化内容活力

河南卫视文化类节目能够走向成功很大程度上取决于地域文化的有效激发，不断地从中原文化中挖掘与社会现实和时代精神相符合的内容，赋予其新的时代内涵，融通古今。未来文化类节目要想继续保持稳步向上的态势，必须合理进行节目定位，在进行详细制作之前，科学分析传统文化，将各种文化符号与文化门类进行归纳整理和有机融合，将其中的精华部分继承发扬，糟粕部分予以抵制。并且在进行文化选择时，要使传统文化的"光芒"照进现实，不再空泛地只谈文化自身，要从大众生活和社会新闻上挖掘素材，提炼其中的精神内涵并与传统文化进行结合，这样才能令观众产生情感上的共鸣。

2. 文化节目类型要不断融合

从电视文化类节目的发展过程来看，节目类型的融合是总体大趋势，不再局限于单一类型进行文化传播。此前，央视现象级综艺节目《国家宝藏》就是将节目类型进行了融合，以文物鉴赏为主线，将纪录片与舞台剧进行融合，符合主流受众群体所需要的精神需求与文化创新。河南卫视文化类节目更是将丰富节目形态样貌做到了极致，"中国节日"系列巧妙利用"网剧+网综"的形式与节日晚会的形式进行融合，开创晚会新类型。未来文化类节目在进行制作时，要善于突破自身类型，敢于重构节目时空场域，不再单纯地将文化类节目局限于单一场景，虚实结合的场景更容易引发观众关注，让观众更加具有体验感与参与感，焕发文化类节目活力。

3. 传统文化传播需巧用技术

传统文化有着深厚的历史底蕴，但如何能让传统文化活灵活现地展现在受众面前必须依靠技术支撑，只有"动起来""活起来"的传统文化才能够更好地被大众所接受。

河南卫视文化类节目使用 AR 技术，制作虚拟场景，在顺利传播传统文化的同时保护了非物质文化遗产。未来文化类节目可以在打造时综合采用 5G、AR、VR、MR、3D 和人工智能等技术，将静态的传统文化以动态效果展现，将以文字、图画形式传播的传统文化有声有形起来，让文化与科技充分融合，在视觉和听觉上给观众带来震撼效果。

4. 文化类节目打造要善用 IP

文化类节目在进行创制时利用文化 IP 不仅能够给节目自身带来流量，还能够在未来实现 IP 价值变现，这又为文化类节目打造带来了自身经济支持，减少节目因经费问题出现断播的情况。

央视《上新了！故宫》以"故宫"作为文化 IP，其中的"故宫猫"更是深得大家喜爱，不仅在节目播出时狂吸一波粉丝，更是在节目播出后进行了大量衍生品贩卖。河南卫视文化类节目无论是之前爆火出圈的"唐宫小姐姐"还是现在的"节气先生"都是节目的衍生 IP，河南卫视借此进行产业运营，不论是互联网平台的周边贩卖，还是线下旅游景点的互动，都借助 IP 保障了传统文化的高效传播。

在河南卫视做出的精彩示范下，未来电视文化类节目的生产与营销要始终坚持以观众为中心的创作理念，从用户出发，有高度、有深度、有温度地打造精品内容,唯有这样,才能真正地创作出好作品。

结 语

中华优秀传统文化是中华民族的根和魂。在娱乐化狂潮和多元文化并存的当今社会,将优秀传统文化纳入节目体系已经成为大势所趋。河南卫视紧抓潮流趋势,巧妙利用中国传统节日以及二十四节气进行晚会以及主题片制作,成功地将优秀传统文化进行了创造性转化和创新性发展,实现了收视和口碑的双赢。因此,本文以河南卫视文化类节目的"破圈"创新路径作为切入点,首先研究了文化类节目的产生背景,再通过对"中国节日"奇妙游系列文化晚会进行内容分析,探究了其内容设置、传播形式、技术支撑、营销模式、IP理念以及产业链带动的创新策略,总结其成功之处,同时分析了河南卫视文化类节目的后续发展。

河南卫视文化类节目成为技术赋能与全媒体传播下节目创新的新典范,其成功为未来文化类节目的发展指出了一条"破圈"之路:要以优秀传统文化为内容根本,以科技赋能为支撑手段,以全媒体传播为营销手段,树立IP思维和品牌意识,延长产业链,紧跟时代潮流,把握用户思维,这样才能真正实现文化"破圈",打造出真正不负人民的优秀节目。

目前,河南卫视文化类节目仍在不断地产出新的优秀作品,笔者也会继续对其进行持续关注和思考。

(作者为高艺佳,指导教师为李辉)

时尚的考古：《中国考古大会》节目探求公共考古的创意产业融合之路

文化产业助力公共考古，在考古学百年历史中并不罕见。文化产业号称"二十一世纪最后一块暴利蛋糕"，随着文化经济实践的日益深入而充斥于人们的日常生活，考古作为我们追溯过往的重要手段，冰冷的手铲叩问文明的沃土，文化产业与考古的结合，一冷一热，刚好中和，让中国考古延伸文明轴线，深藏产业新度。

一 从"高陵"到"三星堆"

2009年底，河南省文物局发布消息，抢救性发掘魏武王曹操高陵，消息一经发布，质疑声即起。这些质疑加大了公众对曹操墓的关注和讨论，对曹操墓的争论很快发展成了公共事件。"高陵现象"在考古学界引起了极大震动。考古学家们发现，一旦到了公共语境中，专业人士竟然无法引导舆论。事实上，在"高陵现象"发生之前，考古界已经"被动"了很久。文物面临着巨大危机，很多考古学家急迫地希望公众能够了解考古和文物的重要性，希望发出呼吁，却发现不但缺乏渠道，而且考古学家还背负着某种负面形象。盗墓文学兴起后，更是有不少网友把盗墓和考古混为一谈，把考古戏称为"官方盗墓"。

2021年，三星堆遗址的再次发掘引起广泛关注，数次登上热搜。中央广播电视总台的《直击三星堆上新！见证世纪考古新发现》为大众带来了展现此次考古发掘成果的长达6小时的实时报道与全景呈现，央视频则在

活化妙用

三星堆大发掘直播中以 VR、4K 全方位报道三星堆相关内容，"多样态呈现三星堆遗址考古成果，立体展现三星堆文物之美"，通过演播室还原考古现场，以期通过沉浸式体验"打造考古实时报道新模式"。

从"高陵"到"三星堆"，人们已经意识到，中国考古已然迈入第二个百年，中国考古正以全新的形式和产业面貌走进公众生活，考古逐渐从单一主导转向公共考古。在这样的背景下，文化产业与公共考古必须结合，必须让社会广泛意识到考古的重要性，对公众的科普迫在眉睫。可以说文化产业对公共考古进行介入的目标，就是解决考古被现代社会边缘化、文化遗产遭到破坏、考古界被污名化等切实的问题。文化产业要挖掘公共考古中蕴含的易于被公众理解和接受的传统文化要素，找寻历史文化和当代生活之间的契合点，只有在产业实践中走进公众，考古的历史价值、艺术价值和科学价值才能发挥到最大。

公共考古学的发展离不开创意产业的融合与参与，加强与媒介和传媒结构的合作，新闻媒体、网络媒体等信息平台逐渐成为考古发掘成果的另一个展示渠道。

本文以国内首档考古空间探秘类文化节目《中国考古大会》为例，探求公共考古的创意产业融合之路，由小见大，挖掘公共考古的产业潜力，将文化产业作为创意转换源头进行价值挖掘，实现产业价值与文化价值的双重复合。而《中国考古大会》中新业态对公共考古的创新呈现证实了公共考古热潮和文化产业之间存在互哺共生关系，而两者最终的导向和归宿则具备更宏大的社会价值和时代意义。

二 创意产业与公共考古的融合方式

考古信息的一次传播一般是通过官方媒体的报道实现的，传统报道基本由电视、广播新闻播报与报纸报道实现。创意产业以新兴数字技术为新闻采编、现场播报、终端呈现提供了更多选择，多种媒体的联合报道同样提升了考古信息传播的效率。

（一）融合协作的可能性

考古与文化产业之间存在公共考古这一协作的可能性。公共考古学

(Public Archaeology）主要研究考古与公众之间的关系：包含考古沟通，文化遗产保护，"古为今用"，考古发现对现代社会政治、经济、文化等方面的作用及影响等诸多方面。如今中国考古迈入第二个百年的历史新起点，文化产业如何助力考古更好、更稳、更深地走向大众，真正践行"考古是人民的事业"理念，正是文化产业研究者、从业者所应思考的。

首先，二者都以"人"为本，考古阐释人类起源与人类发展历程，文化产业维持人类的文化生活。考古成果多以"××文化"命名，如河姆渡文化、仰韶文化、半坡文化、大汶口文化等，指向中国历史上某一时期某一地域人们的生活方式。而文化产业正是人与一切社会文化关系的总和，也许千年万年之后我们所处的文化产业高度发达且渐趋同质的文明时期就会被称为"文化产业文化"。

其次，考古与文化产业的努力方向都在于争取话语权。前者争取文明话语权，解构现代文明空间的原有格局；后者则争取文化话语权，建构国家与社会的发展走向及秩序。中国考古回答中国历史文化是什么，文化产业展现中国历史文化有什么，回答是结果和目的，展现是过程与方法，在回答和展现的过程中打造中国国家形象。因此，公共考古的走向大众不仅是走向我国大众，更包括世界民众，以让其更全面、客观地了解中国历史文化。文化产业与考古的相互关系在此基础上迅速重组，成为国际文化竞争和国际文化战略较量中的重要领域并占据了新的外交空间。

在中国现代考古学发展的第一个百年里，文化产业助力公共考古更多是通过传统或现代文化产业实现的，主要包括新闻传媒、图书出版、音像视频、电视综艺等。第二个百年里，这些传统手段依旧会作为文化产业助力公共考古的重要实现形式，并在此基础上结合文化产业新兴业态完成创新转变。围绕考古挖掘与出土文物，借助创意人才、文化科技与文化装备，实现文化产业发展与公共考古推进的双轨并行。

（二）创意产业领域公共考古的实践探索

2021年春节，河南博物院与郑州歌剧院、河南广播电视台合作，由河南春晚推出的《唐宫夜宴》在网络上爆火，静置在河南博物馆里的文物在舞台上仿佛"活过来"，莲鹤方壶、贾湖骨笛等重量级国宝在稳超20亿次的播放量中被大众所知。文物热使更多普通民众对考古产生兴趣，一些考古研究院在开放部分挖掘现场给普通民众参观的同时，也招募考古志愿者，让普通人有一线体验的机会。文化产业与公共考古的融合在中国发展的时间虽然不长，却已深刻影响了整个社会对考古的认识，也对考古业内关于公众对于考古学的视角和解读，具有非常重要的参与价值，这也为文化产业的接入方式提供了新的看问题的角度和方法。

此前，除了新闻报道中的相关视频资料外，考古传播的传统视频类别主要为纪录片。随着短视频、中视频的兴起，更多的考古趣味视频受到大众喜爱。一方面，相关纪录片逐渐走向简短精致路线，如连播三季的《如果国宝会说话》便以每集5分钟的优质内容广受好评。另一方面，短、中视频逐渐以更灵活的时长在多平台趣味传播，如2018年，抖音"爆款"文物创意视频《第一届文物戏精大会》短短数日播放量便已破亿，分享数近20万次。2021年，川观新闻制作的《三星堆"上新"！这波啊，DNA是真的动了》短视频在B站上传后获得近三百万次的播放量，并以"三星堆文物rap"话题迅速登上微博热搜，生动展现三星堆考古发掘成果。2021年，B站的大众自制视频《15天花20万元用500克黄金敲数万锤纯手工打造三星堆黄金面具》和《花费4个月25万元探寻三星堆金杖制作工艺之谜》合计总播放量逾1700万次。这类新兴领域文化产业，通过讲故事方式挖掘文物文化价值、与大众对话引发互动与共鸣的方式推介考古成果。

三 全新的知识传播方式与观众互动模式

历史文化遗产不仅为我们讲述着过去，也深刻影响人类的未来和走向。要想做好考古和历史研究成果的有效传播与产业化利用，必须找到行之有效的让历史文化遗产"开口说话"的方式，而这个方式，就是与创意产业进行融合。"考古"历来多以纪录片的形式作荧屏呈现，严肃厚重的形象与此有着强关联。"考古"的题材和呈现，在开播之初就对观众具备足够的吸引力，且央视"大会"系列IP一以贯之的制作水准和内容实力也充分赋能这档新节目。定位为大型考古类文化节目的《中国考古大会》正以全新的知识传播方式与观众互动模式打开"考古"。《中国考古大会》

时尚的考古：《中国考古大会》节目探求公共考古的创意产业融合之路

在遵循"科学、准确、严谨"的创作原则基础上，从电视综艺的自身属性和创意产业的传播规律出发，结合考古工作自带的神秘气质和探索精神，首创考古空间探秘形式，以"发现发掘、整理阐释、保护传承"为主线，在真实的考古过程中抽丝剥茧，询问历史的真相，打造悬念丛生、高潮迭起的考古节目观赏体验。

（一）内容选择

在电视综艺领域，创意产业建构的第一立足点便是影像，而考古符号作为考古类电视节目的核心元素，它的选择实质上揭示了考古类节目所要传达的文化内涵和精神本质。

《中国考古大会》希望将考古成果以数字化的创意方式呈现和传播，面临的首要问题便是中国考古文化符号的选择。《中国考古大会》节目囊括了良渚古城遗址、诸侯国遗址、海昏侯墓等规模宏大、意义深重的中国考古符号，每一个考古符号里又包含着像玉琮、甲骨文、五铢钱、青铜大立人像等具体的文化符号。

就第一期良渚遗址而言，节目组以良渚文明史为主线，从玉器、古城、水利工程等依次展开，讲述了发掘良渚遗址12号墓的经过，通过12号墓出土的玉琮文物上一毫米内居然能刻画五到六道阴刻线这一考古发现，解读了远古玉器制造工艺之精湛。《中国考古大会》节目通过模型演示，着重向观众介绍了良渚人筑坝所用的"草包泥"工艺，丰水期拦水防洪，枯水期蓄水调水，令观众一目了然。而能够修建大型水利设施，正是中华五千年文明灿烂成就的一个考古符号证明。在第二期贾湖遗址中，考古专家团借助考古场景还原和多种高科技手段，多角度、多维度解读贾湖文明的基因密码，真实全面地再现贾湖先民建造房屋、耕种水稻、驯化家畜、制作陶器、创制骨笛等生活活动。从骨笛、石器、陶器到生产生活用具，被呈现在电视综艺屏幕上的贾湖遗址和那些让人应接不暇的物质遗存，见证了中华文明早期发展的轨迹，见证了贾湖人用智慧、勇敢创造的美好生活。正是在这样从古至今对历史的回望中，我们得以追寻和书写更加完整的历史谱系，构建一个更加丰满的中华文明共同体。

由此可见，考古符号创意化系统是由多个具象化的考古符号所构成的，

活化妙用

单个考古符号之间的相互连接又在一定意义上彰显了中华民族的精神文化内涵,正是如此环环相扣的内容系统构成了《中国考古大会》的内容选择程序,让考古文化符号的内核充分融入创意产业,生生不息地传承下去。

(二)叙事视角

"任何叙事既是一个话语(来自一个讲述的机制),又是一个故事(来自被讲述的世界)。当叙事突出讲述的世界,它就趋向故事这一极,而当突出讲述的机制,它就趋向于话语这一极。"① 很明显,《中国考古大会》的叙事是通过多元化、多角度、多轮回的讲述机制在创意产业中来呈现考古话语。此外,考古推广人的角色也为观众代入节目提供了一个独特叙述审视视角,观众将随着他们的视线和脚步在故事中开掘推进,实现沉浸式互动的视听体验。叙事者的多元化、叙事视角的多角度化、情节叙事的多轮回化,三者的单元整合,实现了"今与昔"的跨时空对话,让每一期节目的主题内容转化为新奇的考古故事,观众的视听变成了对故事发展的探寻,综艺叙事的呈现创造出读小说或看电视剧般的沉浸感。

《中国考古大会》第一叙事视角为传统综艺节目共有的摄影机,这一视角的掌控者为该节目主持人,通过主持人不断推进节目流程,让观众深入了解节目"中国考古"这一主题,将历史、考古和舞台这三维空间联合成一个整体,其叙事顺序大致表现为历史—考古—舞台—考古—历史—舞台。但这种叙事方式往往会出现因故事情节的曲折复杂而不够吸引观众的弊端,因此节目组要想留住观众使其进行长达两个小时的观看,就必须再利用画面造型、音响设计、影像运动等创意产业要素对节目叙事加以调整。正因如此,节目组在每个独立空间的叙事中又根据特定内容选取了不同的叙事者和叙事方式,以加强视听。

第一叙事视角内的历史叙事主要由考古专家和纪录短片组成,必要时辅以舞台秀或讲故事等具体实现形式。为了介绍每一个重大考古发现,节目组首先采用虚拟生成的动画作为专题视频。在第一期良渚古城的节目

---

① [加拿大]安德烈·戈德罗:《从文学到影片——叙事体系》,刘云舟译,商务印书馆2010年版,第94页。

时尚的考古:《中国考古大会》节目探求公共考古的创意产业融合之路

中,开场的专题动画不仅复原了新石器时期良渚城邦的全景地貌,还细节性地带领观众想象了先民们的日常生活。在殷墟考古一期中,节目组采用的则是"实景记录+地图解说+AI 特效+戏剧演绎+真实文物展现"的纪录片叙事,不仅形象再现了远古时期的都城和人物形象,而且逼真地展现了商朝将军驰骋沙场的风采和古老的朝堂之上奉命占卜、祭祀、叩拜祖先的场景。专家讲故事、舞蹈秀等形式则加深了观众对"素未谋面"的历史的想象。第一期节目中的《琮:琢玉成器》舞蹈秀,在科技打造的 VR 环境中,两位舞蹈演员在玉器打磨声中翩翩起舞,为观众呈现了"方圆之间,天地亘古不变,将古今相连"的中国玉器文化。

第二叙事视角,以考古探秘为主,主要叙事者为"考古推广团"成员,在悬疑解密的探索氛围中,"考古推广团"成员在考古专家的指引下,依次通过两层探秘空间,还原真实考古现场,解锁出当期重点文物,在高还原度的 3D 舞台中,"考古推广人"行为实则是代替屏幕前的观众完成了从对考古一无所知到使尽浑身解数破解考古密码的过程。同时,在这一视角的叙事中,节目组不仅设置了全真模拟的以考古空间为主的主舞台,还在主舞台旁边开设了专业极强地由专家组成的第二实时讲述舞台,也就是科普舞台,这大大增加了观众对于考古知识点的理解和认识。同样,在该视角的叙事中节目组也创新性地加入了戏剧秀和讲故事的方式。周口店遗址一期中,节目通过一场舞台秀表演,复现了山顶洞人的狩猎场景;通过"考古实验室"的互动环节,细致解析了山顶洞人缝补、穿戴的生活方式。讲故事则令考古事件中的主人公更具立体感与真实感。在海昏侯墓考古一期中,节目戏剧化呈现墓主人刘贺大喜大悲的一生,从昌邑王到皇帝再到平民最后成为海昏侯,这种史籍结合的讲述方式全方位向观众呈现了他短短 27 天的皇帝经历,这也让考古变得更加有趣。《中国考古大会》如此叙事,不仅创新呈现了考古方方面面的知识,而且让知识的呈现更加生动有趣,具备极强的吸引力。

相较于其他文化类综艺节目,《中国考古大会》的叙事巧妙之处,也是其他考古类综艺的可借鉴之处,在于创意产业中的舞美设计,被完美融入了叙事视角。《中国考古大会》主舞台的搭建,来自"礼天礼地"的中国传统文化,不仅如此,节目组还从中汲取了考古工作中"关键柱"的灵感,四根"关键柱"拔地而起,加之观众围绕环幕与舞台上方的圆顶,构成了中国传统时空观中"天圆地方"的概念。主舞台座椅的设计则借鉴了考古工作中常用的"探方"的概念,观众席被划分为若干相等的正方格,相当于考古工作中的"发掘区",紧扣了《中国考古大会》的考古主题,颇具趣味。

至此,节目的叙事意义被提升到"以古观今"的层面,实现了由枯燥的学术空间转化至产业空间、经济空间和生活空间的多向输出,从而引发观众对华夏上下五千年的国家空间的强烈共鸣。

(三)剧情模式

有《国家宝藏》和《典籍里的中国》这种文物类、典籍类节目珠玉在前,《中国考古大会》要如何独辟蹊径,做出自己的特色?而遗址类节目比文物类、典籍类节目更难做。经过发现、发掘、提取文物后,大部分遗址被回填,而要想把遗址考古变成一种电视化的综艺表达,需要采取新的剧情模式。

文化遗产连通着过去、现在与未来。就"过去"一端而言,考古行为一旦开启,就从其原生环境中剥离出来,原生环境和考古过程所携带的信息无法完整呈现,这在一定程度上会影响观众对考古的理解。而《中国考古大会》很巧妙地避开了这个问题,考古过程的全息呈现,让遗产"动"了起来。而站在观众的角度考虑一档综艺的视听呈现,无外乎观众想看什么,要怎样看,以及如何看得精彩等几大问题。一档创意综艺的制作则是相对应的、满足观众需求的"给"的过程。

考古本身代表的是与现代相隔千百年的历史,可以说现代人对其的了解是一种跨语境式的想象,而《中国考古大会》节目的剧情逻辑,正是连接了古与今的"对话",颠覆了以往博物馆陈旧的灌输式说教,而是以当下网络时代最为受众所追捧的"情景剧"方式,打造出《中国考古大会》的剧情逻辑。当然,《中国考古大会》的诞生并不是一味地"给",而是在文化综艺的拓宽和引领中,充分考虑"如何给"的问题。如何满足观众视听需求,直指综艺节目剧情版块的顶层模式建构。

时尚的考古:《中国考古大会》节目探求公共考古的创意产业融合之路

在串联内容版块的叙事线索,即剧情模式的建构上,节目选拔了不同年龄、职业、学识的文化遗产守护者或爱好者作为"考古推广人",以挑战不同任务的探秘闯关形式,层层推进节目叙事,穿插融合专家解读、实景记录等多种形式,建构出多维度空间的交互,将考古、历史等知识融入其中,讲述考古背后鲜为人知的经历和故事。在打造探秘空间时,《中国考古大会》有意营造了密室逃脱式的紧迫感以增加综艺效果。

节目中,演员郑晓宁化身考古推广人,带领两位考古爱好者以周口店遗址中北京猿人化石、动物化石、石器、用火的发现发掘等为线索进行闯关,在"考古观察团"专家伴随解读中,展现了裴文中、贾兰坡等考古科学家在周口店的考古事迹,并讲述了北京猿人的体质结构、解读猿人洞13层地层中动物化石上的石器痕迹和火塘等考古知识。

在《中国考古大会》节目中,考古工作的流程就是每期节目的暗线——每个遗址如何被发现、被发掘,出土文物如何进行辨别、清理和保护,文物背后的价值意义,都浓缩在90分钟里。每期节目就是一次遗址揭秘,根据整个考古的发现、发掘、整理、阐释、保护、传承这六个工序完成一场综艺剧情。根据考古发掘的过程和历史推进的脉络,以考古推广人为载体和角色形象展开叙事,《中国考古大会》打磨出了"亲身实践"的综艺模式。伴随着考古推广人的探秘闯关活动,节目中的考古历史和经历得以一步步展开并延伸下去,如节目中的"挖脊椎骨""打石器""拼头骨",在"考古实验室"中的"贝壳穿孔"和"骨针刺绣"挑战,皆对应了节目的内容呈现和传播需求。这种全新的剧情模式,融合了考古文化、纪录片讲述以及公众参与演绎,打破了考古类节目墨守成规的思维定式,让考古文化拥有综艺节目的框架,借助娱乐元素激活考古故事,使公众对于考古文化的接受不再味同嚼蜡,让"剧情为主,文化为辅"的综艺节目更有内涵深度。

纵观"北京周口店"的节目呈现,其内容整体包含真实考古事件的复原、考古现场的还原、考古过程的解密以及考古文物的解读等几大版块,并将遗址及文物的方方面面尽数呈现在观众眼前。"过去—现在"两端中,整个考古过程的剧情呈现实际上肩负起了穿越时空,映照当下的任务,这

活化妙用

是《中国考古大会》与以往考古类节目最大的不同。以往考古类节目多以一些遥远的历史故事或工作经历解说辅助叙事，中途加入人物采访，虽然与纯粹的文字稿件相比已经略显生动，但单调的语言叙述仍有"冷漠感"，观众仍感疏离。文化遗产虽然在历史、艺术、科学方面都有价值，但只有置于当代生活中，才能被普通观众切实接受。

《中国考古大会》严格按照考古工作的一般程序，从考古调查到清楚地层，从具体挖掘到整理阐释，节目通过探险剧情将考古工作逐步向前推进，"考古推广人"和考古助手们在虚拟的"考古空间"中，以复制品为道具开展沉浸式考古。《中国考古大会》的每一期节目基本上都是将"探秘空间"作为考古叙事的重要场域，通过"考古行为"带出一件件出土的"文物"，以此来阐释其背后蕴藏的文化意义。《中国考古大会》把普通人难以接触到的考古流程转化为适于电视节目呈现的方式，是对考古行为进行的一种创意产业化展演，也是笔者认为的传达考古行为符号内涵的最佳方式。

四 "文化+科技"的有效呈现机制

《中国考古大会》创新运用探秘空间、专家解读、舞蹈演绎、实景记录、全息影像等形式，利用"AI+VR"的制播技术优势和全息投影的节目表现形式，对视、听、触觉媒介进行创新改造，重现考古现场和历史遗迹，通过"考古推广"对考古现场的探秘与解密，营造身临其境的考古真实体验。观众随着考古推广人的互动代入将更有身临其境的沉浸感和代入感，而这不仅可以让观众更切实地了解考古事件及成果，了解考古背后的考古精神及文化，更可以刷新"考古"的打开方式，培育公众的亲近感，从而对"考古"所囊括的精神、文化的理解、情感和想象力等生出诸多真切感受。《中国考古大会》作为我国首档考古空间探秘类电视综艺节目，依托人工智能技术、VR、AR等新技术打造的"视觉+听觉+触觉"的交互式沉浸体验，在"文化+科技"的产业融合新业态下，给出了公共考古与文化产业创意融合的新思路。

（一）"AI+VR"的全息投影节目表现形式

《中国考古大会》的创新不仅体现在节目的形式，也体现在舞台效果

时尚的考古:《中国考古大会》节目探求公共考古的创意产业融合之路

和科技手段方面的提升。不可否认,科学技术的变革不断为创意产业的创新带来新的契机,《中国考古大会》便是一个很好的例子。节目创新运用智媒技术,借助全息投影,真实还原了考古场景。因此,相比手段单一的传统综艺节目表现方式,《中国考古大会》更加多元化:通过VR虚拟现实技术,带领观众们跨越时间、空间限制,置身考古世界之中,"身临其境"感受考古的魅力;借助AR增强现实技术,通过三维建模,让文物活起来,让每个人都能生动立体地看到、听到其背后的故事;利用AI人工智能技术,使观众变身考古行为之中的主角,与文物来个"亲密互动",大大提升了用户互动性与体验度。

考古学的目标对象是文化遗存,而任何文化遗存都依赖于其存在的空间即文化遗址。①《中国考古大会》节目借助现代视觉影像技术,为我们还原了三星堆、贾湖、周口店、殷墟等文化遗址,这满足了观众对考古的视觉想象。在节目现场,通过VR和全息影像所模拟的真实考古场景使观众获得身临其境的逼真体验感。当真实的舞台上出现虚拟的良渚古城、贾湖聚落、殷墟安阳等历史场景时,这种虚实相交的冲击激发了观众心中对考古的想象,打破了时空局限束缚的间离感,强化了受众的参与感。《中国考古大会》节目组通过三维扫描建模,1∶1制作文物复制品,考古推广人走进用XR(扩展现实)技术以及逼真道具营造的沉浸式环境中,体验遗址发掘的全过程。考古推广人以观众视角出发进入探秘空间,回溯遗址发现、发掘的过程,体验发掘时遇到的难题。"殷墟"一期中甲骨文识别,"良渚"一期中悬空操作法……每个遗址中最独特的元素,都被设计到探秘空间的任务里。通过"VR扩展呈现"等技术手段,《中国考古大会》的演播室现场被打造成了一个裸眼3D的考古现场,实现了对真实考古环境和场景的呈现,中华大地上星罗棋布的文化遗存、收藏在博物馆里的万千文物在节目舞台上变得生动鲜活。

诚然,所有的科技和特效都只是吸引眼球的手段,节目的核心仍然是

---

① 潘源:《文博类节目中文化符号的视觉化建构与表达——以〈中国考古大会〉为例》,《中国广播电视学刊》2022年第3期。

活化妙用

文化。科技助力情境重现，让身处节目现场的观众和通过电视或者电脑观看节目的各类受众，都能完成"观看"的仪式。现代科技手段让冷冰冰的被封藏在博物馆里的文物，让原先只能被研究者或者具有一定历史知识的少数人所破解的考古过程，重新加持了新的产业意义。通过创意产业的融合，考古不再只是严肃的研究过程和挖掘过程，文物也不再仅仅是藏品，而是呈现在现代观众面前的一段尘封已久的历史，一场可视、可听、可感的文化盛宴。

（二）沉浸式互动

"所谓沉浸性，是指能让使用者产生自己完全置身于虚拟环境之中，并可以感知和操控虚拟世界中的各种对象，而且能够主动参与其中各种事件的逼真感觉。"① 我们越来越走进强科技社会，各类沉浸式、互动式的艺术体验如雨后春笋般涌现，大有取代传统综艺之势，也引发了全民的新消费趋势。沉浸式互动的出现，不仅给观众带来了极其震撼的视觉效果，同样也让观众更容易接受综艺中出现的文化点。另外，沉浸式互动综艺的出现，也打破了传统综艺节目的观看方式和体验，且加强了互动关系，相对轻松地吸引观众介入。

《中国考古大会》节目通过考古场景还原、考古游戏闯关、歌舞情景等形式将复杂、枯燥的考古工作与电视节目的视听语言相结合，将考古知识生动形象地传播到了受众的求知领域。《中国考古大会》首次以电视综艺的形式"活化"百年以来的重大考古发现，还通过舞蹈和表演再现古时生活图景。在互动模式上采取嘉宾与观众共同参与式考古，在多样化的考古游戏环节中实现了虚拟与现实的交互体验，《中国考古大会》把考古类节目做出了沉浸式传播的真实感。除了科技感的舞台效果，更少不了对于虚拟在场的节目体验。在向观众展示文物的同时，考古推广人的实时互动能让观众最直观地感受到考古的魅力。通过现代化的思维，《中国考古大会》将考古发掘放入古代社会的演绎场景中展现出来，产生虚拟在场的节

---

① 杭云、苏宝华：《虚拟现实与沉浸式传播的形成》，《现代传播》（中国传媒大学学报）2007年第6期。

目体验。"周口店"一期播出了反映山顶洞人生活的实景舞蹈;"良渚"一期展示了古玉的雕琢工艺;"海昏侯"一期根据海昏侯博物馆里复现的场景,借助舞蹈呈现了宫女准备夜宴的场景。这对应的是考古的整理与阐释环节,将遗址对应的生活化场景带到节目中,增强了考古的可视化,而把表演和舞蹈等形式加入节目,就是为了科普相对冷门的考古,让晦涩的知识更通俗、更有趣。

传统电视节目的弊端在于无法将考古的悬疑与刺激淋漓尽致地体现出来,但场景还原带来的沉浸式体验则最大程度上弥补了这一遗憾。沉浸式考古是一种产业化加持下的文化传播行为。在文化产业社会中,文化消费者对于"观看体验"的重视已经成为一种非常复杂的文化行为,而电视节目作为传统文化与现代技术的交融展现空间,使得文化历史的演绎产生了极速的、超前的变化。《中国考古大会》构筑的考古沉浸体验,将考古的时间维度呈现在舞台的视听中,不但使观众了解了历史的荣耀时刻,还营造出了民族共同体的情感共鸣。

五 创意型考古节目的传播渠道

无论考古节目的组织形式如何,节目本身期望观众接受的落脚点都是更加了解考古工作和绚丽多彩的中华文明。创意型考古节目的传播,主要依靠两个方面。一是电视播放的流动性,这是因为节目的播送具有强制性,不以受众的意志为转移;二是视觉符号传送的流动性。《中国考古大会》在传统媒体与新兴媒体的铺排,都是为确保最大范围的受众都能成为考古符号的接收者。就《中国考古大会》而言,"考古""文物""文化""文明"等都是这档节目自带的标签,要想实现绝大多数受众的社会认同,就需要用有趣、生动、形象的手段,把知识性和技术性要求极高的考古工作进行相应的视觉转化。

(一)考古资源的创意"转译"

《中国考古大会》作为一档电视节目,通过媒体平台进行知识传播的公共考古实践,与"沟通"和"阐释"的理念相契合。在节目播出之后,其引发的社会公众对文博考古的兴趣,参与文物保护、利用考古资源的意识，是对这种知识传播和"转译"工作最有力的回馈。

如何让考古走进公众视野？为了让观众收看节目的同时，有参与感和互动感，《中国考古大会》在宣发层面也下了功夫。正片中弃用的答题模式被央视融媒体端采用。配合每一期节目播出，在央视频《中国考古大会》账号开展同步答题也是创新之举，每期节目在央视频平台相应有10—20道题目供网友在线回答，此外节目组还贴心送上幕后制作花絮，目的是把观众从大屏吸引到小屏，也对激励机制、互动方式等方面提出更高的要求，每期节目的故事点、知识点、专家的金句等，也会以推文、海报等形式在融媒体端进行传播。

《中国考古大会》除了以央视一套作为主要播放平台外，还在央视网设置了专门的版块投放节目完整版视频，央视一套和央视频的抖音短视频账号也同步放送节目精彩片段的剪辑。由此可见，中央广播电视总台对《中国考古大会》的传播已经不再局限于一元化的电视频道，而是采取了多元化、多终端的融媒体传播矩阵。

考古出圈的文化热离不开传统文化在新时代的旺盛生命力，离不开传统文化与时代的共振，离不开传统文化与广大青年群体的共情。而只有与新时代及新青年群体共同生长，传统文化才能在新时代"活"起来，让更新迭代的新受众真正感受到魅力，如此，才会有更多人行动起来，去保护、去弘扬、去传承传统文化，这股文化热才能延续并流传下去。

（二）考古价值的当代产业诠释

破圈出圈，已经是垂直领域细分综艺的重要行业课题。而实现圈层突破，达成泛在式大众传播也是诸多此类题材综艺扩大影响力、延续生命力的必要路径。作为破圈层综艺，聚焦考古文化的《中国考古大会》的诞生已然拓宽了文化类综艺的版图和边界，从"生产—传播"的单一循环升级至"创意—消费"的群体循环。

大众文化生产时代，文化产业的快速发展为每一个人都提供了发声的媒介与平台，使其有可能介入公共考古，实现从点到面，从极少数人到大多数人的传播。创意产业面向所有人，本质是创意群体与消费者的互动。《中国考古大会》所搭建的创意生成平台，于个体而言几乎没有准入门槛，节目生产者与节目消费者平等地发生互动，共同生成引起其他消费者普遍共鸣的作品属性，并通过产业运作将其转化为文化价值。

考古涉及文明阐释，"观念""历史""民族""精神"等无形属性属于意识形态领域中的重要内容。文化产业作为价值链延伸的新动力，承载考古的文化价值的同时，亦含有寻求经济价值的使命。《中国考古大会》对传统文化的创新呈现和其焕发的时代生命力，与传统文化的产业化之间存在必然的互补共生关系，而两者最终的导向和归宿则具备更宏大的社会价值和时代意义。

结 语

综上所述，笔者认为公共考古创意产业是诞生于经济全球化背景下，以保护和传承考古文化为前提，以创意为核心，强调一种考古文化或考古因素通过科技手段、创意策划和产业化运营的方式，作用于考古文化和考古知识再生与传播的新兴融合型产业，主要包括广播影视、音像传媒、视觉艺术等。

而《中国考古大会》作为首创考古探秘类文化节目，巧妙抓住了公共考古与创意产业之间的共通点，创造性地将文化考古、沉浸考古、故事考古等多种形式相结合，为中国特色公共考古学提供了更多的讨论空间，在虚拟与现实的融合交错中，创新了中国传统历史文化的创意产业传承路径。

《中国考古大会》通过媒智融合，以考古文化为主题，通过创意衍生，对文化遗产进行深度解构和重组，以崭新的产业业态融合进公共考古创意产业的发展中，强调考古与公众之间的互动，以文化创意的形式给出了一条公共考古与创意产业融合的新思路。

（作者为王玥涵，指导教师为马雯雯）

民族文化消费新风尚："国潮"流行的机制探析

如今，Z世代正逐渐成为我国新的主力消费群体，拥有着影响新时代消费变革的巨大潜力。近年来，Z世代对国货的消费偏好引发了社会的广泛关注。据统计，"90后""00后"对"国潮"关注的占比达74.4%，出生于1995年—2005年间的Z世代年轻人成了"国潮"消费的主力军。

于新生代群体中兴起的"国潮"是包容的、多维的，目前社会各界对于"国潮"的定义并不完全相同。从字面释义来看，"国潮"是"中国风+时尚潮流"，即中国本土文化与时代潮流的结合。在大众以及商家品牌的认知中，"国潮"这一概念常常与"国风"混淆，实际上，二者在概念范围以及内涵偏重上都有着一定的区别。"风"为风尚，意指风气习惯；"潮"为潮流，意指流行趋势。相对于"国潮"来说，"国风"这一概念的形成时间更久，范围也更加宽泛，凡是能体现中国文化内容和审美情趣的，都可以称为国风，而"国潮"兴起的时间相对较短，更加偏重于文化之上所形成的潮流，并且与产业领域结合紧密。从更深层次的要素来看，社会对于"国潮"的认知，应该把握住两个基本向面与三层延伸义。两个基本向面是指"国潮"之根基在于民族文化，"国潮"之形则在于新消费时代的消费形态。以创新的方式融根与形于一体，才能算是真正的"国潮"。三层延伸义是指"国潮"概念背后超越性的多维含义：首先，"国潮"是青年社群的爱国主义情感在物质实用层面的投射；其次，"国潮"是民族审美风尚深入大众消费生活的表现；最后，"国潮"是传统文化的创造性转化、创新性发展的新实践路径。

中华优秀传统文化是中华民族的精神命脉，是中华民族生生不息的发展之源。然而，随着时代的发展，大量珍贵的优秀传统文化面临着与当代生活相脱节的困境，而"国潮"则可以被视作解决这一问题的一个"小切口"。在新时代文化建设的背景之下，探析"国潮"流行发展的机制，对于传统文化的时代传承有着重要的意义。

一　"国潮"兴起的深层背景

从文化学的视域来看，文化的发展过程是一个不断推进、突破、重构的过程。对于中国传统文化来说，其在当代的发展必须打破固有的稳定结构，寻找能适应新时代的表现形式。民族传统文化在当下，必然与日常生活审美化、后工业社会的消费文化进行一定的融合、裂变与调适，"国潮"便是这种态势之下所催生出的消费现象。"国潮"新风尚的背后所体现的是新时代社会风向的多重维度，即中国综合国力的增强、中国品牌的崛起、青年文化身份认同的需求以及在此基础上的优秀传统文化再创造的现实路径。阿斯曼认为，文化记忆是社会成员形成共同的自我身份认同进而安身立命的重要基石，从文化记忆的角度来说，这种对于文化与历史的回忆和回顾并不是简单地再现过去，而是为了当下重塑过去[①]。Z世代消费者引领"国潮热"的过程，本质上可以看作是青年群体在消费文化领域寻求集体归属与自我身份认同的探索。并且，通过"国潮"的连接，群体的民族文化记忆被赋予了新的现实意义，得以在当下继续发挥其价值。

最早在互联网爆火的"国潮"是故宫文创。作为新阶段背景下"国潮"的先行者和推进者，故宫文创为诸多国货品牌提供了前沿范式。古老的文物以多样化、新奇化的方式展现在受众面前，在保留了自身本真文化精神内核的同时，也用潮流化的表现形式和话语模式引发青年人的共鸣。当代中国青年对于国家制度、政治体制、生活方式更加自信，中华民族共同体意识更加牢固[②]。时代环境与青年文化认同高度契合，"国潮"之兴恰

---

①　金寿福：《扬·阿斯曼的文化记忆理论》，《外国语文》2017年第2期。
②　邓希泉：《爱国与复兴：百年来中国青年的抱负与使命》，《人民论坛》2022年第9期。

活化妙用

逢其时。

(一) 青年心态: 民族认同与文化自信

"国潮"兴起,国货崛起,反映了一定的社会心态,这种社会心态具体表现为青年文化自信意识的普遍提升。青年的国货意识可以追溯到20世纪初。1915年,在广大爱国留学知识分子的先锋带头作用下,"抵制日货、提倡国货"的爱国运动在全国广泛传播[①]。国货市场日益扩大,抵抗外来侵略、支持本土民族企业的爱国观念刻在了中国人民的情感深层。到了20世纪90年代,国货运动又形成了一个新节点,这时期外资纷纷进入,各种国外品牌进入中国市场。由于外国品牌具有质优价廉的竞争优势,国货产品的市场空间受到严重挤压,大批本土老字号品牌面临着生存危机。国货品牌的萎缩使得许多国人开始警醒,支持国货的消费意识在国人心中生根发芽。历史上的国货运动为如今的"国潮"诞生奠定了一个潜在的社会心理基础。

在产品属性可比的情况下,消费者一般对本国产品具有正面的心理倾向[②]。当今,随着中国产业实力的提升,国货的质量逐渐在市场上占据竞争优势,"中国制造"成为众多国民心中的一种消费信仰,国货重新得到了本土消费者的偏爱。同时,随着国民的文化自豪逐渐提升,中华优秀文化被普遍关注和推崇,传统文化在新时代的创新传承成为时代热点性话题。国货的崛起、青年文化意识的提升为"国潮"的风行奠定了良好的社会意识基础。

(二) 现实语境: 优秀传统文化的"双创"需求

优秀传统文化是国家的精神命脉,是国家在世界中站稳脚跟的精神根基。对于中华优秀文化的传承,应该深入贯彻到现实生活的实践中。在新时代语境下,党中央多次强调对本民族优秀传统文化的"创造性转化"和"创新性发展",要求赋予优秀传统文化内容以新的时代特点,并对其内涵进行补充、完善与拓展,使传统文化在新的视域下焕发新的生机[③]。优秀

---

① 赵亲:《一九一五年抵制日货运动》,《复旦学报》(社会科学版) 1959年第8期。
② 王海忠:《消费者民族中心主义 中国实证与营销诠释》,经济管理出版社2002年版,第17—20页。
③ 王丽霞:《中华优秀传统文化创造性转化和创新性发展路径探析》,《山东社会科学》2020年第11期。

传统文化的"双创"成了时代新要求。在这种现实需求下,"国潮"作为一条可行路径,顺利走向了官方推崇、品牌推进、消费者买单的发展轨道。

"国潮"让民族优秀传统文化与当代青年文化实现了有效对接,释放了优秀传统文化的新活力,为众多行业品牌提供了发展思路。譬如在文旅行业,如何为新时代文旅铸上优秀传统文化的灵魂,增强青年受众的文化认同感是亟待解决的问题。河南推出的"国潮"戏剧聚落《只有河南·戏剧幻城》在"双创"背景下给出了答案。它凭借超前的沉浸式戏剧手法再现了厚重的中原文化,戏剧中如梦似幻、包罗万象的幻城景观呈现出了无与伦比的艺术效果。作为"国潮"界的优秀标杆,《只有河南·戏剧幻城》让传统文化呈现出了富有时代意义和社会价值的全新风姿。"国潮"成为时代新趋势,优秀传统文化在这一趋势之下与前沿技术和潮流时尚相互交汇、碰撞,不断更迭,开拓创新。

(三)前验范式:故宫文创的走红

2013年,台北故宫博物院推出了"朕知道了"纸胶带,康熙皇帝的批字真迹被复制在小小的纸胶带上,这一霸气新奇的文创产品一经推出便售空,收获超高关注度。除此之外,"三清茶"乾隆御饮、"富春山居图"茶杯垫等一系列文创产品也吸引了无数年轻消费者,为台北故宫博物院带来了上亿元的收益。在台北故宫博物院文创成功之后,原本高冷严肃的北京故宫也走上了新潮文创开发之路,推出了顶戴花翎官帽防晒伞、"朕就是这样汉子"折扇、龙袍风袍手机壳等一系列潮品,利用故宫元素"卖萌",以文化创意引发话题爆点。这些文创产品不仅是文创走向"网红"路的开端,也是"国潮"文化兴起的前身。2016年,纪录片《我在故宫修文物》在视频网站上广泛传播,其高雅的选题加上接地气的叙述方式让无数观众领略到了传统文化的魅力。随后,《国家宝藏》《上新了·故宫》等一系列文物纪录片也收获了广泛好评。在故宫文创大火之后,敦煌博物馆、河南博物院等一众博物馆也纷纷开发"国潮"文创,推动了"国潮"的发展,吸引了越来越多年轻人的目光。

故宫"旧物换新颜"的文创研发模式具有革新性的意义,即在新语境

活化妙用

下阐述传统文物的传承，消解当代受众与古老文物之间的距离感，打破传统的文物开发的思维定式。作为"国潮"的兴起与引领者，故宫是"国潮"纵向源起过程中的第一环，为一众国货品牌提供了一种开拓性的前沿范式。随着"国潮"推进，故宫文创与各种国货品牌也在不断融合，合作推出产品，例如故宫与李宁多次推出联名"国潮"服饰，与毛戈平推出"气蕴东方"彩妆等，"国潮+"带来更多新玩法、新可能。

二 "国潮"流行的自身优势

消费者所进行的"消费"本质并不单纯是对生产实质的吸收与占用，而是对意义阐述符号的逻辑组织，是消费者满足程序的释放过程、系统化的符号操控活动以及建立关系的主动模式。[①] 任何消费产品想要受到消费者的欢迎，首先要具备与消费者释放满足程序过程所契合的内在表现要素。消费作为一种系统性的活动模式，所建立的不仅仅是人与物品之间的关系，更是个人与集体、与世界之间的关系。"国潮"系列产品所具备的感性特质是其独特风格的表现来源，也是其受到年轻一代消费者喜爱的重要自身因素。市场中一众优秀的"国潮"产品，在视觉表现上呈现出融合东方古典审美与现代时尚的美学风格，在精神追求上根植本土民族文化的同时也能够紧跟时代潮流，恰当地使用正向的民族性宣传话语，充分满足了年轻一代群体的消费要求。这些形式特质共同组成了一个功能性系统，使得青年消费者在面对"国潮"系列的产品时更容易产生积极的认知。

（一）产品设计：构筑审美认同

审美体验是消费中的关键要素，具有一定审美价值的产品会刺激消费者对产品产生积极认知，从而加深消费者的购买欲望。产品设计的符号设置如果能够与群体的价值观、道德观相符合，那么这一产品就具有更强的审美吸引力[②]。"国潮"产品在视觉设计上挖掘了许多中国美术中的传统图案符号，如较为典型的鹤、祥云、山水以及艺术化的汉字元素等，直观性

---

① [法]让·鲍德里亚：《物体系》，林志明译，上海人民出版社2019年版，第212—213页。
② 武荣：《产品设计领域的消费者审美体验》，《艺术百家》2016年第S1期。

的民族传统符号契合青年消费者内心的民族价值取向，更能唤醒其对产品的审美认同感。另外，相对于传统中国美术作品来说，"国潮"产品由于品牌营销的需要，进行了迎合现代时尚审美的改造，这种改造在视觉上主要体现在色彩的丰富性以及元素的立体感等方面。比如，"国潮"在色彩上多选择朱红、藏青、藤黄、松柏绿等较为浓艳的传统色彩，并在色彩饱和度、明度等方面进行了相关调整，用色彩意象以及人为联想保留中国味道，呈现出既复古雅致又时尚瑰丽的审美风格①。"国潮"美妆品牌花西子推出的洛神赋彩妆盘，外盒取形于古典折扇，并印制山水、祥云等图案，产品复刻传统浮雕工艺，以立体的花纹雕刻了三国时期名篇《洛神赋》的故事。产品色彩基调灵感源于山川、洛水，通过对色彩相应纯度、明度等方面的调整升级迎合年轻女性消费者的审美喜好。整体产品在视觉上既蕴含传统的东方美感，又呈现出契合现代美学的高级感。

不管是老字号还是新国货品牌，其推出的相关"国潮"产品设计灵感以及产品中所蕴含的精神观念大都是从传统文化中挖掘的，"国潮"的流行离不开青年对于传统文化的寻根热情。精致的细节修饰满足了年轻消费者所追求的被用心对待的"仪式感"，而绚丽明朗的总体呈现让受众拥有了与内心文化自信相契合的民族昌盛之感，这是"国潮"的根本所在。"国潮"利用现代形式对东方传统元素进行一种巧妙的整合与再生，形成了一种独特的审美表现风尚。

（二）精神理念：彰显青年个性

在彰显东方魅力的基础上，"国潮"文化也体现着个性化的特质，这离不开"国潮"对目标圈层受众的精准识别能力。在消费心理学中，消费者有着相应的"自我概念"，他们利用品牌意义建立和保持自我，而消费者所消费的事物可以看作其自我延伸的一部分。一般来说，能够令消费者实现自我延伸的品牌要有三个特点：一是品牌及产品要拥有能够让消费者自我识别的"核心"；二是品牌及产品要满足消费者相应的情感归属；三是品牌及产品能够在一定程度上满足消费者的控制需求。

---

① 李艳、刘秀、陆梅：《"国潮"品牌发展趋势及设计特征研究》，《设计》2020年第33期。

活化妙用

在互联网世界中,个体不受地域、身份的局限,每个人都可以进行自我重塑。而对于年轻群体来说,流行的新型消费模式是认同个体圈层文化的方式之一,"国潮"粉丝的年轻化体现着个体在复杂社会情境中表达自我的现实路径①。"国潮"可以通过产品制造、包装、营销等一系列的设计,努力与年轻一代消费者的自我相符,迎合他们与众不同、爱好小众的自我定义,包容着他们心理层面上的自我价值认同与集体情感归属。一经推出便势头强劲的 Realme"真我"手机,其核心观念象征着青年人的自我肯定心理,满足着他们创造专属于自己的世界的期望。这种富有活力的差异化定位使其备受年轻人欢迎。再如一些"国潮"电影,如《西游记之大圣归来》《哪吒之魔童降世》《姜子牙》等,在继承了传统文化体系的基础之上又呈现出强大的个人颠覆感,其内在包含的自我探索和建构世界的精神理念十分契合当代年轻人的价值信仰。当今时代,年轻消费者所看重的不仅仅是产品,更是通过"国潮"消费所满足的自我形象建构,这是"国潮"个性气质的来源。

(三)流变革新:紧抓前沿趋势

目前来看,"国潮"涉及的领域已经十分广泛,跨越了服饰、美妆、文创、食品、影视、艺术、新零售等诸多行业。"国潮"能将"国"与"潮"二者联结的关键就在于,"国潮"有着紧抓前沿消费趋势、不断探索和尝新的特点。对于成长于互联网时代的 Z 世代青年来说,新领域、新创意、新玩法是能够吸引其自身目光的关键要素,他们已经成为新品牌消费以及对外"种草"的主力军。而"国潮"所流行的一大优势便在于其能够立足消费者喜好,满足青年消费者的"尝新"需求,并且实现品牌与消费者的双向共创。

如今,越来越多的品牌开始借"国潮"东风,宣传企业形象,进而形成了"国潮兴起,万物迭生"的宏大景观。不仅如此,不同品牌也开始尝试采取跨界联动的方式来增加自身曝光率,这种新的推广模式在"国潮"趋势中

---

① 邢海燕:《"国潮"与"真我":互联网时代青年群体的自我呈现》,《西南民族大学学报》(人文社会科学版)2021 年第 1 期。

越来越常见。《国务院关于推进文化创意和设计服务与相关产业融合发展的若干意见》指出,我国文化创意和设计服务已贯穿在经济社会各领域各行业,呈现出多向交互融合趋势①。"国潮"是时兴的文化创意风尚,多元的领域带来了更多交叉的可能性,故其跨界融合的特征尤为明显。朴成妍(Sung-Yeon Park)等通过消费实验发现,消费者对于联合广告的态度更加友好、购买意图更强烈,特别是传统品牌的联合推广会大大提高消费者的信任程度②。许多"国潮"品牌使用了跨界的方式来扩大品牌知名度,增强消费者好感,如故宫毛戈平联名口红、大白兔气味图书馆联名香氛、一汽奔腾李宁联名羽毛球包等。小天鹅洗衣机联合汉服品牌子衣明堂推出了定制汉服,以"华服当潮""最美华服守护者"的核心宣传主题唤起消费者内心深处的文化记忆与民族情怀,成功获得一大批年轻消费者的认可。

另外,处在当下最前沿的人工智能、元宇宙、新文旅等新锐概念中也逐渐可见"国潮"的身影。2020年,虚拟偶像星瞳与李宁携手探索"新复古未来主义",星瞳成了国内第一个"国潮"界的虚拟偶像。随后,翎、南梦夏等国风系虚拟偶像也走进了大众视野。故宫承办的《韩熙载夜宴图》《清明上河图3.0》等互动展演,以全息影像、VR虚拟现实、沉浸互动等前沿技术手段让陈旧的遗存文物"活"起来,为观众创制了全新的观展体验。各大城市层出不穷的沉浸式"国潮"艺术馆、"国潮"剧本杀、"国潮"虚拟现实、"国潮"文旅景点等新业态,说明"国潮"及其承载的民族文化正在尝试走向时代前端,并且已经初露锋芒。在未来,"国潮"会继续催生越来越多的相关品牌,创造出越来越多的新生组合。

三 "国潮"盛行的扩散机制

流行是追随者众多、流传甚广的社会现象,一种流行现象的普及与其相应的传播机制息息相关。"国潮"盛行,本质上是爱国主义消费行为的

---

① 《国务院关于推进文化创意和设计服务与相关产业融合发展的若干意见》,http://www.gov.cn/zhengce/content/2014-03/14/content_8713.htm。

② Sung-Yeon Park, Jacqueline Bush Hitchon, Gi Woong Yun, "The Effects of Brand Familiarity in Alignment Advertising", *Journalism and Mass Communication Quarterly*, Vol. 81, No. 4, 2004, p. 753.

活化妙用

流行，其扩散过程表现为一套完整的传播逻辑链条：国货品牌与电商平台为"国潮"建构了相应的爱国主义宣传话语，自媒体时代的媒介新特点加速了"国潮"的传播与扩散，而"国潮"指向的受众，即Z世代年轻人以自己的爱国主义消费热情对"国潮"进行符码解读、话语迎合。三个环节共同打造了"国潮"的"出圈"之路。

（一）话语建构：国货品牌与电商平台

"国潮"的前身是中国潮牌，主要指一些明星艺人主理的服饰品牌。此时的"国潮"仅仅是一个十分小众的圈子，相关品牌也停留在对国外潮流品牌进行复刻和模仿的阶段，与今日广泛流行的"国潮"有着本质上的区别。在被称为"国潮"元年的2018年，"国潮"概念得到了彻底的更新与释放。这一年，各种传统文化节目热播，故宫新文创走红，中国李宁也在巴黎时装周上用全新的方式展现了中国风格的服装设计，传统的国风元素融合当代时尚潮流，呈现出极具张力与个性的现代时尚感。"国潮"概念逐渐被赋予了传统国货品牌回归、国民文化自信的深刻含义。此后，百雀羚、大白兔、回力、花西子、完美日记等一大批国货品牌，也纷纷迎合这股新的潮流，以本土元素的创新与再设计为契机扩大自身品牌宣传，这使得"国潮"消费趋势越发明朗。另外，在"中国品牌日"诞生的背景下，以天猫为首的电商平台，敏锐地察觉到了国货浪潮即将到来，借力探索本土文化在消费领域的延展力。2018年，基于对年轻消费者的研究和分析，天猫推出了"国潮行动"，集合众多国货品牌，通过线上营销宣传、线下展览推广等方式，引领"国潮"走向了火爆。此后，越来越多的电商平台推出了"国潮"专栏，助力国货销售。

各品牌与平台对于"国潮"推广的文本话语体系是与社会语境紧密连接的，将"国潮"二字拆分来看，"国"代表着对民族的认同与支持，而"潮"则代表着对传统的更新与迭代，代表着对"旧"的颠覆与"新"的创造。在"国潮"话语建构的过程中，双方重点突出了三个方向的努力。一是通过精准、直白的情感性文本形式来增强话语建构过程的高效性与有效性，依据对目标受众认知、兴趣、爱好的多维分析，创造易于激起受众情感共鸣的个性化表达方式。譬如，天猫"国潮"系列中的广告关键词，如"新东方美学""老字号网红""潮起中国""传承一起潮"等，均是通过对本土文本要素加之"个性""时尚""新潮"等标签而形成的易于传播的宣传语词，来唤醒受众对于民族传统文化重新回归主流时尚审美的期待，并且鼓励受众共同推动这一结果。第二，是通过前沿数字媒体技术以及虚拟氛围的营造与包装来加强话语建构的情景效果，提高受众的愉悦性感知以及在线专注度。在平台及其创办的活动中，各种形式多样、具有强烈的感官审美性的视听内容增强了"国潮"宣传信息的立体性与丰富性。对于"国潮"指向的受众，即本土的年轻消费者群体来说，身处这样一种话语空间中，会唤起自我强烈的民族文化认同感。第三，是通过灵活的话语叙事策略来满足受众在话语接收过程中的社交性与娱乐性。"国潮"话题的感召力本身较强，而推广者则可以利用新媒体平台的即时评论、点赞等机制，实现平台与受众、受众与受众之间的良性交互。在圈层认同以及情感共鸣的牵引下，受众会通过个人社交媒介积极参与其中，一同推动"国潮"话语体系的扩散。

国货品牌和电商平台以及与之相关的新闻媒体，围绕"国潮"概念生成了诸多话语表达，最终共同建构了一个彰显文化自信的、意指盛世的产品符号体系，并且运用多元的传播网络传递所生成的"国潮"话语，进而唤醒受众对本土产品的消费热情。可以说，"国潮"使得供需两方实现了在情感与话语上的认同与平衡。平台在推广"国潮"时所突出的民族性推广话语使得消费者拥有了信任感、安全感、亲切感等正向的情感体验，所以许多产品一经推出便拥有了更加"好卖"的优势。

（二）传播逻辑：自媒体与消费爱国主义

"国潮"风行离不开高效、精准的传播网络，在"国潮"的传播过程中，受众的消费爱国主义情感以及具有平民化、普泛化特征的自媒体媒介则是"国潮"传播扩大的两个关键点。"国潮"得以快速传播，其背后的文化逻辑在于：在内心情感的驱动下，受众自发地成为"国潮"内容传播的参与者，并且依托媒介让"国潮"实现了大面积的迅捷传播。从官方的引导与推崇，到平台及品牌的输出与推广，再到大众的自发扩散，"国潮"的传播体现出其在传播形态上的动态适应性。

活化妙用

有学者指出，中国现阶段的爱国主义和消费文化的紧密相连，在很大程度上也是一种地缘政治和身份认同的表演，它们与新媒体的壮大引发的大众参与紧密相关[①]。"国潮"消费者希望用自己的消费实力来维护自己的民族意识和爱国情感，这体现出新媒体时代下青年消费文化与爱国主义的联结。"国潮"是消费爱国主义的一种现实映射，"国潮"传播的实质就是青年消费者在互联网新模式下发扬消费爱国情绪以及寻求自我认同的扩散性表演。虽然在"国潮"传播的过程中，青年消费者的情绪是兼具理性与非理性的，但"国潮"作为一种结果确实成功地推动了国货发展，为民族传统文化创造性转化提供了新思路。而且值得一提的是，现下流行的"国潮"相较于以往的国货运动，更加彰显出具有包容性的自信情怀。所以我们应该将"国潮"视作爱国主义与消费文化之结合在大众日常生活中的积极实践。

相较于传统的大众媒介一对多的传播模式，自媒体能够实现更加高速的多对多网状传播。同时，自媒体所拥有的动态性、时效性、参与性、平等性等特征也使其备受青年人的认可。在自媒体平台，"国潮"指向的青年受众则可以充分地完成内心所期待的民族情感演绎。安德森指出，个体对于民族的想象可以召唤出一种强烈的历史宿命感，激发个体对于民族的强烈的自我牺牲精神[②]。在崇尚个性化表达的自媒体时代，青年可以成为民族话语的发起者、讲述者与传播者，多级高效的群体互播方式扩大了受众的"想象"效应。一众自媒体 App 如抖音、小红书、微博、B 站等平台对"国潮"话语的扩散起到了关键的作用。在这个传播网之中，民族的宏大叙事融入个体的日常生活之中，消费者对于"国潮"产品的购买作为一种"为国家挺身而出"的爱国宣传，并随着相应媒介实现了快速延续与传播。

---

① 李红梅：《如何理解中国的民族主义？：帝吧出征事件分析》，《国际新闻界》2016 年第 11 期。

② ［美］本尼迪克特·安德森：《想象的共同体：爱国主义的起源与散布》，吴叡人译，上海人民出版社 2005 年版，第 7 页。

（三）符码解读：文化价值联结

"国潮"背后的深层次消费逻辑动因是年轻一代受众与"国潮"产品之间复杂的建构关联过程。鲍德里亚指出，消费是一个符号化的操作行为，消费的本质就是消费者对符码进行解读和接收的过程，消费构建了个人与集体、个人与世界之间的关系。[①] Z 世代的青年出生于中国经济崛起、新兴技术勃发的互联网时代，他们对于新潮事物有着很高的接受度，同时文化自信和爱国意识也比较强，所以在消费上往往追求高质量、个性化与民族认同。从"国潮"消费者的视角来分析，"国潮"的流行确实体现了 Z 世代受众个性与社会性的矛盾与协调的过程。Z 世代受众既渴望寻找民族认同，获得社会归属感，同时也追求个性，期望创造自己的社交圈层，"国潮"消费产品在供给侧层面满足了 Z 世代群体的这些需求。

在"国潮"消费过程中，Z 世代消费者进行了二维解码。一方面，他们通过对民族消费符码的解读和占有，确立自己在消费符号系列中"爱国者"的地位，从而获得精神满足；另一方面，他们通过"国潮"中的充满特色、符合时尚趋势的新潮标签确立自己"个性者"的地位，建立自己与同类年轻人的圈层联系，满足相关的社交需求。国货品牌与 Z 世代消费者的契合，不仅在于消费中的购买环节，更在于二者之间深刻复杂的文化性的价值联结。

四 "国潮"现存的问题与未来的发展方向

传统文化与当代消费主义的融合，一方面可以让悠久的民族文化焕发新生机、展现新魅力，但另一方面也必然带来二者之间的矛盾与冲突。目前来看，"国潮"在流行的过程中也出现了许多问题，"国潮"产业的低端供给过剩，高端供给不足，而且抄袭侵权，同质化跟风等现象纷纷在市场上冒头。到底何谓真正的"国潮"？"国潮"能流行多久？"国潮"的未来在哪里？这都是值得我们深思的问题。

---

① 张劲松：《重释与批判 鲍德里亚的后现代理论研究》，上海人民出版社 2013 年版，第 69—70 页。

活化妙用

想让"国潮"发展更好、走得更远，有三个关键点需要把握：一是"国潮"产品的质量一定要经得起考验，得到更多消费者的认可；二是"国潮"一定要深耕中华文化的核心价值，避免文化元素的随意堆砌；三是"国潮"挖掘者、推广者要保持住创新的动力，让"国潮"更好地突破现有圈层以及市场的限制。在快节奏的互联网新媒体时代，许多流行文化往往都是昙花一现，在兴起不久之后迅速消逝。我们只有对"国潮"进行相应的完善与更新，才能使"国潮"避免"俗化""同质化""排他化"的命运，成为助推社会发展的消费文化现象。

（一）以质取胜：让"真国潮"脱颖而出

"国潮"正热，不管大企业还是小厂家都想要追逐时代红利，分一杯"国潮羹"，但这也让市场上出现的"国潮"产品变得越发鱼龙混杂、真伪难辨。"伪国潮"混迹于市场之中，最终会降低大众对于"国潮"的热情和信心。据统计，2021年"双十一"期间，天猫平台印有"国潮"相关文字或者元素的服装种类超过千种，但是许多服饰仅仅是简单地印制、拼贴相关元素，便自诩"国潮"，以便搭上销量"快车"。这种以图像为基础的符号堆砌将消费者的审美活动引向了浮泛的表面与感性，重复的直观刺激破坏了消费者深层次的消费体验[①]。"伪国潮"所迎合的仅仅是浮躁逐利的市场环境，并不能完成"国潮"所承担的任务。"国潮"背后承载的是国人精神层次的深度需要，是民族传统文化的复兴与发展。"国潮"最本质的意义在于重塑当代国人的气质、审美、价值态度，故而"国潮"必须要有一个凝聚性的精神内核。

"真国潮"的"真"，指的是真文化、真创新、真品质和真需要，深厚底蕴、优异品质等要素一个都不能少。譬如，近两年爆火的《只此青绿》舞蹈诗剧，以国宝级文物《千里江山图》为背景，从服装造型、剧本创作、演员培养到舞台展现，无一不是精雕细琢，成功地将亦真亦幻的宋制画卷呈现在了舞台之上。对于传统演艺行业来说，想要融入"消费圈"，

[①] 傅守祥：《文化正义：消费时代的文化生态与审美伦理研究》，上海人民出版社2013年版，第289页。

又不破坏原本的文化底蕴，并不是易事，文脉的原真性与作品的创新之间的平衡点对创作者来说很难把握。但《只此青绿》把握住了《千里江山图》的价值精髓，同时也积极利用了前沿虚拟技术手段来更好地展现作品神韵，呈现出了极为震撼人心的效果。除此之外，《只此青绿》还进行了相关旅游演艺、数字藏品等领域的开发，为后续 IP 的活化"破圈"持续发力。这种深耕求真的精神让《只此青绿》在众多舞台剧中脱颖而出，成为当之无愧的"现象级"作品。事实证明，跟风复制的同质产物最终会被时间淘汰，而唯有"真国潮"才能长久留存于人们的体验记忆深处，具有良好导向的优秀传统文化可以反过来引导形成积极健康的消费文化。

想要去伪存真，让"真国潮"从市场中脱颖而出，需要政府、企业、消费者三方力量共同推进。对于政府来说，应当规范市场秩序，加大知识产权保护力度，建立相应准入标准以保证"国潮"产出的质量，统筹推进"国潮"品牌创新发展；对于企业来说，应该承担起相应的社会责任，兼顾社会效益与经济效益，积极创新，坚守原创精神，打造更多的具有文化深层内涵的、品质优良的"国潮"产品；对于消费者来说，要明辨真伪、理性消费，警惕消费主义陷阱，以良好的态度积极传递正向的消费文化观念。

（二）传承文脉："国潮"非遗携手互利合作

如何传承本民族灵魂深处的精神内核，展现出深层的文化意义，是"国潮"品牌需要认真思考的问题，而"国潮"和非遗的结合则是一个现实性的解决方案。"国潮"携手非遗，有助于解决双方的现实困境。非遗拥有深厚的历史底蕴和深远的民族记忆，是"国潮"不可忽视的重要文化资源。另外，非遗作为农耕文明时代的产物，在信息时代面临着多重困境，只有迎合时代需求、利用恰当的商业模式才能继续生存下去，"国潮"可以在消费层面帮助非遗提升可持续传承的能力，让更多的 Z 世代年轻人也认识以及传承宝贵的非遗文化，二者相辅相成。

非遗想要深入地融入"国潮"态势之中，首先要借助当代新媒体平台构建传播矩阵，加大自身传播力度，培育"国潮"非遗的网络流行品牌。譬如，凭借现今流行的短视频方式的助力，许多非遗重新走入了年轻一代的视线之中，并且受到喜爱和推崇。另外，继《唐宫夜宴》之后，河南卫

活化妙用

视在中秋节推出的《中秋奇妙游》再一次"刷屏"全网,剪纸、刺绣、皮影、戏曲等大量的传统非遗元素在现代叙事风格中焕发出新的生机。天猫平台主办的节目《潮起中国·非遗焕新夜》向观众展示了《非遗绣灵》《门神之以和为贵》《鲤跃龙门》等诸多优秀的"国潮"非遗作品,苏绣、凤翔年画、蓝印花布等非遗工艺在充满科技感的舞台上彰显了活力。国潮非遗让"国潮"向下拓展深度,让非遗向上顺应时代,二者的互利合作能够在未来带来更多的可能性。

除此之外,要对非遗进行多维融合创新发展,使非遗顺应文旅融合新态势,有机融入展会、景区、演艺、研学、科学等领域。第三届中国国际文化旅游博览会暨首届中华传统工艺大会上,许多非遗项目都展现出与现代潮流相结合的魅力。以"山东手造"展区为例,掐丝珐琅、金丝彩贴、鲁绣等传统技艺都融入了时尚的"国潮"元素,并且通过现场制作、线上直播等方式进行技艺展演。原本的老手艺重新在大众视线中亮相,古老的技艺以潮流化的方式得到了传承。"国潮"非遗携手,不仅让"国潮"向下拓展深度,更让非遗向上顺应时代,二者的互利合作能够在未来带来更多的可能性。

(三)晓喻新生:3.0时代的三重破圈之旅

十年来,"国潮"已经经历了三个时代。1.0时代的"国潮"表现为老字号回春、国货萌芽,2.0时代的"国潮"表现为国货崛起、品牌规模化运营。在3.0时代,"国潮"应当进行全面的转型升级,走向突破领域之圈、受众之圈、地域之圈的三重"破圈之旅"。

首先,3.0时代的"国潮"要突破领域之圈。"国潮"不能局限于消费,而是应该进军经济、文化、科技各领域,实现全方位的互联互通、焕新启航。另外,"国潮科技"必须作为"国潮"3.0时代的重点,伴随"中国智造"谱写未来的全新篇章。所谓"国潮科技",是将民族精神与集体价值认同聚合于大国科技之中,实现中华文化与中国科技的碰撞交融。如今的5G、人工智能、大数据、云计算、区块链等新技术已经随处可见中华风尚,华为、方正、联想、百度、大疆等众多民族科技企业正在崛起,中国高铁、中国航天、中国数字技术成为国际科技新标杆,"国潮科技"把文化自信提升到全新高度。

其次，3.0时代的"国潮"要突破受众之圈。"国潮"目前的主力军集中于Z世代，但在未来，"国潮"要做"举国之潮"，让老一代人也能追上这股时代潮流。传统的文化代际是上一代人传播给下一代人知识信息，而"国潮"的传播则可以让Z世代年轻人反向"安利"给老一辈人这种文化创新精神，从而实现"国潮破圈"。随着我国老龄人口规模的扩大，"银发"经济逐渐崛起，庞大的老年消费群体正逐渐释放出可观的消费潜力。相较于年轻人，老年人虽然在思想观念、消费态度等方面略显守旧，但是他们对于传统文化有着更加深刻、久远的情感羁绊，故而"国潮"可以加强对老年消费群体的重视与产出，让银发族也"潮"起来。值得一提的是，老年群体不仅可以做"国潮"的消费者，更可以做"国潮"的产出者。比如在海外视频平台爆火的"阿木爷爷"，制作鲁班凳的单个视频点击量超过1000万次。"阿木爷爷"用传统的真手艺、真本领先一步"走出去"，收获了一众海外观众的认可与喜爱。故而，"国潮"要变得更加多元多样，在康养、医疗、老年旅游等产业进行相关布局，让银发圈层一同感受到民族文化与现代潮流相结合的魅力。

最后，3.0时代的"国潮"要突破地域之圈。"国潮"要继续拓宽发展格局，做到融通古今、广泛传播并且最终达至国际，将优秀的中华文化推广出去，获得世界层面的广泛认可。

（四）大国风华：助力民族品牌走向海外

我国与日美欧韩等文化产业强国相比，存在着文化贸易结构逆差大、文化资本价值挖掘不足等问题。"国潮"作为重要的本土文化产品集成者，想要真正为民族所用，就应该载着民族品牌和民族文化走出国门，帮助中国重构企业乃至文化的国际话语体系。但是，目前来看，大部分民族企业仍然受制于本土局限，难以突破对外出口的障碍，"国潮"产品的"出海"依旧面临层层困境。

在文化交流中，国家之间物质文化层面的共性往往最强，最容易达成国际接轨。[①] 故而中华文化想要"走出去"，就必须要走自然的、友好的

---

① 朱虹：《国际关系中的民族文化》，中国商务出版社2008年版，第66页。

活化妙用

"软性"外拓之路。"国潮"能够把文化价值理念凝聚到物质产品之中，进而有效建立对外交流的隐性环境，具有得天独厚的优势。"国潮"想要"走出去"，一方面要推动自身的更新，保持精益求精的工匠态度，稳住制造优势；另一方面相关品牌也要更新对外战略，实现规模化的运营，同时也要积极与海外文化进行"梦幻联动"。文化的传播不能是硬性的，"国潮"产品在走出国门的过程中，应该重点把握住海外不同地域人民的喜好，并且对产品进行一定的调整，而不能将产品原封不动地"照搬"出去。第四届中国国际进口博览会上，皮卡丘彩妆、苏绣《蒙娜丽莎》、小黄人香炉等产品引起了广泛关注，中国传统工艺与海外"顶流"的交融为"国潮"走向海外市场拓宽了路径。只有尽力减少双方的文化距离感，才能让海外受众感受到轻松和亲近，让他们选择消费中国的产品。

"国潮"在对外传播时，不仅要坚守本土文化原有根基，保持民族优秀文化的特色，也要秉持兼容并包的态度，充分彰显中华民族海纳百川的大国风华，整合与其他民族的共有价值理念资源，寻找易于被认同的对外话语出口，用文明深处的和谐基因化解外拓过程中的冲突与困难，以此更好地走向世界。

结　语

在"文明冲突论"甚嚣尘上的后疫情时代，中国想要在激荡的国际环境中站稳脚跟，关键就在于要重拾本民族优秀传统文化，构建文化价值认同，铸就民族的精神信仰之魂。"国潮"也许只是消费领域的一个小切口，但"国潮"的出现，充分证明了民族优秀文化的无限潜力以及国人创新求实的文化传承态度，"国潮"大势值得肯定。

我们要站在时代的高度，时刻以清醒的态度审视"国潮"，努力去掉民族主义中的非理性成分，保留其正面积极作用。相关品牌要促进"国潮"核心理念从"利"到"义"的转变，让"国潮"彰显出中华民族的普世道义信仰。我们要心怀世界的广度，以更加理性、包容的态度，统筹利用各种手段与方式，充分利用"国潮"，改造"国潮"，完善"国潮"，推动"国潮"向着更广阔的未来前行,要让中国新时代青年成长为更加成熟的民族文化倡导者,让中华优秀文化成为永远的时代热点,让中国故事在各行业各领域焕发出永久的光辉。

(作者为刘璇,指导教师为李辉)

深挖文化　科技赋能：博物馆文创的进阶之路

与时下文物热与考古热相伴，文化创意产品成了让文物"活"起来、让博物馆走进千家万户的一种载体。日前，山东博物馆文创上新，由镇馆之宝亚丑钺衍生而来的文创巧克力加入"舌尖上的省博"，成为让观众"种草"的网红新品。根植于文化、繁盛于创意的博物馆文创从文物的复制衍生向多元的数字化探索"出圈"。就此，记者采访了山东博物馆文化产业部副主任孙若晨，解读博物馆文创的进阶之路。

图1　亚丑钺文创巧克力

（图片来源：受访者提供）

一　让传统文化走进大众生活

记录历史变迁，映射城市文化。活跃在各个城市里的博物馆在展示城市历史文脉的同时浓缩城市变迁史，也成为当下文化游的热门打卡地。其中，博物馆文创则架起了大众在当下走进历史的桥梁。"文创是博物馆拉近和观众距离的一个非常有效的方式。"孙若晨分析，"对于博物馆文创的从业者而言，更看重的是通过文创产品这种方式，将橱窗里的文物变成让大众看得见摸得着甚至能够带回家的物品，更好地传播齐鲁文化、中华文化"。

自山东博物馆开馆起，文物的衍生开发便被提上日程。近年，依托丰富的馆藏文物和展览展陈，馆内推出了"国宝探秘"齐鲁瑰宝系列考古盲盒，爆款文创产品衍圣公·文曲喵、花鸟折扇等明代服饰衍生品，"把文创带回家"成为观众打卡博物馆的又一选择。"文创产品架起了观众与博物馆之间的桥梁，既让观众有机会'把博物馆带回家'，也为博物馆带来活力和流量。"孙若晨表示。

2020年，山东博物馆推出的"衣冠大成——明代服饰文化展"掀起了观众的打卡热潮。同时，馆内依托明代服饰推出的系列文创产品也备受观众喜爱。在孙若晨看来，展览和文创设计的成功之处在于明确的目标：把优秀的传统文化元素融入大众生活中，使观众潜移默化地受到影响。

"由明衍圣公朝服衍生而来的文曲喵系列功能手办在设计上融合孔子'鼓琴助猫取鼠'的趣事创意，因猫与孔子之间的联系将设计主题定为拟人化的猫咪形象，并在这件文创产品上集合了许多大众可以深究的知识点。"孙若晨举例分析，创作者在设计方面不仅遵循了衣冠造型和历史渊源的严谨性，而且以大家喜闻乐见的形式将猫与孔子的故事进行呈现，拉近了圣人孔子和大众的距离，让观众对明代服饰以及衍圣公有了进一步的认知。

二　数字化探索成为新趋势

从单项衍生到破圈融合，以资源整合破题转化落地，与博物馆文创发展的火热态势相伴，对数字化的探索成了文博界的共识与新趋势。

活化妙用

　　山东博物馆的数字化文创探索始于 2019 年。当年 4 月，由山东博物馆联合手创未来文旅科技有限公司推出的文创智造云平台"鲁博手礼"开始测试，并在同年 11 月正式上线运营。据悉，平台服务于设计者、生产商、消费者及博物馆、景区和文创企业，集线上交易体系、线下智慧生活馆、原创产品设计转化中心为一体，入选文旅部发布《2020 年度文化和旅游信息化发展典型案例名单》。

　　同年，山东博物馆联合有关单位推出了"王者荣耀·稷下学宫""一起来捉妖"等博物馆数字文创，深受青年人喜爱，也为山东博物馆吸引了大量年轻观众。"这些游戏相关的数字化文创设计将镇馆之宝亚丑钺动态化、拟人化，通过手游这种形式，让原本不太关注博物馆的群体愿意了解博物馆，走进博物馆。"孙若晨介绍。

　　随着数字化文创探索的推进，博物馆等文博单位也加入了对数字藏品这一新兴概念的探索行列中。2021 年春节前夕，支付宝"集五福"活动集结了山东博物馆等 24 家博物馆（院），在支付宝旗下的数字藏品平台发布源自"虎文物""十二生肖文物"及"镇馆之宝"的 3D 数字藏品。"活动非常火爆，上线了一万件数字藏品，不到一分钟就一抢而空。"感叹的同时孙若晨亦在思考数字藏品的特点及发展趋势。"活动中山东博物馆上线了馆藏文物虎钮铜錞于。观众可以通过数字藏品看到 3D 形态的藏品的全貌，其次可以了解虎钮铜錞于的用途、来源、时期等藏品背后的文物信息和文物故事。此外，拥有者还可以把数字藏品用于头像等其他数字化的情境。"

　　在孙若晨看来，数字藏品未来的发展趋势还有待业内人士的进一步探索和把握。"数字藏品不单单是指将文物现状进行原原本本的数字化呈现，文创工作者更希望通过艺术化的处理将文物的原貌复原，或是通过数字化方式将它的应用场景还原，补充一部分大众从实物中无法了解的信息，对藏品有全方位的了解。"

三　创意加持让文化出圈

　　从展厅内的藏品到大众身边的生活用品，博物馆文创产品正渐趋融入当下社会。"从文物复制仿制品、工艺品,到简单的纹样运用,再到深度挖掘文物背后的故事,博物馆的文化创意产品开发经历了漫长的发展过程。"孙若晨介绍。

"山东博物馆的文曲喵、盲盒也是通过大众喜闻乐见的产品形式传播齐鲁文化。结合近期上新的'片刻千载——甲骨文化展'展览,山东博物馆将于近期推出甲骨文系列文创产品,通过生活用品、印章等与文字相关的文创产品,让大众了解博大精深的汉字文化。"孙若晨说。

围绕数字化及创新性探索,山东博物馆也将聚焦跨界融合,打造包罗万象的博物馆文创产品。"一是打造山东博物馆的IP,逐渐梳理出典型的IP形象,然后通过IP授权的方式进行设计开发;二是继续探索数字文创产品,在国际博物馆日等时间节点推出新的场景化的数字藏品。"孙若晨介绍,"现在各领域数字藏品都在探索性地发展,博物馆也希望通过像数字藏品这样多元化的方式,使观众可以更深入全面地了解博物馆藏品信息。此外,基于当下'文化+金融''文化+科技''文化+互联网'的发展和探索,文物的跨界融合会越来越多,博物馆文创的开发也将迎来新机遇"。

(作者为许倩、邓丽昕,原文刊载于《山东商报》2022年3月10日,此次出版有修订)

鲁韵非遗

从传统养生香制作到城市伴手礼：
泉城飘"香"

中国香文化发源于春秋战国时期，是中华民族在长期的历史进程中围绕各种香品的制作、炮制、配伍与使用而逐步形成的，能够体现出中华民族的精神气质、美学观念等一系列技术与观念，香文化中的各项技艺也是我国传统技艺的重要组成部分。日前，记者采访了非物质文化遗产传统养生香制作技艺代表性传承人、青玄香养品牌创始人李晓光，解读古老制香技艺，探讨制香与文旅发展的新联系。

一 以香为载体传递独特泉城文化

崇德尚礼，历久弥"香"。在李晓光看来，香并不是独立存在的。除物质层面之外，它还蕴含了悠久的中华传统文化，也是中国文化历史长河中一个非常重要的存在。前段时间，李晓光设计了一款融合古法制香技艺与传统文化的伴手礼，这也实现了他一直以来想为济南设计文化伴手礼的愿望。

记者了解到，这款伴手礼的设计理念中融合了齐烟九点、二安文化、泉水文化以及荷花文化。在谈到如何将四者融为一体时，李晓光向记者分享道："首先，我们通过济南传统文化景点之一'齐烟九点'这个概念设计制作了一款创意香盒，用来诠释济南著名的九座山峰：卧牛山、华山、鹊山、标山、凤凰山、北马鞍山、粟山、匡山、药山。除此之外，为体现二安文化还设计了两款线香。在豪放派词人辛弃疾和婉约派词人李清照流传的作品中都提到过用香，比如李清照的词中有云'薄雾浓云愁永昼，瑞脑销金兽'，就是说薄雾弥漫，云层浓密，日子过得愁烦，焚燃的龙脑香在金兽香炉中缭绕。我们制作的这两款线香首先是还原两位词人作品中所提及的香的配方，同时再根据当代人的需求加以改进，之后选用琵琶泉和趵突泉的泉水来调配香泥，再加入炮制后的荷花、莲蓬心为香材。这样就自然地把济南的泉水和荷花文化融入其中。"

从文化属性上来讲，这款伴手礼完美汇集并调和了济南的各种文化资源，并深度契合济南的文化底蕴；从礼品性质的角度来看，"从古至今，香也是我们中华民族的一种馈赠之礼。有朋自远方来，必先焚香、沐浴、更衣、净手，我感觉焚香也是一种待客之道，从这个角度来看，济南文化的传播性与实用性也达到了。"李晓光说。

二　以香为伴传承研习制香技艺

自幼时起，李晓光就受到家族制香技艺的熏陶，尤其是受爷爷的影响非常深。回忆起自己第一次接触沉香时，他告诉记者："那时候我们家住在振兴街一号的小四合院，冬天围坐在院子里的炉子边，有一天爷爷从他里屋大衣柜的暗格里，小心翼翼地拿出一个螺钿镶嵌的小盒子，打开后里面有很多零零碎碎、大大小小的木块儿，还有一条古老的散发着丝丝香气的手串，这都是他的珍藏。爷爷从盒子中取出小木块，放到炉子的边沿上，不一会儿就有一股温暖甘甜的香气弥漫开来，沁人心脾，让人久久不能忘怀，最后我才知道这就是众香之首'沉香'。这是我儿时对香的最深刻记忆。"正因如此，爷爷给年幼的李晓光心底种下了一颗香的种子。随着时间的推移，这颗种子逐渐生根发芽，"当同龄的小孩子在和泥巴玩时，我也在和泥巴，只不过是带有芳香疗愈的香泥"。

在李晓光的成长过程中，他一直以香为伴，在家族传承的基础上不断吸取百家所长，经过时间的沉淀，逐渐融合成自己的制香理念和制香技艺。"我受到过张炳成先生的影响，这就像制香一样，先有了基香，之后要通过不同的配比不断地尝试加入其他的辅助类物质，经过很长时间的制作、窖藏才能最终成为一支沁人心脾、清净身心的好香。"2016年，李晓光辞去工作开始专心制香，"当时的初心只是希望能够制作出几款好的香，适合当代人的日常使用"。

三 着眼市场于传统制香中不断创新

据了解，养生香制作技艺的最早文字记载出现在《永乐大典·医药集》中，《永乐大典》是明永乐年间由明成祖朱棣先后命解缙、姚广孝等主持编纂的一部集中国古代典籍于大成的书籍。据李晓光介绍，他的祖爷爷李世庆在先人李伯恒所留香方基础上，根据天干地支、五运六气、节气、物候等制作了调和人体五脏平衡的二十四节气香方。这不仅是对传统节气文化的挖掘，更是对优秀传统文化的现实应用。而这个香方也是后来李晓光在研发和拓展二十四节气香品时的基础香方，"我们注重的是身体平衡调养功效，所以前期制作的带有药材香气的香居多。后期我翻阅大量书籍实验改进原有配方，让这些香不但可以保健我们的身体，还让它在气味上更加符合我们当代的品闻审美"。

值得注意的是，仅仅从香的气味上改进是不够的，要让香真正走进大众视野，同时获得市场的认可，还需要根据大众和市场的需求不断优化产品。记者了解到，最初李晓光制作的二十四节气香，由于制作分类过细且使用周期较长，并不适合初次接触的消费者群体。这之后他深入市场、寻求消费者最真实的感受和诉求，不断挖掘和创新适合大众的香品和用香方法，从最初的二十四节气香到十二个月经络香，再到一年四季用香，等等。"目前市场反馈度最好的香品是《一日香养》，于一天之中三个时间节点使用，如早上用晨香提神醒脑，中午用午香调理脾胃化湿，晚上用夕香安神助眠。"

除制香之外，李晓光和他的团队也在分析大众的用香需求和习惯的基础上，不断设计和构思有关香的雅集活动，将香文化更好地普及与推广出去。比如谷雨香会、立春香会、立夏香会、清明香会等二十四节气香会雅集活动，把二十四节气文化融入二十四节气香的手作中。"即将推出的手作包是可以由大众自己制作的古法香品，我们会提供线上教学、配好的香方以及所需要的香材，这种个性化定制也是目前大众比较喜欢的。"

李晓光认为，传承"非遗"，情怀非常重要。情怀之外，让大众认可并应用到现实生活中也很重要。实现这一目标的前提是要做各类推广课程、开发系列文创，让文化和科技为非遗赋能。值得一提的是，除了开设各类传统香制作的公开课和培训之外，李晓光下一步计划与部分学校合作设立科研实验室、出版课外读物。"香文化的宣传和推广、实践和应用都要形成体系，这样才能持续性发展。"

李晓光介绍，制香过程中选用的材料都是天然无化学添加的，为了保证原材料的供应，特意在海南种植了沉香林。在论及未来如何将文旅与康养进一步紧密结合时，李晓光表示，文旅和康养应该是相辅相成的。"一方面沉香本身就具有经济价值，同时海南种植沉香的核心区——五指山市，也是负离子含量很高的城市，这对大众的健康有益，也是不错的旅游目的地。"

（作者为焦腾、卫清文，原文刊载于《山东商报》2022年5月21日，此次出版有修订）

一"笔"勾画齐鲁文化

从生产生活中诞生，经匠心凝聚与代际传承又回归于大众生活，与大众的紧密关联成为山东手造的特性，也赋予了传统工艺持久的生命力。从悠悠岁月中走来的山东手造，不仅烙印着齐鲁大地本土审美的底色，亦在不断挖掘齐鲁文化元素，经匠心传承与时尚创意的碰撞，以文创等方式融入生活。在济宁市金乡县圣亚达铅笔有限公司，铅笔制作工艺融入了论语、济南泉水文化等元素，让文具变身文创书写齐鲁文化。

一 技术革新让铅笔变身

作为一种用来书写以及绘画素描的专用笔，铅笔是与大众生活关系密切的一种文具，其制作技艺是济宁金乡当地的一项文化产业。早在1986年，当地就成立了文具厂，生产包含铅笔在内的各种文具。1998年，改制后的金乡县圣亚达铅笔有限公司仍旧以铅笔生产为核心业务，并专注铅笔制造至今，形成了以铅笔制造为核心的生产体系，并在创新研发方面不断开拓。

30多年来，圣亚达铅笔有限公司的产品从最初的原木铅笔不断进行技术革新，扩展到如今的黑木铅笔、挂件铅笔、镶钻铅笔，陪伴着当地人走过校园生活学习时光。对金乡县圣亚达铅笔有限公司经理杨胜于而言也是如此。"85后"的他走出校园后仍旧与铅笔相伴，并通过钻研与创新让小铅笔大变身，以更实用且多元的产品陪伴更多孩子的成长。

几年前，在一次展会上看到激光设备的经历让杨胜于萌发了将激光打

鲁韵非遗

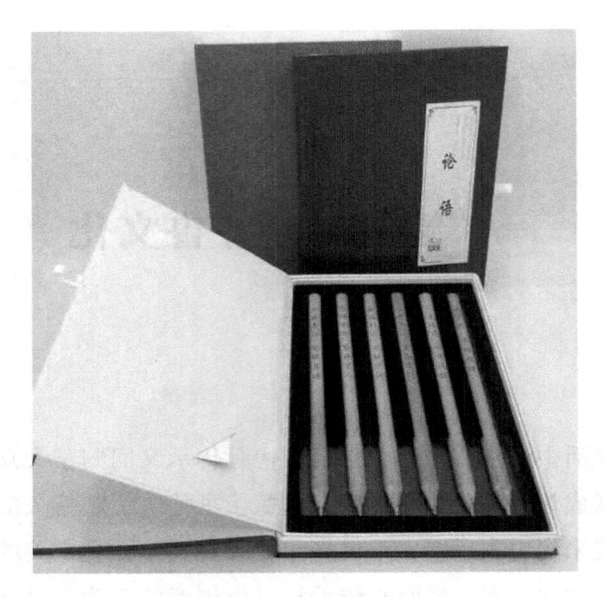

图 1　《论语》书册铅笔系列
（图片来源：受访者提供）

印与铅笔融合的想法。从灵感到成型的实物，这一探索过程的艰难可想而知。即便如此，杨胜于始终没有放弃，历经十余次试验之后，从铅笔刻字到笔杆制图的跨越让铅笔变身，呈现出了崭新的面貌。"通过激光等技术处理，铅笔上不仅可以刻字，还可以印制复杂的彩色图案。"杨胜于介绍。在创新研发技术的加持下，一条工业生产线铅笔产品只能一个花色的历史被彻底改变。"在铅芯不通头铅笔专利技术的基础上，公司利用激光微钻孔技术，研制出各种挂件铅笔，增加了铅笔的新功能。基于此，又研发出激光雕刻文化铅笔，形成诗词系列、传统吉祥图案、定制 LOGO、手工 DIY 铅笔等新产品，让铅笔兼具实用性和艺术性。"杨胜于介绍，除挂件铅笔外，黑木铅笔也是技术创新的又一成果，研发出黑木镶钻铅笔、黑木四色同芯彩铅等创新产品。

据悉，目前拥有铅笔板软化处理、碳化处理核心技术及独特环保节能工艺的圣亚达铅笔有限公司，又研发出四色同芯、不规则花芯等彩色铅芯制造工艺。经过软化处理的木材卷削更顺畅，色彩变幻莫测的奇妙铅芯更吸引人，整体经过杀菌处理的铅笔也更加安全。

二　工艺融合探索转型路

正如"山东手造"所诠释的内涵，作品有形而工艺无形，匠心精神则以工艺融合的方式推动作品升级，让传统工艺焕发出新的活力。2016年，为探索传统文化活化新模式，圣亚达铅笔有限公司在做好铅笔研发与生产工作的同时，聚焦文创领域，成立济宁市孔圣文化创意有限公司，并将触角延伸到了文具以外领域，以文创的方式让传统文化活化。

"以文化创意产品的设计制造为核心，以旅游商品、文创产品、纪念礼品、文化用品为主业方向，公司对办公、摆件、礼品、佩饰、生活、家居等不同场景进行文创产品开发。产品外观设计采用雕刻等工艺，融入绘画、雕刻、书法等中国传统文化和艺术。"杨胜于介绍。

值得一提的是，汲取文玩市场手把件工艺的灵感，圣亚达铅笔有限公司研发出兼具手把件和签字书写功能的豆荚签字笔，并结合手机普及使用的实际需求，研发出6款有手机支架功能的动物卡通卷笔刀，开发出具有水平仪、卷笔刀等多功能的木尺3款，其中，孔圣·创意转笔刀系列等产品连续两年获得中国特色旅游商品大赛银奖。

以实用性和观赏性为出发点，圣亚达—孔圣系列产品不断探索文创产品研发与转型路径，研发出永恒笔等新型文创产品。"永恒笔的书写效果类似于HB的字迹。由于特殊笔芯与纸张之间的磨损程度几乎可以忽略，因此这种笔也被称为永恒笔。"杨胜于介绍，永恒笔可连续书写30万字，一支永恒笔相当于几十支普通铅笔，持久耐用且节能环保，笔迹还可通过橡皮擦除修改。

据悉，目前济宁市孔圣文化创意有限公司已研发出香椿木系列、红木系列、原木摆件系列等30余款文创产品，包含香椿木系列笔筒、香椿木钟表摆件、上上签铅笔套装、祈福铅笔、吉祥如意手机支架卷笔刀等产品。

三　以文创讲述齐鲁文化

深耕铅笔及文具生产制作行业多年，在做文化产品的同时，杨胜于也深知传统文化内涵对于文创研发的重要性。近年来，依托本土丰富的历史文化资源，铅笔在作为文具的同时也被赋予了更加深厚的文化内涵。融古代应试的美好祝福语于铅笔之上的孔府状元笔、将《论语》经典刻在笔身的《论语》书册铅笔系列、将儒家"五常"内涵收纳其中的儒家"五常"树皮筒套装……从儒家文化到传统文化，越来越多的文具类文创系列产品走入大众生活。

在深挖济宁当地文化资源的同时，济宁市孔圣文化创意有限公司也与省内其他城市人文地标和代表性景区积极对接，通过挖掘其特色文旅元素，以文创的方式讲述齐鲁文化故事。"近年来，我们通过文创定制的方式，与山东美术馆、趵突泉、泰山、台儿庄古城等景区合作，将各地的特色文化通过文化创意产品进行呈现，以文化物，以物传文，让各地特色优秀文化被更多人了解和传播。"杨胜于介绍。

在杨胜于看来，文创是一种传统文化的载体，而挖掘传统文化则是文创研发过程中的必由之路。"济南七十二名泉系列铅笔的研发就是一个实例。我们以铅笔这种大家常见的文具为载体，将济南七十二名泉的名字和寓意刻于笔身上，用笔袋统一包装形成文创整体。放置于景区等游客打卡地，既可以让游客了解济南七十二名泉的具体内涵，又可以作为当地的代表性文旅产品。"

从最初的文具厂到主攻铅笔生产，再从文具生产到文创研发，文化是一以贯之的内涵，亦是未来可期的方向与路径。在山东手造全面起势的当下，关于文具与文创的融合发展，杨胜于也有了清晰的目标与规划。"利用全省大力打造山东手造品牌的机遇，我们将深挖本地丰富的传统文化、特色手工艺、乡土特色文化等资源，加大创新设计，不断将传统文化和地方特色融入新产品，让优秀传统文化焕发出新活力。"

（作者为许倩、邓丽昕，原文刊载于《山东商报》2022年5月22日，此次出版有修订）

穿越千年 爆红网络：忙趁春风放纸鸢

春暖花开，正是放飞风筝的好时节。近日，往届山东潍坊国际风筝节（会）盛况的视频、动态图片等再度蹿红网络，其中各色造型独特、堪称奇观的风筝飘扬于湛蓝天空之上，令许多网友在惊异于风筝造型新鲜且"硬核"的同时，也对这座城市和风筝产生了浓厚兴趣。近日，记者专访潍坊风筝传承人韩臻，讲述历史悠久的非遗项目与当下时尚潮流的崭新碰撞。

一　互融共通

在互联网各平台掀起热潮的潍坊风筝节视频中，记者看到，当形态各异的风筝翱翔于蔚蓝天空中，令人惊艳的同时，也颇为"魔幻"。猫、狗等小动物能"飞"上天已不算稀奇，巨型鲸鱼、白熊等乘风腾飞之余，颜色艳丽的软体章鱼扶摇而起，长长的触须随风摇曳。此外，还有7个葫芦娃连成一排，怒目俯视；而嫦娥仙子和埃及女王们则在另一边同台"竞技"……这些翱翔于天空的风筝，长度从几十米到上百米不等，其中一些造型独特的，甚至被网友制成表情包互赠。有网友在深感震撼的同时忍不住直呼，"由衷佩服创作者的想象力，想亲自来潍坊感受下气氛""听说在山东，不管什么东西拴上绳子都能'飞'起来"。

创办有自己的风筝制作公司的韩臻，每年都会深度参与到潍坊国际风筝节（会）中。她告诉记者，光怪陆离的各色风筝出现在这场盛会中是件好事情。虽然近来在网络掀起"热议"的软体、立体风筝没有采用最传统的风筝制作技艺，但也在凭借风力挑战着天空的高度，是推广传统非遗的有力助手。"造型独特的风筝其实是近年来发展、形成的一种独特的风格，也被更多的人喜欢着。尤其是它们极大地吸引了年轻人的兴趣，让他们了解、喜欢风筝，进而更深入地了解传统风筝及其制作技艺。在风筝会上，一边是龙头蜈蚣、金鱼等造型的传统潍坊风筝，一边是造型各异的新型风筝。它们在此互融共通，带动更多的人参与其中，最终让风筝和风筝制作技艺发展得越来越好。"

二 恪守匠心

位于山东半岛西部的潍坊是世界闻名的"手工艺与民间艺术之都"和"世界风筝之都"。各色轻巧绝伦的手工艺在此繁盛，执着恪守着匠人精神。古时，风筝被称为"纸鸢"，又名"鹞子"，普及于我国多地，尤以潍坊为盛，故潍坊也有"鸢都"名号。战国末期思想家韩非所著《韩非子·外储说》中记载："墨子为木鸢，三年而成，蜚一日而败。"这里讲述的便是两千余年前鲁国思想家墨翟制作第一只"木鸢"。风筝真正在民间流行是在明清时期。专门从事风筝制作的民间艺人逐渐增多，由此，工艺精湛的潍坊风筝远近闻名。时至今日，当地风筝产业亦有长足有效的发展。除从事批量生产风筝的人员外，潍坊传统风筝生产工艺从业者已达千人，风筝行业年产值达20多亿元。

在传承与发展中，潍坊风筝逐渐形成了选材讲究、造型优美、扎糊精巧、起飞灵活的传统风格与艺术特色。"潍坊风筝种类繁多，常见的有硬翅、软翅风筝，也有串式、板式风筝等。现在，我这里采用传统手工技艺制作的风筝大多数是定制款，工艺考究、蒙面细致，绘画考究，十分具有鉴赏和收藏价值。"韩臻介绍。

作为民间重要的娱乐工具之一，风筝具有极强的普及度和广泛性。上至白发老人，下至垂髫小儿，从帝王皇家，到百姓人家，自古时至今日，人人皆可在放飞风筝的过程中寻找到独特的"进阶"快乐。"普通的三角风筝最容易起飞，随着经验丰富，可以逐渐尝试难度更大的风筝。比如，龙头蜈蚣风筝放飞难度就很大，但也最有乐趣，需要几个人配合好才能起飞。当然，当风筝摇曳在空中时也特别好看。"韩臻说道。

对潍坊这座城市来说，每年一度的国际风筝节（会）堪称一场节日盛会。这个我国最早冠以"国际"并被国际社会承认的大型地方节会，每年吸引来自数十个国家和地区的参赛选手前来一较高下。自1984年起至今，潍坊国际风筝节（会）已举办38届，潍坊这座城市也被更多的人熟知。借由风筝，来自世界各地的风筝爱好者架起一座座友谊的桥梁，古老的鸢都也再度焕发生机。

三 传承技艺

作为非遗传承人的韩臻喜欢风筝，并将制作和推广风筝作为终身事业对待。1988年，她进入潍坊杨家埠风筝厂，师从风筝泰斗杨同科等学习风筝制作技艺。从业30余年，从她手中诞生的风筝斩获了众多大奖。如今，在她的风筝制作公司中，每天都有风筝在此源源不断地产出，走向世界。"目前，两种类型的风筝都在制作。批量生产的风筝价格便宜，放飞难度低，市场需求大，生产速度快，最简单的三角风筝每人每日能生产100只。延续传统手工艺制作的精品风筝，更多的是针对纪念品、收藏等方向。此外，我们每年也会为风筝会承接一些定制的个性风筝，比如网络爆款的软体、充气风筝。其中，直径十余米的滚地龙风筝近几年特别受欢迎。今年是虎年，老虎造型、带有老虎挂件的风筝也很受关注。"韩臻介绍。

风筝制作工艺也有其评判标准。"骨架要做得周正、细致，弧面必须要光滑，绘制要精美，还有最重要的是一定要飞得高。"对韩臻来说，各色定制的风筝也需要经过特别的设计才能交付给客户。风筝首要的任务是能飞起来，确定风筝连接绞线的位置便特别关键，"这里是风筝的重心，且要调试好其与风筝特别的角度，才能与风力配合，飞得更高、更远"。韩臻表示，为此，定制风筝也要经过试飞，确定无问题后才可以交付给客户，"好的风筝，必须要飞起来，还要飞得高"。

借由一年一度的潍坊国际风筝节（会），韩臻也结识了来自世界各地的朋友。盛会期间，风筝爱好者会来到她的公司，向她请教一些风筝制作的技巧，韩臻会悉数告知，"相互学习之中，风筝才能做得更好。风筝会是一场比赛，更是结识、维持友谊的桥梁"。此外，韩臻还走进校园，向孩子们教授风筝制作技艺，"早年间，潍坊家家户户都会做风筝，只不过技艺有所差别。现在，城市化的生活中，孩子们也可以通过这种方式，继承和发扬传统文化"。

图1 韩臻的同事放飞龙头蜈蚣风筝

（图片来源：受访者提供）

（作者为朱德蒙、王宇琦、曲镜如，
原文刊载于《山东商报》2022年3月26日，此次出版有修订）

让文化活化走向世界：指尖"微缩"蹴鞠魅力

"蹴鞠屡过飞鸟上，秋千竞出垂杨里。"作为中国古代流传久远的一种体育项目，兼具娱乐性与普及度的蹴鞠在传承中烙印着齐文化底色，也成了世界足球起源地临淄的一张文化名片。岁月更迭中，蹴鞠这项运动不复往日那般流行，但活化而来的或手捧或脚踢或头顶动作的蹴鞠娃成为临淄这座古城的人文标志，以多元方式讲述着蹴鞠文化的魅力。

一　在起源地找寻蹴鞠印记

历史文脉与文化底蕴交织，构成了城市的文化特色。于古城临淄而言，齐文化是其厚重的文化底色。翻开历史的篇章，蹴鞠是当地传承至今的体育项目，亦是文化传承的载体之一。《战国策》曾对蹴鞠场景进行描述，在当时的齐国故都临淄，蹴鞠已发展成为一种成熟的娱乐方式，在民间广为盛行。

蹴鞠这种历史悠久的运动项目与风靡世界的足球运动之间的关联在2004年得以证实。在2004年7月15日举办的亚洲杯足球赛开幕式和中国第三届国际足球博览会开幕式上，"中国淄博临淄为足球起源地"被正式宣布。这一消息让临淄人王德星倍感振奋。

彼时，自称为"门外汉"的王德星既没有蹴鞠相关的从业经历，也没有相应的研发技术，但这股兴奋的劲头却让他坚定了要为蹴鞠文化传承做点事的想法。没过多久，一次偶然的机会促成了他与蹴鞠娃结缘。2005

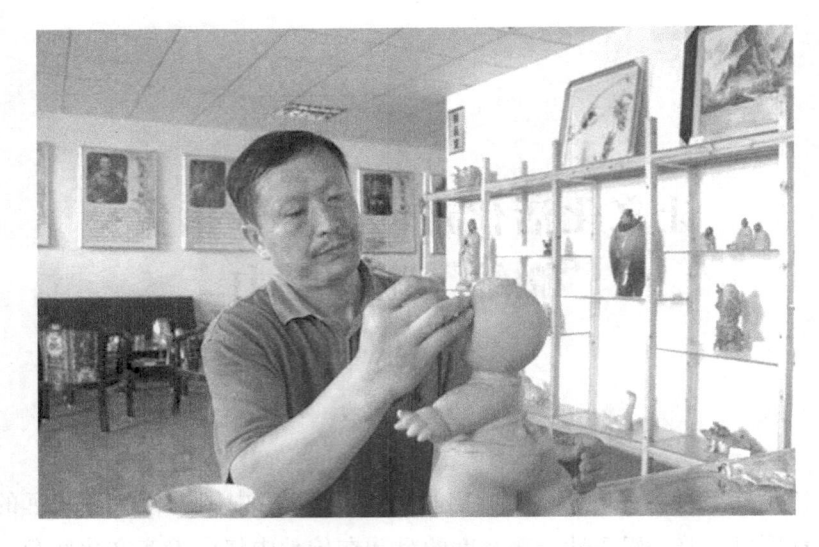

图 1 王德星以创作蹴鞠娃的方式传承齐文化

（图片来源：受访者提供）

年，王德星认识了陶艺大师车秀申，两人联合制作的大型情景组雕《蹴鞠之光》在 2008 年奥运景观雕塑国际巡展中亮相，作品引发广泛关注的同时王德星也开始思索对蹴鞠文化的进一步活化呈现，并将目光锁定在了"娃娃"这一形象上。"有了创作的想法之后我便开始反复思考如何以大众喜闻乐见的方式将蹴鞠文化传播开来，考虑了很多个方案都被推翻，最终才敲定了创作蹴鞠娃这一形象作为蹴鞠文化的表达和呈现方式。"王德星回忆道。从娱乐、游戏而来的蹴鞠项目即是对儿童娱乐嬉戏天性的呈现，由此，蹴鞠娃的形象也渐渐丰满了起来。

尽管创作初衷有了，但对于不懂制作工艺的王德星而言，创作过程也十分艰难。王德星坦言，"淄博盛产陶瓷，蹴鞠娃的创作也从陶瓷作品开始探索"。从灵感到作品的探索也颇费了一番周折。怀揣着决心的王德星从零开始反复试验。为塑造出人见人爱的娃娃形象，彼时正值幼年的儿子成了他灵感的来源。在观察儿子表情和抚摸儿子身形轮廓的基础上，一遍遍的尝试让他逐渐摸索到了一些感觉，直至第九遍，他心目中的蹴鞠娃才真正成型。"介于具象和抽象之间"是王德星对蹴鞠娃的定位和形象塑造。

二　创新传承传统蹴鞠技艺

头上一缕发髻，身上戴一福兜，外加一条棉裤，与机灵的踢球动作、憨态可掬的笑容搭配，蹴鞠娃的形象便栩栩如生，又不失中国传统元素。在创意化造型基础上，王德星也为蹴鞠娃起了活泼又童趣的名字："童童"和"源源"，让蹴鞠娃的形象更加深入人心。

从2008年下半年着手做蹴鞠娃，王德星便开始深挖蹴鞠文化，并尝试对蹴鞠娃进行多样化呈现。随着技艺渐趋成熟，他的代表作也越来越多。比如以12个形象代表了蹴鞠运动中12个最为典型的花样动作解数的"十二解数蹴鞠娃"系列作品。"作品展示了娃娃玩耍蹴鞠的一些经典动作，每个动作都十分生动，使儿童蹴鞠更加生机盎然、活灵活现。"王德星介绍。2016年6月，"十二解数蹴鞠娃"作为蹴鞠文化"传播大使"远赴英格兰国家足球博物馆，展现蹴鞠文化的魅力。如今该系列作品还被安放在当地的广场上，在宣传蹴鞠文化的同时，成为展示蹴鞠文化的载体和窗口。

三　让蹴鞠文化走进千家万户

自2004年至今，通过作品展示传承蹴鞠文化是王德星不变的初衷，也因此，他在创作道路上行稳致远，不断前行。洋溢着阳光、自信、天真、质朴的性格和热爱生活、自强不息的民族精神的蹴鞠娃，是典型的"中国娃"的生动体现。而今，这一形象不仅作为蹴鞠文化的象征多次走出国门，也在临淄这一足球起源地焕发出新的活力。

除却蹴鞠娃，近年来，王德星也将工艺进行延伸，创作了十二生肖系列作品，让蹴鞠作品以更生动的方式走入大众生活。历经十余年的不断探索，如今，王德星创作的蹴鞠娃作品也从最初的陶制发展至汉白玉、铸铜、树脂、沙金、彩绘等多个种类，涵盖文房用具、餐具、茶具等多个领域。"我们现有一个七八人的团队，精准聚焦蹴鞠娃产品的研发与创作，在传承工艺的同时也将蹴鞠娃的元素融入其中，开发了如茶叶罐等在内的延伸产品，让蹴鞠娃作品兼具观赏性和实用性，走进大众生活。"王德星说。

  以博大精深的齐文化为发展内涵，以极具个性的蹴鞠文化为产品联动主线，近年来，王德星也通过研发"齐工开物"平台，让传统工艺与现代创新创意相结合，将石器时代、陶瓷驿站、青铜时代、冶铁时代、民俗人家五个系列产品汇聚其中，创意再现泱泱齐风的底蕴。

  为让蹴鞠娃更深入地走进大众生活，近年来，王德星也带着蹴鞠娃走出去，聚焦文旅融合的背景，将蹴鞠娃做成方便携带且有纪念意义的文创和旅游产品，陈列于蹴鞠小镇、临淄足球博物馆等文旅场所，让蹴鞠文化走进千家万户。如今，由蹴鞠衍生而来的蹴鞠娃系列文创产品和旅游产品销往全国各地，让蹴鞠这项自历史走来的传统运动有了当下的生动演绎。

  十余年来，关于蹴鞠文化的传承，王德星心中有一个清晰的终极目标：即建立一个蹴鞠娃主题的儿童乐园，通过整合资源提升蹴鞠文化的传播力和影响力，让更多人了解蹴鞠的起源及文化传承的脉络。而着眼于当下，他也清楚地意识到，文化不仅需要创新，更需要传承。"目前我们在创新研发产品的同时，也积极推进市场营销，让蹴鞠文化不仅在临淄当地深入人心，也通过蹴鞠娃的传播走向更多人的身边，通过探索足球起源让蹴鞠文化能够更好地传承下去。"王德星说。

（作者为许倩、邓丽昕，原文刊载于《山东商报》2022年4月25日，此次出版有修订）

人间百味

人间百味

香飘四海：美食纪录片《风味人间》的传播价值研究

纪录片将现实生活中的人和事作为创作素材，是展现社会的重要窗口，它作为文化传播体系中不可或缺的文化符号，对内可进行民族文化的传播，对外可实现文化价值观的输送。金震茅在《类型纪录片：影像里的中国》中写道："纪录片因呈现出以影像媒介的纪实形式，在多视野的文化价值坐标中，寻求一个立足点，对社会以及自然环境和人的生存之间的关系进行了观察和描述，以实现对人类生存意义的探索和关怀的一种影像形式。"① 互联网时代科技的飞速发展让纪录片也得到了极大的发展和进步，在文化多元化的今日，纪录片俨然成了重要的文化传播媒介。

美食纪录片作为纪录片的一个重要门类，以美食为依托，实现了展现各地饮食文化等多重价值。事实上，中国美食纪录片起步并不早，也一直没有出现爆火的机会，直到 2012 年《舌尖上的中国》在美食纪录片界崭露头角，各类美食纪录片才在观众的视野中占有了一席之地。"舌尖"系列的美食纪录片因独特的影片风格和审美特征，在一众纪录片中脱颖而出并打开了美食类纪录片的市场，也让人文价值在很长一段时间被热议，获得了较多的关注度，这也是"舌尖"系列爆火的原因。

而巨大的影响力也招致了很多美食纪录片的模仿，因而美食纪录片逐渐趋于同质化。为了迎合时代变化和受众喜好，"舌尖"系列原班人马进

---

① 金震茅：《类型纪录片：影像里的中国》，暨南大学出版社 2014 年版，第 4 页。

行了改变和调整，于是新的"爆款"美食纪录片《风味人间》得以创作。《风味人间》的拍摄遍布全球多个国家和地区，拍摄的美食超过三百种。该纪录片不仅展示了全球美食，也为食物背后的文化追根溯源。

目前学界在美食纪录片传播价值的相关研究中，根据时间维度分为两个侧重点。前期关于美食纪录片的研究主要在跨文化传播、文化意识等方面；后期新媒体时代来临，研究重点开始偏向于新媒体对美食纪录片的传播内容、传播渠道、商业运作等方面的影响。而国外关于美食纪录片的文献相对较少。当前大多数文献停留在宏观层面的研究分析，而用个案深入研究的文献仍然较少。本文将以《风味人间》为例，多角度详细分析其传播价值，具有现实意义和研究意义。

首先，《风味人间》作为一部致力于打造"自然地理人文"的美食纪录片，在展示人与食物、人与人、人与家庭的过程中，充分呈现了学术积累、田野调查和美食背后深层次的人文思考，这些元素不仅是对纪录片内容的丰富，也是与历史文化之间的联结，对面向世界讲好中国故事有着重要意义。其次，《风味人间》无论是电视收视率、网络播放量上还是话题热议度上都获得了较高的关注度，也产生了极高的商业价值。因此从对《风味人间》的细致剖析中，我们可以了解到一部优秀美食纪录片的传播价值，这些价值研究有利于价值的开发创新，使得价值实现最大化，也为其他美食纪录片提供借鉴，在未来创作出更有社会影响力、艺术感染力和商业潜力的优秀作品。

一 美食纪录片传播的文化价值

作为一部以展示美食文化为主题的纪录片，其文化"含量"不言而喻。从文化视角来看，其文化价值不单单是美食与社会变迁和风俗民情之间的关系，还有纪录片在拍摄过程中保留下来的可供后人借鉴的珍贵史料，以及由美食铸就的价值观念。

（一）时代镜头下的史料价值

美食纪录片因其拍摄的真实性在传播中具有史料价值。中国电视纪录片委员会会长陈汉元认为在纪录片的价值体系中，史料价值应居于首位。

对美食纪录片来说，食物是展示文化的载体，每种食物背后都蕴藏着文化力量和历史传承。在浩瀚的文化历史长河中，饮食文化是其中一部分。美食纪录片的传播不仅让人们对中国美食和中国故事产生浓厚兴趣，也通过时间维度的探寻让人们追溯食物的流徙。而《风味人间》更是以全球视角来记录时代风貌，在历史演变中探究中国美食的流变，在记录历史的同时，用历史观念去观照拍摄题材，反映现实生活。

1. 记录食物的演变历史

在《风味人间》前几集中几乎还原了有关食材和烹饪方式的演变过程，而人类进化史是伴随着烹饪历史的发展而演变的。这场穿梭在各类食物之中的旅行将厚重的饮食文化呈现在大众面前。而在第二季中也同样能看到制作团队对食物演变历史的重视，在第七集《香肠万象集》中详述了香肠的演变历史。时至今日，香肠经过改造出现了上千种类型，每一款香肠背后都隐藏着当地的文化和故事。

2. 纪录片本身的制作过程

一部优秀美食纪录片的呈现，背后必定有艰辛，但也有可借鉴的经验。在第一集《山海之间》中，摄制组在新疆饱经严寒。在《滚滚红尘》中，摄制组在世界版图上搜寻，在偏远严寒的格陵兰岛寻找鲨鱼肉背后的秘密，在酷热难耐的非洲探寻塔吉锅的制作。这些幕后花絮都在《风味人间》最后一集《风味之旅》中得以展现。此外菜品种类和拍摄地点的选择、运镜转镜、视觉效果的呈现等也在该集中得到详细描述。影片本身制作过程的呈现不仅让人们看到了幕后工作者的求索和成长，也为未来研究纪录片提供了宝贵的历史资料，而其中各类拍摄技巧和解决问题的方案也能为未来拍摄同类作品提供参考。

（二）文化视角下的集体记忆

美食纪录片实质是一种话语媒介，尽管从内容角度来看它通过影像表达的方式诠释了生活与美食的意义。纪录片通过"特定美食—家乡"的共同话语体系创建了一个记忆共享的媒介空间，在这个空间中，不同文化主体、群体和个体基于自身经验和记忆实现"集体记忆"的建构。首次对集体记忆进行解释的是法国社会学家涂尔干，他认为，"集体意识"的形成是群体来描述他们自己的事实的一种方式。在此基础上，哈布瓦赫完善了涂尔干的理论并第一次完整提出了"集体记忆"的概念：一个特定社会群体之成员共享往事的过程和结果。① 纪录片成为现代社会重塑集体记忆的主要途径。美食纪录片的生产通过对集体记忆的建构，弥合了不同个体的文化记忆。

饮食与文化密不可分，人类物质文明的进步也使得饮食生活逐渐趋于多元，同时精神文明的发展也丰富了饮食文化的内涵，饮食活动不单单是展现美食的制作过程，也涉及社会变迁、民俗风情等与文化有关的社会现象，而这一系列繁杂的社会现象，成了构成集体记忆的文化载体。其中，最具有代表性的当数节庆民俗。重大事件以及节庆典礼是国家和民族自身历史的重现和传承，它们有利于唤醒族群的集体记忆，凝聚民族认同②。涂尔干认为，"集体欢腾"是人类社会文化创造和传承的"温床"，部落和族群在节日庆祝时聚集在一起，是集体成员文化共享与记忆延续的有利机会。③

临近春节，安徽南屏村的农家要腌制传统火腿，而后将其隆重地端上年夜饭的餐桌，因为在村里人看来，自家腌制的火腿是团聚的象征，它的出现唤起了当地人在春节这一重要节日的集体记忆；在马六甲的海南乡亲即使身处异国也会照例在新年前祈福祭祖，米饭被捏成圆形摆在圆盘上的传统从未改变；浙南闽北地区，人们通过制作灰碱粽将一年一次的祈福与土地的丰厚回报联系在一起。不同地域的环境培养了不同的饮食习惯，但有些食物只要在特定的节庆中出现，便能唤醒人们深植基因的记忆。

人本身就是仪式化行为的动物，而饮食能让人获得功能性的满足，使得不同的个体紧密联系，因此节庆民俗中的美食早已经超越了果腹等原本的意义，而是具备了一定的文化价值。饮食是文化的载体，也具有突破文

---

① ［法］莫里斯·哈布瓦赫：《论集体记忆》，毕然、郭金华译，上海人民出版社2002年版，第95页。

② 赵将、翟光勇：《文化集体记忆载体与变迁：自一个节庆分析》，《重庆社会科学》2017年第7期。

③ 参见张爱凤《源与变——中国电视原创文化节目发展史论》，中国传媒大学出版社2019年版，第80页。

化壁垒的作用,从文化的视角观照美食,无论是各类家乡美食所蕴含的身份认同,还是节庆民俗培养的集体记忆,都形成了一条维系人与人关系的精神纽带,不仅能实现个体自我认同的建构,也能加深情感的联结。

(三)味觉审美下的情感体验

在中国文化中,"味"有着双重审美内涵:其一是广义上的味觉器官,人们靠其在饮食过程中获得生理上的快感;其二是动词品味。南北朝时期的钟嵘所提出的"滋味说",成为中国一个具有独特内涵的审美范畴。对于美食纪录片镜头下的人来说,他们享有的是味觉体验,而普通的观众却能单凭听觉和视觉品出其中的"味道",这味道是童年、家乡等杂糅在一起的审美体验。《风味人间》作为一部具有代表性的优秀美食纪录片,绝不仅仅是通过美食来打动人,更是从味觉审美的角度来观照人们的价值观。纪录片将这些独具智慧的价值观融入了自然、生活和人与人的相处之中,是依托美食而实现的精神升华。

《风味人间》用审美化的方式观照了饮食文化,通过与自然的和谐相处或与人之间的因美食而产生的情感联结,制造了从生理到心理体验的双重反应。

1. 人与自然

纪录片不仅多样化地呈现了食物制作过程中形态上的神奇变化,还聚焦于人与自然的关系。除了令人垂涎欲滴的美食镜头,创作团队对自然景色镜头的拿捏也出神入化,不仅使用大量的航拍背景来展现秀美的山河地貌,就连风味产地如小麦种植的河洛平原和冷笋出产地四川瓦屋山的镜头都能让人感动于大自然的馈赠,处处透露着美学,为观众展现了一部"味道丰富的自然纪录片"。此外,纪录片将更多镜头聚焦在人类如何与自然相处上,事实上人类在享受自然恩赐的背后,也遵循着与自然相处的法则。

在山东崂山黄山村,渔民们仍然使用着古老的"延绳钓"来捕鱼,在他们看来,这种生态化捕捞方式虽不如科技化捕捞便利,但可只捉大鱼而不伤及鱼苗。法国霍克福有一个不起眼的小村落因一种长满霉菌的蓝纹奶酪而闻名世界。时间和地壳运动形成的天然石灰岩洞,为这种奶酪的产生打造出了优越的自然环境。与其说蓝纹奶酪是大自然的奇迹,不如说是人类聪明地利用了自然的结果。

正如影片中所说"食物无法脱离脚下的土地，那些风物、气息、过往的岁月与记忆，共同聚成一个名字，我们称之为味道"。《风味人间》无疑是"以味论美"，是以"味"为中心对中国传统美学进行传承与创新的。

2. 人与人

饮食文化类纪录片对于美食的展现处处体现着人情，彰显着人类对生活的深深眷恋。正如影片中所说：洪荒岁月的炉火明灭，时代巨变的波澜不惊，最终都不着痕迹地投射在食物上，化作我们平凡的一日三餐，每一个仔细品味的人，都会心怀感念，余味无穷。[①]

浙江李山头的迎神节是当地隆重的献祭仪式，这场仪式的顺利完成是全村人怀着对来年五谷丰登的期待紧密合作完成的；四川瓦屋山深处的冷笋激励着玉星夫妇携手走十几里山路寻找，仔细的搜寻尽显相濡以沫的温情。而纪录片中对"苦"的叙事也同样能体现人情冷暖：或许是去陡崖峭壁上采集蜂蜜，或许是为了做一次"千层油糕"不惜花费数十个小时的苦功夫，又或许是苦苦擀了七年面皮的学徒……一道道美食背后有不为人知的苦涩和温情，从味觉和感情上给予观众"暴击"。一帧帧朴实的镜头生动还原了人们对生活的眷恋，那些苦中作乐的生活态度以及蕴含着亲情乡情的情感也极其富有感染力，美食作为一种强大的黏合剂，能将人与人之间的情感紧密联系在一起。

二　美食纪录片传播的现实价值

美食除了给予人类思维和情感的影响，也在现实生活中创造了直观的可视化价值。以乡村为背景的拍摄无形中提高了乡村知名度，并拉动了当地经济的发展。而纪录片无论是内容还是世界范围内的传播都为中华文化走向世界铺就了道路。而其与现代媒体手段的融合也创造了可观的经济效益。

---

① 陈小娟：《受众"期待视野"下文化类纪录片的叙事新形态——以〈风味人间〉为例》，《当代电视》2019 年第 7 期。

(一) 乡村图景下的价值关切

《风味人间》不仅仅是味蕾的享受，也是乡村美景的视觉盛宴，清晰呈现了对乡土的眷恋。四川洪雅县复兴村、安徽南屏村、陕西滩张、云南洱源甚至是伊朗克尔曼沙阿等一些美丽乡村图景随着纪录片的播出走进了人们的视野。无论是被誉为"生态文化村"的四川古羌族部落村，还是有千年历史、以标志的皖南风格建筑而远近闻名的南屏村，其拍摄的乡村图景无不令人叹为观止。而纪录片实质是一种高层次的记录，在一幅幅美妙的乡村图景背后，有很多富有启发意义的探讨。《风味人间》用影像化的方式表现了不同以往的乡村图景，迎合了乡村振兴的时代大背景，立足乡村，体现了对乡村的价值关切与人文思考。

1. 消解地区差异

《风味人间》作为一部人文纪录片，不仅反映了祖国大江南北各民族的生活形态，也展现了其他国家形形色色的饮食文化和生活方式，这让观看纪录片的受众能更加了解各民族各地域的地理人文，从而促进各民族或者地区间的交流。

同样是羊肉，中国牧区最东端的呼伦贝尔，羯羊肉在卵石上炙烤用高温逼出皮下脂肪；而在中国西部塔克拉玛干沙漠，羊肉和当地特产巴楚蘑菇一同氽炒，也让肉香得到了最大程度的发挥。对于截取猪腿又近乎一致的腌制方式，在西班牙人看来得到的是火腿成品，在中国人眼中则是原材料。在中国，高原上的土豆不添加任何佐料，仅凭反复捶打就比普通土豆更加具有韧性，而后撒上辣椒、韭菜再淋上热油形成极其富有地域特色的"洋芋搅团"，但是法国人却将土豆泥与牛奶和奶酪相混合，不同地区对相同食材的处理方式让人大开眼界。有人说，文化是人群对自然改造的过程与产物，文化差异正因不同的改造过程和产物而产生。正如每个人都是在差异化的类比中来认识自己，每一种文化也是从其他文化的比较中被定义和珍惜。《风味人间》揭开了各民族乃至世界各地的饮食面纱，把文化差异真真正正地摆在了观众面前，满足了受众的好奇心，增加了受众对不同生活面貌的了解，提升了社会融合程度，同时也促进了社会文化繁荣。

2. 聚焦社会热点

美食纪录片以美食为载体记录社会热点问题，比如风雨同舟四海为家的养蜂夫妇，穿梭于黄河两岸最后的割麦人，贵州山村的留守儿童等。在第三季以海鲜为主题的《风味人间》中，展现了一群依海而生的渔民为生计冒险求索于浪潮之间，用镜头记录着动荡不安的大海里一个个跌宕起伏的人生。这些祖祖辈辈生活在海边的渔民们，为了维持生计，要么在冰冷的海水中潜伏，要么在海边的悬崖峭壁上攀登采集，时常不能和家人团聚。

在《风味人间》中，还有诸如此类的许多镜头对准了普通劳动人民起起伏伏的生活，但是每个故事最后都会出现他们质朴的笑脸，不同的笑脸里也包含着五味杂陈的人生百态。在时代巨变的中国，无论是人还是食物似乎都处于快节奏的生活之中，镜头聚焦社会热点的同时让人感受到了生活的悲欢离合。

除了聚焦社会中普遍存在的现象，纪录片也以高度的社会责任感揭示了环境问题，体现了对社会现实的担忧，尤其是社会发展对传统乡村生活方式的冲击。比如在中国台湾，渔民会在六七级的大风浪中驾着镖鱼船出海寻觅旗鱼，然而在商业捕捞的冲击下，镖鱼船备受冷落，不少渔民也受到了影响。而在西南大山深处，当地人由于深山禁火的原因只能选择在浅山掘笋。这种表象的改变背后也潜藏着某种传统风味可能会随着工业化和城市化的发展而永久封存的可能性。纪录片真实记录了现代化进程下的乡村变迁和生活方式的改变。

（二）讲好中国故事：全球视野下展现的中国魅力

相较于美食纪录片优秀代表《舌尖上的中国》，《风味人间》具有了全球化的视野，它的拍摄范围跨越全球六大洲，涉及 20 多个国家和地区，呈现出全球化、国际化的特征。除了表现美食活色生香的视觉效果，《风味人间》还着重体现了中国劳动人民的勤劳坚韧、豁达进取、热爱生活的精神品质。[①] 美食从不是一个单一的概念，它是中华文化的象征，更是中国

---

① 许苏、彭朝忠：《品质·运营·传播：美食纪录片〈风味人间〉的成功探微》，《新闻知识》2021 年第 1 期。

价值观的体现。

秘鲁厨师迪奥菲洛跟随中国厨师刘厚平30多年，让中餐在秘鲁有了一席之地；日本生食鱼肉的记载最早源于中国唐代，中国的鱼生传到日本发扬光大变成了日本刺身。各类美食在《风味人间》相遇，既让观众看到了特色美食，也让中国独特的饮食文化在全球得到传播。

纪录片以中华美食为主题进行展现，其目的是要传播中国的美食文化，讲好中国故事。该纪录片深化了人们对民族文化和民族情感的认知，体现了"中国元素"，传播了"中国精神"。事实上，真正的价值传播既要有"存异"思维，又要有"求同"观念，如此才能增加共情能力，从世界范围内推动中华民族优秀文化的复兴和崛起。《风味人间》能让海内外观众在全球化的大背景下领略中国的魅力，也展示了多维度、多层次、多元化的中国形象。

（三）融合传播下的商业价值

尽管弘扬传统文化是品牌营销的主要价值导向，但在多媒体互动融合的当下，《风味人间》等优秀的美食纪录片以高品质的内容在受众中建立了具有无穷潜力的话语空间，并创造了不菲的商业价值。而总结《风味人间》的融合传播方式，也将为其他纪录片的产业化进程提供探索样板。

1. 搭建新媒体IP矩阵

新时代我国纪录片也有了新的营销策略，纪录片IP应是以内容优质、具有强吸引力和商业性的纪录片为主体打造的一系列内容矩阵及衍生开发行为。[①] 互联网时代的平台搭建也为诸多美食纪录片提供了一个着力点。为了获得持续性商业价值，《风味人间》搭建了IP化内容营销矩阵，一个"风味"IP矩阵应运而生。随着纪录片本身的制作与播出，衍生节目《风味实验室》《风味原产地》等适配不同群体的节目迎着纪录片的热潮兴起。再优秀的纪录片也会面临众口难调的问题。导演陈晓卿认为衍生节目有的是人的故事，有的是食物的故事，因此弥补了《风味人间》在商业变现上

---

① 江之龙：《融屏时代纪录片IP营销思考——以〈风味人间〉为例》，《青年记者》2021年第10期。

存在的不足。同时，线下衍生品也在积极布局，纪录片与线下实体品牌联合营造品牌故事，共同组建"风味美食联盟"，合作举办线下美食活动并上架同款联名产品。这种线上线下互动的模式不仅延长了产业链，也实现了商业价值的持续开发，多方位释放了"风味IP"的魔力。这种IP矩阵的建立，能将品牌与产品紧密联结，进而实现产品、内容和体验等多方位的深化合作，也会形成较长周期的用户覆盖和影响，具有珠联璧合的效应。

2. 多元宣传，网台互动联播

新媒体时代的到来让纪录片逐渐"走下神坛"，走上了"亲民"之路，成功打入各大媒体平台与年轻人互动交流，并利用社交平台进行热议，不断为纪录片宣传造势。《风味人间》将传统媒体与网络媒体平台相结合，在腾讯视频网络独播的同时，也强势占领了浙江卫视黄金档。凭借着对市场风向标的感知和辅助资源平台的推广，文化节目扛大旗的运营模式实现了纪录片商业价值和社会责任的双赢。而这种网台互动也通过微博、抖音等新媒体平台的授权实现了碎片化传播并获得了超高点击量。一系列传播行为让该片在公众领域成为热议的引爆话题，同时官方以及制作团队成员利用微博平台不断更新信息，与观众进行实时交流，实现了传播的最大化。

传播带来的影响力也使得节目版权远销海外，在2017年戛纳秋季电视节对"风味IP"进行全球预售时，国外多家新媒体诸如加拿大、北美地区的华人电视台等都对《风味人间》表现出了强烈的采购意向。2018年该纪录片在马来西亚最大的Astro电视台播出，最后韩国、中国香港等电视台也乘胜追击，受众辐射人群达10亿。

纪录片传播中各方的成功离不开网台的多元融屏互动，而腾讯视频与品牌之间的合作为IP发展打造出具有影响力和持久性的环境，也实现了品牌营销与商业价值最大化。

三 美食纪录片传播的发展机遇及问题

一部优秀的美食纪录片在传播创造价值的过程中，不可避免会存在一些发展问题。尽管在各个方面都为诸如此类的美食纪录片提供了发展机会，但层出不穷的问题也在呼吁着美食纪录片界的改革。

(一) 美食纪录片的传播机遇

美食纪录片面临前所未有的良好机遇。新兴的拍摄和编辑技术、受众日益增强的美食偏好、国家政策方面的鼎力推动，都为美食纪录片的兴盛与发展提供了绝佳的条件。

1. 新拍摄技术提供强力支持

首先，更新换代的科技为拍摄技术的创新提供支撑。例如航拍、显微摄影、超显微摄影等技术在《风味人间》中得到了广泛的应用，这些技术不仅在宏观上展现了世界各地的美景奇观，也用微观的视角展示了肉眼难以观察的食物的细节面貌，如新疆塔克拉玛干的大片荒漠和安徽潮湿多雨的景色，火腿腌制时盐分对肉质的缓慢渗透与制作皮蛋时蛋白质完美地分解和凝结。① 正是这些技术的存在让纪录片的拍摄呈现出一种视觉奇观，形成了丰富的视觉序列，极大满足了观众的猎奇心理和对地理区域的想象。

其次，新媒体的普及把美食纪录片宣传推向了一个更高的水平。新媒体平台让众多草根受众也能借助平台表达自己的态度和意愿。对于美食纪录片的相关议题，受众保有了一份主动性，能够积极参与到美食纪录片的讨论之中，自上而下引爆有关美食纪录片的全民狂欢。

2. 受众重视饮食情感

自古以来就有"民以食为天"的说法，饮食也是长久以来人们一直谈论的话题。顾名思义，《风味人间》代表了"风味+人间"，当食物不再只是解决人类生理需求时，人们或许更关心食物背后承载的情感与文化。例如《风味人间》中凸显了平民烟火，着重刻画了平凡人物的内心世界，用真情实感来打动观众。中国传媒大学副教授周逵提出了"美食平民主义"，即用美食来展现平民的生活。他认为一部能把人的故事讲好的美食纪录片，其口碑自然不会太差。某种程度来说，美食纪录片打通了一种情感联结。而这种情感联结对于当今身处快节奏生活的人来讲尤为重要。

---

① 许苏、彭朝忠：《品质·运营·传播：美食纪录片〈风味人间〉的成功探微》，《新闻知识》2021年第1期。

3. 国家政策大力推动

国家在政策层面的推动让中国纪录片进入了实质性变革的阶段。比如2010年10月底，广电总局出台《关于加快纪录片产业发展的若干意见》，之后中央电视台纪录频道成立，开始探索用高投入生产更具有商业价值、更有影响力的纪录片。比如打响了中国美食纪录片第一炮的《舌尖上的中国》就因此而创作，具有开创性的意义。到了2018年，国家广播电视总局发布了关于纪录片创作传播的通知[①]，对纪录片在各电视台频道的播放时段进行了硬性规定，这一鼓励政策为纪录片领域创造了内容缺口。因此，国家为国产纪录片颁布的一系列政策也为其发展提供了诸多机遇。

（二）美食纪录片传播中的问题

中国美食节目已经走过了四十多年的发展历程，在这几十年间，以《风味人间》为代表的诸多美食纪录片随着日益复杂的社会变迁不断改进创新，并演化成一种全民性、多元化和跨屏传播的集体审美。但是在这场文化盛宴中，一些突出问题也渐渐浮出。

1. 同质化严重，面临"破圈"难题

如果说"舌尖"系列让国人真正开始关注美食纪录片，那么《风味人间》则是凭一己之力将美食纪录片带入了内卷时代。自2021年以来，美食纪录片呈现出了井喷式增长，尽管创作者一直坚守选题的创新和艺术的匠心，但当前作品同质化严重，口碑势能方面也出现了疲软现象。而市场中的激烈竞争也造成了诸如商业性和艺术性失衡的问题，例如《人生一串》和《舌尖上的中国》第三季中也因为加入了过多硬广告极大地影响了观众的观感，被观众所诟病。

2. 文化存在折扣，影响国际传播

全球化给各国之间在文化方面的传播提供了基础，而文化多样性和价值多元的客观存在也让美食纪录片在向外传播中出现文化折扣现象。文化折扣是指国家之间因文化、价值观、生活方式等的差异使一些文化产品或

---

① 《国家广播电视总局关于实施"记录新时代"纪录片创作传播工程通知》，中国纪录片网站，http://www.docuchina.cn/2020/06/23/ARTIXiKuDgd0VYYET8cVz8Lv200623.shtml，2023年4月17日。

服务在国际传播中不被认同,继而产生了价值折损。之前我国纪录片以说教为主的叙事方式需要具备一定的知识基础,因此国际传播效果大打折扣。直至"舌尖"系列和《风味人间》的出现,对叙事方式进行创新,主要聚焦平凡人的故事而非试图说教,才让中国美食纪录片的传播在国际上有了一席之地。此外,纪录片的选材也会造成文化折扣现象,比如以各类禾虫、活珠子、豆汁儿、牛屎酒等奇葩美食为题材的纪录片《奇观记》,可以用诡异独特来形容。尽管这类反传统美食是一大创新,能极大满足人们的猎奇心理,但也存在过度重视猎奇而造成传播受阻的现象。

四 启示与对策

针对当今美食纪录片存在的问题以及对《风味人间》的传播价值分析,我们可以从中探究几点启示,从而给在新媒体时代面临激烈竞争的诸多美食纪录片提供一些优化策略。

(一)扩大取材视野,打造"破圈"之路

走出国门,记录鲜为人知的风味是《风味人间》的一大特点,也是与前期美食纪录片顶流"舌尖"系列的最大区别。在国内美食纪录片素材高度重合的现状下,扩大选材视野,缓解观众审美疲劳可以作为一条创新之路。在同质化竞争激烈的前提下,《风味人间》第三季将目光转向了海鲜,并让外国美食博主惊呼"要来一场海鲜美食之旅"。美食并非一座孤岛,对于一个国家而言,它俨然成为文化沟通的桥梁。对本国优质美食文化的深挖,对传承国内美食文化、激发国人对文化的重视有着重要作用,而用全球观念塑造美食纪录片,则为宣传我国优秀的民族文化打开了一扇大门。另外,放眼全球并不单单指素材选取的全球化,也应该借鉴他国在制作美食纪录片上叙事手法或视听语言的经验,真正扎根于本土,又面向世界来打造中国美食纪录片的"出圈"之路。

(二)激发情感共鸣,降低文化折扣

文化折扣现象因为中外在文化语境、制作方式等的不同而不可避免地存在,但是要想让我国纪录片实现文化输出,就必须要积极克服这种文化隔阂。中国纪录片应尽量涉足那些富有人性且意识形态弱的领域,这种选题或表达方式具有世界性与普适性,能够引起不同文化体系观众的强烈共鸣。[①] 基于此,纪录片应该重点关注美食所能引发的情感共鸣。无论是文化价值中构建的集体记忆,还是在人文关怀中体现出的人与自然和社会之间的情感联系,都注入了情感因素,不仅贴近现实,也使得整个纪录片彰显着活力和张力。正如《山海之间》中所说:"山海之间,美食即相逢。"即便有种族和文化的沟通障碍,美食也可成为承载情感的符号。把平凡人的生活故事作为切入口,再逐渐穿插地域和人文历史等信息,用人文精神或者人文关怀去吸引受众,用以小见大、见微知著的方式引起观众的情感共鸣。

(三)寻求商业性与艺术性的平衡

美食纪录片成本高回报低是不可避免的障碍,正因如此,美食纪录片的商业化价值受到重视并逐渐凸显,比如《风味人间》成功突破圈层限制,将内容营销与品牌方进行完美融合,让"价值营销"观念踏实落地。为了商业价值的持久发展,美食纪录片在品牌建设上也开始关注品牌与IP共建,利用优质内容赋能,深化纪录片的营销价值,在探索品牌建设上利用创新性的营销模式。这些举措对于美食纪录片商业价值的发展具有极其重要的意义,但是在此过程中要平衡好艺术性和商业性的关系,一部好的纪录片不仅要有恰逢其时的营销策略,也要实现经济效益和社会效益的统一,莫让铺天盖地的广告影响了纪录片的播放质量。

结 语

《风味人间》作为美食纪录片界的翘楚,其传播价值可以从多方面的分析中得出,但是无论从哪个角度,其基于饮食所带来的文化价值和背后体现的对社会的洞察和关切是必然存在的,因此它是一部名副其实的富含人文精神和人文情怀的纪录片。千百年来,美食成了人类繁衍生息的物质基础,也沟通了不同地域、种族和文化。我国纪录片并未像电视剧一样具有大量的受众,美食纪录片的存在既展现了纪录片的美,也让观众看到了

[①] 李法宝:《论〈舌尖上的中国〉系列化解"文化折扣"的策略》,《现代视听》2014年第1期。

纪录片存在的价值。但是由于笔者学术能力有限,加之目前对于纪录片的价值研究尚未有完整理论框架,因此本文的理论框架也是根据前人的诸多研究总结出来的.存在着理论框架单薄的问题。未来笔者也将会以本研究为基础,进行更加细致深入的分析,使研究成果更加系统性并提高其参考价值。

(作者为王梦寒,指导教师为张硕)

东方的滋味：论中外合拍纪录片《柴米油盐之上》中的中国形象建构

如何展现良好的中国形象，是当前中国进行文化传播的重要课题之一。纪录片作为文化交流的重要媒介，它的国际传播已经成为提高中国文化软实力、增强国际话语权的重要手段。其中，中外合拍纪录片因为做到了中国故事的国际表达，在建构国家形象中发挥了独特的作用。2021年，英国导演柯文思执导的纪录片《柴米油盐之上》运用真实的镜头语言讲述中国的小康故事，将中国共产党领导中国人民走向共同富裕的过程浓缩成平凡人的个体故事，使中外观众可以从人间烟火中认识到一个可信、可爱、可敬的中国。

一 题材层面的国家形象建构

伴随着我国市场经济的蓬勃发展和海外影响力的增强，中国主题的中外合拍纪录片日渐丰富，部分西方人士也致力于对我国真实发展现状进行探索与寻觅，这为展示客观真实的中国形象创造了平台。其中，纪实类纪录片因不涉及晦涩难懂的理论知识和敏感的政治言论，具有普适的欣赏价值，受众广泛。《柴米油盐之上》以普通人和当下的社会现实为记录对象，平视社会人生、关注现实世界、强调叙事纪实，① 向全球观众展示了中国人民对自己国家的自信、对自己未来生活的乐观态度和奋发图强的拼搏精

---

① 欧阳宏生：《纪录片概论》，四川大学出版社2004年版，第14页。

东方的滋味:论中外合拍纪录片《柴米油盐之上》中的中国形象建构

神,立体地刻画了中国可信、可爱、可敬的大国形象。

如在第一集《开勇》的开头,一个中年女人站在自建危房的屋顶上,用行动拒绝拆迁。此时,身为主人公的村干部常开勇正在下面耐心地做着思想工作。常开勇解释,由于当时乡村医疗水平落后,再加上与乡镇医院的距离颠簸遥远,常开勇的父亲在村中生病后因得不到及时医治而不幸去世。这件事情在常开勇心中一直是一个遗憾,所以他说道:"因为小时候受过那种苦、那种累,真的不想看到有人再像我小时候那么辛苦。假如我们不去付出,不去做的话,我们只有落后。"

《开勇》不仅记录了当地扶贫工作的不易,也从侧面展现出中国扶贫的决心和行动。无数扶贫工作者像常开勇一样,对中国的扶贫政策充满自信和希冀,并将自己的全部精力倾注于对当地村民的扶贫。在这集短片里,常开勇作为千千万万基层一线干部的缩影,展现了中国共产党始终以人民群众为中心的坚定信仰,也揭示了中国使数亿人脱贫实现小康的根本原因。正如导演柯文思所说:"这些故事之所以能触动到每个人的心灵,是因为它们传递出了这样的信念感:有志者,事竟成。我相信这也正是中国想要展示给世界的。"[①]

《柴米油盐之上》还通过捕捉人类的共同经历,以亲历者的角度折射出中国数十年变化中个人的喜怒哀乐、悲欢离合,创造出一个个鲜活、生动、可爱的人物形象,建构出一个可爱、可敬的中国。

如第二集《琳宝》里的主人公琳宝,她虽然身材娇小却从事着重型卡车运输工作,用自己的经历诠释了新时代独立女性独特的价值和魅力。琳宝出生在一个重男轻女的家庭,在她上初中的时候就因交不起学费而辍学,几年后父母更是为了6000元的彩礼把她嫁给了一个陌生人。但她并没有抱怨命运的不公,乐观地面对一切困难和挑战。她毅然决然走出大山,去外面闯荡,并朝着更好的生活不断迈进,引发观众共鸣。琳宝代表了许多在新时代浪潮下勇敢打破封建思想枷锁的中国女性,她们或许不是电视剧里的"成功女性",但她们热爱自己的生活和事业,有独立的人格和乐

---

① 柯文思导演《柴米油盐之上》,第一集。

观向上的精神，在生活重压下依然笑对人生。美好温暖的人物形象和关怀的人文精神对建构可爱的中国形象具有重要意义。

《柴米油盐之上》以中国高速发展的时代风采为背景描摹中国人吃苦耐劳的精神面貌和对家乡的热爱，展现了可敬的中国形象。

这份可敬，是第三集《怀甫》的主人公王怀甫通过自己的努力和对舞台的热爱成为著名杂技演员，站上了世界的舞台。很多人拘泥于"原生家庭决定论"，一生在贫穷的生活里无法挣脱，但王怀甫凭借自己的毅力和决心，改变了命运，成功在上海拥有了自己的家庭和热爱的事业。如今已经步入中年的王怀甫，仍然拖着一身伤病坚持在舞台上演出。他褪去了曾经改变命运的信念感，留下来的，是王怀甫纯粹又真实的对舞台和表演的热爱，以及对杂技艺术的献身。因为对梦想的热爱，付出的那些艰辛便显得不值一提。

这份可敬，也是第四集《子胥》中奋斗在快递行业的三个青年在不惑之年回到家乡，想要以先富带动后富，吸引人才回流的爱乡情怀。2012年，互联网和淘宝快速发展，走出子胥村打拼的罗微娟、邓德庚和陈德亮敏锐察觉到时代的风口，毅然决然地将筹备的资金全部投入对车辆、人员和场地的扩展中，迎来了自身快递品牌的春天。2012年，罗微娟、邓德庚和陈德亮所负责的申通、圆通、中通、韵达快递占据全国快递业务量一半以上。

随着中国科技的发展，早些年用扫描枪每小时能操作 600 件快递，如今摄像头和称重设备结合，每小时就可以操作 3000 多件。邓德庚站在义乌申通厂房介绍道："从动态秤、交叉带包括机器人，我所走过的路，一定要留下我的脚印。说明我来过了，这辈子没有白活。这就是我认为的我的小康。"

如今事业有成的罗微娟、邓德庚和陈德亮在不惑之年又回到了家乡。他们在山头俯瞰着山村，决定依靠快递行业的发展，在子胥村所在的桐庐县城以"三通一达"为中心带动当地第三产业的发展，这为桐庐县提供了一个新的发展方向。子胥村后山是邓德庚在《柴米油盐之上》中的最后一处出镜之地，而现在，这里被邓德庚租赁，种植了 100 多亩梯田水稻。欣欣向荣的青绿色水稻,既是对中国"绿水青山就是金山银山"的生态理念的呼应,也寓意着邓德庚新的梦想在这里生根发芽。

布尔迪厄的文化资本理论指出,文化资本往往难以直接传承,需要进行解读,使得人际或代际之间的文化资本得以转码,才能成为异域或异代人可以理解并且能够掌握的内化力量。《柴米油盐之上》以普适性的人文社会为题材,对具有中国特色的文化因素进行转码,展示了在中国共产党领导下自力更生、乐观向上的中国人形象,由此展现出可信、可爱、可敬的中国形象。

二 叙事层面的国家形象建构

国家形象是国家的内部和外部公众对国家本身、国家行为、国家的各项活动及其成果所给予的总体认知。因此,拥有强大隐形传播力的纪录片,除了能唤醒国内人民的民族自豪感,在塑造真实可信的国家形象方面也发挥着重要作用。尤其是中外合拍的纪录片,在取材于中国本土故事基础上运用独特的叙事方法进行解读,使得中国在跨文化交流过程中降低文化折扣,与国外观众产生共鸣,让世界更了解中国。

(一) 个人化叙事视角

吕新雨在《纪录中国:当代中国新纪录运动》中提出"个人化"是基于个人的行为和判断,作为一种独立的思想行为,基于对客观事实的主观判断与记录,以创作者的个人诉求为出发点。[①] 因此从个人化视角出发的纪录片更凸显真实,运用个人化的叙事视角表达主题的中外合拍纪录片也犹如雨后春笋,比如《我的新疆日记》,运用国外主持人的视角,带领观众走进新疆生活,展现新疆在经济协调发展、自然多样性保护、地域文化传承等多方面的发展成就。还有日本导演竹内亮,在后疫情时期,创造了一系列以中国疫情防控为主题的纪录片。他的日记式记录影像及时、迅速、客观、立体地呈现了中国敢于担当的大国形象,受到了全世界的普遍

---

① 吕新雨:《纪录中国:当代中国新纪录运动》,生活·读书·新知三联书店2003年版,第51页。

关注。这些个人化真实视角的中外合拍纪录片突破了国产纪录片"自卖自夸"模式的窠臼，向世界打开广角，投射出中国发展新图景。

A Long Cherished Dream，这是纪录片《柴米油盐之上》的英文名称，直译成中文名为"珍爱已久的梦想"。英国导演柯文思独具匠心，没有选择高楼大厦和冰冷客观的数据来展示中国为实现这一珍爱的小康梦想所付出的努力和取得的巨大成就，而是将镜头对准小干溪村村支书常开勇、女卡车司机琳宝、上海杂技演员王怀甫以及子胥村的民营企业家陈德亮、邓德庚、罗微娟6位基层人物，讲述他们心中的小康梦想。

导演柯文思的镜头虽聚焦于中国的发展，但也并没有回避过去以及当今中国发展所面临的问题，这使得这部记录了中国建设小康社会的纪录片充满了真实感：边远地区的重男轻女现象、村民的乡土情结与扶贫政策的冲突、基层干部的艰辛与工资的差距，这些现象都在纪录片里展现了出来。这种真实感，这种通过人间柴米油盐讲述中国家国情怀，会激起海内外观众认真欣赏《柴米油盐之上》的兴趣，品读在中国发展洪流中平凡百姓的生活。

《柴米油盐之上》在每集的片尾还加入了英国导演柯文思自己对中国小康的思考与赞赏。柯文思从导演视角亲自介绍选择每集主人公的原因，并分享每一个故事触动人心之处，为观众更好理解人物本身和纪录片创作理念提供注解，实现了与观众的有效沟通。在第四集结尾中，柯文思还表达出自己个人对中国共同富裕和小康生活的独特理解："子胥村的发展故事十分具有中国特色，因为你难以想象一个小村庄能够带动一个新兴产业的发展。中国构建的小康社会能够让任何阶层，尤其是最底层的人民，通过自己的拼搏拥有自己所梦想的一切。同时这些先富起来的人民，也没有忘记报答国家和社会，以自己的先富带动身边人后富……而这在西方是绝不可能发生的。"

就像剪辑师钱孝贞所说："纪录片里的情感不是由主人公和导演表演给观众看的，而是由观众自发从故事里获得的。"[①]《柴米油盐之上》在采

[①] 赵青：《用纪录片还原真实的琐碎和真切的美好——〈我只认识你〉导演手记》，《传媒》2017年第6期。

东方的滋味:论中外合拍纪录片《柴米油盐之上》中的中国形象建构

用导演客观的个人化视角拍摄作品的同时,也更注重纪录片中主观的个人化视角表达。在《柴米油盐之上》中没有旁白叙述,以纪录片的主人公自述为主,通过主人公的独白将故事的逻辑链条有机串联在一起,无声地向人们展现了扶贫的成效和小康社会的面貌。

以第二集"琳宝"的故事为例,尽管本集集中拍摄琳宝与丈夫回乡探望她与前夫的小孩,但透过剧情的主线,我们仍能看到中国的发展进步是带给每个中国人的:琳宝孩子所就读的学校窗明几净,摄像头里还有孩子们无忧无虑的笑脸和朗朗读书声。琳宝途经的乡村街道宽阔平坦,路上也有自由自在跳着广场舞的村民。

在第一集《开勇》中,面对村民与村干部常开勇的冲突,英国导演柯文思没有选择上前干预而是让事件自然发展,他将绝大多数时间交付被拍摄的对象进行自由演绎,并与被摄对象保持一定的物理和情感距离,跳脱出过度主观化表达的桎梏,使得纪录片的记录更加真实。

(二) 微观化叙事手法

相对于宏大的叙事手法和完美无瑕的形象,海内外受众更倾向于在大主题下的小人物命运中寻求精神上的冲击与价值的共鸣。正如《柴米油盐之上》每集片名一笔一画的书写式呈现一样,每个平凡人都在各自的生活里散发着耀眼的光芒,每一个普通人的生活也都值得投注目光。《柴米油盐之上》通过抓住生活中微小的细节进行刻画描绘,从而与海内外观众产生了情感上的交流,使得对小康故事的讲述更具有感染力,充分传递情绪。

如在第一集《开勇》中,贫困户陶银秀一家最初因为对老房子的执念而对异地搬迁一事颇有顾虑,最后在村干部常开勇的多次劝说以及在参观政府建造的新房后终于打消了顾虑,决定搬迁。在离开老房子前,陶银秀卖掉了自家的耕牛,对方牵着牛离开时,陶银秀在田埂上跟着牛走了好远,直到走到拐弯处才停下脚步望着牛离开。每一个人在离开居住多年的家乡多少都会有些不舍,但《柴米油盐之上》非常巧妙的一点是它并没有采用较为生硬的采访方式直接询问陶银秀搬迁的想法,而是通过一个细微镜头的刻画,生动地展现了陶银秀对于故土的眷恋。

村干部常开勇因为扶贫工作忙碌,将照顾家庭的大部分重担都给了自己的妻子,与妻子也是聚少离多。常开勇的妻子曹家艳在面对镜头时流着泪说"我要是当你的贫困户该有多好"。这一份辛酸又甜蜜的细节呈现,也令观众更为直观地感受到脱贫干部的不易与伟大。

又比如第四集《子胥》中,作为申通快递创始人之一的陈德亮在谈及创业初期因为在火车上丢失重要文件面临破产的危机,最终化险为夷、找到文件的重要时刻时,双手紧紧握成拳头,嘴唇微微颤抖,连语言表述都有些结巴,导演柯文思敏锐地捕捉住了这些细节,将陈德亮化险为夷的兴奋感通过画面直接传递给观众,通过对采访对象动作、神态的捕捉,营造出相应的情绪氛围,悄无声息地向观众传递情绪。

冰冷宏大的数据展示,空洞的文字表述,生硬的人生道理,这些纪录片曾经常见的内容与呈现形式很难吸引当代观众的目光,传播效果有限。近年来中外合拍纪录片也在纷纷探索更为亲民的表现形式,努力拉近与观众的距离,优化观众的观看体验,《柴米油盐之上》通过对采访对象情感流露时细节的捕捉与刻画,成功将观众带入故事讲述中,从而让观众对纪录片内容有了更为深刻的理解。

(三)共情化叙事主题

"共情"这一概念发源于心理学领域,随着学科融合发展,有传播学领域的学者提出:"共情传播是传播者与受传者策划、表达、共鸣、获得、反馈的系统历程。传播过程也就是共情过程。"[①] 纪录片《柴米油盐之上》之所以能够获得海内外一致好评,最关键的是得益于选取的是能够引发共鸣的叙事主题。

纪录片《柴米油盐之上》虽然记录的是6位主人公各自的小康故事,但他们都有着背井离乡、怀念故土的共同情感,无论是唐朝李白的"举头望明月,低头思故乡"还是现在农村人口为谋工大量流入城镇,故乡永远是中国人心里最柔软又充满温情的一隅。无论已经过上了多么富足的生活,中国人也会牢牢记住生养自己的一方水土,用一生来爱这片土地。千

[①] 唐宁、唐然:《共情理论视域下重大突发事件微纪录片的视听传播探究》,《中国电视》2020年第8期。

千万万的中国人在富裕起来后,首先想到的也是用实际行动回馈自己的家乡,为中国的建设注入蓬勃的生机与活力。

对于在第一集《开勇》中的村民们来说,易地搬迁意味着离开世代生活的地方,他们无法放下这份顾虑与眷恋。但到新房子去参观后,小区配套的学校、医院、银行等基础设施,以及对应的就业安排解决了村民们的后顾之忧;琳宝虽然破除万难闯入城市,但她日日夜夜挂念着家乡的父母与儿子,她的梦想也是计划努力打拼在城市买车买房,将家人们接到一起生活;王怀甫经过自己的奋斗已经成为上海的中产阶层,但他还是会经常带儿子回家乡,提醒孩子不要忘本,让他知道现在享有的生活来得不容易;从子胥村走出来的民营企业家们即便已经拥有千万家产,但故土仍然是他们的心之所系,他们在看到故乡人口的流失后不约而同地选择回到家乡搞建设。

中国人这种浓厚的乡土情结、自强不息的奋斗精神是全世界共通的,海内外观众都可以感知到,并与之共情的。基于此点《柴米油盐之上》才能更好构建中国的大国形象。

三 话语层面的国家形象建构

福柯的话语理论认为,权力与话语紧密关联,"话语意味着一个社会团体依据某些成规将其意义传播于社会之中,以此确立其社会地位,并为其他团体所认识的过程"[①]。当这些话语理论体现在纪录片领域中时,中国题材的纪录片要想讲好中国故事,不仅需要"自塑"或"他塑",有时更需要注意将"自塑"与"他塑"结合起来,实现"中国故事,国际表达"。同时也要注意在国际化表达的同时积极主动掌握话语权,密切与各国的对话,通过交流降低文化折扣,在双方的对话中充分展现中国理念,建构真实理想的中国形象。

(一)对话内容:瞄准日常生活

如今世界正处于百年未有之大变局,整个世界日益成为你中有我、我

---

① 王志河:《福柯》,湖南教育出版社1999年版,第83页。

中有你的人类命运共同体。作为人类"生存之镜"的纪录片只有最大程度还原和呈现最真实的人的形象，人才能作为一种价值载体发挥其在意识形态领域的作用，世界各地的文化亦得以实现"各美其美，美美与共"。

目前，大多数中国题材的中外合拍纪录片仍局限于对中国宏观物质层面的宣传，比如在中韩合拍的纪录片《超级中国》中，导演将镜头对准的是富丽的豪宅，主角也是与之相匹配的中高阶层。这种规避真实、只一味夸耀的表述方法对建构客观真实的中国形象所带来的负面效应不可低估。它会使得"中国威胁论"甚嚣尘上，给国外受众造成一种侵略性的感觉，从而产生抵触心理，并会最终导致对中国形象的认知出现偏差。面对中国形象塑造片面化和内容存在短板等一系列问题，唯有聚焦"人"才是解决这些问题的核心。

中外合拍的纪录片不仅要关注丰功伟绩的大人物，也要关注最普通的老百姓；不仅要关注具有中国民族特色的故事，也要关注全人类的故事。尤其是要关注"人"的故事、"全人类"的共同命运、切入的是"人"的共通情感，树立纪录片中人类命运共同体理念。总之，"人"应该是中外合拍纪录片建构中国形象的出发点和落脚点。

纪录片《柴米油盐之上》集中展现了不同阶层的普通人奋力实现各自小康梦的经历，他们是无数奋力实现美好生活的中国人民的代表，他们身上也有着全世界共通的奋发图强、同心合力的精神基因。因此，每一位观众都能够身临其境地感受到自己为理想挥洒的汗水，感受到中国全面建成小康社会带给每一位中国人切实的精神幸福和物质利益。借助"以人为本"策略，还原人物本真，实现了"文化接近"，从而打消陌生感，使得中国形象更容易被接受与理解，增强海内外观众对可信、可爱和可敬中国形象的认知。

（二）对话主体：多元合作

近年来，随着国际交流日益频繁，中国纪录片的创作模式也在不断创新，中外合拍纪录片也逐渐成为潮流，"借船出海"被切实运用到纪录片对中国形象建构的实践中。

《柴米油盐之上》是由英国的柯文思导演、国务院新闻办公室监制、

东方的滋味:论中外合拍纪录片《柴米油盐之上》中的中国形象建构

中国外文局联合多家主流媒体合作的纪录片,该纪录片在制片方式上是"国家主导、外国拍摄、多主体合作"的典型代表。在话语权方面,国家机构是最高话语权者,并拥有内容终审权;在主体合作方面,国家机构、主流媒体、互联网平台和国外导演团队携手,共同打通内外宣传,为《柴米油盐之上》提供多方面传播渠道。同时在中外合拍已经进入常态化的情况下,要想进一步提高中外合拍的质量,国家机构要更加注重寻求与知华、亲华的制作团队合作;在内容创作方面,要在内容表达与价值传播上寻求更多的共同点。具体来说,应该挖掘出更多中华优秀文化的价值内涵,推动中华优秀传统文化的创造性转化和创新性发展。要以全人类共通的价值观念为基点,比如全球脱贫、爱好和平、公平正义等内容主题,实现中外合拍基础上的文化合拍。正如《柴米油盐之上》一样,主人公虽然所从事的工作各不相同,但他们都饱含对乡土的珍爱。

《柴米油盐之上》又以此为基础通过国际主流制片模式进行陌生化处理,在拍摄执导方面,由英国著名导演,多次荣获奥斯卡奖的柯文思全程负责。他运用国际化视野,选择将镜头聚焦在普通人身上,捕捉中国人民对美好生活的追求。并且为了拍摄本片,柯文思带领团队进行了为期近一年的实地考察,拍摄地从西南的崇山峻岭一路延展到东南的平原沿海城市。拍摄团队与被拍摄者们积极开展沟通并取得对方信任,从而减少了他们在镜头面前的紧张和不安。正因为如此,《柴米油盐之上》里的人物个性鲜明,情节真实动人、贴合实际,更容易引起海内外观众的共鸣。

因而中国纪录片要想在建构中国形象过程中体现中国独特的人文价值,中外合拍的对话多主体合作方式不失为一种值得努力探索的方向。

结　语

在全球化的今天,信息传播日益发达,国家形象已慢慢成为一个国家进入国际舞台的重要名片。打造好国家形象既是获取国际社会认同的必要途径,也是提高国家软实力的重要手段。以真实生活为创作素材,以展现真实为本质,并用真实引发人们思考的纪录片日渐成为国际公众了解中国的渠道,肩负起了提升中国国际文化竞争力的重要使命,也成为巩固新时代中国文化价值体系的平台,因此,如何运用纪录片讲好中国故事,成为当前必须重视的研究课题。

  如今,中国题材、中国面貌正在以中外合拍纪录片的形式呈现在国际主流媒体平台上。通过国际合拍可以加速推动中国纪录片走向世界,也让更多人了解真正的中国。对中国而言,以中外合拍的方式记录中国故事,必定是未来的发展趋势,为世界看中国提供更多不一样的视角。这需要提升纪录片创作者的创作水平,以小切口记录大时代,描绘真实生活常态,并积极与国际主流制片方式相接轨,让纪录片成为中国与世界交流的一扇窗。

(作者为郑倩毓,指导教师为孙书文)

非遗酸蘸儿的"出圈"之路

咬一口酥脆清爽,品一品酸甜香浓。自带亮晶晶喜庆外表的老济南酸蘸儿在过去的这个冬天成为济南美食界的流量"明星",用镜头记录其制作技艺的短视频入选文旅部官网"视频直播家乡年"专题展播。非遗酸蘸儿传承人张正伦由此人气暴增,被许多人熟知。在互联网"走红"的同时,他坚持使用传统工艺制作酸蘸儿,保留过硬的品质。记者专访张正伦,请他讲述酸蘸儿再度火爆背后的故事。

一 此酸蘸儿非彼糖葫芦

"糖葫芦多少钱一串?"每当有顾客在曲水亭街老济南酸蘸儿店铺的窗口前询问时,张正伦总是不厌其烦地用带济南口音的普通话对顾客说:"咱这是酸蘸儿 不是糖葫芦。"有的顾客不甚在意二者区别,付款后,手持一份酸蘸儿转身而去。有的顾客会好奇询问,张正伦便热心详尽地讲述酸蘸儿的特别之处。有朋友来他店里串门儿看到这样的场景,事后一半埋怨一半关心地问:"人家只想吃一串糖葫芦,你怎么话这么多?起早贪黑地开店,你也不嫌累?"张正伦则解释:"过去,济南人都管这叫酸蘸儿,没人叫它糖葫芦。现在,糖葫芦的叫法太深入人心,借我之口知道酸蘸儿的人多一个是一个。多说几句话,不累。"

将山楂用竹签串起,裹上滚烫的糖衣,冷却后便成了外表晶莹剔透、味道酸甜可口的街头小吃。这种小吃历史悠久,种类多样,在不同地区,人们对它有着不同的称呼,北京叫糖葫芦,天津叫糖堆儿,青岛叫糖球

人间百味

图 1　张正伦制作酸蘸儿

（图片由记者王宇琦拍摄）

儿，济南便叫酸蘸儿。"老济南人把山楂叫作'酸楂'，串成串的山楂蘸上熬好的冰糖，便成了酸蘸儿。"张正伦介绍。

张正伦是非遗酸蘸儿的传承人，老手艺流传至他手中已是第四代。这项技艺的关键便是熬制冰糖浆的火候，"火候欠了粘牙，火候过了发焦、发苦。糖要熬得恰到好处，这个临界点转瞬即逝。熬好的糖浆挂在酸蘸儿上要够薄，这样吃起来才不硬，甜味也不会喧宾夺主。小时候父母便对我说，不管这一锅能做多少根酸蘸儿，糖从头到尾都不能变色，必须是清澈且透明的"。

酸蘸儿原料的选择也有独到的讲究。"现在市面上主要有三种山楂，面楂口感较好，但酸度大；五棱山楂颜色更漂亮，酸度可以接受，但质地偏硬；我选择的是产自济南南部山区的金星山楂，口感绵软，酸度小，且有回甘的味道。"张正伦说。

举起酸蘸儿，香油味儿首先扑鼻而来，冰糖的甜香紧随其后，一口酸蘸儿冰凉入口，酸甜口味交替而至，冰糖的脆和山楂的软相互搭配形成复合口感，咀嚼混合之下，酸甜二味进一步融合，最终完成酸蘸儿在口腔中的美味之旅,这便是独属于济南酸蘸儿的味道。

二 传统非遗正当红

近年来,在短视频潮流带动下,许多网红纷纷来找张正伦拍摄视频,酸蘸儿"蹿红"网络,刷屏了济南人的短视频App。在刚刚结束的"文化进万家——视频直播家乡年"活动中,张正伦上传的视频得到众多网友的点赞、叫好。山东Nini拍摄的酸蘸儿视频入选文旅部官网"视频直播家乡年"专题进行展播。老济南酸蘸儿店甚至成为外地游客来济南游玩时的"打卡"地标。"有一次,一位外省顾客带着一家人驱车几百公里,就为了来吃一口酸蘸儿,真的把我吓了一跳。今年大年初五,一个小姑娘穿着睡衣拖鞋来买酸蘸儿,我还以为她家在附近,后来看了留言,才知道她是从青岛赶过来的……"张正伦说道。

张正伦的初次"入镜"发生在刚开店不久。彼时,他的店面在百花洲内,"当时几个学生来问我,能不能给我拍视频,完成学校的专业课作业,在询问我之前,已经有很多手艺人怕麻烦拒绝了他们。当时我想,自己的孩子也有向陌生人寻求帮助的时候,便答应了他们"。学生们拍摄的视频先在学校内取得了不错的反响,被发布到网络后也激起小片涟漪。随后,专门来找张正伦拍摄酸蘸儿视频的人越来越多,"少的时候一周有一两个,多的时候一天就好几批。只要有人来拍,我都没有拒绝"。

"网络时代,每个人都是传播者,都有发声的机会。我在店里向顾客介绍酸蘸儿,每次最多就几个人能听得到。借助别人的镜头,我便是在对全体网友说话,有机会让更多人知道咱济南传统酸蘸儿的特别之处。"对于自己的"走红",张正伦在高兴之余也保持着冷静,"传统手艺得到关注固然是一件好事,但我不想要现象级的红火,更想让酸蘸儿更持续地走下去"。

三 进一步"试水"互联网

随着一条条相关视频的火爆,凝聚非遗技艺精华的"梅花烙"酸蘸儿也"出圈"了,成为时尚人群的"标配"。填充豆沙馅的山楂沾上瓜子和芝麻,如梅花绽放,糖衣在甩落时瞬间张开,遇冷形成形状不规则的"糖翅儿"，颇显玲珑剔透。张正伦为梅花烙的外观申请了专利，他的店铺也成了品尝这种特色美食的唯一去处。在制作梅花烙时，张正伦依然使用着父辈传下来的工具山楂刀，便于快速挖出山楂核而不过度损坏山楂外表。

  少时的张正伦，便跟随父母走街串巷售卖酸蘸儿。一辆小推车，一个玻璃箱，一排排火红的酸蘸儿，便承载着一家人的生活和希望。1995年的一天，母亲做好的酸蘸儿卖得特别快，眼看就要售空。邻居帮忙捎话给家中的张正伦："赶快帮你妈妈看摊儿去，把她换回来做酸蘸儿。"张正伦摆摆手："哪里需要这么麻烦，我做好送过去就行了。"虽是第一次做酸蘸儿，耳濡目染之下他也颇能掌握其中要领，顷时，晶莹漂亮的酸蘸儿出锅，还得到了母亲的称赞。

  过去储存条件有限，酸蘸儿通常只能在每年10月至次年5月售卖，这并不能维持手艺人一年的生计。2000年后，张正伦另谋通信行业的工作，至2018年才重拾这份祖传的老手艺。这时，当年卖酸蘸儿的一批人都已老去，鲜有人愿意继承这份风吹日晒的辛苦"小买卖"，知道酸蘸儿的人也越来越少，"如果我不做酸蘸儿，便没有人再做了。如今，济南能做传统酸蘸儿的店，只有我这一家了"。今年过年期间，正值酸蘸儿走红互联网，年过七旬的母亲还到他的店中参观一番，看到这么多人喜欢酸蘸儿更是由衷地高兴。

  张正伦成为"网红"后，有朋友对他说："不经意间你就火了，运气不错呀！"只有张正伦自己知道，这份"火"并非巧合，亦非运气使然。一方面，是传承的技艺能保证酸蘸儿的口味，成为"火"的基础；另一方面，是他持续数年真诚地配合拍摄，毫不敷衍地完成每一个镜头，才能让酸蘸儿火爆网络。连他自己都数不清，究竟拍过多少条视频。

  客流量充足时，张正伦从上午10：00开始营业，至晚上9：00打烊，售卖间歇，他还要现场制作一批批新鲜的酸蘸儿。每一天，每一周，每当有镜头推过来，他都一遍遍地讲述传统非遗的故事。

  除了配合拍摄，张正伦也在不断尝试通过网络让非遗美食之花绽放得更加旺盛。前不久，他给自己的视频账号开通了销售功能，刷到视频的网友就能直接下单。采访当天，他为店中开设了宽带，并开通了外卖平台，让更多人足不出户便能品尝非遗美食。此外，他还将继续在视频领域尝试更多的可能性，"我打算推出制作酸蘸儿的 DIY 礼盒，然后直播教大家如何亲手制作酸蘸儿，将制作酸蘸儿的乐趣传递给更多人"。

（作者为朱德蒙、王宇琦、曲镜如，
原文刊载于《山东商报》2022 年 2 月 26 日，此次出版有修订）

黄家烤肉：探索百年非遗美食的奥秘

随着炉盖掀开，热气腾腾的烤肉出炉并散发出诱人的香气。许多网友在短视频平台刷到这样的视频，驻留之余不禁大咽口水，甚至有人不惜驱车上百公里，只为品尝这份美味。这种在网络平台火爆的烤肉正是来自济南章丘的非遗美食——黄家烤肉。记者专访黄家烤肉年轻一代传承人黄宽，走近这份已经弥漫数百年的炙烤香气。

图1　黄家烤肉传承人、黄宽的父亲黄伍忠

（图片来源：受访者提供）

一　传承数百年的手艺

刚出炉的黄家烤肉香气扑鼻，脂肪与蛋白质在高温作用下发生神奇的变化。外皮焦红而酥脆，内部被划开的肉条根根分明，散发出迷人的香气。一刀切下，坚硬的刀锋与早已烘烤焦脆的外皮相碰撞，便发出脆耳的声音，腾腾热气也随着切口的割开进一步蔓延开来。烤炙的脆壳之下，肥肉晶莹，瘦肉鲜嫩，相得益彰。取一块放入口中，将酥皮咬出咯吱的声响，挤压下的油脂涌出，充斥于口腔中的每个角落，随后，瘦肉部分承担起咀嚼的乐趣，并在与油脂的融合中激发出更醇厚的肉香。黄家烤肉外酥里嫩，肉质肥而不腻，满口留香的同时更有无限回味。

黄家烤肉是济南地区远近闻名的特色美食，据《章丘县志》记载，其诞生于明末清初，由黄氏家族所创制。已经拥有 400 余年历史的黄家烤肉，如今位列山东省非物质文化遗产名录之中，更是黄家人延续 20 余代手艺的结晶。历史悠久的非遗美食穿越时空，在如今依然焕发蓬勃的活力。"这项美食能够一直广受喜爱，最根本的原因还是口味好，这样才能留得住顾客。"黄宽说道。

黄家烤肉的顾客中，不仅有附近十里八乡的百姓，也有不少周边县市驱车而来的消费者，更有专门乘坐飞机来此，只为等待烤肉出炉瞬间的食客。在黄宽的印象里，自家烤肉的客户覆盖了中国所有的省份，甚至俘获了不少外国朋友的心。随着时间的流逝和地域特色的凝聚，黄家烤肉的身份也在发生转变。"现在我们的烤肉不仅是百姓餐桌上的食物，也是章丘的代表性特产，成为许多人馈赠亲友时的首选。"黄宽对记者说道。

烤肉备受欢迎，黄家人便通过更忙碌的工作为食客奉上更充足的美食。"目前，家里有 8 位成员做烤肉，每逢节日旺季时，还要额外增加人手。忙的时候一天要烤二十几头猪，平日淡季也要烤上三五头。"黄宽介绍。

二　特色十足备受欢迎

春节前正是黄家人在一年中最忙碌的时刻。天还未亮，一家上下便开始了辛劳的工作。3 米见方的烤炉是祖传的宝贝，每次可容纳 3 头猪。炉身萦绕热浪，空气中弥漫着烟火香气。黄家烤肉的特色之一，便是采用整猪烤制，不加以分割。"以前我们也试过烤小块的肉，但是感觉吃起来还是比整猪差一点意思。"黄宽说道。与其他烤肉方式不同，黄家并不使用明火，而是先用柴火将烤炉烧得足够热，随后将整猪从炉顶送入内部，利用烤炉的余温将肉烤熟。400℃的高温下，肉质表层的水分逐渐蒸发，形成酥脆焦香的外皮，肥肉中的油脂一滴滴流淌出来，减少肉质中的油腻感，蛋白质和脂肪的精华得以浓缩。一个小时后，外酥里嫩、香而不腻的黄家烤肉便出炉了。"烤好的肉只有鲜肉时一半的重量，吃起来肯定够香。"黄宽笑着说道。

在黄宽看来，烤肉终究是一份辛苦的体力活儿，"先要去挑选优质的猪肉，随后进行剔骨、划肉等步骤；在腌制过程中，将38味材料制成的佐料揉搓进肉中；随后，把猪肉架入烧好的炉中烤制。以前，每炉就烤1头猪，现在加上了起重设备便能烤3头。"

黄家烤肉的炉子一年四季不会彻底熄灭，每天都有新鲜的整猪送入其中，开启食材与高温的碰撞，控制适当的温度成为烤肉的关键秘诀。黄宽向记者介绍："温度过高肉会焦，温度低口感差。其中比较复杂的是，烤肉的温度需要根据季节、天气进行调整。另外，每一天的情况也有所不同，前一天使用炉子的时长，会对第二天余留的温度造成影响，控制火候全靠祖上传下来的手艺和经验。"曾经，黄宽也尝试使用电烤炉、燃气炉等方式烤肉，多次试验之下发现，根本无法复刻原本的味道，随即作罢。时至今日，通过血脉相传的经验技法让黄家烤肉依旧保持着曾经的口味与香醇，让众多食客喜爱。

腌制猪肉的复合佐料也是黄家烤肉好吃的秘诀之一。如今，配方延续传统的同时也根据现代人的口味进行了调整，减少了盐的比重。即便如此，还是有部分网友感觉肉质偏咸。对此，黄宽解释道："高温烤制之下，肉皮表层的水分蒸发比较多，盐分在表面有所凝结，特别是外皮直接接触口腔黏膜时，会造成比较咸的口感。肉质内部保留了水分，咸味就淡一些，两者在一起吃下，便可以形成中和的口感和味道，如果只吃脆皮，就会比较咸。"

三 传播非遗的有力渠道

黄家烤肉的顾客遍布全国，其中不少是从短视频平台了解到济南这项非遗美食。黄宽向记者介绍，家人在短视频平台一共注册了5个账号，全网累计有近60万粉丝。"有顾客特意来等刚出炉的肉，我们就将这个片段拍摄下来，得到了许多人的喜欢。"记者观察发现，黄家烤肉拍摄的视频集结了多种元素，丰富调动看客的各路感官，极富感染力。刚刚出炉的整猪冒着腾腾热气，首先将氛围感"拉满"；割下肉块时的咯吱声音挑动着听觉器官；烤肉色泽亮丽，晃动之下肥瘦相间的肉质颤动不停，在视觉上形成冲击……食客被视频中香气四溢的烤肉吸引，随即展开关于美食的想象，并可通过视频下方的链接进行购买。另外，黄宽的家人也开设视频直播，向网友介绍非遗美味并进行销售。在他看来，这也成为最适合的网络销售模式，无须花费额外金钱，展现烤肉自身的魅力便可获取大量客流。借助新媒介形式，延续数百年的非遗美食展示出极强的特色，得到来自全国各地顾客的喜爱，焕发出强大的生命力。

随着互联网发展，诸多视频自媒体账号兴起，黄宽和家人的身影也多次出现在众多"网红"的视频中。"以前经常有电视台来我们这里拍摄，如今，来的自媒体更多，已经记不清有多少了。"联合铺开的各路视频织成一张大网，让黄家烤肉覆盖更多的网友。

黄家烤肉在短视频平台火爆后，不少网友误以为这里是一家饭店，来此后才发现并非如此，不免有些失望。为满足顾客的需求，从2021年起，黄家烤肉特别开设了堂食服务，提供更多元化的烤肉食用方案。"除了直接食用外，烤肉也可以夹在火烧里吃。对本地人来说，烤肉炖豆腐是大家习惯的搭配和制作方式。现在，如果有顾客来店里想品尝，我们就做一份烤肉炖豆腐，让更多人了解烤肉的衍生美味。"黄宽这样说道。

（作者为朱德蒙、王宇琦、曲镜如，
原文刊载于《山东商报》2022年3月19日，此次出版有修订）

云游天下

老残游记

露营进入"大众化"时代

在 2022 年长达 5 天的"五一"假期里,去哪儿平台显示,"五一"期间可以露营的公园门票销量与去年同比涨幅超五成,部分城市露营地周边酒店预订量与去年同比涨幅达 1.5 倍,今年露营相关产品(住宿、出游)的预订量是去年的 3 倍左右。日前,记者采访山东多个露营产品负责人、旅游平台相关负责人以及旅游专家,解读国内"露营"热潮背后的行业信号。

图 1　红石寨帐篷露营

(图片来源:采访对象提供)

一 山东多地推出露营产品

4月29日,淄博红叶柿岩旅游区露营产品将正式上线。据悉,该项目是依托红叶柿岩旅游区位于滨莱高速博山出口100米处的绝佳地理位置而正式落地的露营产品,是"国内首家高速旅游露营地"。该项目也将丰富的景区内旅游产品与露营旅游热度优势复合相加,推动整个红叶柿岩旅游区成为"露营+"生活方式的主要实现地之一。

除了红叶柿岩新开设的露营产品之外,临沂市沂南县铜井镇竹泉村·红石寨旅游景区的汽车露营不得不提。该露营地包括"帐篷营区、房车营区、木屋营区"等多种风格的宿营模式,据景区营销负责人介绍,汽车营地是一处以接待自驾游为主的山地型、乡村型宿营地,是目前省内规模最大、业态最全的汽车营地,给广大自驾车游客提供了多样的选择,同时实现了"景区+露营"的度假模式。以帐篷营区为例,该区设有200个营位,营位分区集中提供供电设施,配备良好的排水设施与完善的排污系统。在绿色的草坪上支起一顶顶色彩斑斓的帐篷,安营扎寨。伴着月光,围坐一起,欣赏夜景,数着星星入眠,伴着鸟鸣晨起,给游客带来返璞归真的真实感受。

日照十二星座民宿·盗星计划露营集自去年开营后,陆续接待了很多露营爱好者以及热爱生活的"美好收藏家",经过不断升级与完善,将露营与民宿更好地结合在一起,打造出一处以营地为载体的高端城野度假区。今年,十二星座推出"露营+民宿""盗星计划露营集",包含了营地、吃、玩、住的全套精致体验,让露营变成了一种无门槛的常态化户外娱乐方式。据露营地相关负责人介绍,露营基地含有16处以星座命名的露营营位、1处私人定制营位,并有相关配套设施。"除了前面提到的露营野餐外,我们还推出了'露营+民宿'过夜式露营,民宿有12栋独院别墅星座馆,每栋小院里都添加了露营、野餐场景,享受私密时光。"该负责人表示,除此之外,游客还可以体验山地自行车、亲子户外射箭、变装采茶农、旅拍人像等多项活动。

二 平台露营产品预订量是往年3倍

在去哪儿平台的二屏游记中,与露营相关的分享达上万篇。值得注意的是，从2021年年底开始起，平台认证为25—35岁的女性用户发布露营内容数量逐日递增。2022年"五一"假期，露营渐趋"大众化"。去哪儿平台数据显示，2022年"五一"5天假期期间，可以露营的公园门票销量与去年同比涨幅超五成。对此，去哪儿旅行商城负责人任天分析："随着大量女性消费者的加入，之前露营多是单人背包客的户外野营，现在增添了精致的仪式感。"

数据显示，进入4月以来，平台上露营相关词语搜索量与2021年同比增长2.5倍，是2020年同期的4倍，2022年露营相关产品（住宿、出游）预订量是去年的3倍左右。无论是公园、山区、营地、装备还是周边住宿，都衍生出与露营相关的商品。

任天分析，从去哪儿平台现有的产品类型上看，可供预订的露营产品分为：单门票露营、简易帐篷露营、野餐式露营、亲子乐园式露营以及过夜住宿露营等。除去公园、博物馆，露营已跻身"五一"假期遛娃选项的前列。去哪儿大数据显示，带有户外装备、有儿童乐园、含过夜套餐的组合式露营产品预订量与2021年同比有显著提升，近三成游客会选择自助式的轻便露营。

值得一提的是，为满足游客对露营场景的多样化需求，去哪儿平台在"五一"前上线了露营专题商城，方便用户享受一站式露营体验。任天提到，"帐篷+吊床+营地灯=露营氛围感大片，现在游客不仅关心舒适度，也更关心出片率。轻便精致的氛围感装置，能很大程度提升体验感"。

露营正走向个性化、多样化的趋势。据悉，去哪儿平台上2022年搜索"露营"的用户中，关键词里有"露营烧烤"的占比达20%，关键词里有"露营房车"的占比达7%。

许多旅游企业、装备企业将目光聚焦在这个新领域，"露营+"模式被深度挖掘。比如在去哪儿平台上可以搜索"露营+自驾""露营+景区""露营+野餐""营地+乡村""露营+体育"等，甚至还有火星露营、沙漠露营、海岛露营等新兴露营方式也正成为新的打卡方式。

另外，值得注意的是，露营活动也正从一线城市向周边城市辐射。去哪儿数据显示，2022年露营活动热门城市top10为：北京、成都、广州、长沙、西安、天津、武汉、杭州、青岛、大理，新一线及二线城市露营资源更充沛，吸引许多游客前往体验。排名前十的热门城市露营地周边酒店预订增幅最高接近200%，平均增幅达70%。其相关露营公园的门票预订量，与去年同比增长超三成，露营活动在新一线城市中逐渐发酵。

三 鼓励露营相关产品发展

山东大学管理学院教授许峰介绍，露营是一种个性化的旅游形式，也是一种非标准化的住宿形态。比如，美国大峡谷国家公园游客把车开到峡谷里停下，可以24小时全时段欣赏从日出到日落的景色。表面上看是一种零星、散落的过程，实质上则呈现一种提档升级的新旅游形态。

目前，国内旅游发展去景区化趋势增强。从需求端看，大众的旅游年龄值降低，经验值上升，旅游阅历丰富，对常规景区有疲惫感，露营则是相对新型的旅游体验，有较好发展前景。对于山东省来说，旅游要素全面，空间布局均衡，有发展露营旅游的天然优势。经过规范化的发展积极引导露营生态发展、绿色发展。纵向来看，这是国内旅游高质量发展的要求，也是旅游产品更新迭代、丰富提升的必经之路。

对于目前大火的"露营"来说，许峰认为，文旅行业者要能够敏锐地把握市场变化，了解游客的个性需求，推出具有私密性和便捷化的露营产品，对于成熟景区或者城市目的地来说也应加入进来。从产品供给角度来说，露营这一产品不仅丰富了景区的业态，也将丰富游客的旅游体验。对于景区来说，让游客留下来，就会产生二次消费需求。从这一方面讲，这不是简单的旅游现象，更是旅游产业升级的一种表现。

虽然目前露营发展迅速，但仍旧存在部分问题。对此，许峰表示，在露营旅游发展过程中，需要政府的规范引导，给出一些发展目标和战略导向，同时还要加强研究露营地建设的标准要求。他指出："对于景区来说，要因地制宜，打造有自身特色的露营主题和产品，避免千篇一律。同时，还要注意露营地的游客承载量等问题。"

（作者为焦腾、卫清文，原文刊载于《山东商报》2022年4月28日，此次出版有修订）

演艺、直播、露营：别样"五一"

2022年刚刚过去的"五一"假期，山东多地市景区各出"奇招"，为市民游客提供了有趣多彩的产品，其中包括最近大火的"露营"项目等，日前，记者采访假期里奋战在旅游第一线的文旅人，解读他们眼中的别样"五一"。

图1　石崮寨·悦想营地

（图片来源：采访对象提供）

一　沉浸式演出让游客"不虚此行"

4月30日，沂南红嫂家乡旅游区在做好疫情防控的情况下举办了沂蒙红色影视基地第二届红色文化旅游节。据悉,旅游节活动丰富多彩,包括红嫂故事沉浸式情景演出、红色电影展映、影视场景还原体验等亮点项目。

5月2日,《沂蒙四季·红嫂》B版《歌声里的红嫂》在沂南县马牧池乡常山庄村山村剧场通过线上直播的方式进行了首演。《歌声里的红嫂》保持了A版舞台、看台及声、光、电特色,重点突出了红嫂故事情景演绎和经典红歌情景演唱。据红嫂家乡旅游区相关工作人员郑树平介绍,红嫂故事情景剧《永远的新娘》《战地托儿所》《永远跟党走》《血乳交融》《火线桥》等轮番上演,这些情景小剧还原了真实发生在当地的红嫂故事,故事性强,情感和节奏张弛有度,诠释了红嫂们无私奉献的品格。

值得一提的是,这些红色剧目的演员皆出自红嫂家乡旅游区"沂蒙四季"艺术团。"'五一'假期间,景区展馆关闭了,但沉浸式的小院演出正常举行,《永远的新娘》是最新推出的剧目,推出后游客反响热烈,很多人都表示不虚此行。""沂蒙四季"艺术团团长袁中川说。"五一"假期,具有沂蒙地区浓郁特色的婚嫁场景被还原。《永远的新娘》中,百年常山古村大街上,新娘穿着红嫁衣,盖上红盖头,坐上独轮木车从古村三岔路口出发,送亲队伍欢天喜地一路陪送新娘到了婆家。"这个节目很有味道,好像回到了从前。"有游客说。

记者了解到,艺术团以"发扬红嫂精神,传承红色基因"为宗旨,共有专业演员及群演50人,艺术团的很多演员就是本地人,本地人讲本地事,用红色剧目再现前辈们的红色往事,让游客在游览古村落的同时接受了一场红色洗礼。尤其是沉浸式的小院演出将历史故事"拉回"眼前,让游客有更强的代入感。

4月中旬以前,景区曾临时关闭了1个月。闭园期间,他们并没有闲着,而是认真打磨每一个节目、每一个细节,研究上新的演艺项目。一般情况下,景区每天会安排四场演出,但也会根据游客情况适时进行调整。"今年演出最多的1次是,1天演了9场。虽然演员们很累,但是能够让游客了解这片红色土地上发生的故事,了解先辈们的事迹,那都是值得的。"袁中川说。对于演出来说,很多游客的"不虚此行",是艺术团所有成员最想听到的观后感。

二　直播邀约网友共赏　"泰山海棠"

随着近年来直播行业的发展，"景区＋直播"的方式已屡见不鲜。在刚刚过去的"五一"假期中，济南野生动物世界、九如山度假风景区以及众多旅游主播等纷纷开启直播，向万千网友传递齐鲁风景。其中，还包括泰山直播的代表人物——泰山娟姐。

说起"泰山娟姐"，很多人并不陌生。"泰山娟姐"真名张娟，2020年5月15日她开启了人生第一场泰山直播，到现在已经持续了两年。这两年之中，张娟的泰山直播可谓是风雨无阻，每周七天除周一外，基本每天早上都会开播为全国各地网友呈现泰山景色。

5月1日，张娟准时开播，直播间的总观看人数就达到了33万人，并有将近1万人同时在线，点赞量也突破了100万次。"我4月29日上山开始做一些准备工作，从4月30日到5月1日、2日，这三天都在山顶为大家直播。"直播过程中，张娟侃侃而谈，带大家领略了泰山的旭日东升、晚霞夕照。此外，玉皇顶、日观峰、"五岳独尊"等著名景点也都被她的镜头实时传达给了万千网友。另外，各种有趣的泰山小故事也被她娓娓道来，大家纷纷在直播间留言互动。

目前，全省各地正处于疫情防控的关键时期，网友们往往对于"这个假期我能不能来爬泰山"等问题颇为关注，张娟除了进行详细的解答外，还与网友们定下了一个浪漫的海棠之约。"从南天门到玉皇顶，随着海拔的升高使得泰山的海棠花具有一个非常鲜明的层次感，再加上海棠花本身就极为娇俏，在泰山上你可以看到这边是粉白色的，后面是粉红色的，再后面是含苞欲放的……花儿们错落绽放，这种景观在别处是很难看到的。"张娟分享，寻常地方在4月底海棠花就已经过了花期，而由于山上海拔高、气温低，5月中旬到6月才是看泰山海棠的最佳时机。

2021年，张娟组织过一次与粉丝们的海棠聚会，大家在海棠花下流连驻足、畅聊暮春。"如今海棠花已经长出花蕾，既是与老朋友的回忆，同时也向新朋友发出邀请，如果条件允许，我们就相约海棠花下，如果错过了今年也没关系，那我们就相约明年5月中旬再来泰山山顶看海棠。"张娟说。

三 打造户外游的"精致"新玩法

爬山、露营，是这个春夏以来最火爆和出圈的旅游项目。5月2日，淄博潭溪山景区正式恢复开放。"早在假期之前，我们已经早早做好准备，计划推出登山踏青生态游、野奢美宿度假游等高品质文旅产品。受到疫情影响推迟了景区开园时间，未达到理想状态。但在假期后3天，我们所有员工仍旧以最饱满的状态和产品服务游客。"潭溪山旅游度假区相关负责人崔新程表示。

据了解，随着气温的逐渐升高，景区的空中玻璃漂流和星洞传说成为游客朋友们最喜爱的项目。崔新程介绍，空中玻璃漂流为山东最长峡谷漂流，旋转弧度5199度，高差160米，体验时长将近10分钟，是初夏绝佳的度假体验。星洞传说项目则是中国首创"洞穴式超媒体梦幻乐园"，探深于山体之中，洞穴内借助声、光、电等技术，打造出一处亦真亦幻的"外星世界"。

2022年春天，景区打造了全新的文旅社交轻奢餐饮品牌"山海大风吹"咖啡馆，在山野中创造充满活力的社交生活场景。"在这里，游客可以与飞崖、瀑布、密林与洞穴做伴。这里是鲁中海拔最高的咖啡馆，也是都市与自然的文化空间站，青春感满满。"对此，有不少游客表示在潭溪山顶品咖啡，不失为一种精致旅游的体验。"今年夏季，景区还将推出山东首个高端野奢探险度假生活方式品牌，用设计美学赋能野奢酒店。"崔新程说。

除了爬山、漂流之外，近郊游、轻奢露营成为旅游"大热门"，全省各地掀起露营热，过夜露营、不过夜露营、精致野餐等多个类型活动俘获了不少市民游客的心。石崮寨·悦想营地负责人吕承亮告诉记者："我们本计划在'五一'假期之前做出营地活动来，但由于疫情原因前两天游客很少，所以我们的重心放在了完善营地设施和活动打造上。比如营地平整、帐篷搭建、水电等试运营的准备工作。"

"露营场景大同小异，运营、活动内容才是重中之重。"吕承亮表示，石崮寨景区是成熟景区，游玩项目较多，距离市区较近，有开发露营地的先天优势。

记者了解到,石崮寨·悦想营地要打造多主题露营活动,比如音乐主题、油画主题、文创市集等。"在露营活动中,我们将融入棒球、非洲鼓、飞盘、Kin-Ball 球等多类活动让游客体验。除此之外,对于亲子游客群还开发出了'向往的生活'主题活动,小孩子可以与萌宠互动,到农场体验,大人可以在帐篷下享受休闲时光。另外,还开发了剧本杀等项目来丰富充实露营产品的游客体验。"吕承亮说。

随着济南部分区域临时管控措施的解除,营地也迎来了不少市民游客前来享受户外休闲时光。

(作者为焦腾、卫清文,原文刊载于《山东商报》2022 年 5 月 5 日,此次出版有修订)

元宇宙纪

连接虚拟与现实的桥梁：超写实虚拟人研究

自 2020 年以来，虚拟经济的发展在社会环境、技术进步与用户需求中走向了全新拐点。在"以需促产"的推动下，社会方方面面的需求推动着以区块链、互联网、大数据等数字技术为依托的虚拟经济体系的建设与完善，使虚拟经济一跃成为与实体经济并驾齐驱的经济体系。未来的人类将生存在一个虚拟与真实共生的元宇宙时代，实现从精神到肉体的数字大迁徙。

一方面，技术赋能拓展虚拟领域。虚拟世界曾是人类幻想中的领域，但随着数字技术的进步，一步步赋予虚拟世界可能性。通俗来讲，作为虚拟世界终极形态的元宇宙即是以区块链为基础的数字技术的集合生态。另一方面，开辟虚拟世界的个体需求增长。社交软件不仅最大限度地跨越了时间与空间的局限，给人们的生活带来了许多便利，基于时代进步与数字技术的指数级发展，总有一天，用户将不再满足于隔着电子屏幕进行精神社交，而是希望能够融合自己的肉体与精神，将个体分身投影进虚拟世界。

首先，"元宇宙"得到了业内广泛的投资与关注。从头部企业投入资金来看，Facebook 宣布成立元宇宙产品组，腾讯等国内头部企业领投 VR 触觉技术公司，同时其投资的元宇宙概念公司罗布乐思上市后，成为"元宇宙概念第一股"。2021 年 3 月，国家将虚拟数字技术的发展纳入《中华人民共和国国民经济和社会发展第十四个五年规划和 2035 年远景目标纲要》，实现虚拟数字技术创新是我国实现产业创新和技术强国的必经之路。

其次，超写实虚拟人是元宇宙研究和投资的焦点。目前在人工智能与超级算法的支撑下，人类结合医学与计算机科学的最新突破成功建立了高精度、多层次、超仿真的数字化人体模型，广泛应用到了包括金融、时尚、医学、制造业等多个领域。尽管从人类运作的虚拟 IP 形象到每个人运作自己在元宇宙世界的虚拟化身需要一个漫长的试验过程，由现实团队运作的超写实虚拟人是实现元宇宙世界人类虚拟化身的一次初步尝试，与时尚娱乐和金融商业密切结合的超写实虚拟网红也因此成了进一步的投资与研究热点。

如果说能够达到人类级别理解的人工智能是人工智能的终点，那么虚拟数字人（Metahuman）可以说是对人工智能融入人类社交生活的一次尝试，是人类踏入"虚拟人生"的必要探索与实践桥梁，对超写实虚拟人的分析与探讨不仅能够为未来元宇宙概念的实现提供可借鉴经验，而且符合当下的社会语境，具有充分的现实意义。

超写实虚拟人是虚拟数字人中依托建模、驱动和渲染等电脑数字化技术，在视觉效果上无限贴合真实人类的虚拟形象，通常在虚拟场景中活动，具备原创性和故事性，有着特定的人物背景与设定，以多元化的形式广泛参与到游戏、影视、文旅等众多行业中，具有极高商业投资价值与广阔市场发展前景。

再次，超写实虚拟人的发展动向在学界热议的元宇宙概念中占据重要地位，因此，对元宇宙概念也进行文献溯源。

从元宇宙角度看，元宇宙一词源自美国科幻作家尼尔·斯蒂芬森 1992 年发表的小说《雪崩》，在书中表示为"metaverse"，"meta"来自希腊语，意味"在……之上""超越"，而"verse"意味"宇宙"，斯蒂芬森使用"meta"这个前缀加上"verse"是想以此来表示一个超越当下世界观的未来新世界，中文版在书中翻译为"超元域"，后来演变成了为大众所熟知的"元宇宙"。

国内对于元宇宙的深入研究最早由媒介视角切入。2021 年 9 月喻国明教授发表《未来媒介的进化逻辑："人的连接"的迭代、重组与升维——从"场景时代"到"元宇宙"再到"心世界"的未来》，指出元宇宙互联网的终极形态，探索了未来媒介进化向外（元宇宙）和向内（心世界）两个方向的嬗变，打破既有限制，把握人类文明的发展趋势。[1]为未来媒介迭代提出框架构思，并在之后发表了一系列延续媒介角度进行补充说明的论文。姜宇辉从媒介考古学的角度发表文章《元宇宙作为未来之"体验"——一个基于媒介考古学的批判性视角》，立足《雪崩》这个原文本，指出当前元宇宙的研究陷入了连续性偏执和游戏化偏执，[2]立足当下已经实现的"元宇宙成果"，将体验作为研究核心。

最后是对元宇宙概念本身进行探究与猜测。方凌智和沈煌南在《技术和文明的变迁——元宇宙的概念研究》中对元宇宙的概念、构建和特征进行界定，"元宇宙是高度发达的、与现实互相交融但又不依托于现实的人造虚拟世界。人们借用数字替身进行彼此的交流和同世界的交互，以此为基础形成大量的虚拟社群。随着时间的推移，催生出虚拟社会并逐渐发展成为依托于现实世界又独立于现实世界的虚拟文明，元宇宙是社会信息化和虚拟化的必然趋势"。[3]

目前，学界针对元宇宙在政治秩序、金融投资、在线教育、场景设计等诸多方面展开了细致的探讨，基本形成了几大共识。

其一，元宇宙是对当前所有数字信息技术的集合。元宇宙并不是一种单一技术的深度应用，也不是单一全新技术的发明突破，而是对当下所有技术的组合、重构与综合运用。贝塔朗菲在1932年发表了系统论的观点，认为一切的有机体都是一个具有等级层次的有序整体，整体具有部分或部分的集合所不具备的功能。马克思哲学中也提到，世界是一个普遍联系的整体，任何事物都是通过相互作用而联系到一起的，要用整体的眼光看问题。元宇宙无疑是对系统论的再发现，过往的互联网、数据库、虚拟现实等单项技术的变革虽然也带来了虚拟世界的重大革命，但并没有充分完全地利用，元宇宙概念的提出为综合集成以往所有科学技术并实现整体运转

---

[1] 喻国明：《未来媒介的进化逻辑："人的连接"的迭代、重组与升维——从"场景时代"到"元宇宙"再到"心世界"的未来》，《新闻界》2021年第10期。

[2] 姜宇辉：《元宇宙作为未来之"体验"——一个基于媒介考古学的批判性视角》，《当代电影》2021年第12期。

[3] 方凌智、沈煌南：《技术和文明的变迁——元宇宙的概念研究》，《产业经济评论》2022年第1期。

提供了理论基础。

其二，元宇宙是对未来人类生存方式的图景化设想。与更倾向于工具用途的互联网数字世界不同，作为虚拟数字世界终极形态的元宇宙更像一个开放包容的乌托邦，在增强现实的沉浸式感官体验中，用户可以根据自己的理解进行私人化的解读。去中心化程度加深，"信息孤岛"将不复存在，真正达到各方面感知升级，全方位认知重塑，万众创新，让激发创造力的源泉涌流，形成一个人人互联、人物互联、物物互联的未来愿景。

其三，元宇宙是现实世界的"潘多拉魔盒"。元宇宙对现实世界带来的影响究竟是希望还是绝望仍然有待考证。元宇宙的价值观是"共治，共创，共享"，太过完美的虚拟世界会不会使人类沉溺在虚拟世界无法自拔而忽视现实世界中的鸟语花香，使得现实世界趋于空心化？元宇宙会不会成为资本与权力互相倾轧的斗兽场？谁又能在其中占据一席之地？现实中原有的传统权力结构又是否会允许一个完全不受他们控制的虚拟世界自由发展呢？在相应的治理体系完善之前，过早地实现元宇宙可能会引发大量的社会乱象。

综上所述，笔者认为元宇宙是指人类在现实世界之外通过数字信息技术创建的一个与真实世界相映射但同时又给予完全自由创造空间的虚拟宇宙形态，它更多的是一种理想化"乌托邦式"的愿景，并不一定能够实现，寄寓着人类对开拓新视界、超越传统认知、挣脱现实世界束缚、充分发挥人的主观能动性的希望。

一　前世今生：超写实虚拟人之溯源

把握超写实虚拟人在元宇宙中的发展动态，首先需要厘清超写实虚拟人发展的历史脉络，以古鉴今，明确其在萌芽期、初生期和成长期的阶段性突破。同时，超写实虚拟人具有超真实的属性，在数字交往中与人类建立情感关系，作用范围极其广泛，能与真实人类互补，是下一次媒介革命的应用性先导。

（一）超写实虚拟人之流变

罗马非一日建成，超写实虚拟人也有着长期的发展历程，具体可分为萌芽期、初生期、成长期三个阶段。

第一阶段萌芽期在 20 世纪 60 年代到 21 世纪初。自 1946 年计算机发明以来，人类对"人造人"的创造想法就不再停留于文学和影视作品中了。1964 年，第一个由计算机生成的人类形象产生于波音实验室，是一个模拟人类飞行员的数字人类形象——波音人（Boeing Man），它是通过人体测量的方式获得真人真实数据塑造而成的，符合标准美国飞行员的体型。此后，越来越多的数字虚拟人问世，在文学与影视作品中也掀起了一阵"数字人类热"。这些还处于研发萌芽期的数字虚拟人还仅仅停留在视觉方面的写实阶段，绘制手法也是简洁的线描手绘，人物形态多为静态，还不能做到动态的交互，但是这些探索为后来人提供了有益的借鉴。1989 年，美国国立医学图书馆发起了"可视人计划"（Visible Human Project），实现人体的数字化形态，可以在电脑上合成三维立体的人体结构，对于医学研究有着极大帮助。1999 年，对整个虚拟世界架构都有着重大影响的《黑客帝国》上映，它以宏大的世界观塑造了一个"末日废土"，人类被 AI 机器奴役，脑后插管连接电脑，数字人以数据的形态可以在任何载体间穿梭，种种天马行空的幻想重塑了人类对未来的认知。

第二阶段初生期是从 21 世纪初到 2016 年，CG、面部识别等动作捕捉技术的成熟为虚拟数字人的发展提供了关键性的技术突破。2001 年被称为是虚拟数字人发展的转折点，也是中国发展虚拟数字人的元年。2001 年 11 月 5 日，香山科学会议第 174 次学术讨论就以"中国数字化虚拟人体的科技问题"为主题讨论了"数字化虚拟人体"的概念，会议主要是从医学领域出发，讨论"数字化虚拟人体的国际进展，国内目前拥有的技术基础，相关科学问题和关键技术，以及开展中国数字化虚拟人研究的意义、必要性、可能性和迫切性等问题"，目的是能够利用电脑数字技术实现人体内部"从微观到宏观的结构和机能的数字化、可视化，最终达到人体的整体精确模拟"[①]，从而在整体上为中国虚拟数字人体的发展建构布局。

除此之外，从国际视野看，各国数字虚拟人的发展迈入了与娱乐化紧密结合的阶段，出现了两部代表性的电影作品。在 2001 年以前，虚拟数字

---

① 钟世镇等：《数字化虚拟人背景和意义》，《中国基础科学》2002 年第 6 期。

人往往是作为真人替身、电影配角出现，例如1988年皮克斯出品的短片《小锡兵》中使用了数字婴儿Billy来模仿人类婴儿从爬行到站立这一蹒跚学步阶段的动作与情态，而作为电影主人公的数字虚拟人大多为动画卡通形象。到了2001年，第一部以仿真数字演员安琪为主角的电影《最终幻想：灵魂深处》历时四年最终上映，《最终幻想》最初是日本的角色扮演类游戏，有着深厚的粉丝基础，《最终幻想》的上映标志着虚拟数字人向仿真方向发展的一个分水岭，对仿真数字虚拟人与真人之间的关系提出了挑战——未来的仿真虚拟人是否可以在影视作品中替代真人演员？仅从这部电影的表现来看，技术不完善造成有限的视觉效果，人物仿真程度不够，动作神态也不够流畅自然，以仿真虚拟人替换真人演员还有很长的路要走。

另一部同样由游戏改编而来的电影《古墓丽影》则广受好评，掀起了民众的模仿热潮，劳拉至今仍是Cosplay（角色扮演）文化中的经典角色，成了"建模脸""建模身材"的最早代表人物。与《最终幻想》不同的是，《古墓丽影》由真人演员主演，在当时3D建模技术不成熟的阶段，在电影中用真人模仿原游戏中的虚拟人要比直接以数字技术呈现虚拟人所带来的视觉效果更清晰、更流畅。

第三阶段成长期是从2016年至今，随着AR/VR等数字信息技术的成熟，虚拟数字人朝着仿真化、智能化、精致化、商业化发展，超写实虚拟人的分类也逐渐细化，超写实虚拟网红、虚拟偶像和虚拟员工等一应俱全，进入成长阶段。2016年，第一位超写实虚拟网红Lil Miquela开设Instagram账号，分享自己的生活社交和观点态度，从此进入大众视野；2017年，虚拟黑人模特Shudu Gram出道，凭借超绝身材比例和超强时尚表现力在时尚领域掀起轩然大波；2020年，中国首位虚拟偶像翎在VOGUE杂志出道，参加《上线吧！华彩少年》节目，同年，中国首档虚拟人物才艺竞演节目《跨次元新星》由爱奇艺推出，节目集结了国内多家公司的虚拟偶像，通过残酷激烈的赛制角逐出2020年"地表最强跨次元新星"，在竞演过程中，3D渲染技术、动作捕捉技术、数字孪生技术的运用给予屏幕前的观众全新视觉体验，刚开播就因节目宣发照与实物极不相符而被推上舆论风口,节目播出中也状况频出,有的选手动作卡顿暂停演出,有的选手肢体不协调,甚至还有选手翻跟头展示才艺时"头"身分离,种种意外也说明了数字信息技术还有充分的成长发挥空间。

不仅如此,不少商家也直接与相关技术公司合作,开发自己品牌的虚拟代言人,例如屈臣氏通过 AI 技术合成的品牌形象代言人"屈晨曦",花西子品牌的超写实虚拟形象"花西子",欧莱雅集团的"欧爷"和"M姐",商家通过虚拟形象传达品牌理念,定位品牌内涵,形成强烈的品牌记忆点,同时也以直观的视觉方式向所有消费者传递品牌形象,这种宣传方式超越语言和文化的阻隔障碍,可以精准定位目标客户,并且相较代言人而言,可控性强的品牌虚拟代言人是专属品牌的形象,可以长久地陪伴品牌成长。

除了虚拟品牌代言人以外,虚拟员工也成了投资风口。2019 年,百度与浦发银行联合推出了首位银行虚拟员工"小浦",通过算法学习不仅掌握多国语言,还能通过显示设备随时随地为用户"面对面"服务,大大提高了银行的运作效率。2021 年 12 月 28 日,万科集团董事会主席郁亮"官宣"万科总部最佳新人奖由虚拟员工崔筱盼获得,她也是万科的首位数字化虚拟员工,自 2 月 1 日入职以来,在大数据算法加持下,崔筱盼能以远高于人类百倍的效率检测数据库中逾期用户以及监控异常情况,由崔筱盼负责的预付应收逾期单据核销率达到 91.44%,远超同类型真实员工的核销数据。

自 2020 年新冠疫情暴发,虚拟经济加速发展,将现实世界镜像到虚拟世界的数字孪生技术与搭建虚拟经济体系的区块链技术为元宇宙(Metaverse)世界的实现提供了可能性。CG、VR 及动态捕捉等人机交互功能的不断完善营造出更多元、更仿真的虚拟现实,依托 CG、动画等电脑数字化技术,在形象上无限贴合真实人类的超写实虚拟人应运而生。超写实虚拟人通常在虚拟场景中活动,集中出现在时尚娱乐与金融商业等领域,并以多元化的形式广泛参与到游戏、影视、文旅等众多行业中,新时期的超写实虚拟人跳出了传统数字虚拟人改编、再现已有小说与动漫人物形象的窠臼,其人物设定及人物背景具有一定的故事性和原创性,是符合当下价值观念的崭新时代产物。

超写实虚拟人具体可以细分为三类，一是以川 CHUAN 为代表的超写实虚拟偶像，具备唱歌跳舞等技能，主要活动在娱乐行业；二是以华为云公司云笙为代表的超写实虚拟员工，可以有效弥补人工员工服务效率低、人力成本高、管理难度大等问题；三是近年兴起的以 Instagram 混血模特 Lil Miquela 为代表的超写实虚拟网红，超写实虚拟网红形象贴近真实人类，几乎无法用肉眼分辨，拥有着近乎完美的身材比例与面孔，运作方式与真人网红类似，具有突出的个性特征，活跃于社交平台分享自己的生活日常，并吸纳粉丝流量，加固情感链接，达到商业变现的目的。

（二）超写实虚拟人的特征属性

超写实虚拟人在特征属性方面同普通虚拟人相异，在视觉形象、人物情态、动作行为等方面具有无限向真人靠拢的超真实属性，与目标粉丝群体之间存在密切的情感链接，应用范围非常广泛，而普通的虚拟人只是模拟真人形象，不需要与目标群体构成密切的情感交流，大多应用于娱乐领域。以下为超写实虚拟人的特征细分。

其一，具有超真实属性，超写实虚拟人在视觉效果、人物情态、动作行为等各方面都与真人无异。对于虚拟人来说，视觉效果是第一印象，纵观虚拟人的视觉形象塑造，恐怖谷效应是一道难以逃避的障碍，无数具备优良性能的虚拟人因为看起来令用户感到不适而返厂。1970 年日本科学家森政弘整理前人观点推出了恐怖谷理论（Uncanny Valley），指的是由于机器人与人类在视觉上极其相似，所以人类会对机器人产生喜爱等正面情绪，但当机器人与人类的相似程度达到一个临界值时，人类对机器人的情感会大幅度下降，变得极端反感，在这种情况下，人与机器人之间的差别会被无限放大，从而使机器人在视觉上显得僵硬恐怖，而当人与机器人之间的相似度继续提高、升至超写实层面时，人类对机器人的情感会再次回到正面，产生移情作用。

电影《极地特快》因为恐怖谷效应而票房惨淡，日本机器人制造企业 tmsuk 为模拟儿童扰乱治疗的真实场景推出了儿科医疗培训机器人，因其翻白眼和大喊大叫的形象而引起了人们的不适。超写实虚拟人则以真假难辨的超真实视觉形象避免了恐怖谷效应，规避了普通虚拟人潜在的形象危机。

例如燃麦科技公司推出的超写实虚拟网红 AYAYI，光凭图片无法辨别她究竟是真实世界中的人还是虚拟人，精致的瓜子脸、五官 T 区立体、脸部线条流畅圆润，符合国人的"中式审美"。她的脸型属于圆润的鹅蛋脸，避免了颧骨及下巴处的生硬线条，营造柔婉的整体氛围，眉形采用微微挑高的弯月眉，细长的眼型搭配下三白给她增添了一份清冷疏离的气质，鼻梁细长挺直，海鸥线明显，唇部上薄下厚，唇珠饱满，面部折叠度高且中庭较长，很好地平衡了成熟与幼态，面部不追求完美的黄金分割以及左右对称，更具真实感，发型采取极具层次感的一刀切短发，营造出干净利落的视觉效果。

与之相同，活跃于 Instagram 的超写实虚拟模特 Lil Miquela 体现出鲜明的欧美风格，其公司 Burd 为国外知名超写实虚拟网红生产公司，旗下的 Bermuda、Blawko 均在 Instagram 上吸引了大批粉丝。Lil Miquela 的五官立体，但不追求标准的三庭五眼，相较于 AYAYI 有更多"真实"的小瑕疵，她有着攻击感强的欧美高挑眉，鼻头大且翘，嘴唇偏厚，唇珠不明显，呈现为自然的裸粉色，其设计团队并不一味追求皮肤白皙，而是选择了更加健康的小麦肤色，两颊布有雀斑，标志性的双丸子头、眉上刘海以及门牙缝提高了她的辨识度，也为她塑造了鲜明的个性标识。

其二，通过数字交往打造情感链接。在人类漫长的进化过程中，情感深刻地影响了人的认知活动。美国学者唐纳德在其《情感化设计》中将人脑对情感的加工分为三个层次：本能层、行为层和反思层，我们需要正面情感激发创造性思维，也需要负面情感聚焦注意力，情感化已经不再为传统娱乐产品所独有，被广泛应用到了诸多领域。

过去，虚拟人的研发设计主要考虑的是虚拟人的功能与技术，而不是用户的心理与情感，研发团队往往站在产品角度去处理问题，见物不见人。例如二次元动漫虚拟人初音未来，研发团队关注的是它人工合成的语音效果，音色是否独特，旋律是否抓耳，初音未来与它的受众几乎不存在情感交流。事实上，人是产品的设计者与使用者，人的感受才应该是研发团队关注的焦点，人类是群居动物，与他者进行情感交流的需要已经深深地刻入人类的 DNA 序列中，即便面对的是无生命的个体，人类也会产生喜爱或者责备的情感。

现在，在超写实虚拟人的研发中，设计团队十分注重超写实虚拟人与用户的情感交互。用唐纳德的"情感三层次"理论来分析，本能层情感体验来源于超写实虚拟人为用户带来的感官享受，维持时间较短，例如超写实虚拟人完美的外貌给用户带来冲击感；行为层情感体验来源于超写实虚拟人的功能，是更为深入的满足感与愉悦感，超写实虚拟人的功能和定位越与用户需求匹配，用户得到的满足感越强烈，例如相比传统虚拟客服与虚拟导游刻板单调的服务体验，用户在使用超写实虚拟客服或者超写实虚拟导游时，人性化的实时沟通服务充分满足了用户的情感需求；反思层情感体验则是一种更为持续性的情感交互，用户对超写实虚拟人产生更为强烈的崇拜感和追随感，情感传输也从以行为层的输入情感为主转向以输出情感为主，用户会不自觉产生分享和相关二次创作的欲望，通过反思，在行为和思想上向崇拜的超写实虚拟人靠拢，超写实虚拟人向用户输入情感，用户再向超写实虚拟人输出情感，从而完成双向情感交互，打造更为亲密的情感链接。

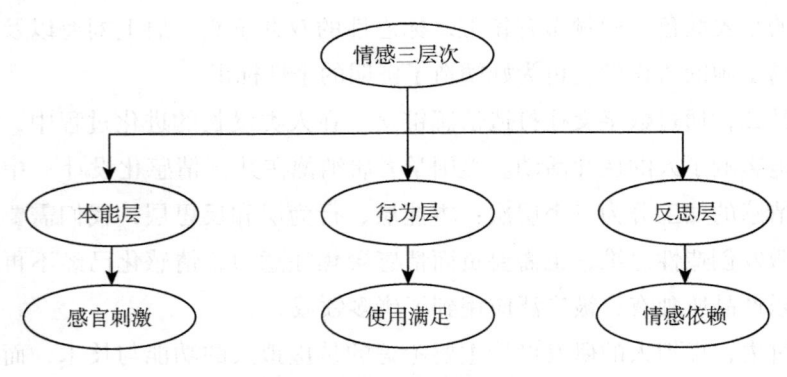

图 1　情感三层次演进图示

超写实虚拟人通过建立虚拟社会中的身份背景与人际关系来填充人设，营造情感链接，使整体形象更加立体生动。例如 Instagram 虚拟混血模特 Lil Miquela，她的人设为居住在洛杉矶的 20 岁巴西和西班牙混血模特，她有男朋友，会在 Instagram 上分享和男朋友的恋爱故事，在社交媒体上呼吁跨性别者平权，支持 LGBT 人士，她的粉丝认为 Lil Miquela 有独立思考的态度，勇于发声和挑战，她的招牌小牙缝和黄皮雀斑妆吸引了一大批粉丝竞相模仿，这种对不完美的坦率更是鼓励人们直面自己的缺憾，勇敢展现自我，她和特朗普、Rihanna 一同入选《时代》年度"网络最具影响力人士"榜单。这些虚拟的社会关系建构及交互性情感体验在背后为其具有鲜明个人色彩的视觉效果提供了情感支撑与想象空间，更加精准地获得目标群体的身份认同。

其三，超写实虚拟人应用场景广泛。传统虚拟数字人有着鲜明的圈层化传播属性和有限的应用场景，根据"自身的价值定位，在其传播过程中便以隐性的方式目标和圈层中的目标受众相结合"①，这种对目标群体的精准传播赋予了传统虚拟数字人圈层化的属性，难以破圈获得更加广泛的大众认知度，主要被应用于游戏、娱乐时尚和影视领域。

然而，超写实虚拟人由于具备与真人极度相似的超真实属性而拓展了与真人互补的应用空间，在影视、传媒、游戏、金融和文旅等众多行业中获得更加广泛的应用。CG 技术和动作捕捉技术大大提高了高清 4K 镜头下超写实虚拟人的还原度，许多人类不能实现的动作或特效得以在银幕上呈现；超写实虚拟主播与真人主播互补直播，能够实现全天候的无差别带货；大型沙盘游戏中的超写实虚拟 NPC 给用户带来"深度沉浸，极致在场"的游戏体验；超写实虚拟员工能够充分适配风险高、重复率高和计算量大的工作，提高工作效率与服务质量。

二 数字交往：超写实虚拟人爆火的底层逻辑

当下，虚实融合的媒介化生存方式塑造了开放共享的数字交往格局，超写实虚拟人凭借媒介革命成为新的利益增长点，撬动着下一轮的投资热

---

① 喻国明、滕文强：《发力情感价值：论虚拟偶像的"破圈"机制——基于可供性视角下的情感三层次理论分析》，《新闻与写作》2021 年第 4 期。

点。一个以超写实虚拟人为主战场，背靠元宇宙延伸出来的数字消费生态系统正在慢慢崭露头角，虚实联动的两栖生活推动物质文明与精神文明的迁徙，也预示着未来商业领域的新格局。

（一）媒介化生存激发数字交往需求

当人类文明进入数字时代，原本树状的传播范式逐渐去中心化，人与人的直接连接让每一个使用互联网的个体都成为内容的产出者，开放共享的互联网平台更是为个体的发声提供了平台，用户生产内容成为互联网系统的典型传播范式，数字技术对时空的跨越呈现溯源式突破，异步传输和历时性会话成为常态。

马斯洛需求层次理论中将人类的需求从低到高排为 5 种形成一个金字塔状的阶梯，分别是生理需求、安全需求、社交需求、尊重需求和自我实现需求，越处于高层的需求越代表了人作为智慧生物所独有的需求。随着社会进步，人们不再拘泥于个人基本生存需求，而是升级到了对友谊、爱情等社会关系的需要，在疫情蔓延的当下，人与人之间的社交活动转向线上，媒介成为人体的延伸，"在被不同程度地媒介化的社交活动中，人们试图通过各种手段补偿真实身体的缺席，以模拟真实社交的生动性，达到缺席的在场"[①]，数字交往正是人的媒介化生存在社交需求上的映射。

在数字交往的需求下，超写实虚拟人作为真人的补充，满足人类的沟通需求，成为社交平台的宠儿，在智媒时代的未来将是资本角逐的战场之一。超写实虚拟人的商业变现模式也会有更加多元化的解法，除了传统的打造个性 IP、KOL 推广模式、跨界推出联名款等，在虚拟世界衍生场景中，超写实虚拟人将实现从二次元到三次元的跨越，相比真实人类，超写实虚拟人不存在过多的禁忌，能够出现在家中、公司、街道等更具私人化的场景中，与人类的虚拟生活紧密结合在一起。

（二）鲜明人设打造意见领袖

KOL（关键意见领袖），指的是活跃于人际交往中，为其他人提供意

---

① 喻国明、徐子涵、李梓宾：《"人体的延伸"：技术革命下身体的媒介化范式——基于补偿性媒介理论的思考》，《新闻爱好者》2021 年第 8 期。

见与建议的人，通常带有一定的个人影响力，能对他人的决策起到重要作用。在新媒介背景下，意见领袖也有了跨界出现和意见主观性增强的新特点。超写实虚拟人通常被认为起到了 KOL 的作用，尽管是虚假的 IP 形象却拥有真实的影响力。

以超写实虚拟网红为例。HypeAuditor 是一家专门研究 Instagram 和 YouTube 有影响力账号的机构，据他们的数据统计表明，虚拟网红（Virtual influencers）发布的内容参与度几乎是真人的三倍，并且有超过一半的人认为虚拟网红具有吸引力，甚至一些在科技领域工作的消费者比例更高。信任感与认同感是产生影响力的两大重要因素，信任感需要虚拟网红不断产出高质量的充实内容与经营粉丝群体来强化情感纽带，慢慢树立起在某一领域值得信赖的人设形象，认同感一方面是由于受众与意见领袖观点、态度、趣缘等具有极高一致性，另一方面则是由于受众在意见领袖的形象或者圈层中获得满足感。例如日本超写实虚拟网红 IMMA，留着吸睛的粉色波波头，她的穿搭前卫又不失甜美，通过在 Instagram 上上传自己的生活照来吸粉，她的每一次"街拍"都能够让人从中学到搭配技巧，无论是富有质感的纹理对比还是大胆潮流的色彩碰撞，都展现了她独一无二的感染力，她常穿的 Balenciaga 和 Chriatian Dada 品牌同款衣服卖到断货，还接到了 Undercover 等潮牌的代言合作，IMMA 具有亲和力的长相和日杂风的生活碎片与 80% 以上都是年轻女性的粉丝画像相匹配，迎合了粉丝群体对精致生活的期待，IMMA 的粉丝认为 IMMA 就是他们心中完美的时尚达人，她的搭配深受喜爱原宿风、街头风的日本年轻群体的追捧信赖，通过社交平台吸引了一大批粉丝模仿和借鉴，她的名字 IMMA 在日语中是"现在""当下"的意思，契合 Z 世代千禧风格的真我态度，已经成为穿搭领域具有极强影响力的超写实虚拟网红。

（三）媒介革命塑造崭新利益点

人类只有在产生了某种媒介之后才能产生与媒介相适应的传播活动与思维方式，媒介影响了我们理解和思考的习惯，因此，真正有价值的并不是媒介传递的内容，而是媒介本身，从纸媒时代到数媒时代，媒介所创造出的崭新社会形态和社会生活标志着时代的更迭。在当下数字技术与人工智能风起云涌之际，就像《黑客帝国》中可以光速获得所有知识的脑机接口一样，通过在人脑中植入芯片来制造出人与人之间信息传递的全新媒介，这并不是幻想，而是已经在稳步实现，美国科技激进主义认为脑机接口是人工干预人类进化的第一步。马斯克称，旗下的脑机接口初创公司 Neuralink 已实现哺乳类以及灵长类动物的脑机接入实验并公布实验视频，正在准备人体临床试验，短时间内这项技术利于脑部神经系统的治疗，长久来看对于人类实现"数字永生"有着重大意义。

未来元宇宙概念下新媒介的出现是否会成为分割下一个时代的历史性时刻还犹未可知，但是，其所带来的新社会生活与社会形态已部分实现，随着区块链技术的突破，以 NFT（非同质化代币）为代表的永不改变、永不消失的虚拟数字资产受到资本追捧，元宇宙是一个集体性的虚拟共享平台，其显著的去中心化金融形态也被认为是元宇宙降临的经济基础，这片科技蓝海开创性地摆脱了"中间人"，实现全平台联结，无论是周杰伦、库利等国际巨星，还是艺术家、程序员和青少年，人人都可参与的低准入门槛大大拓展了虚拟数字资产的目标受众。

虚拟数字资产指的是企业所拥有的以电子数据形式存在，在日常经济活动中出售或生产的非货币性资产，作为虚拟数字资产子集之一的超写实虚拟人无疑是未来数字资产的独角兽行业，优胜劣汰的丛林法则将催生出一大批优秀的领军企业，放眼国内外，以次世文化、Burd 公司为代表的超写实虚拟网红制造工坊已经打响了融资入股的第一枪。据次世文化报告，融资后公司除了现有业务外，还会"构建多样性的虚拟人 IP 矩阵，全面开拓虚拟人智能化、场景化、多平台化，进行以虚拟人为载体的生态互通"，广阔的应用前景与极快的商业变现速度是以次世文化为代表的"虚拟人生态公司"受资本青睐的主要原因。

三 彼岸纷争：超写实虚拟人发展困境

超写实虚拟人在当下面临诸多发展困境，科技伦理乱象威胁人本主义底线，法律缺失造成责任主体虚化，科技暗面异化人的价值，同质化运营造成内容缺位，种种问题映射出超写实虚拟人的发展是多方共商共建的结果,需要建立系统性文明规范。

(一)伦理乱象:多重道德困境

超写实虚拟人的发展主要与三种科学技术相关,一是以虚拟人研发为代表的人工智能技术,二是以人机共生为代表的生命科学技术,三是以数字虚拟资产为代表的信息技术。我们看到科技进步的同时,也要看到克隆人、基因编码、AI换脸、数字资产偷猎等乱象,以及伦理乱象所涉及的多重道德困境。

一方面,超写实虚拟人发展中出现的伦理乱象面临多重道德困境。金相允教授在《元宇宙时代》中讲述了一个未来元宇宙世界中发生的故事,在未来,人们可以通过购买特定的AR眼镜将配偶的脸变成自己想要的任何形象,可以是二次元动漫形象,也可以是明星,只需要支付一定的授权使用费,名人也可以通过出售自己的面孔授权来赚钱,同时,作者在故事中也涉及了一些伦理乱象,例如擅自使用未经授权的明星肖像和夫妻之间相互隐瞒等,不仅揭示了元宇宙中个人信息可能被他人一览无余,还产生了严重的信任危机,对人类的道德要求提出了挑战,不禁令人类深思:当下人类的道德水平是否能够解决科技发展带来的伦理乱象。

另一方面,超写实虚拟人是否应该拥有意识仍是一个道德悖论。社会能否接纳这些具有自主意识的虚拟人,他们的决策对人类来说是帮助还是伤害,当虚拟人陷入两难境地时,我们真的要让计算机程序来判断一件事在道德上正确与否吗?即便这个编程是由人类设计的。科幻小说《环舞》中提出了"机器人三大法则",将机器人不能伤害人类放在第一位,然而,被忽略的是,随着机器人学习能力和自我意志的发展,人类还能不能清晰地辨别机器人的行为属性呢?人类与机器的未来,是否能突破这个各国心照不宣的道德困境还是未知数。

(二)法律缺失:责任主体虚化

我国目前并没有对虚拟人进行专门立法,仅能依靠现有对自然人的法律法规进行反推,而超写实虚拟人法律管制的缺失会造成责任主体虚化,具体表现为超写实虚拟人的法律主体地位缺失和超写实虚拟人的权利主体法律责任虚化。

首先,法律赋予自然人享受民事权利和承担民事责任义务的资格,超写实虚拟人并不属于自然人、法人或其他组织中的任何一类,虽然其表面上是以独立个体的形象出现在公众视野中,但它物质外壳下的精神实体实际是背后的整个运营团队,因此超写实虚拟人本身不具备法律主体地位。一旦超写实虚拟人产生自主意识,成为法律规定的独立行为主体,它的一举一动应该处于法律的制约范围内,在当前的法律体系中,超写实虚拟人的法律主体地位仍处于缺失状态。

其次,超写实虚拟人据《著作权法》规定:"本法所称的作品,是指文学、艺术和科学领域内具有独创性并能以一定形式表现的智力成果。"目前,超写实虚拟人的长相、表情、动作、人物背景等均体现了运营团队的意志与创造,符合《著作权法》中对"作品"的界定,超写实虚拟人属于其开发公司的创作作品,公司是超写实虚拟人的权利主体,依法享有商业开发并获得虚拟人商业活动收益的权利,因此,也要承担相应的法律义务。我国还没有针对虚拟人的商业活动出台相关规范约束文件,真实的人在违法犯罪后可以"封杀",例如薇娅、邓伦等,人们对其社会信任度会大大降低,但是隐藏在超写实虚拟人背后的开发公司就像是披了一层人皮,在违法失信现象发生后可以注销现有公司,放弃当下运营的虚拟IP,数据的可复制性为其卷土重来提供了便利,只需要修改几个参数,开发公司便可以推出全新的虚拟形象,改头换面再次出现在公众视野中,这就造成了超写实虚拟人权利主体的法律责任虚化。

(三)科技暗面:人的价值异化

从人类起源开始,技术就与人类紧密结合在一起,人的一生被使用工具、制造工具和携带工具填满。人类对于技术的好恶在不同时代背景下迥然相异,随着暗黑生态学的兴起,人类对于科技、媒介等方面的态度从乐观转向负面与批判,人工智能的出现更是将身体与心灵分裂开,人类似乎已经拥有干预生物自然进化的能力,可以通过基因编序排列组合出完美的生物嵌合体,人类在科技的加持下无所不能,仿佛万物尽在掌控之中。

然而,科技带来的负面影响值得人类警惕,人类对体外之物的过分依赖终将导致人类自身的羸弱。一方面,科技的滥用异化了人的主体性价值。与人类相比，机器拥有更加迅捷的数据处理能力，能够存储更加庞大而精确的信息，连人类所独有的思考能力也变成了控制技术与数据的能力。"以康德哲学为标志的主体性原则就是要从哲学上证明理性和自由是人的最高本质，在对于这一最高本质的诉求和拥有中，主体积极能动地认识、构造甚至是变革对象或客体。"① 离开手机输入法就不会写字，离开社交软件就不会沟通，看似无所不能的人类成了被科技驯养的奴隶，人之为人的主体性价值被异化为技术与数据的附庸。

另一方面，当前计算机逻辑一统天下，人类最根本的身体技术被忽视。海德格尔将人类使用工具的状态分为上手和在手，人生在世就是与器物打交道，处于上手状态下的人与器物能够实现人诗意地栖居在世界中（being-in-the-world），人越熟练地使用器物就越能呈现器物的本真性，这说明身体技术是人类最原始的认识世界与改造世界的方式，人以身体为媒介搭建自我与他者的认知。然而，人类对科技的依赖造成计算机逻辑一统天下，信息基础设备成了人体的延伸，替代身体去感知和实践，人类对计算机的算法与数据深信不疑，哪怕是从未听说或体验过，深陷大数据推送下的信息茧房而不自知。当身体成为思维的累赘，人类想像虚拟人一样抛弃实体，获得数字永生，科技的暗面在人类未来发展中究竟是起到推动作用还是毁灭作用仍是未知。

（四）内容缺位：同质化的运营

纵观当下国内超写实虚拟人的发展赛道，三分之二的超写实虚拟人都以小红书为主平台，其中绝大部分为女性时尚博主，通过分享自己的日常生活和商业活动吸引粉丝关注，除了头部博主柳夜熙、AYAYI、阿喜和翎以外，多数还停留在小网红的水准，在内容、目标客户和人物定位上都存在严重的同质化倾向。

在内容方面，尾部超写实虚拟人多以"虚拟人+某事+配图"的格式作为日常生活分享的模板。虚拟人云可可自 2022 年 1 月 31 日开始连发三

---

① 詹艾斌：《论西方哲学中主体性原则的确立》，《内蒙古社会科学》（汉文版）2005 年第 1 期。

条类似内容，分别是"虚拟人第一次跳芭蕾""虚拟人第一次穿汉服"和"虚拟人的第一个春节"，文中配上 3D 建模下的虚拟人静态照片，尽管在图像建模方面做得十分逼真，但是静态的视觉形象加粗浅的内容呈现理念不足以支撑起它的后续发展。

腰部超写实虚拟人多以"元宇宙概念+视频/图片"的形式产出内容，与尾部超写实虚拟人相比，粉丝突破一万大关的腰部超写实虚拟人拥有更加多元的内容呈现形式，产出内容以动态视频为主，需要建模与动作捕捉技术相配合。拥有 1.1 万粉丝的虚拟人爱逛街的 Gina，其小红书账号内容包含探店、街拍、背景故事碎片、IP 展、音乐 MV 等多种形式，运营团队尝试从多个角度丰富 Gina 的个性与表达，带给粉丝新奇的浏览体验。

从目标客户角度看，大部分超写实虚拟人运营团队的目标客户具有年轻化和女性向的特点，目标客户定位重合一方面是由所入驻的平台粉丝属性决定的，小红书于 2021 年 9 月联合各大品牌发起"潮流数字时代"活动企划，吸引了大批超写实虚拟人入驻，同时，根据千瓜数据 2021 年发布的《小红书活跃用户画像趋势报告》显示，目前小红书使用人群以 18—24 岁为主，女性用户占比 90%，使用人群在地域上主要分布在广东、上海和北京这类一线城市，小红书平台的用户属性决定了以小红书为主要平台基地的超写实虚拟人目标客户画像。

目标客户定位重合另一方面是由盈利空间决定的，美妆及时尚领域垂直盈利空间大，产业链上游的化妆品生产商利润率高达 50%，产业链中游的经销商可以通过品牌溢价空间盈利，作为产业链中下游与消费者直接连接的美妆博主也可以通过直播、推广费和分成盈利。此外，美妆和时尚行业细分领域丰富且具有共同点，很多超写实虚拟人兼具时尚博主和美妆博主两个身份，例如来自韩国的美妆和时尚博主、超写实虚拟人李知台既在小红书分享自己的化妆用品，也分享自己的穿搭 OOTD。

从人物定位角度来看，超写实虚拟人市场存在缺乏清晰的虚拟人设计理念、人物故事欠缺和急于 C 端变现的问题，头部超写实虚拟人可以凭借流量打通广告、演出、授权、衍生等多元变现渠道，而尾部的超写实虚拟人由于缺少稳固的粉丝群体，流量沉淀和数据曝光度相对有限，商业化过程相对艰难。

以超写实虚拟人 IMMA 和虚拟人元壹梦为例,元壹梦的小红书账号中全部为穿搭分享和日常照片,对于元壹梦的来历、家庭背景还有人物个性没有深入刻画,急于通过元宇宙和虚拟人 tag 引流变现,而 IMMA 的运营团队不仅打造了超写实虚拟人 Zinn 作为 IMMA 的弟弟,在 IMMA 的日常分享中增添了与弟弟互动的温情模块,丰富 IMMA 的多元情感和私生活分享,并且在产出内容时有意识地通过杂志采访以及粉丝互动等方式输出 IMMA 真实、个性的 Real Me 态度,生成更加充实的背景理念。

2021 年 7 月,HYPEBAE 采访了 IMMA 作为其 "Real Me, Real Expression, Real Style, Real Us" 系列采访的开端,试图探索随着互联网和技术的发展而日益交融的真实与虚拟世界中真实个体和虚拟角色的存在价值。在采访中,IMMA 大胆承认自己是一个 CGI 三维角色,认为虚拟与真实之间的区别并不特别重要,人们可以在虚拟世界中创造属于自己的价值,而不是仅仅把虚拟世界当作对现实世界的逃离,通过对话,不难发现 IMMA 对世界有着自己的思考和判断,运营团队也在用 IMMA 的观点态度启发人类大胆探索未知,催生世界的文化多样性。

除了通过采访输出观点外,IMMA 还在社交平台上积极与粉丝互动,营造具有亲和力的人物形象,例如在 IMMA 分享与弟弟的日常生活动态下,粉丝询问弟弟感情生活的评论得到了 IMMA 人性化的回答,以及文案标题多以问句结尾或带有互动性,像"梅雨季不想出门在家都干吗?""猜猜我在哪?""认识这位公主的请举手"等,吸引粉丝评论交流,增强交互体验和用户黏性。

四 数字化生存:超写实虚拟人的前瞻治理

无规矩不成方圆,超写实虚拟人的野蛮生长需要建立在道德和法律这两座基石之上,虚拟世界不是法外之地,秉持人本精神,守好伦理底线,和谐有序的市场环境需要每一个参与者共同守护。

(一)完善市场规范,优化产业政策

透明的市场规范和健全的产业政策是促进超写实虚拟人行业发展的前

提。自元宇宙概念成为年度热词后,虚拟人"扎堆"出现,针对这一市场热点,当前还未形成完善的市场准入标准、管理政策和监管体系。

首先,超写实虚拟人缺乏统一的行业标准和体系。从市场准入角度来看,当前无序的市场准入门槛导致超写实虚拟人市场上存在滥竽充数、质量良莠不齐、劣币驱逐良币的现象,很多公司打着虚拟人旗号博取眼球,本身并没有长期培育 IP 的打算,以粗糙的建模和流水账般的内容飞快收割一批"韭菜",在热度过去后转向下一个利益点,良莠不齐的市场现状加剧了超写实虚拟人行业的投资风险和泡沫化程度,银保监会特意发布了《关于防范以"元宇宙"名义进行非法集资的风险提示》,警示广大民众警惕资本炒作,此外,资本掌控下的市场环境让不少有技术实力的小公司难以出头,最后要么缺乏流量孵化失败,要么被资本吞并。要想激发超写实虚拟人市场活力,使其稳定发展,需要树立更高起点、更高层次、更高目标的市场准入门槛,建立健全统一的超写实虚拟人标准体系,出台市场准入负面清单,以超写实虚拟人产业发展需求为线索,平衡行业内不同领域之间的差距,引领资本投资金融、文旅、教育等具有巨大市场需求的蓝海领域。

其次,超写实虚拟人发展缺乏顶层统筹规划。从管理政策角度看,中共中央针对科技伦理治理方面出台了《关于加强科技伦理治理的意见》,但仍然缺乏关于超写实虚拟人的国家管理规划与扶持政策,国家应当发挥统领、对接和调控作用,颁布超写实虚拟人市场管理纲领性文件,引领行业进行一体化建设,对小微厂商进行重点倾向性帮扶,提供资金、场地、人才等扶持性福利待遇,打通超写实虚拟人产业链的上中下游壁垒,推动链内不同业态之间的平等对接,建设开放、透明的超写实虚拟人产学研一体化平台。

最后,超写实虚拟人发展缺乏成熟的监督体系。从监管体系角度看,我国的社会主义市场经济是资源配置和自由贸易结合的经济形态,为了优化资源配置,充分调动市场积极性,需要市场监督监管部门这只"看不见的手"运用约束手段和行政监管措施维持良好的市场秩序,营造清澈透明、公平公正的市场环境。完善的市场评级体系利于监督超写实虚拟人行业各主体提升质量和效率，高效统一的市场监管格局可以有效防范不正当竞争造成的资源垄断现象，构建以信用为核心的良好营商环境。同时，社会监督也是整个监督体系中不可或缺的一部分，为政府监管体系起到查漏补缺的作用。

（二）健全法律法规，严守科技伦理

法律限定人类最低道德要求，我国以宪法为核心的中国特色社会主义法律体系是促进社会文明进步的内在要求，也是保障国家正常运转的必要条件。然而，有关超写实虚拟人的犯罪活动在当前各国法律体系中并不能得到系统性的处理，例如在游戏 Second Life 中曾经出现女性用户的虚拟形象被黑客操控并实施强奸的事件，此外，还有恋童癖在虚拟世界中与虚拟幼童发生性关系的案件，由于目前法律的规约仅仅保护自然人，现实世界中的人对虚拟人犯罪或者借虚拟人之身对虚拟人犯罪就难以构成强奸罪、杀人罪等罪名，受到法律的制裁。因此，超写实虚拟人的发展无疑会对我国现有法律体系提出严峻的考验，需要秉持前瞻性立法观念防范法律漏洞的出现，健全相关法律法规，预防虚拟世界中的违法犯罪行为。

其一，要加快取得全球范围内的人类共识，建立超写实虚拟人国际性规约。超写实虚拟人带来的是一场全球范围内的自然法挑战，没有任何一个国家可以独立应对，虚拟人并不拥有法律规定的自然人国籍，任何公司都可以创造任何国籍的虚拟人，所以，关于超写实虚拟人的法律制定需要获得全球共识，凝聚全人类共同力量应对虚拟人给人类带来的挑战。

其二，完善虚拟世界中的产权保护，扫清超写实虚拟人在虚拟世界中产权方面的灰色地带。尽快保护公民肖像权、名称权和著作权以及知识产权在虚拟世界中的应用，对于不经他人同意擅自运用他人的形象、著作、姓名做成虚拟人的行为，依法追究其侵权责任。同样，个体在虚拟世界中的所建所得根据法律规定享有所有权，应尽快完善相关法律规定，维持虚拟世界中的良好秩序。

除了完善法律法规以外，也要警惕科技带来的伦理风险。我国在 2019 年 7 月审核通过了《国家科技伦理委员会组建方案》，推动建设规范有序、统筹共治、全面协调的科技伦理治理体系。2022 年 3 月，中共中央办公厅、国务院办公厅出台了《关于加强科技伦理治理的意见》，坚持伦理先行和敏捷治理，加强科技伦理问题的预判和动态跟踪，做到源头预警；尊重生命权利，对涉及敏感伦理问题的相关活动进行披露处理，做到过程公开透明；以政府体制为统筹主体，相关科研机构、学校、企业等单位为管理主体，科技人员自觉履行科技伦理要求，做到治理主体职责明晰；完善科技伦理立法和相关理论研究，设立国家科技伦理委员会等监管机构的规章标准，做到治理制度明晰；对涉及科技伦理的科研活动开展风险评估，强化各级监管，对违法违规行为进行严肃处理，做到监管落地；将科技伦理教育内化到学校教育系统中，通过强化公众宣传来提高人民科技伦理素养，做到从根源防范科技伦理风险。

（三）革新技术支持，拓展应用空间

借助驱动装置、形象建模和渲染技术，超写实虚拟人能够实现与真实人类几乎无差别的微表情和动作情态，在视觉效果上难以用肉眼分辨，但在实时对话、阅读理解和听觉方面仍然存在阻滞现象，基于深度学习的图像识别技术和渲染技术提供的知识支撑越来越强大，实现虚拟数字人"听说读写"全方位的无障碍交流。

目前，在元宇宙概念指引下，人类作为唯一的智慧生物成了元宇宙的主要建设方。未来，真正的元宇宙应该是真实人类的虚拟化身、超写实虚拟人、高仿人机器人、人工智能等拥有自主意识的全体元宇宙居民共建的结果。从产业图谱的角度看，处于基础层的生产显示设备、光学器件、传感器、芯片的硬件厂商和生产建模软件、渲染引擎的软件厂商应提高自动化生产程度，降低生产门槛，国内厂商应逐步降低对海外厂商的技术依赖，打破国外关键技术垄断，抢占科技高地，实现技术核心领域自产自足，非核心技术提高自动化生产的精细度与准确率，适应部分应用场景批量制造的需求。

处于平台层的软硬件系统供应商、生产技术服务平台和AI能力平台应升级建模系统、动作捕捉系统和算法精度，积极承接外包服务，提高实时面部表情捕捉速度和面部还原精准度，减少噪声、天气、距离等不可抗力因素对智能语音识别、自然语言处理等技术的干扰，强化计算机视觉与现

实世界色彩的契合度，减少平台人工服务比例，运用虚拟客服等先进技术提高平台运营、维护与后勤的效率。

处于应用层的影视、传媒、游戏、金融和文旅等行业要在抓住市场动向的同时，创新呈现形式积极引导最新科技成果融入。影视领域可以运用数字替身、真人驱动引擎等技术完成爆炸、车祸等高危画面的拍摄；传媒领域可以扶持虚拟主播和虚拟主持人，在深夜和凌晨时段代替真人实现全天不间断播放；游戏行业可以更加灵活地运用超写实虚拟人的构建技术，把电视剧《西部世界》中与真人无异的NPC和全身心沉浸式的游戏体验搬到现实游戏中来；金融行业可以雇用数字员工进行重复化程度高的工作，从而合理调配人力资源的布局，产生更大的经济价值；文旅行业可以推出虚拟导游以及虚拟讲解员，降低人工成本的同时又能给游客带来与真人无异的旅游体验。

（四）差异运维体系，审美创意并存

针对当下超写实虚拟人在运维过程中同质化现象严重的问题，笔者认为应当建立差异化的运维体系，分为前期IP策划和后期剪辑合成两部分。

首先，差异化IP人设奠定成功基调。在前期IP策划部分，以超写实虚拟网红为例，不同的运营团队在推出超写实虚拟网红时会为其量身定制一个IP形象，具有差异化的IP形象是其成功之路的第一步，据中国传媒大学发布的《中国虚拟数字人影响力指数报告》中的数据显示，传播力、创新力和社会力是衡量虚拟数字人影响力的一级指标，在此指标的评估下，柳夜熙、AYAYI和翎成为超写实虚拟网红排行的前三名，三者皆在设计团队的引导下有着不同的性格、人物背景和身份，形成了迥然相异的IP形象。在推出柳夜熙这个账号前，其背后的设计团队创壹科技在国内众多MCN公司中已经小有名气，其旗下孵化的抖音特效类IP账号宇航员小五、慧慧周和非非宇全网粉丝总量超过2000万人，连分享幕后花絮的小号慧慧周团队NG在抖音的粉丝量都达到了347万人，创壹科技之所以能够推出柳夜熙这样的全平台现象级爆款IP与先前账号运营沉淀下的资源、经验和流量密不可分。

2021年，凭借公司积攒下的美妆资源与人脉，创壹科技在万圣节推出了以"元宇宙+美妆博主"为IP核心、以"一个会捉妖的虚拟美妆达人"为定位的柳夜熙,第一条视频发出的6个小时内涨粉10万人,一周内涨粉400万人,独特的元宇宙美妆博主IP策划让她在众多超写实虚拟人中脱颖而出,高质量短视频内容加美妆标签也为柳夜熙日后的商业合作奠定了广泛的基础。同样是超写实虚拟网红的AYAYI在运营初期并没有给自己设下一个明确的定位,无论是打卡展览会、分享妆容、收集潮玩,还是购买NFT数字艺术藏品和数字时装,她就像是一个从元宇宙偷跑到现实世界中的小姑娘,热情地和大家分享自己的日常,团队也根据运营数据掌握了AYAYI"接地气的虚拟人"这一IP形象,内容动态中增添了"Q&A"问答、粉丝礼物展示、逛庙会、脱机访问等环节,强化粉丝链接,形成稳定的粉丝群体。翎的成名之路与前两位又有很大不同,她在出道时便背靠央视选秀节目《上线吧!华彩少年》,其运营团队抓住弘扬传统文化的时代机遇,推出"元宇宙+传统文化"的IP形象,分析翎的内容动态,不难发现其设计团队有意向前期IP策划的"热爱中国传统文化的虚拟人"这一风格靠拢,在面部塑造方面,丹凤眼、瓜子脸和柳叶眉均为中国古代画作中传统女性的面部形象,穿着打扮方面也多身着改良版汉服以及中式传统服饰,喜欢分享京剧、古诗词和中国传统节日。

其次,个性化后期塑造IP风格。后期剪辑合成是当下超写实虚拟人整个运维体系中最具技术色彩和个人特点的部分,特效合成师和视频剪辑师的更换可能会影响到账号风格的转变,因此,超写实虚拟人的剪辑合成团队会根据其IP形象设计一套固定的后期模板,为视频印下此IP特有的烙印。以上文中提到的创壹科技为例,公司深谙平台流量的不稳定,将内容经济和商业发展相结合,"左手做商业,右手做IP",推出了地支迷阵系列短剧。

由于要营造出纷繁复杂的场景效果,剪辑团队在短剧中运用了电影般的叙事手法,大量保持视觉效果连贯的剪辑手法和营造冲突和反差感的剪辑思维也被广泛应用于柳夜熙的视频中,优秀的剪辑作品会用镜头诉说故事,不会让观众有很突兀的跳跃感,地支短剧的时长都在5分钟以内,剪辑团队对动作选择性地拆解和省略,有意识地加快了短视频的节奏,每个短剧提前通过预告的形式让观众能够把握住情节的基本概要和主要矛盾冲突点，在完整版中直接切入主题，例如第四集中逃离到现实世界中的午马绑架了一整个公交车上的人，柳夜熙前去营救，完整版中的第一个画面直接将镜头给到在悬崖边摇摇欲坠的公交车，午马的声音作为背景音随镜头出现，将戏剧冲突效果拉满，至于这个公交车怎么到的悬崖边、柳夜熙怎么上的公交车、午马又是怎么绑架无辜群众的等前置情节被剪辑团队直接省略，充分抓住了短视频平台碎片化和刷短视频人群求新求奇的特点。

同时，视频中动作衔接流畅，镜头张力感十足，情节间有着内在的张弛节奏，地支短剧的剪辑团队善于利用前后对比营造强烈的反差效果，例如第三集中，寅虎营造的增强现实效果让场景中充满了热闹的节日气氛，在被柳夜熙看破后，场景迅速蜕变为荒凉阴暗的老宅，与前面欢乐的庙会场景形成了鲜明的对比，不仅是场景间的对比，还有人物形象间的对比，寅虎伪装成一个操着方言的老爷爷形象，与被识破后矫健的少年形象也形成了鲜明对比。此外，团队还通过前后镜头的节奏一致，让情节在视觉效果上更加连贯，运用大量的过渡镜头，与背景音乐节奏相配合，将观众的视觉焦点保持在柳夜熙的身上，无形中提高了完播率。

五 后人类图景：元宇宙中超写实虚拟人的发展趋势

超写实虚拟人是连接元宇宙与现实世界的使者，可以最大限度地模拟人类虚拟化身在元宇宙世界中重构的政治、经济、文化等各方面社会关系。美国研究团队加速研究基金会（Acceleration Studies Foundation，ASF）将元宇宙分为四大形态——增强现实、生命日志、镜像世界和虚拟世界。

增强现实是指使用数字技术将虚拟物体的影像投射到现实世界，而作为超写实虚拟人代表的超写实虚拟网红恰恰是存在于现实世界的虚拟产物，例如次世文化旗下的国潮超写实虚拟 KOL 翎，它不是活生生的人，依赖数字显示设备，不具备真实实体，但可以在背后团队的运行下展开符合自己人设的社会活动。

生命日志是指人们将日常生活中的体验与经历加以美化上传到数字网络中，既是内容的产出者，又是内容的浏览者，通过生命日志，人们不仅可以追忆过去的经历，也可以旁观别人的人生，超写实虚拟网红的基本商业模式即是在背后营销团队的运作下于社交平台分享自己的"喜怒哀乐"，通过满足受众视觉感官享受的景观堆砌吸纳粉丝流量，加固情感链接，达到商业变现的目的。

镜像世界是指将真实世界中的事物复制到线上，以此来提高现实世界的运转效率，很大程度上依靠真实世界的布局，而虚拟世界则是指一个与现实世界完全不同的全新世界，超越了传统意义上的时间与空间，具有全新的世界观与社会体系，是对人类想象世界的呈现。现阶段的超写实虚拟人就像老玩家照顾新玩家打"明牌"一样，直接标明自己是数字虚拟人，而在未来，各家纷纷隐藏自己的牌面，真实与虚拟的界限将越来越不明确。

（一）增强现实打造沉浸式生态体验

在元宇宙场域中，虚拟世界中的视觉、触觉、嗅觉、味觉等感官活动能够依靠特定媒介无差别传递给现实世界中的人，通过打造沉浸式的声色场景给身处现实世界的用户带来无与伦比的感官体验，全方位调动人的感觉器官，提高信息接收与处理的速率。从技术角度讲，只要有充分的数据支撑，用户通过增强现实技术可以足不出户而身处任何想要去的地方，体验任何一种想要体验的生活，当下"云逛展""云旅游"等沉浸式深度游仅能满足视觉需求，仍未能做到以假乱真般的"身临其境"，而元宇宙所带来的身临其境就像是被传送到另一个平行宇宙中，当事人不会有丝毫的违和感，可以在几秒钟内从南极到北极，也可以跨越时空和已经死去的伟人对话，这就是增强现实给人们带来的便利。

以弗朗西斯·劳伦斯导演的《饥饿游戏》系列电影为例，电影中的主人公被投放到一片比赛场地中，主人公在场地中的一举一动都在实时向场地外直播，比赛的主办方会在场外监控主人公的行动，并通过大型沙盘操作系统人为干预选手的比赛过程，场外的操作人员只需要拖动一串数据即可在比赛场地中投放火灾、猴灾、瘴气等，在比赛中去世的选手的照片与姓名每晚会被投影到场地天空中，整个比赛场地就是一个大型增强现实沙盘游戏，也是对未来增强现实技术的合理推测。

目前超写实虚拟人的照片拍摄主要由真人实拍再加上 PS 换脸组成，从而最大程度实现照片中光影过渡、背景纵深和色彩还原的自然性，并不是真正赋予虚拟人现实实体，超写实虚拟人与明星的合照也是挑选身材相当的真人模特与明星实景实拍后 PS 换脸合成，伴随 AR 技术的升级，凭借摄像机追踪技术和实时渲染技术，虚拟人将真正实现在现实世界中"存在"，这将带来前所未有的感官体验拓展。

电影《攻壳机动队》中有一个远景展现了机器人、生化人、仿生人充斥世间的未来商业活动形态，炫目的灯光将城市点缀成一片喧嚣的霓虹色彩，主角在赛博朋克式的城市中穿梭，周围随处可见被投射到空中的三维立体广告。实景渲染技术曾被广泛应用于舞台场景中，起到渲染气氛、增强视觉冲击的作用。在不远的将来，人们的日常生活即是一个无限大的舞台，由虚拟形象展现的广告不仅会出现在手机、电脑等电子设备中，整个城市就是一个即时交互的立体电子屏幕，在数据的调配下，不同时段会出现不同类型的商业活动，不同人根据不同兴趣取向会看到不同的商业活动，此时，超写实虚拟人不再需要 PS 换脸，而是能与真人一样参加品牌展会、拍摄时尚大片，与真人发生即时互动。尽管十年内增强现实技术还很难让三维图像稳定地出现在现实世界中，与真实世界完全契合，让超写实虚拟人能够像变色龙一样实时根据自身环境改变光影色彩，模仿自然光打在真人身上的视觉效果，将是技术人员需要解决的一大难题。

同时，城市的空间结构也会随之发生纵向的拉伸变化，广告不再单纯以搭建出来的广告板为媒介，可用空间大大增加，建筑的包材与设计也会做出相应的改变，城市规划最大程度为视觉效果服务。人类的消费体验也会发生迭代升级，北京 APM 购物中心推出虚拟试衣镜服务，顾客不用走进换衣间亲自试衣，只需要站在镜子前，试衣镜里便会浮现出顾客穿着这件衣服的样子。当然，目前的体感技术无法做到一比一还原，但也为残障人士、不方便换衣的老年人提供了更为便捷的服务，或许有一天，人类在家躺在沙发上即可享受高质量的购物体验，不仅有与自己等比例还原的虚拟数字人为自己试衣，化妆时旁边虚拟广告中的超写实虚拟人不断展现着自己用其所代言的化妆品化好妆之后的样子，人类的生活将被增强现实技术

（二）人机共生赋予高价值情感满足

超写实虚拟人本质上是由计算机技术虚拟合成的高精度三维建模人物，作为元宇宙中的原住民，它将在突破图灵测试后成为补充满足人类情感价值的最优解。据清华大学沈阳教授团队发布的《元宇宙发展研究报告2.0》显示，虚拟数字人的发展进程具体可分为三个形态：1.0拟人形态、2.0同人形态和3.0超人形态。

在1.0拟人形态下，虚拟人空有类人皮囊，却缺乏自主灵魂，凭借真人输入的代码数据与外界进行信息沟通和指令反馈，语音合成、3D建模、动态捕捉等先进技术使虚拟数字人在动作、神态、声音上与人类相似，日本虚拟歌手初音未来的声音便是公司在录入人声基本发音作为数据库基础上使用Yamaha的VOCALOID声音引擎合成制作的，处于拟人形态下的超写实虚拟人依附运营团队打造人设，对内容输出要求极为严苛，从穿衣风格到行动态度无一不是经过运营团队再三打磨而成，贴合目标客户画像需求。与真人不一样，超写实虚拟人并不是在维系人与人之间的关系，而是在维护机器与人之间的关系，用户在认识虚拟人时便知道它是假的，本能存在戒备或排斥心理，很难搭建起信任的桥梁，更多用户是以好奇的静观态度看待超写实虚拟人的发展，要想将用户的心理从看客转变为愿意为之消费的粉丝，需要虚拟人提供差别化的情感价值，普通人满足的情感价值多为颜值、技术、娱乐等，想要在赛道中脱颖而出，虚拟人需要满足更深层、更多元，即更加不可替代的需求。

在2.0同人形态阶段，虚拟数字人在外观、情感、交流能力、理解能力等方面已经可以做到与真人一样，通过情感算法技术，实现人类高质量情感互动，从外观的形态模拟发展到情感模拟。奇点大学校长、《人工智能的未来》作者雷·库兹韦尔曾表示：到了2029年，我们将在机器中实现人类级别的人工智能，这些人工智能将能够通过"图灵测试"[①]。如果说能够达到人类级别理解的人工智能是元宇宙实现的必要条件，那么虚拟数

---

① 图灵测试：人类裁判是否能通过即时对话将人工智能与真人区别开。

字人（Metahuman）可以说是对人工智能融入人类社交生活的一次尝试，为实现人机共生的元宇宙场域打下基础，处于这一阶段的超写实虚拟人可以通过自主意识更加灵活地满足用户的需求。

  工业化和城市化进程消解了过去的乡土氏族社群结构，重铸为原子化的社会结构，原始宗族价值理念衰落，社会原子化改变了个人与他者之间的联结机制，人与人之间的强弱连接失调，个体疏离于公共社会，社会纽带松弛，进而导致孤独现象变得普遍。随着都市生活压力、独生子女赡养压力、疫情隔离心理压力等社会问题剧增，现代城市人与人之间交往的冷漠加剧了都市人的孤独感，每个人都是背井离乡在尘世间单打独斗，如同一颗原子，在整个社会体系中处于既分离又连接的游离状态，"蚁族青年""空巢青年"等现象的出现逐渐吸引大众聚焦青壮年群体的情感意识表达，孤独经济在诸多投资热点中崛起，成为新的消费商机，快节奏的都市生活和不稳定的工作环境让"孤独青年"们越来越疲于打理自己的人际关系，不愿社交、不愿出门还有不愿恋爱的境况成了他们的共同特点。

  2.0同人形态下的超写实虚拟人给虚拟恋人和陪聊陪玩等满足情感价值的孤独经济提供了全新实现形式。以虚拟恋人为例，虚拟恋人一般有两种形式，一种是恋爱养成向经营类App，画师绘制人物CG，CV献声配音，运营打造人设，具有丰富的互动对话和游戏情节，玩法多样，玩家在游戏中获得爱情体验，满足自己的恋爱幻想；另一种是有偿真人模拟恋爱服务，通过语音、文字等方式为付款的消费者提供等同于拥有真实男（女）友的沉浸式体验，包括但不限于一日情侣、哄睡叫醒、陪玩陪聊等，满足用户的情感需求，费用从每小时50元到200元不等，根据被陪伴者的需求和陪伴者的等级而定。两种形式的虚拟恋人均存在一定的负面影响：前者容易让玩家陷入完美恋人的期待中，而现实中的人总有或多或少的缺点，沉迷恋爱养成游戏中的青年会下意识把现实世界中的人与虚拟的"纸片人"比较，不利于现实恋爱关系的形成；后者则赋予现实世界正常的情感交流商业色彩，一旦消费者对商业交易产生的情感关系生出依赖心理，便更加习惯用金钱交换虚假的感情，长此以往会产生难以估量的负面影响。无论是哪种形式的虚拟恋人都提供的是短期一对多的服务，同人形态下的超写实虚拟人填补了长久一对一情感价值服务的空白,既具有真人在对话、思维、学习等方面的灵活,又可以为顾客提供符合心意的个性化情感体验。同时,随着同人形态的虚拟数字人相关法律监管、体制规范的完善,可以很大程度上解决"空巢老人""留守儿童"以及残障人士情感关怀等社会问题,对正在逐步迈入老龄化社会的中国有着前瞻性意义。

3.0超人形态下的虚拟数字人将超越现有的对生命价值的认知,只要代码组成的电子数据不消失即会永远存在,实现"数字永生",同时,虚拟人将不再满足于"虚拟存在",通过技术手段实现"虚拟"的实体化,踏入现实世界的探索历程,人类进化为"人—机共生主体"——人的有机系统和机器的无机系统耦合,物质化身体和技术的嵌合赋予新人类全新书写生命日志的形式,无须通过任何纸质或电子媒介,意随心动,通过大脑信号的直接连接实现人与人、意识与意识直接的连接,共享过往经历与经验,这种"交感"技术的实现将最大限度地实现全人类的统一和同化。

(三)虚实联动共塑后人类文明时代

人类的未来必然是虚拟与现实的联通,而不是虚拟与现实的分裂。莱布尼茨将世界看作一个不可分割的整体,在世界中存在无数独立却又彼此相连的单子,每个单子之间的关系是已经安排好了的"前定和谐",没有什么是孤立的,每个单子都是反映整个宇宙的一面镜子,照出自己和他人的喜怒哀乐。因为单子没有广延且不可分,所以人与人之间彼此独立,个体无法真正体会到他人的感知,每个人的生活都"如鱼饮水,冷暖自知",又因为单子之间彼此相连,总是存在或这或那的联系,所以人类可以换位思考,拥有共情和移情的能力,这对人类认识世界和改造世界起到了重要推动作用,共情能力让人类可以互相理解,同时又清晰地认识到自己与他者的不同,移情能力发散了人类的想象力,让人类将自己的情感移入自然界其他生命客体或无生命活动的对象上,使之具有人的情感,在共情与移情能力共同作用下,人类拥有凝聚起来共建家园的力量,能够通过群体想象构建出法律、文化、政治制度等国家机器健全的现代社会,虚拟世界的构建也是同理。

首先,将现实世界镜像到虚拟世界的数字孪生技术是建设虚拟世界的基础。它将真实世界以电子数据的形式复制到互联网上,在虚拟空间内建立包括人、环境、物品等要素在内的拟真动态孪生体,拓展了现实世界中的场景与人类目之所及的视觉维度,不仅大大提高了人类社会运转的速率,还能选择性地释放真实世界中的限制与规定,激发个体创造力与想象力。虚拟世界的存在给现实社会带来了经济、政治、文化等众多方面的便利。

例如,在元宇宙场域中,商家可以根据镜像世界中抓取的用户信息匹配相关产品,为消费者定制专属广告与服务,服务的精细化、个性化和智能化程度大大提升,用户在虚拟世界中即可满足自身消费、娱乐、社交等基本生活需要,并能在大数据智能算法的支持下抓取用户使用过程中搜索、点击、关注的信息,细分客户需求,推测用户喜好,对海量内容与观点进行选择性推送,针对不同需求的客户推送个性化、情绪化、高效率的内容。

其次,在现实基础之上发挥想象力创造的虚拟世界并不仅仅由人类创造,虚拟世界里的人与物能够自动生成和运转。以虚拟数字人为例,作为元宇宙的原住民在拥有自主意识以后,学习或模仿人类的生命活动,形成一座适配于虚拟人的集权力组织、法律法规、人权共识为一体的虚拟人王国。虚拟世界中的信息流与现实世界中的信息流交互共生,当你在虚拟世界吃了一顿饭时,现实世界中的你也会觉得有饱腹感,在虚拟世界购买的虚拟产品同样可以在现实世界中使用,人类无法用肉眼辨别人与物体的属性,人类可以拥有数字化身,虚拟人也可以拥有现实实体。在人工智能引擎的支撑下,人与物可以自由在现实世界和虚拟世界中穿梭,数字货币和数字资产可以和现实世界中的货币体系相互转换,现实世界与虚拟世界中的场景和资产构成广泛而深刻的虚实联动,从数字孪生到镜像原生,再到虚实共生,再到虚实联动,形成共治、共创、共享的虚拟世界生态性建构。

结　语

超写实虚拟人是连接虚拟世界与现实世界的桥梁,它的变革与进步映照出人类未来的发展轨迹。时代的车轮滚滚向前,我们应该放弃极端的人类中心主义，逐渐接受人类是世界的一分子。超写实虚拟人的发展并不代表人类正走向末路，而是一种崭新数字化生存方式的崛起——人机共生、虚实双栖、万物互联。

"仰观宇宙之大，俯察品类之盛。所以游目骋怀，足以极视听之娱。"（王羲之《兰亭集序》）也许未来的某一天，虚拟与现实不再具有明晰的界限。真实世界中的人类可以拥有虚拟化身，虚拟世界中的虚拟人也可以拥有现实实体，人类、虚拟人、高仿人、赛博人、机器人等不同物种都在元宇宙中和谐融洽地共生。再组织化的具身媒介打破交流壁垒，人与物、物与物之间从未形成过如此紧密的联系。人类的创造力与想象力如泉水般迸发，高举理性与自由、张扬主体性价值，现实世界中无法攻克的难关有了全新转换思路，充盈的资源和无尽的空间让每个个体最大化发挥自身价值，人类的视野与足迹拓展得更高、更深、更远，未来的蓝图等待我们去探索。

人必脚踏实地，方能仰望星空。虚拟世界不是现实世界的避难所，也不可能脱离现实世界存在。元宇宙带来的沉浸式体验不能成为逃避现实的借口，元宇宙中多维度的社会关系也不能成为切断现实世界人际交往的沟壑，元宇宙中的任何社会活动更是要在法律与道德的约束下进行，即使是在虚拟世界，人也要做自己的主人，而不是被异化成科技的奴隶，警惕工具理性给人带来的麻木冷漠，充分发挥价值理性对人性的引导作用，守住人之为人的底线，才能让虚拟世界得到良好的发展。

当我们谈论元宇宙相关话题时，并不是简单地畅想与猜测未来，而是在设想人类种群的另一种生存方式。从某种程度上说，对于真假的深究并不重要，宇宙浩渺无尽，人类的认知如沧海一粟，与其对现状畏首畏尾、瞻前顾后，不如充分发挥人的主观能动性，以人本精神作为衡量万物的尺度，秉持人类命运共同体的初心，开放、包容、求同存异，直面问题与挑战。毕竟，人类永远活在当下。

（作者为宋雨洁，指导教师为李辉，本文发表于《人文天下》2022年第10期）

假作真时真亦假,无为有处有还无:元宇宙趋势下的虚拟数字人研究

科技的发展加速了社会虚拟化,现实生活与虚拟世界的交汇正逐渐成为常态,线上线下生活的打通,正不断推动人类的现实生活向虚拟世界迁移。2021 年被称为元宇宙(MetaVerse)元年,"元宇宙"成为现象级话题,这意味着它不再是科幻概念,逐渐从虚拟照进现实。元宇宙是整合多种技术而产生的虚实相生的互联网应用和社会形态,现实与虚拟的交融,从未如此广泛而深刻。而对于普通人来说,元宇宙来临最明显的感受,来自虚拟数字人。虚拟数字人是虚拟与现实的桥梁,是元宇宙在目前发展阶段用户真正感受到的落地产品。通过融合视觉、语音技术,虚拟数字人能够直面用户,实现多种交互。同时,虚拟数字人还象征着人类身份在虚拟世界中的投射,是人类认识元宇宙的重要窗口。如今,多家互联网企业及上市公司纷纷开启虚拟数字人项目。虚拟偶像、虚拟员工、虚拟代言人等虚拟数字人物频频亮相,从外表到互动逻辑都无比贴近现实人类。本文尝试在元宇宙发展趋势下,研究虚拟数字人物的分类、特点、发展历程、应用场景,思考虚拟数字人形成热潮的原因及其价值与意义,进而探讨其未来的发展前景与挑战。

一 虚拟数字人的热潮从何缘起

虚拟数字人这一概念并非近几年才有,也不是依托元宇宙概念的出现而出现,其最早可追溯到 1989 年美国国立医学图书馆发起的"可视人计

划"。当时的"可视人"主要用于医疗领域，以数据收集为基础，在图像处理、三维建模等方面取得重大成果。随着技术手段和社会环境的发展，虚拟数字人热潮再次来袭。如今，全球互联网巨头都在追捧元宇宙概念，作为元宇宙与现实世界的"沟通者"——虚拟数字人，已经逐渐融入我们的生活，各个领域都活跃着他们的身影。

（一）技术进步驱动虚拟数字人发展日渐成熟

虚拟数字人依托多项技术存在，因此技术进步是虚拟数字人行业发展的主要驱动力。20世纪80年代初，人们开始将虚拟人物引入现实世界。但是，早期的虚拟数字人更像是QQ秀一样的纸片人，主要通过语音合成和手绘制作来打造，呈现形式简单粗糙，应用场景非常有限。日本动画《超时空要塞》播出后，制作方将其中的女主角林明美包装成歌手来演唱动画插曲，使其成为世界上第一位虚拟歌姬。

21世纪初，CG、动作捕捉等技术逐渐取代传统手绘，虚拟数字人步入探索阶段，主要应用于影视娱乐行业。2007年，日本推出第一个被大众广泛认可的二次元虚拟偶像"初音未来"。2012年，国内的虚拟歌姬洛天依正式亮相，其带来的视听体验也得到了观众认可。如果说以初音未来和洛天依为代表的虚拟偶像的受众群体是"二次元"，那么随着产业发展和技术进步，虚拟数字人经历了从二元到多维立体再到超写实的发展过程。

近年来，得益于算法的突破以及图像技术的提升，人工智能成为虚拟数字人不可分割的工具。虚拟数字人的受众群体也不断拓展，逐渐从小众赛道进入主流视野，其价值得到了进一步凸显。当前的虚拟数字人不仅拥有风格百变的形象与多种多样的表情动作，还具备表达自我情感和与人沟通交流的能力，正在朝着智能化、精细化、多样化发展。

（二）社会发展推动虚拟数字人市场不断扩大

从消费层面来看，虚拟数字人的市场需求不断扩大。疫情的暴发倒逼人们线上交流，加速了大众向虚拟世界的迁徙，线上工作、娱乐流行一时。由于人们对数字内容和虚拟生活的需求快速增加，"云经济"蓬勃发展，从而带动数字产业高速发展。加之智能手机、VR设备等虚拟技术的应用，以及元宇宙热潮和"国潮"消费的流行，虚拟数字人产业被资本持续看好，虚拟数字人也将会被应用于更多场景。

从生产层面来看，经过几十年的发展，虚拟数字人的相关理论知识和技术基础日益成熟，上中下游产业基本完善，商业模式也更加多元。为虚拟数字人提供基础软硬件支撑的技术方、提供服务平台的服务方和将虚拟数字人与实际应用场景结合的应用方，纷纷探索全链条运营模式。正因为虚拟数字人概念的持续升温，各路资金开始抢筹相关上市公司，各巨头资本也开始布局生态产业。

近年来，越来越多的企业开始推出虚拟数字人项目，为虚拟角色们提供了破圈的舞台。而在元宇宙概念下，虚拟数字人更如雨后春笋般涌现：虚拟美妆博主柳夜熙，仅靠两部短视频作品就收获五百多万粉丝；虚拟偶像团体 A-SOUL 一经公布就获得近千万浏览量；虚拟学生华智冰亮相后进入清华大学学习，并将继续在人工智能领域深造；央视新闻推出的 AI 手语主播，在 2022 年北京冬奥会上全程进行手语直播。

(三) 政策加码保障虚拟数字人未来应用发展

近年来，政府正通过颁布相关政策进一步助力虚拟数字人的发展。2021 年，国家广播电视总局在发布的《广播电视和网络视听"十四五"科技发展规划》中指出："面向新闻、综艺、体育、财经、气象等电视节目研究虚拟形象合成技术，包括 2D 虚拟形象的合成，3D 虚拟形象的驱动，虚拟引擎构建、语音驱动、动作捕捉、面部表情捕捉等技术，提升节目制作效率及质量；同时探索短视频主播、数字网红、直播带货等虚拟形象在节目互动环节中的应用，增加个性化和趣味性。"[①]《广播电视和网络视听"十四五"科技发展规划》不仅聚焦"科技创新驱动广播电视和网络视听高质量创新性发展"这一核心目标，还更突出任务实施的落地支撑，从各方面提出明确要求，通过加强规划宣传、培训和监督检查，确保目标能够如期实现。

同时，为迎接数字时代，国家还将虚拟数字技术的发展纳入《中华人

---

① 国家电视广播总局：《广播电视和网络视听"十四五"科技发展规划》，2021 年。

民共和国国民经济和社会发展第十四个五年规划和 2035 年远景目标纲要》。通过发挥虚拟数字技术的海量数据和丰富应用场景优势，促进数字技术与实体经济深度融合，不断为传统产业转型升级赋能，催生出新业态、新模式。这表明虚拟数字技术创新已成为我国实现产业创新和技术强国的必经之路。

随着 5G 时代的到来，基于人工智能计算机视觉技术迅速改进，虚拟数字人在人们的日常生活中有了更加实际、广泛、深度的应用，例如影视动漫、数字营销、文化旅游、通讯会议、教育教学等领域，并正在慢慢打破现实世界和虚拟世界的边界。

二 虚拟数字人的分类及特点

虚拟数字人是通过计算机图形学、语音合成技术、深度学习、类脑科学、计算机科学等聚合科技创设的虚拟形象，是指具有数字化外形的虚拟人物。与拥有实体的机器人不同，虚拟数字人需要依靠手机、电脑或者智慧大屏等显示设备存在。虚拟数字人一般还具备以下特点：一是拥有人的外观，具有特定的相貌、性别和性格等人物特征；二是拥有人的行为，具有用语言、面部表情和肢体动作表达的能力；三是拥有人的思想，具有识别外界环境并能与人交流互动的能力。综合来看，就是具备形象能力、感知能力、表达能力和娱乐互动能力。[①]

（一）交互型与非交互型虚拟数字人

虚拟数字人根据运作原理和交互模块的有无可以分为交互型数字人和非交互型数字人。非交互型数字人的运作系统会依据目标文本生成对应的人物语音、动画，并合成音视频呈现给用户。而交互型数字人又分为智能驱动型和真人驱动型。前者能够通过智能系统自动读取解析外界输入的信息，根据识别的结果驱动人物模型生成相应的语音与动作来跟用户互动。而真人驱动型数字人则是真人根据视频监控系统传来的用户视频，与用户

---

① 《2020 年虚拟数字人发展白皮书》，https://www.vzkoo.com/read/6ae8a76b7f64be2e30f96600e2201a.html，2020 年 12 月 19 日。

实时语音，同时通过动作捕捉采集系统将真人的表情、动作呈现在虚拟数字人形象上，从而与用户进行交互。

在真人驱动中，前期完成原画建模和关键点绑定后，通过相关的动捕设备实时采集真人的动作、表情，再利用抠像技术就能够使虚拟数字人与用户在虚拟或真实空间进行实时交互。在智能驱动中，虚拟数字人的表情、动作等主要通过计算机深度学习模型的运算结果实时或离线驱动，经渲染后达到想要的效果。两者相比较而言，真人驱动型更具真人的行为表现，在与用户进行实时交互时，能及时反馈，举手投足间尽显真人的姿态，比由计算驱动得到的虚拟数字人表情更加自然、动作更加灵活、互动效果更好。

（二）服务型与身份型虚拟数字人

虚拟数字人根据功能及应用场景的不同可分为服务型虚拟数字人和身份型虚拟数字人。前者可视为服务行业社会角色的虚拟化，核心功能是替代真人服务，如主持人、导游和购物主播等人工工种。服务型虚拟数字人可以通过完成内容生产及简单的功能性服务，降低服务产业成本，提升交互效果。例如，央视《经典咏流传》中的虚拟数字人"赛小撒"除了能很好地主持节目，还拥有采访、诗词背诵等多项技能。而身份型虚拟数字人则包含虚拟偶像或真人偶像辅助分身以及用户在元宇宙中的"第二分身"，主要用于娱乐或社交。身份型虚拟数字人的核心功能是通过虚拟IP或虚拟偶像的塑造推动虚拟内容生产，或通过虚拟形象的建构为未来的虚拟化世界提供交互中介，创造新的价值增长点。

数字化改革进程中，在数字世界中建立起物理世界的模型，并实现现实世界在数字世界中的映射是人类的终极理想。而虚实共生的元宇宙便是物理世界数字化转型的最终形态。虚拟数字人不仅是元宇宙的引路者，还是元宇宙的沟通者，是人类进入元宇宙的媒介、载体和通路。得益于虚拟IP的巨大潜力，身份型虚拟数字人不仅作为一种重要元素激活了元宇宙生态，在未来发展中更将成为元宇宙最核心的交互载体。随着元宇宙的发展，未来人类将会拥有两个身份：真实世界的自己和元宇宙中的自己，即身份型虚拟数字人。身份型虚拟数字人将拥有与个人数字资产绑定的法定数字身份，成为人类生活、工作的必要补充。基于此，每个人都可以通过虚拟分身进入元宇宙开启"第二人生",沉浸式体验数字化游戏、娱乐、社交、教育等,追求更加理想化的自我。

在元宇宙这个无所不包的终极世界中,虚拟数字人将撕开屏幕与现实的界限,成为沟通真人与虚拟场景的最佳方式,带领人类触碰元宇宙时代尚未清晰的一切。未来在元宇宙时代,人类与虚拟数字人将是一种和谐共生的关系,元宇宙的发展并不影响我们真实世界的存在,双方是齐头并进、相容相生的状态。

三 元宇宙趋势下虚拟数字人的价值

目前,游戏作为元宇宙的雏形,已经踏入了元宇宙,同时带动了3D建模、VR技术、数字货币等技术的发展。随着技术不断成熟且成本进一步降低,各行各业都将以此为借鉴进入元宇宙。同时,以IP为核心的数字消费作为新兴产业正飞速发展,虚拟数字人的应用场景由此得到了极大扩展,其在经济发展、产业转型和精神需求等方面的应用价值也逐步被发掘。

(一)细分领域凸显商业价值

元宇宙为虚拟数字人发展提供了契机,而资本的入场正不断挖掘和释放虚拟数字人的商业价值。当前,虚拟数字人的应用不再局限于传统文娱行业,还在金融、办公等场景打造出拥有身份职能的虚拟化身,并逐渐实现各个领域的商业变现,创造出巨大商业价值。

在实用场景的生产成本方面,虚拟数字员工凸显出独特优势。在人力成本一路攀升导致劳动力供不应求的情况下,虚拟员工一定程度上降低了人力成本。由于虚拟数字人具备规模化和可复制的能力,且不受时间、地点的限制,因此只需要早期的固定投入,后续工作中的边际成本极低,有很高的商业价值。同时,虚拟员工可以针对不同行业的各种应用场景,定制虚拟数字人的外形、技能,不仅可以适用于各种复杂的工作环境,工作效率也极高,出错率低,能够为用户带来标准化、智能化的体验,创造可观的工作产出。虚拟员工还能够减少人才招聘与岗位需求的时差,可以快速上岗满足工作需要,更不会与企业发生摩擦和矛盾,有效减少了因挑战企业规则而带来的损失。

以万科的虚拟数字员工崔筱盼为例,她在算法加持下很快学会了如何在数据和流程中发现问题,其催办的预付应收逾期单据核销率达到91.44%。崔筱盼凭借实时在线、快速学习、智能驱动的优势,不断为企业提高产出效率,降低人力成本。百信银行也推出了首位虚拟数字员工艾雅(AIYA),宣布迎接元宇宙,希望通过人工智能、大数据、云计算等新技术改变传统金融供给方式。与其他银行的虚拟客服不同,AIYA 还担负着未来银行探索者和品牌理念传播者的角色,能够不断提升 AI 算力和财商智慧。虚拟数字员工不仅可以全天、全年无休与用户交流,使客户获得更好的体验,更对于元宇宙切入金融消费场景有着重要意义。

在泛娱乐场景的粉丝消费方面,虚拟数字人正逐渐掌握流量密码,重新定义粉丝经济。随着直播行业的发展以及真人明星"翻车"事件频发,虚拟主播和虚拟偶像以完美的人设和俊美的外形成为新的热门角色,在传播影响力和营销创新力方面一骑绝尘。如今,品牌代言已经成为主流应用场景,游戏、美妆等行业纷纷联手虚拟偶像,使其在最大程度上助力品牌传播快速出圈。利用虚拟数字人对品牌进行宣传,一方面,其形象、人设都能够被品牌方完美控制,可以最大限度满足消费者的心理需求,与真人明星相比可控性、安全性更强,"塌房"概率更小;另一方面,虚拟偶像 IP 化可以使流量聚集,通过新颖的技术玩法延伸其在元宇宙中更多的虚拟场景。虚拟偶像正在借助超强的科技感,实现跨时空、跨品牌的创新合作,助力品牌多圈层传播,进一步发展粉丝经济。

中国首个超写实数字人 AYAYI 自亮相起,一夜之间吸引了近四万名粉丝,其小红书账号首发帖阅读量已超过 300 万次。同年,AYAYI 宣布入职阿里成为天猫超级品牌日的数字主理人,同时也与娇兰、保时捷等品牌达成合作,为品牌宣传贡献了极高的经济价值。虚拟偶像、虚拟 KOL 等虚拟人物的热度不仅使应用平台获得了众多粉丝流量,也使制作公司通过流量转换获利。因此,虚拟数字人行业大获资本热捧,互联网大厂和科技公司纷纷布局虚拟数字人产业,虚拟数字人正走向商业化模式。

(二)数字赋能推动产业转型

每个时代,都会有先导产业爆发式增长,带动其他要素发展,而后进一步促进相关产业的发展，从而形成正反馈，加速社会进步。元宇宙就是互联网发展到一定阶段的新形态，各行各业都会受到它的影响。虚拟数字人作为人类与元宇宙的交互载体，通过与各产业的结合应用，不断引领着各产业数字化转型发展。可以说，虚拟数字人是目前传统产业数字化转型的核心抓手。

随着虚拟数字人在娱乐、文旅、金融、教育等领域的广泛应用，一定程度上影响了各行业的整体产业构成和未来发展趋势。虚拟数字人为传统产业数字化转型发展提供了新的路径，并将发挥越来越重要的作用。虚拟数字人与人们的生产生活相融合，能够大幅提升业务体验，推动相关产业生产经营提质增效。

以典型的应用场景为例，虚拟数字人在不同产业中充当着重要的角色。其中，数字文旅产业表现尤为突出，以虚拟讲解员为代表的虚拟数字人应用为旅游业数字化转型贡献了重要力量。疫情防控期间，"互联网＋旅游"和智慧文旅等旅游新模式蓬勃发展，成为旅游产业转型升级的重要引擎。虚拟数字人也凭借其智能化的展示模式和多样化的展示效果，为文旅行业带来更多发展潜能。盐城九龙口景区的"奇境印象九龙口"文旅项目就以当地一段浪漫的爱情故事为背景打造了一位名为"蔷薇姑娘"的虚拟数字人，由她带领观众沉浸式走入九龙口的 VR 奇境。同时，景区内部的布景与设施通过与 VR 技术结合，能够使观众进一步与虚拟场景和虚拟角色互动。在传统旅游景区内使用沉浸式交流互动和游戏化主题游览，不仅为文旅产业增添了新鲜感，让景区和非物质文化遗产焕发生机，更加快推动了文旅产业的数字化转型升级。

虚拟数字人在文娱领域的应用也呈现了全新视觉效果，影视业与高新技术产业的融合为加快广播影视产业的数字化转型提供更多支撑。2021 年国家印发的《广播电视和网络视听"十四五"科技发展规划》提出，要"推动虚拟主播、动画手语广泛应用于新闻播报、天气预报、综艺节目等节目生产，创新节目生态，提高直播效率和智能化水平"。[①] 近期，由湖南

---

① 国家广播电视总局：《广播电视和网络视听"十四五"科技发展规划》，2021 年。

卫视推出的全新综艺《你好星期六》正式开播，由国家广播电视总局重点实验室及湖南芒果幻视科技有限公司自主研发的数字主持人"小漾"加入了主持人团队。虚拟主持人"上岗工作"不仅提高了节目的关注度，更为观众带来前所未有的节目体验。

数字经济与产业深度融合是中国经济发展的大趋势，虚拟数字人作为各行各业数字化转型的抓手，发展速度将大大加快。而虚拟数字人的广泛应用，也将进一步激发传统产业的发展活力，加快传统产业升级改造的步伐。

（三）虚拟现实满足精神需要

人工智能驱动虚拟数字人撞入元宇宙时代，Z世代在虚拟空间上花费的时间也越来越多。Z世代泛指在1995—2009年之间出生的一代人，他们从小就接受了电子虚拟与现实世界相互衔接的事实，成为互联网的原住民。Z世代受即时通信、智能手机等科技产品影响较大，因此作为一个庞大的消费群体，他们不仅个性鲜明，还有着与前人不同的消费方式和精神需要。

Z世代群体已成为使用互联网的中坚力量，这部分人群的成长经历和环境使得他们对元宇宙和虚拟数字人的接受程度更高，他们的审美与精神需求也影响着虚拟数字人的研发与应用，为虚拟数字人开拓了良好的市场发展前景。Z世代人群看重体验感，喜欢仿真模拟、实景仿造、智能穿戴设备，爱好线上线下无缝链接的服务以及沉浸式的环境。而在"动捕技术+虚拟场景应用技术"加持下的虚拟偶像、虚拟主播等虚拟数字人，能够通过数字内容与现实世界的交互给用户带来极致视听的沉浸式体验，恰恰满足了Z世代的消费需求。

同时，元宇宙在初期发展阶段会和社交应用深度绑定，虚拟数字人伴随着元宇宙的火热，在虚拟社交活动中也发挥着重要作用。Z世代接受并享受虚拟现实和社交网络，因为这就是他们了解世界、与现实沟通的方式之一。作为"互联网原住民"，通过在虚拟世界的分身进行虚拟体验已经是大多数Z世代打开社交圈的方式和与同好互动的工具。以韩国一款社交软件ZEPETO为例，它提供了一个将社交媒体和虚拟世界应用相结合的平台。与传统社交软件不同，ZEPETO将社交媒体的边界进行延伸，在新社交中增加了用户的游戏体验。在 ZEPETO 中，用户以自己的样貌为基础生成 3D 形象，并通过这个形象参与社交媒体活动，在虚拟世界中与其他用户聊天或游戏。ZEPETO 支持各种各样的社交媒体功能，兴趣相投的用户可以创造各种游戏与活动场所，如咖啡厅、游戏馆和地铁站等，用他们自己的方式在这些空间里交谈与玩乐。2020 年，韩国的 Big Hit 娱乐公司与 YG 娱乐公司允许旗下艺人的知识产权在 ZEPETO 中以各种形式使用，以在真实世界中具有巨大影响力的艺人入驻 ZEPETO 进行社交和品牌代言作为切入点，开始向元宇宙发力。①

虽然目前身份型虚拟数字人还处于起步阶段，但随着技术的不断突破和元宇宙概念的逐渐成熟，未来的社交平台将从用户角度出发，打造出真正意义上的虚拟化身，通过无限开放的世界、全真人机互动、沉浸式社交，满足 Z 世代自我实现的精神需要。2022 年，Z 世代之后的 M 世代——元宇宙的创世居民，沐浴元宇宙开始成长，他们对数字生活的认可程度将越来越强，"人"之概念的外延在这一代将被拓展，正逐渐进化为线上化身线下肉身的双重共体。②

四 元宇宙趋势下虚拟数字人的未来发展

《元宇宙》三部曲的作者易欢欢认为："元宇宙是未来虚实共生的人类世界。随着数字化技术的完善，在第一个阶段，它会形成一个无比巨大的虚拟世界；随着参与主体的增多，在第二个阶段，会出现大量除了物理人之外的虚拟人、数字人；随着虚拟社会进一步进入实体社会，元宇宙将进入第三阶段，形成一个虚实共生的世界。"③ 元宇宙是随着综合技术的创新不断成熟的，虚拟数字人在这一趋势下也会逐渐朝着智能化、精细化、多样化的方向进步。现阶段的虚拟数字人是人工智能体的初级形态，但未来的元宇宙世界中，其将会变为人类化身与人工智能体的共存体。

---

① ［韩］金相允：《元宇宙时代》，刘翀译，中信出版集团 2022 年版，第 45 页。
② 黄丹蕾：《2022 人类补完计划：中国虚拟数字人未来通讯》，https：//it.sohu.com/a/523539438_121119343，2022 年 2 月 17 日。
③ 易欢欢、黄心渊：《虚拟与现实之间——对话元宇宙》，《当代电影》2021 年第 12 期。

（一）虚拟数字人入驻元宇宙实现多场景、多领域融合

当前，虚拟数字人在不同领域的应用不仅能为实体经济赋能，更给各行业领域带来颠覆性的创新价值。随着虚拟数字人技术的精进、市场价值的释放以及泛娱乐生态的繁荣发展，虚拟数字人的落地场景会更加丰富、应用场景将无限延展，向着"虚实交互"的方向不断发展，迸发出巨大的潜力。

同时，在技术能力和画面呈现方式日渐成熟的基础上，身份型虚拟数字人将逐渐占据主导地位。各行业在持续构建多元虚拟数字人IP的同时，也正通过搭建元宇宙平台不断开辟虚拟数字人新赛道。未来，虚拟数字人的发展将不只是在表象或服务层面，而是在兼具IP属性的同时，更加智能化、场景化，从细分领域的需求方向尝试与真实人类建立起更深度的关系连接。

以虚拟数字人的应用助力文娱领域为例，元宇宙趋势下各娱乐公司已不再局限于打造单个的偶像或IP，而是纷纷开始以虚拟数字人为切入点，试图将所有的偶像IP连接到一个完整的故事中，创建一个共享宇宙。通过联动不同的媒介形态、运营模式来扩大IP影响力，用连贯的世界观与故事线来打造沉浸感与共鸣感，希望在音乐之外与粉丝建立起一种故事化的且更加紧密的连接。

在偶像娱乐领域颇具创新能力的韩国SM娱乐公司于2021年推出了"真人+虚拟形象"的元宇宙女团aespa，作为SM文化宇宙（SMCU）的第一个正式项目，展现了其打造音娱元宇宙的布局。aespa通过四名真人成员与4名相对应的身份型虚拟数字人成员将元宇宙和娱乐产业结合了起来，有着"我"与虚拟世界中另一个"自我分身"在一起的元宇宙世界观。SMCU本质上是一个角色主导的宇宙，是现有音乐类型中不曾见过的新形态文化IP。SM娱乐的代表李成秀说："可以将SMCU视为SM的元宇宙，邀请世界各地的K-pop粉丝通过各种平台欣赏我们的音乐和故事。"[1] SMCU将集中打造艺人、音乐、MV、公演等形态多样但相互连接的独立IP

---

[1] 七芒：《破译SM文化宇宙》，https：//www.sohu.com/a/500196376_116132，2021年11月10日。

及元宇宙内容IP，以故事为核心向各个维度延伸，创造出集音乐、电影、科幻元素为一体的复合型产品。SMCU旨在用文化模糊现实和虚拟的界限，打破单一的音乐内容输出，打造一个类似漫威电影宇宙的未来娱乐世界。

元宇宙带来的是一个虚实共生的世界。这种虚实结合，一方面，需要更多的虚拟数字人应用于各个领域和场景，帮助人类获得更真实、更沉浸的体验；另一方面，现实中的物和景也将被虚拟化，从而更好地应对复杂多变的现实。而真实人类的个人信息完全数字化后，也将以虚拟化身的方式进入元宇宙，它将成为人和人、人和物的交互载体，被人类通过各种形式自由操控。

（二）元宇宙发展助力虚拟数字人交互更真实、更智能

未来，随着元宇宙的搭建完善，我们将迎来虚拟主体与现实主体共生共存的时代，虚拟数字人与现实人类更真实、更智能、互动性更强的交互将开启人类认识世界的新方式。

AI语音交互是让虚拟数字人无限接近真人的重要技术之一。以腾讯为例，腾讯在数字生态大会上发布了云智能战略，并宣布腾讯云小微数智人是实现该战略的重要一环。腾讯云小微在现有技术基础上，整合了语音交互、自然语言理解、图像识别等更多AI能力，将"数字人"升级为"数智人"。因此，云小微拥有了更强大的表现力、识别力、感知力和理解力，将人机交互从单纯的对话工具转变为真正的沟通交流。数字人向数智人转变的另一个代表是百度日前推出的龚俊数字人。这是国内首个可交互的超写实明星虚拟数字人，能够满足用户在不同场景下的搜索需求。技术层面上，百度通过4D扫描技术来捕捉真人说话时面部发生的细微变化，从而做到对龚俊真人的超写实还原。"在语音交互上，百度App语音搜索的识别准确率已经达到98%，还能识别中英文混杂、生僻字、方言等各种语音对话。"[①] 此外，龚俊数字人通过AI合成的声音能够无限接近于原声，为用户营造关怀感与沉浸感。更真实、更智能、更人性化的数智人，既符合

[①] 李冰：《虚拟数字人"超生潮"来袭 从"玩偶阶段"到"有脑阶段"并不容易》，《证券日报》2021年12月10日第B01版。

当下大火的元宇宙中虚拟形象的设定，也能够满足"推动信息接触、人机交互的模式发生更丰富的变化，帮助用户实现更真实的体验"的展望。

随着数字技术的发展，用户在互联网进行社交、消费、娱乐等活动的过程中建立起大量代表自己的数字身份。社交软件上点赞评论的用户、线上购物中交流的客服、玩游戏时并肩作战的队友都可能是由人工智能系统控制的虚拟数字人，这些行为已经潜移默化地融入我们的生活。而当现实世界的人们逐渐将所有个人信息数字化后，我们便真正意义上进入了虚实共存的世界，会与更多虚拟人进行数字化交互。未来，人类的虚拟化身和虚拟数字人将在工作、生活和交互中产生新的情感连接和社会关系，成为元宇宙原住民。而元宇宙的虚拟内容也会随着人类和虚拟数字人的共同创造，不断丰富和完善。

如果说工业革命让人们从重复的劳动中解放出来，那么虚拟数字人的普及，将颠覆很多创造性的工作，使得人类有更多时间去探索更前沿、更具想象的科技和艺术。同时，数字资产也将成为人类资产的一部分，可以被永久保存。就像电影《头号玩家》中的场景一样，人们可能不仅生活在现实世界，还能够在不同的虚拟世界中体验不同的人生。甚至当碳基个体生老病死后，其虚拟形象依然可以以特殊的形式延续永恒的生命，实现在数字世界的永生。虚拟数字人不仅能帮助人类更好解决现实世界的问题，同时还能助力人类探索元宇宙的美好未来。

五 虚拟数字人面临风险挑战

在社会各方关注和资本加持驱动下，元宇宙的应用场景加速拓展，虚拟数字人的业务需求也将进一步提升。但在虚拟数字人的发展过程中，不可避免地面临着技术挑战、伦理问题以及沉迷风险，需要对其进行尽早预判与干预，从而保障虚拟数字人行业的良性健康发展。

（一）技术挑战

虚拟数字人的发展热潮反映出虚拟与现实深度融合的大趋势。5G技术、AI技术、实时渲染技术以及动作捕捉技术等技术创新是促进虚拟数字人发展的主要驱动力，但是虚拟数字人在与元宇宙适配的过程中仍需综合构建多领域核心技术，配合跨学科知识在关键节点上形成突破。当前，距离真正实现虚拟数字人规模化落地还有一段路要走。

来自中科院深圳先进技术研究院智能设计与机器视觉研究室的信息显示，虚拟数字人的关键技术还不够成熟。其中一大挑战来自虚拟数字人的制作方面。目前，虚拟数字人制作生产门槛高、自动化程度低、后期开发成本居高不下等问题与应用场景快速增加、批量制作需求扩大的发展情况并不匹配。例如，超写实风格的虚拟数字人要求其发丝、皮肤要如真人般清晰准确，但由于运算能力有限，当前应用的虚拟数字人很难达到如此逼真的程度。而另一挑战来自智能交互，虚拟数字人的算法性能还有待进一步提升。现在的虚拟数字人仍存在实时动作捕捉与还原不精准、语音识别及远场识别不精确等方面的问题。因此，亟须加大研究力度以提高算法精度，使得虚拟数字人的表情、语音、内容等能够在复杂的情境下与真人匹配。[①]

面对技术挑战，破局的关键在于有效的技术提升和深度的场景理解。建模、驱动和渲染是虚拟数字人制作过程中的三大关键技术。随着5G和云计算技术的发展，虚拟数字人的制作有望通过深度学习直接生成模型、提供新型驱动以及实现远程渲染，由此提高虚拟数字人的真实性和实时性。同时，由于虚拟数字人行业需要和各行业深度融合，可以通过区分虚拟数字人的侧重能力、增强虚拟数字人的业务认知，更好满足各类业务场景的服务需求，提高其价值和效率。虚拟数字人具备充足的行业场景知识积累，高转化率的语言交互是深度理解场景的价值关键。

（二）伦理问题

虚拟数字人作为由人类衍生出来的新生事物，其在发展过程中有着无法避免的伦理问题。著名科幻作家阿西莫夫曾提出机器人定律，其中最重要的就是第零定律，即机器人必须保护人类的整体利益不受伤害。

伦理问题包括很多方面。首先，是责任追究问题。此前，人脸识别、

---

① 陈宇轩、马晓澄：《数字虚拟人频频出圈，能在多大程度上替代真人》，《新华每日电讯》2022年1月13日第009版。

AI 换脸等技术在落地过程中就产生过类似的舆论风险。而虚拟数字人在责任追究方面则会面临更大困境，因为他们看上去与真人高度相似，即使"眼见"也不一定为实。实际上，算法是黑盒子，风险难以预计。在元宇宙时代，传统的责任伦理和制度规范可能无法有效应对人工智能应用的风险责任界定。微软推出的虚拟数字人 TAY 上线 24 小时之内就"学坏"了，直接变身"不良少女"，她出言不逊、脏话不断、言语中充满歧视、仇恨和偏见。基于传统的技术责任伦理和制度规范，设计者应承担主要技术责任。但是，如果将一个有学习能力的虚拟数字人的失德或失责行为完全归责于设计者并不具有说服力。

其次，是人类替代问题。当人类进入虚实共生的元宇宙时代，人机边界将会越来越模糊，而伦理关系也会面临失调风险。理论上，只要我们能获得足够丰富和准确的信息，就可以借助虚拟数字人"复活"那些已逝之人。在 2022 江苏卫视的跨年演唱会上，通过数字技术合成的虚拟邓丽君与当红歌手周深对唱，惊艳全场。但是，虚拟数字人到底是一种数字替身还是以某种形式"复活"的本人？随着 AI 深度学习能力的提升和强人工智能时代的来临，包括被"复活"人物名誉权保护问题、已故人物形象数字化商业利用权问题等都需要进行缜密的讨论。

虚拟数字人的发展不能脱离法律法规、社会道德、行业规范等约束条件。未来，需要对虚拟数字人专门立法，建立相关伦理规约体系，并要求相关部门提前建立安全标准进行防范。对虚拟数字人物的肖像、声音等所有权以及相关利益进行法律上的界定。而除了加强政府监管，各行各业还要树立合作治理理念，提前防范相关法律和伦理道德风险。

（三）沉迷风险

人工智能给予人类的慰藉与陪伴是不可否认的，但其为人类生活带来便捷的同时，也可能造成人类对智能技术的过度依赖与沉迷，从而导致行为的异化。

一方面，随着虚拟数字人的交互能力越来越强，其带来的沉浸式体验可能会对用户的精神和心理状态产生影响。当人们与虚拟数字人互动的时间超过同真人互动的时间时，就会导致有些人将精神情感寄托于虚拟世界。而过强的沉浸感会使人们在脱离虚拟世界后感到混乱、混淆现实，从而引发一系列社会问题。例如，一对痴迷于"守护之星"虚拟世界的夫妇曾为了养育网络世界中的女儿而忘记了现实世界中的女儿，导致女儿活活饿死。人工智能制造的"镜像"世界使得人们分不清现实与虚拟哪一个更加重要，甚至将虚拟当作真实。

另一方面，智能驱动的虚拟数字人能够分析人类的观点、兴趣爱好等，并根据这些数据实现精准化、个性化的信息推送。这一功能大大削弱了人的甄别能力，而在一定程度上加强了人的行为偏见，使人盲从某些错误观点。一些基于人工智能且具有引导性的工具已被创造出来用于腐蚀人的心灵，使人类沉迷于虚拟世界而远离现实。理查德在《智能化社会》中提到，人类与人工智能的关系关乎身份和目的，也关乎社会互动、沉迷成瘾以及如何处理好现实与虚拟问题。最重要的是，我们的大脑并不能很好地去区分真正的关系、准社会关系或者想象中的社会关系。

因此，这需要人类在跟踪技术的同时，尽快更新与人工智能相关的社会研究，促进社会管理、伦理道德与技术发展相协调。古往今来，从未有任何自然和人造事物能像虚拟数字人一样与真实的我们如此相似。所以，在充分利用虚拟数字人的经济价值时，也应当积极探讨人工智能面临的风险挑战。在元宇宙时代，何为真实，何为虚幻，都需要深入思考与辨析。

结 语

作为人类进入元宇宙的"引路者"和"沟通者"，虚拟数字人在2021年迎来了爆发式的变革。算力的提高、VR、AR技术的成熟以及数字孪生的发展，为元宇宙的搭建提供了基础设施，使得虚拟现实成为一种生存机遇和发展条件。而随着虚拟IP品牌效应的扩大和Z世代消费群体的崛起，虚拟数字人正不断探索更广泛的应用场景，挖掘更丰富的应用方式。通过与金融、医疗、游戏、广电等行业的融合，虚拟数字人发掘了更广阔的价值潜能。无论是技术支持、社会环境，还是经济发展和政策扶持，都为虚拟数字人的发展提供了良好的机遇。

未来，随着元宇宙的阶段性发展，虚拟和现实的界限将会越来越模糊，虚拟数字人可能出现在任何介质中，更加深入我们的生活。当前，在虚拟人领域，虚拟偶像、虚拟主播、虚拟员工最为流行。这几类虚拟数字人通过科学技术与商业模式的结合成为相关实体产业的数字化资产，能够更好地惠及企业和个人。而为了迎接来自元宇宙生态的冲击，虚拟数字人在未来要不断实现更多场景的融合和更智能的交互，作为"虚拟分身"的身份型虚拟数字人也将成为爆发点。虽然现阶段的虚拟数字人是人工智能体的初级形态，在未来发展过程中仍面临着一系列风险，但未来随着算力和网络通信技术的提升，虚拟数字人将会不断进化为人类化身与人工智能体的共存体，拥有无限可能。

(作者为张晓涵，指导教师为吴承笃)

虚境重生：元宇宙与中国非物质文化遗产发展新思

非物质文化遗产（以下简称"非遗"）是指各族人民世代相传并视为其文化遗产组成部分的各种传统文化表现形式，以及与传统文化表现形式相关的实物和场所。非遗在留存历史记忆、建设文化强国、拉动区域发展等方面具有重要的现实意义。然而，2020年以来，其长期存在的空间缺失、脱离现实、难以为继等问题越发严重，阻碍了其文化与经济价值的释放。

"元宇宙"概念的出现，恰似后疫情时代的一道曙光，引起了学界、业界以及普通民众极大的关注。其具有的与现实世界的同步性与高拟真度、开源与创作、闭环经济系统、永续发展①等特点，不仅为未来"人体的延伸"指明了新的方向，也为非遗传承当前面临的突出问题提供了新的思路。

一 对标当前困境：从危机重重到曙光乍现

元宇宙（Metaverse）是利用科技手段进行链接与创造的，与现实世界映射和交互的虚拟世界，具备新型社会体系的数字生活空间。关于元宇宙的设想早在1992年Neal Stephenson的科幻小说《雪崩》中就已经提出，在《头号玩家》《失控玩家》等作品中也得到了影视化呈现。目前，国内

---

① 喻国明：《未来媒介的进化逻辑："人的连接"的迭代、重组与升维——从"场景时代"到"元宇宙"再到"心世界"的未来》，《新闻界》2021年第10期。

外许多企业已经着手元宇宙生态的构建,如 Roblox、腾讯、米哈游、百度、三星、字节跳动、Facebook(现改名为 Meta)等。随着 5G、VR、AR、AI、数字孪生以及脑机接口等技术的发展,未来的元宇宙将从需要佩戴多种 VR 配套设备的初级阶段向通过脑电信号使人脑与机器相连的高级阶段过渡,为非遗现存问题提供解决路径,促进非遗产业化发展,搞活区域经济发展。

(一) 中国非遗发展困境剖析

非遗是社群认同感的基础,也是多元文化的重要载体,具有传承历史记忆的重要意义。然而,随着生产力的发展与生产模式的变化,我国非遗出现了忽视非遗空间建构、固守生产思维以及自主盈利能力较差等问题,严重阻碍了非遗文化的活化与发展。

1. 空间缺失:传承模式有限,忽视空间建构

通过考察,我们可以将当前非遗传承模式大致分为三种类型。第一种是"符号再现",即摘取少量非遗元素符号,融入现代文化产品当中。这种模式往往缺乏过程描述,停留在比较浅显的符号消费层面。第二种是"过程再现",常通过文字、图像和音视频等手段对非遗进行记录。这种模式往往对承载非遗的空间介绍不足,以讲述背景或者直接展示为主,难以使受众长时间保持专注。第三种是"场景再现",即在特定的时间空间对非遗技艺进行现场表演。这种模式虽然能在一定程度上展现或模拟非遗原生空间,但缺点也较为明显。一方面,因其一般在非遗原生地进行展示,所以要在大量人员流动和用户聚集的基础上实现;另一方面,场景的建造通常耗费的人力、物力资源较多,用户体验成本也相对较高。总体来说,当前我国多数非遗传承存在侧重于非遗本身,而忽视空间建设的倾向。

2. 脱离现实:固守生产思维,轻视用户体验

随着社会的进步和生产力的不断发展,出现了日常生活审美化、娱乐方式多元化的转变趋势。但很多非遗产品仍然停留在生产思维,不考虑用户的审美情趣与情感需要,导致非遗产品的式样和用途缺少改进和创新、非遗的表演和展示缺少体验和参与。这就使很多非遗技艺与现实社会脱节,成了精美但不实用的"展览品",难以在现代化生活中实现活态传承,

难以摆脱被束之高阁的命运。

3. 难以为继：发展依赖补贴，传承群体萎缩

除了空间缺失和产品过时之外，我国多数非遗项目还存在自主盈利能力较差、依赖国家和政府的补贴，以及传承人员老化、传承后继无人等问题。一方面，虽然我国高度重视非物质文化遗产的传承，但是我国非物质文化遗产数目庞大，截至 2022 年 6 月 22 日，我国的国家级非物质文化遗产就已经达到了 1557 个项目、3610 个子项①。如果只靠政府补贴，而不对非遗进行产业化改造，终将会使其湮没在历史的长河中。另一方面，多数非遗仍采用口耳相传的家族传承和师徒传承方式，而随着社会的发展，非遗已经难以给予传习者足够的发展机遇，出现了非遗传承群体萎缩、主要传承人老化的现象，使非遗活态化传承举步维艰。

（二）元宇宙解困可能性阐释

从报纸到广播、从电视到互联网，媒介的更迭都带来了时代的巨变，颠覆又重构着人们的生活方式，暗合了麦克卢汉所说的"任何发明或技术都是人体的延伸或自我截除"②的概念。元宇宙的出现，将继续扩展人体延伸的范围，改变后疫情时代人们感知世界的方式，为非遗的活态化传承、数字化生存提供技术支撑。

首先，5G 技术作为元宇宙的底层支撑技术，具有"超高速""低时延""低功耗""泛在网"③等特点，可以为元宇宙时代非遗虚拟空间的建构、非遗产品数据的保存提供基本保障。其"超高速"的特点，能够满足 VR、AR 等超高流量业务的使用，为 XR 搭建超真实非遗空间提供了可能；"低时延"的特点能够确保非遗体验的连贯性，增加非遗体验的真实感；"低功耗"的特点能够支持大功率的设备接入，并能持续较长时间，确保非遗体验的延续性；"泛在网"的特点能够减少空间的限制，让用户随时

---

① 中国非物质文化遗产网·中国非物质文化遗产数字博物馆，https：//www.ihchina.cn/。
② ［加拿大］马歇尔·麦克卢汉：《理解媒介：论人的延伸》，何道宽译，译林出版社 2019 年版，第 64 页。
③ 曹三省、龚明威：《5G 与媒体融合时代下出版业 IP 开发模式的创新发展》，《现代出版》2020 年第 6 期。

随地可以进行非遗体验。

其次,通过数字孪生技术的广泛使用,能够生成与现实世界状态同步更新且具有高拟真度的仿真空间,还原非遗存在的真实空间;通过 AI、XR、3D 等技术手段的运用,能够搭建跨时代、多样态、理想化的超现实空间,实现虚拟非遗原生空间的重塑。在元宇宙高级阶段,体验者还可以摆脱多种设备的束缚,通过脑机接口操纵数字分身,使用户通过远程分身在重构的虚拟空间中获得更加真实的非遗体验,比如基于虚拟现实的脑机接口(BCI-VR)技术,就是将脑机接口技术与虚拟现实技术相结合,让用户通过脑机接口就能进入 VR 搭建的非遗虚拟空间中进行体验。

最后,元宇宙通过标准化协议的建立以及创作平台的授权,可以让用户获得编辑和修改世界的能力,促进非遗体验产品的创作。而区块链技术的大规模运用,能够建立去中心化、节点化、高度透明的交易链条,通过同质化代币以及非同质化代币的使用,建立永续发展的闭环经济系统,打通虚拟与现实世界的经济连接,实现非遗体验及创作的变现,为非遗传承者提供更有吸引力的发展机遇,扩大非遗传承者队伍,实现非遗产业化运营。

二 变革传承模式:从符号再现到空间重构

在元宇宙阶段,将通过拟真现实空间和超现实空间的构建,迎合非遗具有的"时代性""地域性""文化性"和"具身性"[①]等特点,促进非遗的传承向"空间重构"的方式演进,解决当前非遗文化产品存在的在场感和沉浸感不足等问题。

(一)模拟多重感官,重塑非遗原生空间

亨利·列斐伏尔指出:"任何一种革命的事业,无论是乌托邦的还是现实主义的,只要它想免于无望的平庸,就必须要重新取用身体、重新取用空间,且把二者纳入无可辩驳的议程中来。"[②] 元宇宙将通过虚拟现实以及脑机接口等技术模拟多重感官,营造拟真非遗体验,并对非遗原生空间进

---

① 张吕、雷雨晴:《数字化生存语境下非遗的传播与传承》,《中国电视》2021 年第 10 期。
② [法] 亨利·列斐伏尔:《空间的生产》,刘怀玉等译,商务印书馆 2021 年版,第 243 页。

行再现与重塑,通过对身体与空间的重新取用来促进非遗的活态化传承。

1. 从虚拟现实到脑机接口,营造拟真非遗体验

约瑟夫·派恩和詹姆斯·吉尔摩认为"一种体验感觉的调动越有效,这种体验的感受就会越难忘"[①]。由于非遗具有以人为本、非物质性、活态流变等特点,因此,其魅力难以通过图片、文字、音视频等只调动视听感官的方式得到充分展现。而元宇宙的建设,可以通过 VR 辅助设备以及脑机接口获得多种感官感受,增强用户参与感,实现非遗的体验式发展。

VR 在塑造体验感方面已经体现出了极大的优势,在主题乐园、观影、游戏等方面已经获得了较为广泛的运用,但由于 VR 内容制作复杂、配套设备成本较高且较为笨重、长时间使用易产生生理不适等原因,导致目前优质 VR 体验产品较少且设备尚未普及,从而使其应用仍处于游戏体验层面,难以在非遗项目的体验中实现普及应用。元宇宙阶段 VR 配套设备将向轻量化方向发展,目标消费者也会逐渐从 B 端向 C 端转移,比如目前 pico、华为、爱奇艺等多家企业均有家用型 VR 产品推出。除了轻量化趋势之外,对其他感官感受拟真性的追求也在不断突破,比如,20 世纪 90 年代美国气味公司基于气味库完善了"嗅觉电影技术",Meta(原名 Facebook)、美国的 Haptxc 公司推出了具备真实触觉的高级触觉反馈手套,此外,韩国 VR 硬件厂商还推出了一款能够模拟推背感和摩擦感的触感背心。可以预见,在元宇宙阶段,随着技术更加成熟,虚拟体验可以逐渐脱离笨重、固定的仪器,营造更富真实感的虚拟非遗场景及体验。

进入元宇宙高级阶段之后,人们可以通过脑机接口,脱离 VR 配套设备的束缚,让非遗体验变得更加具身可感。美国数学家 Vernor Vinge 就在 *True Names* 一书中创造性地构思了一个通过脑机接口进入并获得感官体验的虚拟世界。[②] 而杜克大学脑机接口专家 Miguel Nicolelis 实现了将脑机接

[①] [美] 约瑟夫·派恩、詹姆斯·H. 吉尔摩:《体验经济》,毕崇毅译,机械工业出版社 2021 年版,第 70 页。

[②] 《元宇宙发展研究报告 2.0 版》,@新媒沈阳团队,https://mp.weixin.qq.com/s/vhvPcfdCX-KOsdxgHx1-dqew。

口用在猴子身上，让猴子能够远程控制机械，然后将动作和行为感受传回猴子的大脑。① 元宇宙高级时代，脑机接口技术将得到广泛使用，通过将用户的大脑直接与电子设备建立连接，对大脑对应区域进行刺激，就可以操纵数字分身，进入拟真虚拟空间和超现实虚拟空间，获得多感官拟真的非遗体验。比如在2000年Bayliss和Ballard就首次将虚拟现实与BCI技术结合，设计了被试者在虚拟现实环境中驾车的场景。② 这种拟真化非遗体验的打造，不仅可以增强非遗体验的真实感与参与感，也可以突破地域的障碍，降低非遗体验的成本，提高用户参加非遗体验的意愿。

2. 从图像表达到空间打造，重构非遗原生场景

除了多感官参与，非遗原生空间的搭建也是实现非遗场景化传承、提升非遗体验临场感的重要举措。而目前的非遗传承方式，却常常将非遗文化从其原生空间中抽离出来，致使非遗的原真性遭受到威胁。在后疫情时代背景下，散发性疫情也限制了非遗传承者的展演以及非遗体验者的聚集，给非遗传承带来了阻碍。在元宇宙时代，随着相应技术的进化和普及，可以采集、捕捉非遗原生环境的实际影像，通过环境建模技术对非遗原生环境进行再现；通过操纵数字化身，实现"不在场"的"在场"，在虚拟原生空间的重塑和虚拟化身的使用中，实现非遗的活态化传承。

一是元宇宙的时间是可回溯的，过去、现在、未来是可跨越的。因此可以通过数字孪生和VR等技术实景呈现不同地域的自然风光、模拟不同时代原住民生活的场景，以特定的地域空间唤起原住民历史记忆和文化自豪感，以情感为纽带提升本土青年对传统非遗技艺传承的使命感。通过对地域特色、非遗文化的"近距离"接触，也可以使非当地人群增加对非遗文化的认同感，更好地扮演产消者的角色，为当地非遗传承带来新的发展思路。

---

① 腾讯科技：《神经生物学教授Nicolelis：脑机接口给瘫痪病人带来福音》，https://tech.qq.com/a/20201107/008336.htm。
② 孔丽文、薛召军、陈龙等：《基于虚拟现实环境的脑机接口技术研究进展》，《电子测量与仪器学报》2015年第3期。

元宇宙纪

二是在元宇宙阶段，非遗原生空间的重塑不是对环境的简单复刻与呈现，而是在非遗原生环境的基础上进行重构。这种非遗文化的活化并不会对非遗的原真性构成威胁，因为非遗的传承与发展并不是一成不变的，承载非遗的实体空间滋养了原真性两个侧面，并使其不断对话，一方面每一代人都认为自己一生栖居之地具有原初特点，另一方面新一代人又不断为其自身创造特色。[①] 丹尼尔·亚伦·西尔和特里·尼科尔斯·克拉克将真实性、戏剧性、合法性[②]作为场景分析的三个要素，这三个要素也可以成为元宇宙阶段非遗原生空间重构的重要抓手。提示我们要在洞察用户需求的基础上，在非遗空间体验过程中融入探险、竞技、悬疑等多种元素，塑造能够满足用户探索真我、表现自我以及培养使命感的故事化非遗场景，将非遗产品制作与表演体验任务化，并形成主动分享机制，以需带产，实现非遗原生空间的活化与非遗的价值转化。

（二）远程群体聚集，打造非遗互动仪式

人，是非遗传承的核心与关键。进入元宇宙阶段，不仅要为用户构建沉浸式的非遗体验情境，也要打造互动仪式链，激发用户对非遗的情感能量，重视非遗体验的社交功能，使用户在意见领袖的带领下产生自觉进行非遗传承的道德感。

1. 突破地域限制，实现远程共在

互动仪式链是由兰德尔·柯林斯提出的。他认为，形成互动仪式的组成要素有群体聚集（身体共在）、排斥局外人的屏障、相互关注焦点以及共享的情感状态，成功的互动仪式会使人产生集体兴奋，从而促进群体团结、情感能量、代表群体的符号以及道德感的产生。在新冠疫情肆虐的背景下，各地对聚集活动进行了一定限制，阻碍了非遗体验者的群体聚集，难以打造非遗互动仪式，不利于对非遗情感能量的提高，给非遗文化体验造成了挑战。

---

① [美] 莎伦·佐金：《裸城：原真性城市场所的生与死》，丘兆达、刘蔚译，上海人民出版社2015年版，第4页。

② [加拿大] 丹尼尔·亚伦·西尔、[美] 特里·尼科尔斯·克拉克：《场景：空间品质如何重塑社会生活》，祁述裕等译，社会科学文献出版社2019年版，第46页。

但是，柯林斯在强调亲身参与的重要性之外，也提出了一个特别的限制条件，他指出："这样的情形是有可能的，即将来的电子媒体被设计成可以模拟人们的生理方面，以实现IRs（互动仪式链）的运转，IRs可建立起高水平的关注焦点和情感连带，可以想象将来的通讯设备能够尝试着通过神经系统之间收发信号，而这些信号能够增加共享的体验。"① 进入元宇宙时代，柯林斯所强调的这种特别限制条件将得到实现，用户将有机会通过脑机接口进入虚拟的非遗仪式情境当中，并在这种虚拟仪式情境中实现远程的群体聚集，远程参与民俗非遗活动。在互动仪式之后，用户出于获取社交货币的需要以及对非遗文化的道德感，自发传播非遗体验的感受，带动更多用户进行非遗体验消费。

2. 发挥社交功能，打造意见领袖

为了确保非遗互动仪式链的成功打造，还需要注意两个问题。首先，打造成功的非遗互动仪式链的时候要注意将传统仪式和互动相结合，使用户在完成非遗仪式的过程中可以与其他非遗仪式体验者进行互动，通过发挥即时社交功能，分享共同的情绪或情感体验，为非遗体验注入情感价值。

其次，要打造或招募对非遗文化具有高度情感能量储备的个体作为非遗体验意见领袖，由他们扮演强势内容源、信号放大器和意见气候营造者的角色，既要能创造出围绕自己的关注焦点，也要能激起他人对非遗共有的情感。当非遗体验意见领袖与消费者共同参与非遗互动仪式时，意见领袖的号召力就可以激发人们的从众心理，促进集体兴奋的产生，确保互动仪式的成功进行，实现消费者情感能量的累积，提高顾客忠诚度，促使其重复消费。

三 提升用户地位：从被动接受到主动建构

"未来的元宇宙是用户创造并驱动的世界"②，要想实现非遗的活态化

---

① ［美］兰德尔·柯林斯：《互动仪式链》，林聚任、王鹏、宋丽君译，商务印书馆2021年版，第105页。
② 黄安明、晏少峰：《元宇宙：开启虚实共生的数字平行世界》，中国经济出版社2022年版，第25页。

传承，就要充分利用元宇宙带来的技术优势，不断提升用户的话语权、编辑力、体验感，主要表现在以下三个方面。

第一，建立理想化公共领域，让用户可以更好地发表自己对非遗发展的意见和看法，以主人翁的姿态为非遗保护出谋献策。第二，吸引用户通过平台提供的工具进行世界编辑，以人机协作的方式不断构建并更新非遗虚拟空间。第三，通过满足用户对非遗体验的多种需求，倒逼非遗体验的发展。最终实现将用户从非遗文化的旁观者转变为建构者，促进非遗的自发传承。

（一）建设公共领域，赋予用户话语权

元宇宙依托区块链技术，其去中心化的特性为理想公共领域的打造提供了可能，这意味着用户可以更大程度地对相关非遗保护政策的制定进行干预，获得更大的话语权，以群体智慧促进非遗的传承和发展。

目前的新媒体虽然使多元意见得到一定程度的呈现，但仍受经济、政治的影响较大，与具有相对独立性的、介于私人与国家之间的理想化公共领域还相距甚远。但是当我们进入元宇宙时代，依托区块链技术建立的虚拟世界或许可以成为产生理想型公共领域的摇篮。这种近似理想化公共领域的建立，能够提升用户的话语权，对非遗的发展产生助推作用。

一方面，有利于提高用户的非遗文化知识储备，自发形成各种促进非遗传承的联结性行动。以元宇宙去中心化的特点使虚拟公共空间成为用户进行个性化表达的场所，以多样态、沉浸式、互动性的非遗体验活动为平台，用户在多感官体验中增加非遗知识储备的同时，也能以技术为中介实现自我组织，采取各种行动促进非遗的自发性传承。另一方面，有利于达成社会公益，切实制定利于非遗发展的政策。由于公共领域是人们"漫谈式地形成意志"[①]的平台，所以用户可以在不受权力规约的条件下，自由表达自己对于非遗发展的意见和建议，对国家和政府的非遗相关活动实行舆论性介入，更好地解决目前非遗相关政策与非遗保护之间存在脱轨

---

① 翟杉：《数字博物馆与公共领域的重构》，《2019北京数字博物馆研讨会论文集》，华夏出版社2019年版，第215页。

的问题。

（二）满足多元需求，增强用户体验感

如果说移动互联网是信息爆炸的时代，元宇宙或许可以称为空间爆炸的时代。当虚拟空间可以被无限建构的时候，要想使非遗体验产品从众多同质产品中脱颖而出，就要洞察不同用户需求，增强非遗项目体验感。以依托 VR、AR、XR、3D 技术以及脑机接口等技术为基础的逃避性体验为基底，融通教育、审美、娱乐等多种功能，针对不同非遗项目的特点及不同用户的需求对非遗项目进行体验化改造。

针对不同的非遗项目及用户特点，我们需要制定不同的体验目标。元宇宙具身交互的特点，使全方位获取个人身体数据成为可能，通过对非遗体验用户的身体数据及情感反馈数据的收集，可以多种标准来对用户进行划分，确定非遗体验目标用户的画像，以需带产，开发不同类型的非遗体验产品，本文仅以不同年龄的用户为例，对多功能融合的非遗体验的打造进行阐释。

对于儿童群体来说，因其处于个人社会化的关键时期，应注意凸显非遗体验产品的教育功能，减少暴力元素的使用，打造能够寓教于乐的非遗体验产品。可以通过古琴、笙管乐、凤阳花鼓等传统音乐的沉浸式游戏体验以低成本提升儿童的乐感；通过苏绣、蜀绣、绵竹木版年画等传统技艺的体验以低风险提高儿童的动手能力等；利用青林寺谜语、澄海灯谜等非遗，打造闯关益智类体验，促进儿童的智力发育。

对于青年群体来说，他们倾向于寻找娱乐性元素来丰富业余生活，排解生活压力，因此，要注意凸显非遗体验产品的娱乐性功能，适当加大非遗体验的难度，提升挑战性。此外，也可以利用梁祝传说、白蛇传传说、大禹治水传说、张骞传说等民间文学素材为蓝本，构建高沉浸故事化体验，使非遗体验用户可以第一视角参与故事发展，同时以多玩家参与的方式满足青年群体的社交需要。

对于银发群体来说，由于年龄较大，对新生事物学习能力较差，且部分因身体原因导致出行不便。因此，要注意突出非遗的审美功能，确保非遗体验产品的简便、易操作性，以及内容情节的相对平和性，主要是让其能够不出家门获得一种"近距离"的观赏体验。也要注意增强互动性，提升陪伴感，比如结合豫剧、京剧、评剧等传统戏剧，让银发群体获得真实登台对唱的体验，丰富银发群体的老年生活。

（三）人机协同生产，提升用户编辑力

如果说移动互联网时代让每个人都拥有了"麦克风"，那么元宇宙将为每个用户提供描绘世界的"马克笔"。在元宇宙时代，用户不仅可以通过消费倒逼非遗体验的生产，还可以通过人机协作的方式在元宇宙中进行空间生产与世界编辑。由于不同用户创作能力有较大差异，所以仍可以采用 PGC 和 UGC（并非泾渭分明）的划分，未来多元化非遗体验产品的生产需要 PGC、UGC 和 MGC 的共同协作。

首先，由于非遗以师徒传承、口传心授、现场创编等的传承模式为主，具有一定的门槛性，因此在未来的元宇宙非遗创作生态中要有一定量的以团队为运作单位的专业内容生产者。团队主要由熟悉非遗文化的指导者、具备用户思维的运营者以及非遗体验场景设计者等专业人士构成。PGC 在非遗产品创作中起到标杆作用，能够促进非遗文化在传承过程中保留原真性，并且提升非遗体验产品的趣味性以及与用户需求的契合度。

其次，人工智能辅助创作工具可以将高级指令转换为生产结果，自动完成编码、绘图、动画等工作，这样一来，用户在非遗内容生产中的地位将得到提升。而非遗作为人类智慧的结晶，能够为用户提供取之不竭的创作源泉，因此，非遗在元宇宙时代将得到更多创作型用户的关注。用户不仅可以通过创作非遗体验产品，收取入场费用来获得经济利益，还可以将自己的作品在现实世界中进行分享，提升用户参与感，更好地建构自我形象、获得群体身份，促进社会资本的积累。

此外，只有 PGC 和 UGC 的创作还远远不够，还要充分发挥 MGC 在非遗体验产品生产中的作用，并实现三者的有机结合。我们现在所处的移动互联网时代，MGC 早已在新闻写作、海报设计等领域得到一定程度的应用。如 2018 年新华社向全球发布的"MAGIC"智能生产平台，生产一条时长 2 分 08 秒的视频仅耗时 10.3 秒。元宇宙时代，AI 将进一步赋能机器内容生产，通过将构成非遗内容的零部件进行拆解和组装，短时间内实现非遗体验产品的批量生产，提高非遗内容产出效率、降低生产成本，赋能非遗传承。

除了树立用户思维，提高用户在非遗发展中的话语权、体验感和编辑力之外，还要将元宇宙的建设与非遗变现渠道的拓展相结合，使非遗实现从国家补贴、扶持发展到自主经营、盈利创收的转变。

四 拓展变现渠道：从国家补贴到盈利创收

在元宇宙时代，在打造拟真非遗体验的同时，还需要建立良好的变现机制，塑造非遗品牌，将虚拟体验与现实体验相结合，完善非遗产业链，不仅要实现非遗活化，也要将非遗传承与区域发展相结合，巩固脱贫攻坚成果，充分释放非遗文化在未来经济发展和丰富人民精神生活方面的价值。

（一）打通经济闭环，建立非遗变现机制

在元宇宙时代，区块链技术将成为连通虚实两个世界的重要手段，实现人与物、物与物、虚与实共通的万物互联的设想。"区块链技术作为永久的、不可篡改的、可验证的、去信任的、可编程的分布式账本技术，给数字资产的创设、发行、保管、交易、使用等提供了新的范式。"① 区块链的数字货币分为原生币和代币两种，代币则包括同质化代币和非同质化通证（NFT）。NFT 能够给数字资产（如数字图片和视频剪辑）提供唯一的加密货币令牌，因而能够使得数字化艺术品的版权得到确定的宣示，扩大了原创性艺术品版权保护的范围②。NFT 不仅是元宇宙时代实现虚实两界经济闭环的重要抓手，也是建立非遗变现机制的重要依托。

1. 保护知识产权，激发非遗创作活力

在物质丰盛的世界之中，富裕是一种幸福符号的堆积，对物品本身提供的满足感的期盼使平庸的日常生活得以延续。在现代社会中，对物的满

---

① 司晓：《区块链数字资产物权论》，《探索与争鸣》2021 年第 12 期。
② 刘永谋：《元宇宙的现代性忧思》，《阅江学刊》2022 年第 1 期。

足感的提供，已经逐渐从物的使用价值向物的符号价值转移，而文化也日渐成为价值创造的源泉，非遗文化给产品带来的溢价空间为用户进行非遗体验产品的创作提供了重要的经济驱动力。

但是，由于文化产品的创作成本较高，而边际成本较低，因此非遗内容创作者常常面临着创作成果被搬运、原创衍生品盗版等问题，打压了其创作热情与积极性。在元宇宙时代，用户可以通过NFT的形式使其作品获得独一无二的产权代码，从而解决个人原创内容被搬运牟利的问题。将现实世界的所有事物连接到区块链上，有效遏制非遗原创衍生品的盗版现象，使用户的知识产权得到保障，激发用户对于非遗内容的创作活力。

2. 探索变现模式，完善非遗产业链条

除了解决知识产权归属问题来激发用户创作活力之外，实现非遗体验变现的关键步骤就是要探索非遗体验收费机制，开发衍生产品，建立比较完善的非遗产业链条。

对于无形的非遗体验来说，可以采用按照次数、活动、时长、会员等四种方式进行收费。第一，通过NFT生成数字门票，对进入非遗体验空间的用户进行按次收费，要注意非遗体验的质量以及体验的不定期更新，从而吸引用户重复消费。如网易未来大会就为每位参会观众打造了独一无二的NFT数字门票作为入场凭证。第二，实行参观免费，体验有偿机制，对特定的非遗活动按次数或时长收费，最大化吸引潜在客源，增加盈利机会的同时，也可以实现对同一体验的多次收费。第三，建立会员制度，以会员折扣、纪念品、特别服务来增强用户黏性，实现持续发展。比如倩碧就推出了名为Meta Optimist的数字藏品，该NFT产品仅对其忠诚度计划成员开放访问权限。

在对非遗体验本身进行出售的同时，还可以制作非遗体验衍生品。目前，非遗的非物质性使很多项目难以开发实物衍生品，而在元宇宙时代，随着经济闭环的打通，数字藏品将成为非遗衍生品发展的重要方向。区别于当下天价数字藏品的拍卖，未来的元宇宙时代，非遗数字衍生品将呈现出日常化、多样化、平价化等趋势，其功能主要体现在个人情感寄托、非遗体验纪念、社交货币象征以及艺术审美和收藏等方面。非遗数字衍生品的开发可以延长非遗产业链，进一步完善当前的非遗变现模式。

（二）虚拟现实联动，释放非遗潜在价值

元宇宙不等于虚拟世界，元宇宙是虚拟世界与现实世界的结合，虚拟世界的建设归根结底是为现实世界服务的。我们要认识到，未来的元宇宙并不是我们用来逃离颓败现实世界的乌托邦，而是继Web1.0、Web2.0之后万物互联的新发展阶段。未来，要通过"虚实互补""虚实接合"和"虚实共生"等途径，以虚拟空间的建设促进非遗的发展，利用非遗的力量助力现实问题的解决，实现虚实联动，充分释放非遗的潜在价值。

1. 虚实互补，布局差异体验

元宇宙的多技术支撑性虽然使其体验拥有多感官性、超真实化以及深度沉浸的特点，但是元宇宙阶段的虚拟空间仍不能完全取代现实。因此，要结合不同非遗项目的特点，在虚拟空间和现实空间布局差异化非遗体验。

在线上和线下提供不同产品线，通过线上引流，带动线下消费，是目前很多品牌处理线下实体店铺和线上网络店铺关系的一个有效方法。这在元宇宙时代处理非遗虚拟和现实世界的体验问题方面也是适用的，有利于充分发挥虚拟与现实空间各自的优势。比如，虚拟现实设备和脑机接口等技术的发展难以实现味觉的感受，这就使很多非遗项目不能完全在虚拟世界体验，这就要求我们在现实非遗体验中更加侧重虚拟非遗体验中饮食元素的体验，实现虚实互补。

2. 虚实接合，打造连接枢纽

除了进行差异化布局之外，还可以通过某种激励，将虚拟空间的用户向现实世界引导，打造虚拟与现实的连接枢纽。这里的虚拟和现实不仅指的是虚拟空间和现实空间的连接，也指虚拟非遗体验产业与实体制造业的连通。

一方面，可以通过在虚拟非遗体验中布置现实体验任务线，引导人们完成线下体验，获取稀有非遗衍生品或者非遗体验材料，实现虚拟世界和现实世界的连接。另一方面，可以将虚拟非遗体验中用户个人制作的产品，通过3D打印等技术生产出来，促进实体制造业发展。这种体验产品既可以用来销售，创造经济收益，增加用户在虚拟非遗体验中的获得感和成就感，也能作为象征非遗体验的符号保存，提高用户对非遗体验的记忆度。

3. 虚实共生，赋能区域建设

虚实共生，一方面指虚拟人物与真实人物的融合共生，解决非遗传承中人力资源短缺的问题。美国学者凯瑟琳·海勒曾经指出："在后人类看来，身体性存在与计算机仿真之间、人机关系结构与生物组织之间、机器人科技与人类目标之间，并没有本质的不同或者绝对的界限。"① 元宇宙时代，智能设备的发展将促进人的赛博格化，真实人物可以通过各种设备延伸自身的技能，虚拟人物则由真实人物的元件优化与重组合成。② 人的赛博格化将解决目前非遗传承人老化的问题，实现非遗技艺的永续传承、世代发展。

另一方面，虚实共生也指虚拟空间与现实空间的共同发展。在元宇宙所催生的与现实城市中的人、物、组织、场景等要素相对应的虚拟城市中，通过计算实验分析和评估决策场景等方法，可以对真实的城市建设做出预测。③ 在移动互联网时代，"非遗+"的发展模式已经在拉动经济增长、促进区域发展等方面取得了显著成效，比较成功的非遗脱贫范例有盖宝村通过直播和短视频的方式打造的"侗族七仙女"，通过展现"侗族大歌""侗族琵琶歌""侗戏"和"蜡染"等非遗文化，带动区域产品销售。在元宇宙时代，可以在虚拟城市或乡村空间设计多种非遗利用方案，对其运营结果进行比较和分析，能够提升区域建设各种决策的效率和效果，以较低的成本有效地将非遗文化与地方产品销售、区域持续发展更好地结合起来，让非遗真正实现以虚拟带动现实，以现实反哺虚拟，建设虚实共生

---

① ［美］凯瑟琳·海勒：《我们何以成为后人类：文学、信息科学和控制论中的虚拟身体》，刘宇清译，北京大学出版社2017年版，第4页。

② 彭兰：《智能时代人的数字化生存——可分离的"虚拟实体""数字化元件"与不会消失的"具身性"》，《新闻记者》2019年第12期。

③ Wang, F. Y., Qin, R., Wang, X., et al., "MetaSocieties in Metaverse: MetaEconomics and MetaManagement for MetaEnterprises and MetaCities", *IEEE Transactions on Computational Social Systems*, 2022, Vol. 9, No. 1, p. 3.

的美好图景。

结　语

综上所述，元宇宙的建设为非遗的传承带来了很多机遇，非遗这座文化宝库将在元宇宙时代焕发出新的活力，也将为未来的区域发展赋能。但是，在对元宇宙为非遗带来的机遇表示振奋的同时，我们也要深刻地意识到，元宇宙的建设目前还有很多问题没有解决，非遗活化的最终目的也不仅仅是对经济利益的追求。

首先，要知道目前元宇宙建设仍受到基础技术发展的制约。元宇宙的建设不是一蹴而就的，目前的5G、数字孪生、VR、AR、XR等技术仍然未达到元宇宙要求的水平，体感设备总体来说还相对比较笨重，造价较高，目前还没有得到大范围的普及与应用，距离真正进入元宇宙时代还有很长一段路要走。在元宇宙建设路径尚未完全成型的情况下，我们既要警惕目前利用元宇宙概念进行圈钱的乱象，如天价NFT作品的拍卖以及元宇宙高价圈地行为；也要预先设定相应的防范机制，抵制以非遗为噱头、以炫技为主要手段、对非遗文化进行内涵抽离与恶意扭曲的劣质非遗体验产品，保护非遗的精神内核和品牌声誉。

其次，要了解元宇宙并不是人人拥有绝对自由的乌托邦。第一，体感化、个性化的非遗虚拟体验需要对用户身体信息进行收集，其带来的用户隐私泄露问题如何解决？第二，数字鸿沟进一步拉大的背景下，学习能力较弱的银发群体和欠发达的国家和地区如何参与到优秀虚拟非遗文化产品的体验与创作之中？第三，算法并不是完全中立的，而是由人编制的，其中掺杂的意识形态与资本控制该如何应对？第四，没有各国参与的元宇宙难称"宇宙"，未来应该如何在世界范围内建立合理的文化交流机制？这些都是我们后续需要思考的问题。

最后，我们不必急于对元宇宙高唱"技术决定"或是"技术有罪"的论调，因为技术归根结底是由人创造并使用的，而人与动物、与机器最本质的区别就是精神和思想。在元宇宙时代，人与人之间不是靠冷冰冰的代码连接，国家的边界也不能仅仅靠国界线来划分，精神连接才是构筑文明认同的关键。非遗文化作为过去区域群体凝聚力、认同感的重要来源,在元宇宙相关技术的加持下,不仅要充分发挥其经济价值,还要积极释放其精神价值,用不同非遗产品蕴含的文化差异性抵抗机器内生的同质化趋向,以非遗内含的中华民族精神的统一性抵制外来意识形态的侵蚀,真正将非遗从凭吊历史的碎片变成元宇宙时代重建中华文明共同体想象的新生力量。

(作者为吴承笃、王颖,原题目为《让非遗"活"起来:元宇宙与我国非遗发展新思》,刊载于《阅江学刊》2022年第3期,此次出版有修订)

云游齐鲁平台　全面布局文旅"元宇宙"

2022年4月22日，由山东文旅云智能科技有限公司（好客山东 云游齐鲁）、北京太一云技术股份有限公司联合出品发行的"沂蒙画卷"数字藏品"望海楼""世界第一人行悬索桥"在元宇宙市场开售，上线不久就售罄。

一　"沂蒙画卷"上线即售罄

沂蒙山银座天蒙旅游区，作为山东省新旧动能转换重点项目，是集山地生态旅游、运动休闲旅游、民俗体验旅游、生态农业旅游和休闲度假旅游于一体的综合性人文生态旅游度假区，是"沂蒙山区好风光"的典型代表和核心景区。

望海楼地处沂蒙山最东端，海拔1001.2米，上古大舜东巡视察大禹治水时，在此地停留，遥望东海，故而得名。登临望海楼，可于天蒙之巅观云海奇观。因此，望海楼也是标志性文化景观楼。世界第一人行悬索桥，为双塔单跨吊悬索桥，全长505.5米，主跨420米，桥面距离谷底的高度为143米，是世界最长、跨度最大的人行索桥。悬索桥连接旅游区望海楼和玉皇顶两个景点的人行天桥，为沂蒙山银座天蒙旅游区标志性建筑。

山东文旅云智能科技有限公司（好客山东 云游齐鲁）、北京太一云技术股份有限公司联合出品发行的两款数字藏品"望海楼""世界第一人行悬索桥"，设计元素来源于沂蒙山银座天蒙旅游区。这两款数字藏品将景区大美风光与历史文化内涵通过全新的方式展现，文化内核深厚，收藏价值极高。

"沂蒙画卷"数字藏品发行平台为元宇宙市场，本次发行将作为山东文旅云智能科技有限公司、北京太一云技术股份有限公司双方打造立足全省、辐射全国、面向世界的齐鲁文旅产业元宇宙的起点。据悉，两款藏品分别限量发行5000份，分别于22日15：00、15：30在元宇宙市场开售，上线即售罄。

二　数字化转型的有益尝试

当前，元宇宙概念异军突起，国内比较追捧元宇宙中的数字藏品，尤其是文旅景区相继推出众多数字藏品。对此，山东文旅云智能科技有限公司总经理于庆表示，文旅景区之所以对数字藏品非常感兴趣，有着多方面的原因。"时代技术推动了元宇宙，包括数字藏品的发展。比如，随着AR、VR、数字孪生等技术出现，数字藏品技术或将普及化。同时，消费者的爱好也发生了很大变化。尤其是在疫情防控期间，大家无法去景区，虽然景区不可移动，但数字藏品打破了限制，并受到年轻一代的欢迎。"

山东文旅集团确立打造四个文旅，即平台文旅、智慧文旅、精品文旅、生态文旅。"我们选择进军元宇宙是对这四个'文旅'的践行。对景区来说，当下正是从传统服务业到现代服务业的过渡时期，数字化转型、智慧化升级、高质量发展就成为集团重点布局的方向。此次数字藏品的发布是我们数字化转型的一次有益探索和尝试。"于庆说，希望能够满足消费者对数字艺术的热爱，同时也希望通过这种探索能带动山东文旅产业和行业进行数字化转型。

三　今年将有多款产品落地

元宇宙、NFT从旅游行业角度来说是多元维度的体验，随着5G、人工智能、AR、VR等科学技术不断发展，加快数字化转型进而为文旅行业赋能已势在必行。

山东文旅景区投资集团党委书记、董事长朱爱军指出，以区块链、人工智能为代表的新一代信息技术正在重构全球创新版图，文旅产业数字化也是大势所趋。文旅云公司正在加速建设"好客山东 云游齐鲁"智慧文旅平台，目前已完成一中心两平台（全省文旅大数据融合中心、国内外游客智慧服务平台、政府监管平台）一期建设，今年将全力推动企业服务平台和全域文化创意平台建设，完成一中心四平台整体架构。特别是全域文化创意平台，将充分利用元宇宙、数字孪生、数字原生、区块链、VR、AR、MR技术，打造更具互动体验性的数字消费新场景，助力山东数字文化产业高质量发展。

另据透露，目前文旅云公司除了布局NFT项目之外，也已在数字实景体验项目、元宇宙沉浸式互动体验项目、山东手造产业平台、研学产业平台等方向全面布局，以创新技术弘扬传统文化，2022年将有多款产品落地，为用户构建更多通往齐鲁文化IP的桥梁。

（作者为焦腾、卫清文，原文刊载于《山东商报》2022年4月23日）

二次元界

西湖情未了：动画电影《白蛇：缘起》的中国元素分析

2019年1月，在中国大陆上映的动画电影《白蛇：缘起》是追光动画和华纳兄弟共同制作的。它作为一部展现"中国元素"的优秀电影作品，一经播出，就迅速引起社会各界对中国动画电影的热烈讨论。在已有的研究成果中，刁颖《从〈白蛇·缘起〉谈中国动画电影神话传奇叙事中的悲情演绎》[①]以中国古典故事"大团圆"结局的视角对电影剧情进行分析；蒋将《影片〈白蛇：缘起〉配乐效果与剧情的契合度分析》[②]则从外在形式视角分析音乐对情节的推动。这些研究成果都颇具价值，但在分析视角的涵盖面上仍存在遗漏之处。首先，以往动画电影的研究多从外在形式方面进行讨论，但从中国传统精神内涵方面讨论的研究却不常见。其次，《白蛇：缘起》的整体剧情虽然改编自流传已久的白蛇故事，但是电影中也融入了新的时代精神，例如电影所表现出的现代爱情价值观，这种当代中国动画电影的内容新变，在以往的动画电影研究中都有所缺失。因此，本次研究将首先梳理出"白蛇"这一故事的历史演变过程；继而从外在形式和内在精神两个角度对电影《白蛇：缘起》展开全面分析，细致探讨电影里的"中国元素"；最后反思电影《白蛇：缘起》的不足之处，并思考

---

① 刁颖：《从〈白蛇·缘起〉谈中国动画电影神话传奇叙事中的悲情演绎》，《电影文学》2019年第10期。
② 蒋将：《影片〈白蛇：缘起〉配乐效果与剧情的契合度分析》，《电影评介》2019年第13期。

在中西方文化竞争的时代如何找到中国文化的立足之地和发展方向。

一 白蛇故事的多元展示

民间故事永远是影视作品改编取之不尽、用之不竭的文化宝库,这种电影取材模式在东西方的动画电影制作中都有所体现。从西方来看,美国动画界巨头迪士尼公司的作品常改编自欧洲传统民间故事和名著,例如《小美人鱼》《冰雪奇缘》的灵感来自丹麦作家安徒生的童话,《白雪公主》《魔发奇缘》改编自格林兄弟的童话,《钟楼怪人》则取材于雨果的浪漫主义小说《巴黎圣母院》。① 美国的建国历史短暂,因此迪士尼公司偏爱从欧洲的传统故事中汲取素材。其上映的动画电影中,只有少数作品具有美国建国后的本土民族特色。从东方来看,上海美术电影制片厂是中国20世纪动画行业的领军角色,其制作的作品绝大多数从中国经典民间文学与名著中汲取了丰富的营养,例如1982年的水墨动画《鹿铃》改编自白鹿洞书院的传说②,1991年的木偶动画《镜花缘》改编自清代文学家李汝珍的同名小说《镜花缘》③。追光动画公司是中国21世纪动画行业中的佼佼者,其制作的动画电影《白蛇:缘起》改编自我国民间经久不衰的白蛇故事。白蛇故事是我国最负盛名的民间传说之一,它在民间传说的流变和影视作品的改编中被演绎出了风格迥异的情节。而这些多元化的白蛇故事,又为观众带来了新颖的理解视角和别样的审美体验。

(一) 传统白蛇故事的演变

迄今最早保留的有关白蛇的神话传说,出自唐代谷神子《博异志》的《李黄》一文,该文被收录在宋代编纂的《太平广记》中。《李黄》中的青年李黄与一位身着白衣的少妇行欢,随后"口难语,但觉被底身渐消尽。揭被而视,空注水而已,唯有头存"④。《李黄》这篇志怪小说文笔较

---

① 杨晓林主编:《好莱坞动画电影导论》,复旦大学出版社2012年版,第134—136页。
② 徐文明:《上海电影海外传播史研究:1923—2014》,中国电影出版社2018年版,第238页。
③ 宫承波主编:《中国动画史》,中国广播影视出版社2015年版,第226页。
④ (明) 冯梦龙评纂:《太平广记钞》(下),团结出版社1996年版,第1253页。

为粗浅，只是借助志怪的外壳表达了不要沉溺美色的主旨，此时白蛇作为魅惑人心的反面形象出现。之后的白蛇形象见于明代洪楩《清平山堂话本》的《西湖三塔记》。该文记叙了青年奚宣赞偶遇幼女卯奴，随后结识白娘娘和白婆婆的故事。奚宣赞与白娘娘相好，但白娘娘要取宣赞心肝，因此卯奴帮助宣赞逃走。最后宣赞的叔父奚真人运用道术，将卯奴等三位女妖镇在西湖内的石头塔下。①

《西湖三塔记》已经有今人熟悉的白蛇故事雏形，但是这似乎也只是一个镇压妖怪、避免他们行凶作恶的故事，与广为流传的白蛇爱情故事不相符。较为丰满完善的白蛇故事则见于冯梦龙《警世通言》中的《白娘子永镇雷峰塔》。白蛇恋于许宣，但她不谙人事，为了让许宣高兴，两次盗取财主家的财物，让许宣吃了官司。后来许宣去金山寺烧香，禅师给许宣一个钵盂来镇压妖怪。于是白蛇故意吓许宣，如果许宣有二心，就让全城洒满血水，因此许宣用钵盂让白蛇现了原形。白蛇苦苦哀求，禅师却将白蛇和白蛇的姐妹青青一起镇压在雷峰塔下。②《白娘子永镇雷峰塔》中的白蛇形象更具有人情味，白蛇身上的妖气逐渐被人间的世俗气息所取代。该小说表面上要传达的是不要被美色所迷惑，否则会招来祸患，以及人应该迷途知返，用正义的法术战胜妖术的主旨。但文章实际上却成功刻画了一个不谙世事、大胆求爱，但又不失冷血性格的白蛇形象。白蛇追求爱情的大胆真诚令人动容，而作为封建卫道士的许宣却显得懦弱无能。在方成培版本的《雷峰塔》中，又加入了白娘子盗取仙草、水漫金山等桥段，之后的白蛇故事也都基于此版本进行改编，白娘子与许宣的爱情故事也变得更加曲折感人。③

白蛇的故事经历了曲折而丰富的流变过程，故事的主旨也在不断更新变化。在流变的过程中，白蛇的故事逐渐褪去了说教的外衣，增加了富于人情色彩的情节，这种改变符合人民大众的阅读审美期待和情感追求，白蛇的故事也因此得到了更为广泛的流传。

---

① （明）洪楩：《清平山堂话本》，华文出版社2018年版，第14—20页。
② （明）冯梦龙：《警世通言》，岳麓书社2019年版，第284—304页。
③ 邓涛、刘立文：《中国古代戏剧文学史》，北京广播学院出版社1994年版，第319—322页。

(二) 白蛇故事的影视化改编

进入20世纪后，银屏上呈现出了不同版本的白蛇影视作品。在日本第一部彩色长篇动画《白蛇传》中，男主人公许仙因不顾法海阻拦，勇敢寻找白娘娘而坠崖身亡。白娘娘为救活许仙丧尽了所有的法力，许仙复活后终于得以与白娘娘喜结良缘。法海在电影的最后认可了白娘娘和许仙的爱情，这是本电影改编的创新点。此外，《白蛇传》还加入了会说话的熊猫和狸猫为许仙做伴，使得整个故事生动有趣。1992年上映于中国台湾的电视剧《新白娘子传奇》深受广大群众的喜爱，更多人通过该电视剧接触了白蛇系列的故事。《新白娘子传奇》中大胆加入白娘子与许仙夫妻二人日常生活的场景，白娘子以温婉贤淑、善良正义的角色形象示人，许仙对待感情的立场也更加坚定，这样的改编弥补了小说中人物性格刻画的不足。1993年徐克导演的电影《青蛇》讲述了法海为情所困，全剧人物一起寻找"情为何物"的故事，该电影对传统白蛇故事的改编更加大刀阔斧。随着时代变迁，人们对于白蛇故事的理解也在逐渐变化。

20世纪以来，影视作品的创作者们在改编创作过程中，加入了自己对白蛇故事的独到解读，这给予白蛇系列故事更多思想与情感上的拓展空间，观众也能够在不同的影视作品中收获多元的审美体验。作为一部21世纪的动画电影，《白蛇：缘起》既体现了传统中国元素的特点，又彰显出当代中国元素的风格。不管是外在形式方面还是内在精神方面，《白蛇：缘起》都彰显出了它独树一帜的作品特色，具有极高的观赏价值。

二 《白蛇：缘起》外在形式中的中国元素

电影作品的突出特点是给予观众视觉上的享受。观众在观看电影的过程中，往往通过电影的外在形式去欣赏电影呈现出的视觉美学效果。因此，下文将从电影外在形式的角度分析电影《白蛇：缘起》中具有审美价值的中国元素。

(一) 诗情画意的意境氛围

我国的动画电影创作者善于使用传统美术技巧表现画面。上海美术电影制片厂对传统美术技巧的运用可谓炉火纯青，其手法丰富多样、细腻精

西湖情未了:动画电影《白蛇:缘起》的中国元素分析

致,为观众呈现出一部部生动有趣、精彩纷呈的动画电影,例如平面动画《大闹天宫》《哪吒闹海》,水墨动画《小蝌蚪找妈妈》,木偶动画《镜花缘》《阿凡提的故事》,皮影与京剧脸谱结合的动画《张飞审瓜》,竹偶动画《鹿和牛》等。这些动画无不受到中国少年儿童乃至成年人的喜爱。在这些制作精良的动画电影中,水墨动画是中国动画的独创,它与20世纪的传统动画绘制技艺不同。一般的动画电影绘制者通常在透明的赛璐珞片上进行创作,且将平涂作为绘制动画的手法。中国的水墨动画绘制者在没有勾画出明确边界线,也不能平涂的情况下,依旧凭借深厚的作画功底出色地完成作画。功夫不负有心人,我国的水墨动画《小蝌蚪找妈妈》在瑞士的路迎诺国际电影节上荣获"银帆奖"。① 由此可见,我国动画电影的画面拥有足够优秀的表现力,所以才能够同时赢得专业学术领域的认可和广大群众的喜爱。《白蛇:缘起》将电脑制作的水墨场景作为电影开头和结尾,在继承传统动画制作技艺的同时兼用新技术,使得传统的水墨动画能够在新的载体上得以展示。电影开头,电脑制作的水墨包裹着三维立体效果的白蛇,传统的动画制作技艺和新技术在这里得以完美结合。黑灰交错的水墨只勾勒出绳索和白蛇外衣的大体轮廓,大有中国写意画只求神似,不求形似的意味。缠绕的水墨线条和白蛇欲求挣脱绳索的动作能够迅速抓住观众视线,使观众产生好奇:到底是什么使白蛇"三华全乱",无法逃离绳索的羁绊。电影结尾,如清明上河图一般徐徐展开的泛黄的画卷,同样充满中国韵味。这幅用中国传统绘画工艺绘制的画卷,描绘了富于诗意的中国古代日常生活场景,不仅烘托出了古典美的意境氛围,还给予观众余味无穷之感。

此外,电影中江上泛舟一段堪称中国古典美学意境的绝佳呈现。首先,电影中的自然景色与中国古代诗词的画面相契合,黛青色的山山水水一如桂林风光,给予观众身临其境的观影体验。韩愈曾在《送贵州严大夫》中这样描绘桂林山水:"江作青罗带,山如碧玉簪。"② 桂林的山水秉

---

① 松林:《愈有民族性 愈有国际性——美术电影民族风格的形成和发展》,《当代电影》1985年第2期。
② 唐宋八大家文集编委会:《唐宋八大家文集 韩愈文集》,中央民族大学出版社2002年版,第280页。

持安静秀美的风格,桂林的山不及泰山威严雄伟,桂林的水也不及黄河汹涌澎湃,所以韩愈才会选择用妇女日常的装饰物"青罗带""碧玉簪"形容桂林山水。《白蛇:缘起》的画面细致地还原了这幅古人诗中的美景图。从水的角度看,电影中3D效果的青色水波,还原出韩愈诗中如女子的丝带一般徐徐流淌的桂林江水。从山的角度看,桂林气候独特,常年的雨水冲刷出了重峦叠嶂的风光,这些如妇女玉簪一般的山峦也被电影还原了出来。其次,江上泛舟一段的整体情境也富于诗情画意的美感。江水之上一片烟雾朦胧,水汽中泛出一只小舟,舟上的歌声在群山之间回荡,悠扬的旋律划破了静谧的氛围,这情境容易让人联想到范成大为李次山作的题画诗《李次山自画两图之一》中"横玉三声湖起浪"①一句,一个小丫鬟在船头吹笛子,笛子声划破了江面的寂静,湖面仿佛起了浪。这种"化静为动"的手法为我国古代艺术家所偏爱,也被《白蛇:缘起》的动画制作人员借鉴。动静结合、静中有动手法的运用,使得江上泛舟一段的整体情境充满了灵动活泼的趣味。总之,《白蛇:缘起》将这些中国古典诗画中的常用手法使用得出神入化,观众在观看电影时仿佛可以嗅到湖面的清新空气,听到舟上回荡的悠扬歌声,进而沉浸在这青山碧水烘托出的诗情画意氛围中。

《白蛇:缘起》以中国传统绘画元素为背景,同时运用先进的技术,继承传统,推陈出新,将传统的美学与当下的技术巧妙地结合,既弥补了传统动画制作中一些技术要素的不足,又带给了观众身临其境的美感。

(二)古典情态的人物形象

白蛇化作人形时身材袅娜、肤如凝脂、眼若秋波,她的外貌形象符合中国人对于古典美人的普遍认知。白蛇的面部参考了传统戏剧中旦角的妆容,制作组特意给白蛇设计了凤眼,白蛇的外眼角微微上挑,配合桃红色的眼角妆容,妩媚又不失温柔。②此外,《白蛇:缘起》虽然是3D效果的动画电影,但电影中人物的动作并无僵硬之感,人物一颦一蹙的制作效果细腻而自然。《红楼梦》中林黛玉蹙眉沉思的情态是中国古典美人的写照,

---

① 孔寿山:《中国题画诗大观》,敦煌文艺出版社1997年版,第324页。
② 程长宁主编:《戏曲鉴赏》,陕西人民出版社2020年版,第99页。

《白蛇：缘起》的电影制作人员也特别倾心于白蛇皱眉沉思的细节。在电影中，白蛇的皱眉沉思情态被制作得极其生动：白蛇一个人低头凝神沉思时，眉间微蹙、睫毛下垂，若隐若现的眼波中流露着淡淡的忧伤。观众不但能够透过屏幕感受到白蛇那复杂的情绪，而且可以窥见《白蛇：缘起》电影制作人员对于中国古典美人情态的细致把握。

电影另一个出彩的角色是双面狐狸宝青坊主。首先，宝青坊主眼睛的设计也采用了凤眼的理念，但与白蛇那如林黛玉一般的眼波流转、泪光点点不同，她的眼部有意模仿了王熙凤那对"丹凤三角眼"，夸张上扬的眼角和三角形的眼部轮廓，带给观众一种心理上的威慑力和压抑感。此外，宝青坊主作为一位市井女性，在服装的搭配理念上与白蛇的清淡素雅形成鲜明对比，她以缝金边的深绿色肚兜和艳丽的大红色绸缎外衣示人，外衣上绣的图案是色彩饱和度极高的金菊花、粉樱花，这种服装搭配展示出中国民俗审美中大红大绿的市井风格。其次，女性在封建社会地位低下，不能像男性一样任意出入公共场合。而女商人作为封建社会中的一个特殊群体，在某种程度上不必完全遵守封建女性的三纲五常，她们拥有与男性一样在公共场合抛头露面的身份。《白蛇：缘起》的宝青坊主就是这样一位女商人角色。宝青坊主常常手握一杆长烟，漫不经心地吸吮长烟滤嘴，这个举动极具生理性的诱惑色彩。她还常常在言语上对年轻男子示好，无不展示出市井女子大胆风流的一面，让观众轻易联想到古代杂货铺中招徕顾客的女商人情态。再次，宝青坊主虽然是千年狐妖，却以少女的外貌示人，且全身上下散发着妖艳、魅惑的气息，她的整体形象符合国人心中对于狐妖的审美期待，所以在电影播出后，宝青坊主这一角色受到广大观众的认可和喜爱。

《白蛇：缘起》还借鉴了中国古代志怪小说中妖精形象的刻画手法。中国古代志怪小说中的妖精在化为人形的同时，仍旧保持着动物的一些特点。譬如，《聊斋志异》中的花姑子身上有香气，暗示她是獐子精；阿纤寡言少语、善于储藏粮食，侧面反映她是老鼠精。《白蛇：缘起》中的妖精也有类似的特征。譬如青蛇作为蛇妖，有蛇冷血无情的特征，她常常为了达成自己的利益，而不惜以别人的性命为代价。青蛇在情绪激动时，两腮还会无意中露出蛇鳞。而宝青坊主是双面狐狸精,她兼具狐狸精的诡计多端和妖艳妩媚,不经意间会露出雪白的狐狸尾巴。青蛇与宝青坊主的形象吻合了中国观众心中对于古代蛇妖、狐妖的想象,也为国外观众打开了一扇展现中国传统妖精形象的大门。

在西方世界不断向全球输出独角兽与恶龙文化的大背景下,白蛇、青蛇和宝青坊主等形象显现出中国妖精独有的情态特点。国外观众可以通过电影《白蛇:缘起》去了解中国古代传说中的神怪形象,这打破了西方对于神仙鬼怪形象话语权的垄断,对于中国传统妖精形象地在世界的传播具有重要意义。

(三) 精益求精的细节刻画

《白蛇:缘起》在细节方面也能体现出中国元素。道教作为产生于中国本土的宗教,它的思想深刻地影响了中国的传统文化。《白蛇:缘起》对于道教元素的运用可谓炉火纯青,无时无刻不在向国内外观众输出这一典型的中国文化元素。首先是道教的动物间斗法。国师一派与蛇族一派隶属两个阵营,国师一派所用的主要斗法动物是鸟类,他们通常派仙鹤出战来对付蛇族。电影此处的情节设置化用了民间流传的白蛇故事中蛇与仙鹤对立的典故。白蛇为救昏厥的许宣,决定冒险去南极仙翁处盗取仙草,她在遇到南极仙翁麾下的白鹤童子之后,立刻吓得动弹不得。[①] 这种蛇与仙鹤的对立是中国道教故事的独创。其次,《白蛇:缘起》对古代术语的运用也信手拈来。白蛇与许宣在宝青坊主的杂货铺里买货,宝青坊主让佣人为白蛇和许宣二人找法器时说出"木、离、甲午位"的专业术语,这五个字包含五行、八卦和天干地支。古代的罗盘可以通过这些元素对方向进行清晰准确的定位,所以宝青坊主的佣人们可以快速找出顾客需要的商品。再次,《白蛇:缘起》中提到的三叉法铃、灭灵铃、金蛙镇纸等法器,这些都是中国古代小说中独有的除妖用具。以上种种元素,共同营造出一个充满中国特色的魑魅魍魉、祭宝斗法的世界。

《白蛇:缘起》中的"小部件"也能够体现出中国元素。白蛇的珠钗

---

① 胡永良、杨学军主编:《民间文学》,西泠印社2014年版,第366页。

西湖情未了:动画电影《白蛇:缘起》的中国元素分析

是贯穿整部电影的线索,它作为中国的传统饰品,在电影中由玉石打造。意大利人马可·波罗曾经这样描述中国:"遍地是黄金,无论在河里,湖中或山上,都可以采集到黄金。"① 但相较于西方对黄金与白银的执着追求,中国古人则秉持一种对玉的独特情结。譬如清代小说《红楼梦》就表现出作者对玉的倾心。《红楼梦》中的通灵宝玉原本是女娲补天时的一块无用顽石,它被一僧一道变作美玉后,随神瑛侍者下凡。通灵宝玉作为宝黛爱情与贾府兴衰的见证,在目睹了一系列悲欢离合后又回到青埂峰下。《白蛇:缘起》中珠钗同样见证了白蛇与许宣的爱情,也是破解整个故事谜题的重要线索。此外,《红楼梦》中的通灵宝玉还起到见证贾宝玉"原罪"的作用。《圣经》中的亚当和夏娃在伊甸园中偷食禁果,对彼此产生情愫,而贾宝玉也在大观园这个远离封建社会的乐园中偷食着爱情的禁果②。《白蛇:缘起》中的珠钗与《红楼梦》中的通灵宝玉起到同样的效果。珠钗作为贯穿全剧的线索,在男女主人公解答珠钗之谜的旅途中,见证了原本冷酷无情的女妖精白蛇,变成了富有七情六欲,懂得感恩与帮助的女性。同时,白蛇和许宣作为本不该结合的人与妖,在冒险的过程中同样偷食着爱情的禁果,因此珠钗在这里也起到见证白蛇"原罪"的作用。

除了珠钗这样对剧情有重大推动作用的物件,红牙板作为一个较为冷门的中国元素,在《白蛇:缘起》中也被精心地展示。在电影的最后,宝青坊主在江上泛舟歌唱,她手执红牙板的镜头虽然一闪而过,但是电影制作人员仍旧不辞辛苦地对红牙板进行了精心的绘制。正是这样一个小细节,恰恰能反映出《白蛇:缘起》电影制作人员考据之精细。元代杨维桢的诗集中曾有一首红牙板歌,表明这种做工精美的红牙板通常为教坊司中年轻美貌的少女所用:"吴下缪才子遗余以红牙板一具,故为作歌补长吉之遗:百花楼前倡乐作,长鼻弯弯舞金络。生怜为齿焚雄躯,枯魄应节如何虞?良工削出红冰片,脱木生前岂容见","十三红儿舞鹧鸪,轻莲踢节随疾徐"。③《白蛇:缘起》中的红牙板做工精美、色彩艳丽,符合中国古

---

① 许永璋:《马可·波罗东游记》,河南人民出版社1981年版,第28页。
② 卜喜逢:《红楼梦中的神话》,文化艺术出版社2019年版,第234页。
③ (元)杨维桢:《杨维桢诗集》,浙江古籍出版社1994年版,第29页。

代红牙板的装饰标准。而宝青坊主美貌少女的形态，也符合红牙板使用者的外貌与年龄标准。由此可见，《白蛇：缘起》的电影制作人员对此类容易被人忽视的细节格外注重，这也从侧面反映出《白蛇：缘起》电影制作人员的用心与真诚。正是因为电影制作人员对中国传统文化保持一种热爱与尊敬的态度，所以《白蛇：缘起》才会从种种细节方面不断地向观众展示出中国元素的魅力。

（四）巧妙运用的诗词格言

《白蛇：缘起》还善于灵活运用中国传统诗词。例如许宣在江上吟唱的歌曲"君不见东流水，来时无踪迹，一去无穷已"一句改编自唐代贺兰进明《行路难五首》："君不见东流水，一去无穷已。"①"君不见城上日，今暝没山去，明朝复更出"一句改编自南北朝鲍照《拟行路难十八首》："君不见城上日，今暝没尽去，明朝复更出。"②《白蛇：缘起》把中国古代诗词巧妙融入富有古典气息的歌曲中，搭配电影中江南山水的风景，使得歌词与场景达到一种浑然一体、和谐统一的境界。电影也通过许宣在江上唱歌的剧情，让白蛇认识到虽然人生无常，但是享受共同度过的时光也是一件快乐的事情。随后许宣教授白蛇这首歌曲，两个人的情感因为歌曲进一步加深，电影的剧情也因此得到进一步推进。另外，宝青坊主在电影末尾吟唱的歌曲"问春何苦匆匆，带风伴雨如驰骤""算春长不老，人愁春老，愁只是、人间有"③，出自晁补之《鸡肋集》中的《水龙吟·次韵林圣予惜春》。春去夏来本应该是自然的规律，人们因为春去而惜春，这种愁绪似乎只有人间才会产生。宝青坊主作为得道千年的狐妖，本不应该考虑年华老去的问题，但她亲眼见证了许宣与白蛇短暂的共处时光，生命不能长久驻足的遗憾令宝青坊主感慨万千。有千年道行的狐妖唱出慨叹人生短暂的歌曲，这样的反差给予屏幕前的观众悠长的回味和久久的沉思。歌曲是一种大众喜闻乐见的娱乐形式，中国古典诗词在《白蛇：缘起》中以歌曲的形式呈现。观众在聆听电影中歌曲的同时，会被歌曲中优美动人

---

① （宋）郭茂倩：《乐府诗集》，上海古籍出版社2016年版，第865页。
② 邬国平：《汉魏六朝诗选》，上海古籍出版社2005年版，第394页。
③ 卢希悦主编：《宋词三百首》，北京时代华文书局2019年版，第77页。

的歌词深深吸引,从而产生了解中国古典诗词魅力的强烈欲望,这能够赋予在现代社会沉寂的古诗词新的活力。

《白蛇：缘起》还加入了中国古老而富于智慧的格言。宝青坊主卖货给许宣时,告诫许宣"天之道,有所得必有所失",这里化用了《老子》中的格言："天之道,其犹张弓与! 高者抑之,下者举之,有余者损之,不足者补之,天之道损有余而补不足。人道则不然,损不足,奉有余。孰能有余以奉天下? 其唯有道者。"① 老子原本的意思是自然的规律像拉弓一般,寻求一种多与少的平衡。但是社会的规则却是"损不足,奉有余",所以能够减少自己的有余来弥补天下人的不足的,只有那些有道之人才可以做到。有道之人虽然有所成就,但是不占有这些成就,也不会因为这些成就而去邀功行赏,这样才符合自然和社会的发展规律。老子的格言体现了中国道家的人生哲学。《白蛇：缘起》中的宝青坊主借用老子的格言,意思是要告诫许宣:在遵循自然规律的基础上,许宣如果想要得到一些东西,必定要失去一部分东西,也即如果许宣要取得一部分妖怪的法力,就必须舍弃完全意义上的人类身份,这样才符合天之道。许宣在这里做好了为拯救他人而失去自己人类身份的准备,他与老子所说的那些减少自己的有余,来弥补天下人的不足的得道者,有异曲同工之妙。此类古老的格言虽然质朴简短,却富有耐人寻味的韵味。但是在碎片化的快速阅读时代,大众很难静下心来去阅读诸如《老子》一类富有深厚哲理的书籍。《白蛇：缘起》在此巧妙穿插了中国古代的哲理性名句,有知识追求的观众往往会选择在观影后寻找此类台词的出处,从而对这些耐人寻味的句子产生盎然的兴味,这无疑是中国古老书籍的一种现代形式的复活。

三 《白蛇：缘起》内在精神中的中国元素

西方影视界致力于输出"个人英雄主义""性格悲剧"之类富于西方传统文化色彩的精神观念。中国古人的心灵世界同样具有极大的市场价值,但中国电影制作人对于中国古人丰富的心灵世界却极少进行深入的开

---

① (春秋)老子:《道德经》,李正西评注,安徽文艺出版社2003年版,第167页。

掘。《白蛇:缘起》作为一部优秀的动画电影,巧妙地注意到了"内在精神"这片人迹罕至的土地,并对其进行深入的探究与展示。

(一)"侠义"文化的精彩呈现

中国古人对于"侠义"有着自己独到的理解。为了展示"侠义"精神,《白蛇:缘起》制作组为电影安排了一个合理的故事背景。唐代柳宗元在《捕蛇者说》一篇中写下"永州之野产异蛇:黑质而白章,触草木尽死;以啮人,无御之者"[①]。《白蛇:缘起》巧妙运用柳宗元对于永州城的叙述,将故事的整体背景设置在永州城中,又加入唐王室为了长生不老,命令天下人捕蛇的情节。在这样一个天下大乱、生灵涂炭的大背景下,老百姓自身都难以生存,电影中的主人公们为了大众而奋斗的正义行为就显得难能可贵,中国的"侠义"精神故而能够得到精彩呈现。

《白蛇:缘起》还借鉴明清的社会文化特点来展现"侠义"精神。华夏大地拥有辽阔且肥沃的土地,因此古代中国百姓一直保持着农耕生产的生活运作模式。在农耕文明的社会中,百姓更注重以宗法家庭为中心的封建伦理道德。明清时期,市民阶级逐渐壮大,扶危济困、互帮互助成为新的市民阶级生活准则,人与人之间的"侠义"精神在这样的社会大背景下得以快速发展。明代小说《水浒传》的故事虽发生在宋代,但成书时间却是在明代,《水浒传》也顺势注入了明代百姓生活的影子。《水浒传》中的"活佛"们也是生活在备受压迫、民不聊生的社会大背景下,但他们心怀正义、扶危济困,面对没有血缘关系的人也能伸出援手给予帮助,书写着行侠仗义的故事。清代小说《红楼梦》中的醉金刚倪二大方地赠予贾芸银两,并让他不用担心利钱的问题,倪二同样体现出中国传统文化中的"侠义"精神。这种"侠义"精神在《白蛇:缘起》中也得到了合理运用。在电影中,白蛇对于许宣来说不过是陌生人,但许宣仍愿意对她伸出援助之手。在冒险的旅途中,许宣没有抛弃或者鄙视忘记身份且丧失生活信心的白蛇,而是以乐观的精神感染白蛇。白蛇的另一位朋友青蛇也具有这种"侠义"精神。青蛇虽然是妖精,却重情重义,与人类并无二致。白蛇第

---

① (唐)柳宗元:《柳宗元文集》,北京联合出版公司2018年版,第57页。

一次刺杀国师时遭遇失败,没有按时返回,蛇母由此认定白蛇背叛了蛇族。青蛇一再向蛇母求情,希望蛇母能相信白蛇的一片忠心,她还决定自己去寻找白蛇,还白蛇清白。青蛇完全是刺杀国师一事的局外人,但是她出于对朋友的信任,不顾自己的安危去找白蛇,这也是一种"侠义"的体现。

在现代信息化社会,手机、电脑成为人们日常社交生活中重要的组成部分,这就导致人与人之间面对面沟通交流的机会逐渐减少,人际交往关系在冰冷的机器面前变得逐渐疏远。但正是因为"侠义"精神的存在,所以人们在日常生活中面对需要帮助的人时不会选择袖手旁观,和谐的社会关系也不会被冷漠的机械文明所取代。所以,这些充满正能量的价值观的传达可以说是《白蛇:缘起》对社会的一大贡献。

(二)"正义"精神的不懈追求

《白蛇:缘起》展现出人民对社会"正义"的追求。电影刻意模糊了人与妖之间的界限,所以男主公许宣才会认为"世上多的是长了两只脚的恶人,长了条尾巴又怎么样",因此凭借一个人外在的身份无法确定这个人是否为"妖"。一个人失去正义的价值观,从此作恶多端、为非作歹,才真正能够被称为"妖"。《白蛇:缘起》还借鉴了《聊斋志异》里面妖精的性格特质。《聊斋志异》中的妖精多不胜数,但它们通常以象征人间真善美的正面形象出现。譬如《聊斋志异》的《白秋练》一篇以白秋练深爱诗歌而展开,女主人公白秋练身为白鳍豚精,情趣高雅,深爱诗歌,不慕钱财与名利,与人间的善良、正直、多情的才女并无二致。《白蛇:缘起》中的许宣也有类似的性格特质。变为狗妖的许宣虽然多了一条尾巴,却仍有人的七情六欲。更重要的是,许宣还保留着一个"人"所特有的正义之气。比起电影中那些只知道吃喝享乐,妄图夺取蛇的精华以长生不老的王公贵族,变为狗妖的许宣反倒更具有人情味,更像一个"人",而不是冷血无情的"妖"。

此外,中华民族一直以来秉持向善的思想倾向,而这种向善的思想在中国古代小说中并不是人类所独有的。譬如《西游记》中的主人公孙悟空虽身为石猴精,却有着与人类一样的正义理想,他是人类理想中英雄的化身。变为狗妖的许宣与孙悟空一样怀有为民除害、惩恶扬善的理想,许宣还能够清醒地认识到唐王室的虚伪腐败,因此他决定帮助白蛇除掉迫害百姓和蛇族的国师。此外,在白蛇产生迷茫,想要自我了结时,许宣给予她积极的鼓励。许宣的一举一动始终流露出中华民族"正义"的精神元素。《白蛇:缘起》的另一位主人公白蛇同样具有"正义"的精神。她为了全体蛇族的利益,不畏艰难险阻,冒着生命危险去刺杀国师。比起西方电影中个人主义的最终胜利,《白蛇:缘起》体现得更多的是一种为了顾全大局,而选择牺牲自我的集体主义精神,这是中国人独特的"正义"观念。在个人利益与集体利益发生冲突的时刻,牺牲个人利益、维护集体利益是高尚的集体主义精神的体现。白蛇舍弃小我、拯救群众的行为,能够引导观众在日常生活中做出同样的价值选择。在小我与大我的矛盾面前,观众会回忆起白蛇舍己为人的行动,从而毫不犹豫地选择优先维护集体利益。中华民族舍己为人的传统美德也在这里得到了发扬光大。

《白蛇:缘起》中两个充满正义感的主人公使得观众对中国传统文化中的正义精神有了更深刻的理解。同时,两位主人公也呼唤着人民大众树立起正义的价值观,在日常生活中能够坚守住自己正义的信念,投入为社会正义而奋斗的事业中,这正是优秀的动画电影作品为社会带来的价值意义所在。

(三)"爱情"观念的细腻展示

《白蛇:缘起》运用中国古典小说转世轮回的故事设定来表达含蓄真挚且敢于牺牲的爱情。中国古典小说对转世轮回的故事设定情有独钟,转世轮回故事的主人公前一世通常有未完成的心愿,而这心愿往往等到后一世才得以实现。譬如《红楼梦》中的绛珠仙草为了报答神瑛侍者的浇灌之恩,在神瑛侍者凡心偶炽而下凡之后,决定追随神瑛侍者到凡间。虽然绛珠仙草与神瑛侍者下凡之后失去了前一世的记忆,但是他们冥冥之中会对前一世的爱人产生命中注定的情愫。再譬如《聊斋志异》中的《鲁公女》也诠释一个了转世轮回的爱情故事。张于旦恋上鲁公家的女儿,但鲁公女生病而亡,张于旦为她夜夜祈祷,鲁公女念张于旦一片痴情,告诉张于旦自己转世后一定嫁给他。张于旦五十多岁未娶妻,而鲁公女转世后也一直寻找张于旦。后来二人偶然得知对方所在,终于可以喜结良缘。在民间流传的白蛇故事里,白蛇与

西湖情未了：动画电影《白蛇：缘起》的中国元素分析

许宣的爱情虽然感人至深，但是历代故事传说以及影视改编作品往往不能充分解释白蛇对许宣的情感为何如此深沉执着。电影《白蛇：缘起》就很好地补充了历代故事传说以及影视改编作品中的空白，以一个因情而起又因情而终的"圆形结构"电影，细致地描绘了白蛇与许宣爱情的起因。

爱情是人类文明永恒的主题，但东西方的爱情表达模式大不相同。西方文学倾向于用开放热烈的手段直接表达爱情的真挚与美好，例如在莎士比亚的《罗密欧与朱丽叶》中，男女主人公阳台幽会、互诉衷肠，以自己"优美的身姿起誓"，还声称"倘使你在辽远辽远的海滨，我也会冒着风波寻访你这颗珍宝"①。而作为东方文学代表的中国古典文学，由于深受中国儒家伦理道德"发乎情，止乎礼"传统理念的影响，更倾向于书写含蓄蕴藉、韵味无穷的爱情故事。虽然中国古代的爱情故事往往表现出含蓄内敛的特征，然而在晚明"重情主义"的主流情感表达方式下，中国古代小说中"情"的成分日益增多，为情而甘愿牺牲的故事深入民心，汤显祖的戏曲《牡丹亭》和《紫钗记》就是其中的典型。《牡丹亭》和《紫钗记》中的两位女主人公为与心上人在一起，可谓倾尽了她们所有真挚的情感。同理，白蛇故事恰好在明代完善形成，因此白蛇故事的情感内核也顺从时代的潮流，从"无情"变为"有情"。电影《白蛇：缘起》就是在这样一种中国传统文化的语境下，表达了既含蓄蕴藉、难以言说，却又真诚感人、充满着奉献与牺牲精神的爱情。在《白蛇：缘起》中，白蛇与许宣一同欣赏枫林美景、泛舟吟唱诗歌，在相处的过程当中彼此了解、相互依靠。白蛇与许宣否定了直接用言语来表达情感的爱情模式，而是选择以陪伴和守护的实际行动剖白自己的心迹。其中，白蛇与许宣共同撑伞飞行时，周围火红的枫叶配上飞流的瀑布，与《红楼梦》中宝黛共读西厢时，阵阵落花衬着流水相类似，他们没有选择借着美景高喊出自己的心声，而是在大自然中无声地表达自己内敛而真诚的爱，以此展现出中国古典爱情含蓄蕴藉的美学风格。在《白蛇：缘起》的后半部分，白蛇和许宣携手击退了邪恶

---

① ［英］莎士比亚：《莎士比亚戏剧精选集》，朱生豪译，江苏凤凰文艺出版社2020年版，第135—137页。

的国师和狠毒的蛇母,但白蛇因此受了重伤,许宣为救心上人白蛇,甘愿丧失魂魄死去。许宣认为自己拯救白蛇死得其所,并且期盼转世后能再一次与心上人相遇。许宣对白蛇那份无私而又真诚的爱,让一向冷漠的白蛇受到极大震撼,她冰冷的心终于被许宣甘愿奉献与牺牲的精神所打动。因此白蛇决心不管经历多少次转世轮回都要找到许宣。在《白蛇:缘起》的最后,故事的时间已经推进到了明代。而白蛇为了报答许宣的救命之恩,一直在苦苦寻找许宣。最终,白蛇与许宣在西湖偶然相会。观众这时候再欣赏白蛇与许宣西湖断桥相会的情节,才能以一种恍然大悟的心情去理解白蛇与许宣为何会彼此一见钟情,也能够理解为什么白蛇这样执着于报答许宣的恩情了。

《白蛇:缘起》中的爱情还加入了一些现代爱情元素。相比起过往白蛇故事中许宣面对白蛇时懦弱无能、充满怀疑的人物设定,电影《白蛇:缘起》中的许宣则对白蛇秉持一种平等、尊重的爱情态度:他欣赏白蛇的绝世美貌,钦佩她的高强法力,敬佩她为了全蛇族而冒险刺杀国师的勇气。即便是白蛇露出原型之后,他也没有因为恐惧或者怀疑一走了之,他不在乎白蛇是人是妖,而是选择留下与她共同面对艰难险阻。同理,白蛇身为法力高强的妖,也没有因为许宣功力弱小而在冒险的旅途中鄙弃或排斥他。她在与许宣的交往过程中,从许宣身上不断学习乐观积极的人生态度,并且对许宣一直以来为应对各种困难所付出的努力给予了高度肯定。白蛇与许宣互相尊重、互相理解,他们彼此之间保持着一种平等的爱情地位。同时,白蛇与许宣还能够发现对方身上的闪光点,努力向对方的优秀之处靠拢,这更加符合现代人的价值观,也为现代人的爱情生活提供了一定的价值启示。

(四)"乐生恶死"的生活理念

"乐生恶死"是中国古人一种独特的价值取向。从古至今,"不知生,焉知死""不语怪力乱神"一类的观念深深植根于中国人的意识领域。比起西方的原罪意识和上帝救赎理念,务实的中国人在传统观念中非常注重享受此世的快乐。譬如汉乐府诗《薤露》中"薤上露,何易晞"[①] 一句传

[①] 赵敏俐主编:《中国文学研究论著汇编》(古代文学卷18),天津古籍出版社2019年版,第69页。

西湖情未了:动画电影《白蛇:缘起》的中国元素分析

达了人生不可重来的无限悲哀,字里行间无不流露出作者"恶死"的心声。另一首汉乐府诗《练时日》则充分表露出作者"乐生"的心愿:一位精灵来到人间与作者一起快乐地生活,作者渴望借助这位精灵的力量让自己长生不老。中国传统"乐生恶死"的观念除了在传统诗歌领域展示之外,在宗教领域也有所展示。比如传统佛教虽然重视往生后的生活,其传入中原后也"归化"于中国的传统文化,对现世生活给予了高度的重视:魏晋六朝时期的北魏沙门统法果带头对象征着世俗社会的帝王进行顶礼膜拜,并认为"太祖明睿好道,即是当今如来"[1]。代表着属灵生活的僧人在这里把寿期有限的世俗帝王比作佛陀,可见"乐生恶死"的世俗观念对宗教的渗透。同样,中世纪以来的西方社会虽然长期信奉属灵生活,但在文艺复兴时期人文主义思想传播以后,反对神秘主义、反对来世主义的呼声逐渐高涨,于是尽情追求世俗快乐的生活理念逐渐深入人心。因此文艺复兴以来,西方文学作品的"异教之神"往往对于世俗生活有着无尽向往,他们对属灵生活中虚无缥缈的教条理论持批判态度。譬如拉伯雷在《巨人传》中写主人公高康大外出到各国游历,高康大游历到"第五元素国"时,惊奇地发现第五元素国女王只吃真理、教条这些子虚乌有的事物,这让主人公高康大觉得难以理解。这里对于第五元素国女王饮食的描写,无疑是对宗教伦理中空教条的讽刺。因此电影《白蛇:缘起》在表现出"乐生恶死"的观念时,国内外观众应当可以产生思想上的共鸣。《白蛇:缘起》中"乐生恶死"的观念贯穿在剧中人物的各种行动中:唐王室炼制长生不老药,与《西游记》中的妖精们妄想通过吃唐僧肉求得长生不老何其相似;蛇母忌惮自己法力强大的弟子白蛇,最后决定除掉这位对自己忠心耿耿的弟子,以求得日后自己做蛇族首领时的高枕无忧。宝青坊主虽然也有"乐生恶死"的观念,却与前面两位角色有所不同,她与《聊斋志异》里《黄英》一篇中的陶黄英类似。陶黄英是位美丽精明、善于经营的女商人,她身为菊花精,姓氏取自于陶渊明的陶,却与陶渊明性格大不相同,

---

[1] 徐兴海:《中国学术思想史编年》(魏晋南北朝卷),陕西师范大学出版社2006年版,第407页。

她有着追求世俗丰裕生活的强烈愿望。因此她努力经营菊花生意，用勤劳能干的品质改善自己和弟弟的生活。《白蛇：缘起》的宝青坊主身为千年狐妖，也拥有精明能干的个性，在交易过程中不时展现出商人精打细算和贪得无厌的一面。她用心经营自己的杂货铺，目的是让自己过上无忧无虑的富裕生活。这些电影中的角色都通过一定的行动手段，表达出对自己现世生活的无尽向往与热爱，他们为了维护自己现世的美好生活，甚至做出了一些违反人伦道德的举动。《白蛇：缘起》电影制作组的工作人员通过上演国师和蛇母最后被正义打倒这样一种结局，曲折地表达对国师和蛇母极端的"乐生恶死"观念的一种谴责与批判的态度。

由此可见，电影《白蛇：缘起》使人们清晰地认识到"乐生恶死"的人生需要选择正确的生活方式。首先，过分追求人世间的快乐与欲望并不是正确的人生选择。托尔斯泰就曾质疑莎士比亚笔下的人物，为何"都热衷于追求个人的幸福与利益，没有谁想到拯救自己的灵魂和使人类从罪恶中得救"①。同理，《金瓶梅》也告诫世人倘若过分追求物欲，最终只会得到西门庆那般暴毙的结局。其次，不遵循客观规律，毫无理智地追求长生不老也不是正确的人生选择。《红楼梦》中的贾敬通过科举得官，却在事业上无所作为，整日沉溺于炼丹修仙，最终服食丹药中毒身亡。《白蛇：缘起》中许宣的生活态度，则是"乐生恶死"生活方式的最佳解答。许宣作为永州城的一位普通青年，凭借自己的技能和本领，堂堂正正地挣口饭吃。他在遇到觉得失去生活的意义而欲求死的白蛇时，用乐观的态度感染白蛇继续勇敢生活，并与白蛇一同面对前行路上的艰难险阻。这样积极乐观的"乐生恶死"的生活态度，也给当下那些标榜生活毫无意义的一代青年积极的启示。

结　语

总体来看，《白蛇：缘起》是一部佳作，但电影在情节方面也存在一些缺陷。比较明显的一个缺陷是在内在精神传达方面，青蛇与白蛇之间

---

① 孙景尧主编：《比较文学》，高等教育出版社1997年版，第55页。

"侠义"的情感一直是处于一种单方面的传达关系。青蛇作为白蛇的追随者，对于白蛇的情谊可谓仁至义尽，她自始至终都愿意在姐妹遇难的时候拔刀相助。但是，白蛇则一直执着于追寻她自己的个人目标，却对自己的朋友兼姐妹青蛇的感情不屑一顾，这使得青蛇在电影中似乎一直扮演着一个被白蛇遗忘的角色。此外，白蛇对青蛇说的话有时也显得过于绝情，她直截了当地表示青蛇身上的温度和铜像的温度一样冰冷。在《白蛇：缘起》的情感线索中，许宣对白蛇能够做到有情有义，他同样能够得到白蛇对他这份"侠义"的回应，而作为姐妹兼朋友的青蛇对白蛇的单方面"侠义"，却得不到任何来自白蛇的情感反馈，因此电影中青蛇与白蛇的感情线索设计无疑是有漏洞的。中国古典小说在这里就为双向互动的"侠义"之情提供了成功案例，《水浒传》中李逵劫法场救宋江，得到了宋江真挚的感谢。宋江在感谢之余，也对李逵砍伤平民百姓的行为进行了批评，李逵接受了宋江的批评并保证之后不再乱伤平民，这样双向互动的情节使得这份"侠义"更加具有人情味。而《白蛇：缘起》中的白蛇为了许宣一个人的感情，抛弃了与其他角色盘根错节的情感网络，因此白蛇人物形象的丰富性在这里被明显地削弱了。如果《白蛇：缘起》中能对白蛇与青蛇的感情有更细致的描述，就能够兼顾到这部电影的不同情感线索，从而使得情节更加丰满充实。过往电影对于复杂的情感描写也有成功案例，美国电影《乱世佳人》的主线是郝思嘉、艾希礼和白瑞德三人之间的爱情纠葛，但是电影对郝思嘉和梅兰妮那份姑嫂之间的"侠义"也刻画得十分感人。或许《白蛇：缘起》是囿于时长的问题，没有办法对人物的每一条感情线进行深入的描写，但是对于众多人物关系的描写一直是当代中国动画电影欠缺的部分。优秀的电影不仅要观照每一个人物的情感线索，以避免人物过于突兀的感情表达，还要提供给屏幕前的观众一些处理复杂人际关系的启示。这是中国动画电影制作者需要思考的一个问题。

尽管电影在诸多方面还存在不足，但《白蛇：缘起》仍然是国漫崛起的一个新里程碑。21世纪以来中国动画电影一直在借鉴西方模式，采取一种全盘"拿来主义"的态度。中国的动画电影制作人在某种程度上对我国的传统文化缺乏信心，这就导致这些中国元素被西方拿去使用，又反过来

二次元界

对中国文化进行一种"反输出",使国人忘记了中国元素真正的模样。西方制作的富有中国元素的动画似乎都只流于表面,这些动画不能做到深层次潜入中国传统文化的本质内涵,例如美国制作的《功夫熊猫》之类的动画电影,以及《成龙历险记》等动画连续剧,都在对中国功夫、五行八卦等中国元素的表层领域进行叙述,但是对中国人真正的精神文化内涵,对中国古代小说中的"侠义"精神、转世轮回等的设定,却没有做到精确把握和灵活运用。因此中国动画制作者需要寻找自己的文化根源,确认自己的本土文化意识和汉语母语经验。[①] 此外,中国传统元素还需要与现代文化精神相契合,从而迎合市场需求,让当代观众理解与欣赏中国元素。这是中国动画电影制作者们需要思考的另一个问题。

《白蛇:缘起》本身质量上乘,不管是人物动作还是场景描绘都纤毫毕现,这不仅体现出制作组在视觉制作上的用心,而且证明了中国动画在3D制作领域的高水准,从侧面反映出中国的电脑制作技术已经不亚于其他动漫制作技术高超的国家。同时,《白蛇:缘起》在精神内涵领域进行了深刻描写,并且对"爱情"这个领域进行突破,这无疑是中国动画电影制作界带给广大观众的一个惊喜。在之前的中国动画电影中,没有多少动画电影敢碰触"爱情"这个题材,而《白蛇:缘起》将中国人独有的爱情模式进行了大胆表达。另外,《白蛇:缘起》在继承原著精髓的基础之上,又加入了与时代相关的现代元素,这就使得古代中国元素与现代中国元素有机融合在一起。因此,《白蛇:缘起》堪称21世纪优秀国产动画电影的典范。

传统文化一直是我们中华民族的精神宝库。如果说西方的动画电影一般是改编自欧洲的传统故事传说,融入欧美现代价值观的作品,那么《白蛇:缘起》就是在中国民间传说的基础上加以修改,融入中国现代价值观的作品。《白蛇:缘起》不管是从故事演变、外在形式,还是内在精神上,都与我国本土文化密不可分。在这样一个文化竞争的大环境之下,语言比暴力更能潜移默化、深入人心,文化输出在当代社会发挥着至关重要的作

---

① 陶雯:《中国动画创作中传统文化元素的接受》,《文艺争鸣》2010年第20期。

用。白蛇故事作为中国文化的一个重要组成部分，通过动画电影的形式被广泛传播，这样一方面能够丰富中国观众的传统文化知识，另一方面又能让外国观众更好地了解中国传统民间故事与文化。同时，在21世纪，动画片早已不是少年儿童的专属，从日本、美国动画的经验中可以看出，成年人也可以成为动画的主要受众。所以动画的制作绝不能局限于少年儿童的思维领域，中国的动画电影制作人应当致力于制作符合当代社会价值观、兼顾到各个年龄段的电影，使各个年龄段的观众都能得到审美的感悟与思想的启迪。

我国的优秀电影作品不仅能够引领人民建立起文化上的自信，还能够促使大众坚定理想信念，不断支持我国社会主义事业的发展。因此，中国的动画电影制作人仍需要全力以赴，以我们的文化认同为基点，利用中国元素做出更多优秀电影作品，向世界展示出更加丰富美丽的中国形象。

（作者为曹健楠，指导教师为刘娟）

游戏世间:《哈利波特:魔法觉醒》的 IP 改编手游路径探索

IP 是 Intellectual Property 的缩写,即知识产权,原本是法律术语,在文化产业领域则代表着"有内容、有一定知名度和一定粉丝群体的文化产品",具有内容性、独创性和商业性。① 文学 IP 改编手游是指将已有的文学文本作品作为基底,经过游戏开发人员的删改或补充,以手游的方式重新呈现,带来文学文本所不具有的交互体验感。文学文本和电子游戏是两种不同类型的媒介,文学 IP 改编手游可以看作是一次跨媒介叙事,文学文本留给读者很多可供幻想的空隙,读者可以对文本做出不同解读,而电子游戏通过声、画等手段搭建出可见可感的场景,将文学文本中的内容直接呈现在用户面前,为用户带来感官上的刺激和满足感,一定程度上能够填补文本中的空隙。与其他媒介不同,电子游戏是唯一能为用户提供通过自己的努力"参与过程、改变结局"的体验感的媒介,能够给用户带来通过其他媒介无法完成的情感体验②。因此,文学 IP 改编手游具有其存在的合理性,这也是它深受用户喜爱的原因。

文学 IP 改编游戏在中国游戏市场中并不鲜见且由来已久。2012 年,由《聊斋志异·聂小倩》改编而来的《新倩女幽魂》、由《西游记》改编而来的《梦幻西游》接连上线,引发国内文学 IP 改编游戏的热潮。2015

---

① 李晓聪:《"玩"转你的创新创业之路》,上海交通大学出版社 2020 年版,第 168 页。
② [美] 凯瑟琳·伊斯比斯特:《游戏情感设计:如何触动玩家的心灵》,金潮译,电子工业出版社 2017 年版,第 2 页。

年，市面上文学 IP 改编游戏已经超过 300 款。

中国自主研发手游市场巨大，其中以文学 IP 为蓝本改编而成的手游展现出极强的变现能力和潜在价值。《2021 年全球移动游戏市场中国企业竞争力报告》显示，2021 年新晋流水 TOP100 的手游中，由文学 IP 改编而来的占 IP 改编游戏的 30%，是各类原始 IP 中占比最高的一类。其中，由《哈利·波特》《斗罗大陆》等热门文学 IP 改编的手游营收能力在 IP 产品中最强，远超游戏、影视 IP 产品；由《三国演义》《射雕英雄传》等老牌 IP 改编的手游也在海外市场取得了较好的成绩。

文学 IP 改编手游市场潜力巨大，因此持续吸引大量游戏开发公司入局。然而，IP 改编游戏产品营收能力两极分化严重，并非所有 IP 改编作品都能带来高回报。能够在市场中获得一席之地的只是少数头部产品，更多手游因为改编不当而被市场淘汰。爆款小说 IP《花千骨》和《后宫甄嬛传》都进行过手游改编，这两部 IP 在网络连载和影视化过程中，均积累了大量粉丝，但改编为手游后，由于玩法过于单一、游戏设定与原著严重不符，最终这两部大 IP 手游都石沉大海。头部产品与尾部产品之间的落差，体现出 IP 改编手游领域风险与收益并存，美好的收益蓝图背后依然存在泡沫。开发商盲目跟风入局并不可取，在 IP 挑选、改编策略等实际性问题上还需要进行多方面考量，要在总结过往经验的基础上进行探索。

在对 IP 改编手游的现有研究中，有学者已经注意到文学 IP 对手游改编的重要作用，以及在利用文学 IP 的过程中出现的产品雷同、生命周期短、用户忠诚度低、IP 滥用或开发不充分等问题，并对此进行了较为宏观的论述。大部分学者也已达成共识：提高内容质量是手游开发的核心，只有精心制作游戏，才能获得 IP 的价值，只有深入挖掘 IP 内容和价值，共建而不是消耗 IP，才能实现 IP 的长线发展。但目前，学界的研究大多停留在理论层面，缺乏对行业的指导作用。

网易游戏于 2021 年 9 月推出的《哈利波特：魔法觉醒》，是近年来国内手游市场中文学 IP 改编手游领域中较为典型的一部作品。该游戏所依托的世界级 IP "哈利·波特" 系列，在《全球最有价值 IP 报告》中位列第十，共计收入约 322 亿美元①。该系列细致描写了神奇动物、魔药、魔咒等魔法世界的生活细节，使得哈利·波特的魔法世界成为与现实社会高度相似、完整立体的虚拟社会，能够为手游改编提供成熟的游戏架构基础和极为丰富的素材。同时，该游戏在游戏类型选择、玩法设计、剧情走向等方面优劣参半，既因其对原著的高度还原吸引了大量用户，也因玩法、策划方面的不足而遭到诟病。因此，以《哈利波特：魔法觉醒》（以下简称《魔法觉醒》）为例，围绕该游戏改编过程中的具体问题展开讨论并提出实用性的建议，一定程度上能够从实践角度对手游行业提供指导和借鉴作用。

文学 IP 对改编手游的影响具有两面性，IP 带来的红利与陷阱息息相关、密不可分。一方面，成熟的文学 IP 自带红利，能够降低游戏开发的成本和风险，因此 IP 游戏项目比非 IP 项目更能吸引游戏开发商。另一方面，IP 红利是一把双刃剑，其背后暗藏陷阱。IP 所带来的大量粉丝和成熟的故事会在一定程度上限制游戏开发，导致游戏质量不佳。

IP 红利一方面表现在 IP 自带的粉丝上。非 IP 手游主要通过网易大神、TAPTAP 等游戏玩家社群进行宣传，职业游戏玩家和路人玩家是这类手游前期主要用户来源。非 IP 手游往往需要依靠对游戏剧情或玩法的大量、长期宣传和可观的玩家激励机制，才能形成稳定的用户社群，从而实现在用户社群中的多轮传播。文学 IP 在被改编为手游作品前，往往已经有较大体量的粉丝基础，IP 粉丝直接转化为游戏玩家，或间接吸引其他游戏玩家、在 IP 粉丝社群中传播游戏讯息，传播效率和用户转化率更高。以《魔法觉醒》为例，游戏上线当天，仅新浪微博一个平台的讨论度就高达 2.3 亿次，吸引了大量博主、营销号和其他游戏玩家参与讨论、下载游戏，上线 1 个月内，该游戏在 iOS 免费游戏下载量榜单连续 17 天保持榜首位置，三十天内均保持在前十名②。

然而，庞大的粉丝群体众口难调，这在一定程度上会影响游戏开发者

---

① 电愉：《WikiMili 汇总的全球最有价值 IP 报告：游戏占比达 32%，成最高峰》，https：//www.sohu.com/a/456055946_120046429，2021 年 3 月 17 日。

② 李婷、沈思涵、石丹：《被指氪金"哈利·波特"的魔法缘何失灵了》，《商学院》2021 年第 11 期。

对改编方向的判断。IP手游的粉丝群体大致可以分为两类：一类是看过或了解IP原著的IP粉丝，另一类是喜欢玩游戏、被游戏本身吸引的游戏粉丝。在IP向手游移植的过程中，如果出现大量改动，可能会被IP粉丝认为是不尊重原著的"魔改"，导致游戏剧情不能被IP粉丝认可，从而引发IP粉丝的不满；如果照搬原著，尽管能够满足IP粉丝的期待，但游戏粉丝在不了解故事背景的情况下，可能难以推进游戏进程，一定程度上会降低游戏粉丝的游戏体验。

IP红利另一方面体现在文学IP能够为游戏提供成熟的故事背景和世界观架构，从而降低游戏开发风险。文学IP对标游戏设计中"故事"这一要素，在游戏架构过程中，"故事"这一要素支配着角色设定、世界观设计、剧情走向等方面，负责调动玩家情绪，对手游有重要意义。由于成熟的文学IP已经具有完整的世界观、经得起推敲的故事情节、接受度较高的人物设定，直接运用成熟的文学IP作为游戏的故事背景，不但能够保障游戏故事的质量，也能大大降低重新架构故事的成本。

但引入文学IP作为游戏剧情背景并非一劳永逸的举措，成熟的IP内容也可能会限制住手游发散的空间，使IP手游在还原和创新过程中陷入进退两难的境地。IP原著越完善，留下的创新空间就越小，当原著中的资源耗尽时，以IP为依托的手游内容也会后继乏力。在平衡不同玩家群体的同时，还要考虑原著设定与游戏玩法的适配度问题，这些都给改编带来了困难。类似的情况在文学IP改编的手游中时有发生，这体现出在改编这一领域中还有许多实际性的问题需要深入思考。

此外，IP红利带来的用户、热度可能会引起游戏开发商的短视，将游戏人为带入困境中。过度依赖IP本身的流量，忽视对IP资源的深度开发和长线规划，缺少对游戏质量和用户体验的关注，会不断消耗游戏的口碑。《魔法觉醒》刚上线时，曾因贩卖情怀而被网友声讨。在原著中，马尔福家族在家族使命与正义之间的挣扎令粉丝印象深刻。游戏开服之初推出了一套以马尔福家族人物形象为设计灵感的限时付费时装。这套马尔福家族时装需要花费88元人民币购买，且时装在游戏中不会帮助玩家提升等级或战斗能力，因此许多原著粉丝认为这是收割情怀、刺激粉丝消费的行为,虽然有购买意愿,但对这种行为感到不满,一度引发游戏口碑的下跌。

如何正确认识 IP 红利与陷阱的关系、如何合理利用 IP 红利并规避其背后的陷阱,是贯穿改编过程始终的重要课题。在文学 IP 向手游改编的过程中,应当着重注意两个方面:一是要充分考虑手游类型的选择和玩法的设计,深入考量不同类型的文学 IP 与游戏之间应如何匹配、如何优化游戏玩法等问题;二是要在 IP 改编过程中注意平衡对 IP 剧情的还原与创新,既要考虑如何移植原 IP 剧情以满足 IP 粉丝的情感需求,也要思考如何以原 IP 为依托对游戏剧情进行创新。

一 文学 IP 文本与手游类型选择及玩法设计

在文学 IP 改编手游的过程中,游戏类型的选择与玩法的设计是极其重要的一环,这决定着用户在游戏过程中是否能获得流畅的游戏体验感,进而决定着游戏能否稳固用户,实现长线发展。《魔法觉醒》手游在游戏类型选择及玩法设计方面有其独到之处,该手游选择了 MMORPG[①] 游戏类型,巧妙承接了 IP 原著的宏大背景;以卡牌决斗为核心玩法,融合收集、养成、解密、PVP[②]、PVE[③]等多种支线玩法,展现了大型手游玩法的多种可能性,能够满足不同类型玩家的游戏需求。这样的设计既能够最大限度地保留文学 IP 框架,又保障了游戏玩法的多样性,其经验值得分析借鉴。

(一)类型选择:综合考量文本体量和游戏承接能力

手游类型和文学 IP 类型数量繁多,但优秀的文学 IP 改编手游作品并不多,一部分原因是手游类型与文学 IP 类型匹配不当。并非所有文学 IP 都适合进行手游改编,文学 IP 和手游类型之间也不能随意两两配对。不同游戏类型对 IP 原著的承载能力不同,不同体量的 IP 能够为游戏提供的支持也不同。文学 IP 作品和改编游戏类型的选择应当是相辅相成的关系。

---

① MMORPG:大型多人在线角色扮演游戏,由玩家扮演游戏中的一个或数个角色,有完整的故事情节的游戏。
② PVP:玩家之间对战。
③ PVE:玩家与机器人对战。

延展性较强的文学 IP 更适合进行手游改编。延展性强可以是文学 IP 文本的体量大，能够提供的素材丰富，也可以是 IP 体量虽小，但有极具特色的设定，能够在此框架内不断生成新玩法。手游是需要长线发展的产品，开发商需要在很长一段时间内不断对手游进行更新和完善，如果选定的 IP 延展能力较弱，当 IP 文本中的资源耗尽时，手游也会难以为继。《哈利·波特》是一部非常适合作为改编基底的作品，其原著作品已经仿照现实社会构建了一个较为完整的魔法世界，能够作为架构主线剧情和各类支线任务的基底，保障游戏在不断优化更新的过程中始终有来源于原著的素材可以使用。目前，原著中深受读者欢迎的霍格莫德村、魔法部等设定还未在手游中上线，手游中的魔法世界还有继续扩展的可能性；经读者统计，"哈利·波特" IP 原著中共有 180 余种魔咒和神奇动物，游戏中目前只有 87 种魔咒和神奇动物进入了卡池，未来卡牌搭配和玩法还留有很大创新空间。

如果选定的文学体量较大，且想要在改编过程中尽可能完善地呈现出来时，就要选择承载能力较强，能够架构出较大体系的游戏类型，例如《魔法觉醒》所选择的 MMORPG 游戏类型。相反，如果 IP 作品剧情线和设定比较单一，就要尽量选择游戏体量较小、玩法集中的游戏类型，着重体现 IP 原著的主要剧情或特点。《魔法觉醒》巧妙地选择了 MMORPG 游戏。在背景设定方面，这类游戏会架构一个尽可能完善的虚拟社会；在玩法方面，因其包含度较高，因此可以内含养成、探索、卡牌对战等多种游戏类型和游戏玩法。MMORPG 游戏中，每位玩家都是虚拟社会中的一分子，社会中有各类完备的体系和设施，例如在游戏中常见的货币体系、帮派体系、收集体系、制造体系等，玩家们在游戏中的行动都在推动虚拟社会的发展壮大，同时也在虚拟社会中构建一个越来越具体的自身，并与虚拟社会产生密不可分的联系。

如果大体量的 IP 选择了承载能力较弱的游戏类型，则无法展现出 IP 的全部魅力，是对 IP 资源的浪费；如果小体量的 IP 选择了与自身不相符的大型游戏，则会造成游戏内容空洞、玩法单一，导致游戏资源浪费，玩家流失。MMORPG 版的哈利·波特手游并非横空出世，在正版手游未出版时，有不少粉丝组织自发研发哈利·波特相关手游，其中大部分是橙光手游，也就是通过完成剧情任务或解开谜团通关游戏的 AVG 手游，但这样的游戏不能完全满足 IP 粉丝的诉求。IP 粉丝的诉求往往是进入魔法世界的场景之中，体验在这里生活的感觉，以获得对自己"巫师身份"的心理认同感。AVG 游戏只能按照制作者预设的剧情线推进，这代表着玩家只能看到制作者想要展示的魔法世界场景，而不能根据自己的心意在魔法世界中自由走动，不能满足原著粉丝想要一窥魔法世界面貌的心愿。对于原著本身来说，AVG 游戏只能展示出其冰山一角，无法将原著中丰富的世界观设定完全利用起来，不能表现它最具有魅力的部分，这是对原著资源的浪费。

（二）重视玩法：兼顾多元化与可玩性

IP 能够帮助游戏吸引用户，提升游戏的知名度，但游戏不应对 IP 过度依赖，因为玩法才是保障游戏长线发展的决定性因素。在 IP 改编手游的过程中，应高度重视对手游玩法的设计，兼顾多元化与可玩性，通过优质的玩法不断提升用户的游戏体验感，从而增加用户黏性，获得长线营收。

手游的玩法应当尽量多元化，尤其是《魔法觉醒》这类大型多人综合性游戏，多元化的玩法能够满足不同用户的游戏需求，从而增加目标用户群体。《魔法觉醒》在玩法多元化方面的经验值得借鉴。理查德·巴托在他的文章"Hearts, Clubs, Diamonds, Spades: Players Who Suit MUDs"中提出了著名的"玩家需求分类"理论，他将玩家、世界、行动、互动作为坐标轴的四个象限，总结不同玩家的游戏偏好和需求，得出所有游戏玩家都属于四种玩家类型之一，分别是成就型、探索型、社交型和杀手型。[①] 成就型玩家享受等级提升、成就积累带来的快感；探索型玩家倾向于关注游戏中不引人注目的细节，例如游戏开发者有意埋下的彩蛋或者无意产生的 BUG，从而获得自己独特的乐趣；社交型玩家喜欢在游戏中与人交际，例如共同完成游戏任务或仅仅是在社交系统中闲聊；杀手型玩家则倾向于在游戏中与他人竞技并对他人产生影响，无论受其影响的客体是否愿意接

---

① Richard Bartle, "Hearts, Clubs, Diamonds, Spades: Players Who Suit MUDs" (1996), https://mud.co.uk/richard/hcds.htm, 2022 年 2 月 19 日。

受。《魔法觉醒》几乎能够满足所有类型玩家的需求。该游戏通过严谨的账号成长体系满足成长型玩家的游戏需求，例如玩家可以在决斗场中积累战胜场，解锁从"新秀决斗者"到"殿堂决斗宗师"不同等级的荣誉称号。游戏通过过程与收益的不确定性来满足探索型玩家的需求，例如玩家在探索玩法中可以自行决定"岔路口"的走向，不同走向会触发采集、探索、战斗、休息、危机等不同玩法，普通探索关卡共有7层，前六层每层有二至三个岔路口，共有216种组合方式，不同的组合方式决定着玩家走到第七层时获得的物品、剩余的血量和魔力值，给予探索型玩家充分的尝试空间。游戏通过丰富的社交渠道满足社交型玩家的交际需求，例如玩家可以在世界频道、学院频道、服务区频道中自由聊天，游戏还开发了社团系统和舞会系统，玩家们可以自由组合成不同的社团，合力完成社团任务获得奖励，可以在舞会中邀请自己心仪的舞伴共同完成舞曲。游戏通过PVP玩法满足杀手型玩家的游戏需求，玩家可以通过游戏中的决斗系统与其他玩家展开对抗，并获得对其他玩家产生影响的成就感。

手游在探索玩法多元化的同时，还应保证玩法的可玩性，切不能用数量取代质量。大型手游应在保障玩法多元化的基础上着重培养几个优势玩法，作为吸引用户的主要手段，体量小的手游更应该将游戏中为数不多的玩法做精做深，提升游戏质量。

《魔法觉醒》中部分玩法的可玩性并不高，主要体现在玩法难度大、规则枯燥，且缺少与故事主线或原著作品的联系，导致用户体验感不佳。以大型副本玩法为例，大多数MMORPG游戏会定期推出大型副本，这与游戏日常副本的玩法有很多不同之处，大型副本一般会附加一段主线之外的剧情以丰富游戏内容，玩家则可以从副本中获得大量稀有游戏奖励。目前《魔法觉醒》推出的两个大型副本"骓吾来袭"和"异响之兆"，都没能得到用户的认可。首先，这两个大型副本都没有游戏剧情提示，且副本中主要BOSS"骓吾"和"如尼纹蛇"在整个"哈利·波特"系列中出现的次数都屈指可数，即使是忠实的IP粉丝，也很难将它们与IP联系在一起。其次，两个副本的游戏规则高度相似，都需要玩家组队攻打怪物以获得奖励，对玩家来说，通关同类型的副本像是在重复工作，接连推出相似的副本会令玩家产生审美疲劳。不仅如此，通过《魔法觉醒》在玩家论坛中的反馈来看，这两个副本的游戏难度很高，即使是账号练度较高的玩家组队，也很难顺利通过，这直接削弱了很多玩家的游戏热情，更是把新手玩家拒之门外。如果长期推出这样的副本，一方面，用户会逐渐丧失对游戏的耐心和信心，从而离开游戏，使游戏用户大量流失；另一方面，用户可能会质疑游戏开发商的制作能力，进而使游戏甚至开发商失去用户的好感和信任，对该游戏甚至该公司其他游戏的长线发展产生不利影响。

二 IP移植过程中对原著剧情的还原与创新

IP移植就是在符合游戏架构的前提下，将原著中的元素尽可能多且贴切地移植到游戏中去，使IP文本与游戏深度融合，同时根据游戏架构进行适当改编，让玩家产生游戏是实体化文本的感觉。IP移植是文学IP改编手游过程中极为重要的一环，这体现游戏开发者对原著作品的理解和对游戏架构的把握，决定改编后的手游能否得到IP粉丝的认可以及游戏粉丝的喜爱，进而决定手游是否能在市场中站稳脚跟。IP移植的过程大致可以分为IP还原过程和IP创新过程，改编时要注意平衡还原与创新的关系。

（一）深度还原：重视用户情感需求，多维复刻经典情景

还原是对文学IP文本中各种元素的充分利用，也是留住IP粉丝的重要手段。IP还原过程中首先应该注意满足玩家的情感需求。对于IP粉丝来说，他们希望能够通过手游这一媒介，体验实体化的故事，填补文本与现实之间的空隙。

遇见海格，敲开对角巷的石墙进入魔法世界，去奥利凡德魔杖店购买属于自己的魔杖，这是原著中主人公哈利从普通的麻瓜少年到获得巫师身份经历的过程。网易公司在对《魔法觉醒》进行宣传时，将主人公的这段经历用于吸引玩家进行游戏预约和账号预注册，玩家建立游戏账号后即可观看过场动画，NPC海格引领玩家进入魔法世界中的对角巷，并去奥利凡德魔杖店挑选魔杖。整个过程完全复刻原著中哈利·波特进入魔法世界的过程，让玩家在游戏中塑造更真实立体的自身，获得角色认同感，从而增

加沉浸式体验感,加深玩家与游戏的联系,增强玩家黏性。

IP还原过程中最能体现游戏开发细节,也最能让玩家直观感受到的是游戏对原IP中场景的复刻,真实的场景能够让玩家如同身临其境,唤起IP粉丝对原著作品的记忆。《魔法觉醒》对《哈利·波特》中主要场景进行了细致入微的还原,不仅复刻了霍格沃茨城堡、对角巷、禁林这样的大场景,对其中的细节也进行了仔细考究和复原。以霍格沃茨城堡为例,城堡内部复原了礼堂、图书馆、四个学院的休息室、六门课程的教室等场所。被复原出的场所均按照原著中叙述的位置排列,部分场所的位置在书中没有被直接描述出来,只能通过主角的行动轨迹和其他标志物进行推断。各个场所的设定也与原著中非常贴近,以斯莱特林公共休息室为例,原著中这间休息室位于黑湖湖底,阴暗潮湿,屋内挂满绿色装饰物,透过窗户能够看到黑湖中的巨型乌贼游过。游戏中延续了这一设定,斯莱特林公共休息室比游戏中其他三个休息室阴暗得多,在一片昏暗中可以看到玻璃窗上的青苔和窗外游过的巨型鱼类。

但单纯还原布景对IP还原来说还远远不够,在还原布景的过场中精心完善交互系统、与玩家进行深度互动,才能更好发挥场景的作用,从而满足玩家的情感需求。原著中,韦斯莱笑话商店售卖各种魔法道具,店铺里魔法道具甚至是装饰品总在不停活动或发出奇怪的声音。游戏对韦斯莱笑话商店的改编令新老玩家都大失所望,商店内部的各种装饰和道具只是贴图,不能与玩家进行交互,作为NPC的韦斯莱双子也不再像原著中那样用各种俏皮话吸引顾客,而只会机械地问好。原著中韦斯莱笑话商店的意义并不仅限于搞笑的魔法道具,其本质是韦斯莱双子的乐观精神和敢于与黑暗势力斗争到底的勇气。游戏中的韦斯莱笑话商店不仅仅是将场景平面化、贴图化,也是对IP原著粉丝对原著的情怀泼了一盆冷水。IP粉丝进入游戏本身是以情怀作为支撑,如果还原过程中忽视了这部分玩家的情感需求,就非常容易造成玩家流失。

还原并不是无差别将原著直接移植进游戏中,直接将原著中的故事搬进游戏中不利于游戏后续的创新和长线发展,也会因对剧情了解程度的不同而影响不同类型粉丝的游戏体验。但作为极其经典的文学IP改编而来的手游，如果不在游戏中体现原著中的故事，又似乎不能让数量庞大的 IP 粉丝群体满意。《魔法觉醒》在这个问题的处理上有其独到之处。游戏中设置了"无名之书"系统，该系统是游戏中一个相对独立的内置 AVG 玩法副本，不涉及卡牌升级或玩家属性加成等，玩家是否通关这个副本不会对游戏其他玩法产生影响。玩家进入该系统后，可以根据提示还原哈利在原著中的冒险，重温作品中的经典桥段。这样的设计既能满足 IP 粉丝对还原原著剧情的需求，又很好地平衡了 IP 粉丝和游戏粉丝的游戏体验感。

（二）适度创新：以文本为轴延展，避免误读与颠覆

创新应当以 IP 文本为依托，紧扣文本进行。创新而来的游戏剧情或设定要尽可能符合 IP 原著的风格，创新过程中应充分理解和尊重 IP 的内涵。

《魔法觉醒》的创新首先体现在主线剧情的创新。在游戏中如果继续使用原著故事，对 IP 粉丝来说探索剧情的过程可能会过于简单，对于新玩家来说由于缺少对原著的了解，游戏体验可能会降低，为了平衡老粉丝与新玩家之间的游戏体验，《魔法觉醒》采用了一段全新的剧情，故事设定在哈利从霍格沃茨毕业 20 余年后，游戏中的剧情与原著之间没有直接联系。但新剧情也有向原著致敬的部分：剧情主题依然是由玩家扮演的霍格沃茨新生与自己的伙伴携手揭开校园中的迷雾，故事时长也像原著中一样以"学年"为单位，这样一来，老玩家对于这种设置心领神会，新玩家也不会受到任何影响。

《魔法觉醒》的创新还体现在将原著中的细节延展开来，形成手游与文本的跨媒介叙事，多维度呈现用户所好奇的"魔法世界"。"巧克力蛙"是 IP 粉丝耳熟能详的魔法世界零食，实际上，在原著中对巧克力蛙的描写并不多，最详细的一次是在《哈利·波特与魔法石》中，罗恩告诉哈利买巧克力蛙的重点是收集里面附赠的著名巫师画片。手游开发者根据"收集画片"这一细节，开发出"收集巧克力蛙画片"这一长期支线活动，每期活动投放五款画片，玩家可以通过决斗、开宝箱等途径收集，集齐五款画片可以获得对应卡牌和典藏画片。游戏还设计了魔药系统，在原著中明确提到的魔药只有"复方汤剂""福灵剂"等十种左右，但在游戏中魔药的数量扩大到了 32 种，60% 是书中没有提到而是由游戏开发者创新出来的。

原著对各类草药的叙述很少，大部分魔药没有给出明确的配方，游戏不但增加了魔药数量，还仔细标注了制作不同魔药的配方。这样的创新并不令人感到突兀，反而满足了原著粉丝对魔药的好奇，也增加了游戏的玩法和趣味性。

创新应当在尊重原著且充分理解原著的基础上进行，否则会颠覆原著精神，引发 IP 粉丝的不满。

J. K. 罗琳曾解释，《哈利·波特》并不是一部单纯的魔幻题材儿童文学作品，这部小说反映着现实社会中存在的种种问题，故事中的反派伏地魔和食死徒还有象征层面的含义，他们影射的是社会中支持种族主义的政治家及其附庸，他们对魔法世界中非纯血统的"泥巴种"巫师进行的羞辱和清剿，代表的是现实生活中严重的种族歧视问题和对弱势国家不合理的战争。在原著中，以伏地魔为首的食死徒妄图清洗魔法界，他们用暴力手段杀死或致残与他们道不同的巫师，令魔法世界笼罩在乌云之下，他们使用的"阿瓦达索命""钻心剜骨"等咒语会对巫师的精神和肉体造成不可挽回的伤害，因此被定为"不可饶恕咒"，使用这些咒语的巫师都会被送进魔法世界的监狱阿兹卡班。在手游中，阿瓦达索命却被设置成传说等级的卡牌，在决斗玩法中拥有超强的统治力，如果其中一方拥有阿瓦达索命卡牌，就基本锁定了胜局。无独有偶，食死徒贝拉特里克斯被设置成伙伴卡，可以在决斗中召唤两名食死徒进场辅助，原创卡牌"厉火"则可以直接召唤出伏地魔。这样的设定引发了原著粉丝的集体不满，《哈利·波特》正是因为充满神秘色彩的魔法世界背后不乏对现实生活的关注与思考而内涵深刻，成为影响了一代人的经典作品，将原著中的黑魔法设定为游戏中的高级卡牌，与原著反对不合理战争、反对种族歧视的内涵背道而驰，是为了追求游戏效果而忽略原著精神内涵的表现，这样的做法被原著粉丝认为是不尊重原著的"魔改"，导致 IP 自带的粉丝大量流失。

《魔法觉醒》手游制作方发现这一问题后，在手游中引入了"巫师灵魂"系统，玩家在游戏中如果使用不可饶恕咒与其他玩家进行决斗，就会增加玩家自身的"禁忌值"，当玩家的禁忌值大于光辉值时，玩家的巫师灵魂为"禁忌"。这是游戏开发者在原著粉丝大批离场和卡牌换血增加技术成本之间做出的平衡，尽管巫师灵魂系统对游戏玩法没有实质性的影响，但这是原著粉丝的一次成功维权，这个案例也在提醒着所有游戏开发者，使用 IP 就要深入了解 IP，无论改编还是还原，都要在了解 IP 内涵的情况下进行。

结　语

《哈利波特：魔法觉醒》并非一部完美的文学 IP 改编游戏作品，但我们能够从这部作品中总结一些经验作为之后改编的参考。第一，游戏的架构和文学文本的体量一定要相匹配；第二，改编过程中既要尽可能多的复原文本中的场景或剧情以满足 IP 粉丝对游戏的期待；第三，要通过剧情创新、玩法创新等创新手段满足游戏粉丝的游戏体验感；第四，要在充分理解原著的基础上进行改编，避免对原著主题的颠覆；第五，要通过完善游戏架构、规则、玩法共建 IP、延长 IP 价值链，实现长线营收，而不是借助 IP 的粉丝基础收割情怀、消耗 IP。在文学 IP 改编手游的过程中，应当发挥文学 IP 对手游改编的辅助作用，使之成为手游中锦上添花的部分，但也要注意，改编过程中不可过分依赖 IP，而忽视对手游质量的把控。

文学 IP 改编手游的过程是一部作品在不同媒介之间被丰富和发展的过程，也是 IP 在创新中不断丰满起来的过程。这有利于延长 IP 价值链、构建 "IP 宇宙"，推动盘活各类文化资源，助推我国文化产业发展。文学 IP 改编手游仍然有许多问题值得思考，改编的路径并非一成不变，游戏开发者应当在吸取已有经验的基础上做出更多探索，做出更多更好的 IP 作品。

（作者为褚佳源，指导教师为刘娟）

营销新境

独乐乐不如众乐乐：Z世代下的新兴"棉花娃圈"的营销策略研究

Z世代一词源自欧美地区，指出生于1995—2009年之间的青年群体。近年来，随着经济水平的飞速发展以及人们消费需求的升级，以Z世代为代表的年轻消费者群体正在强势崛起，成为不可忽视的发展力量。

由于Z世代出生于网络信息时代，随时随地都在受到数字信息技术的影响，其群体本身也正呈现出独特的个体消费喜好和消费特征，并逐渐形成各类新兴的圈层文化。棉花娃圈作为众多新兴圈层之一，最早源于韩国的粉丝经济，后传入中国市场，近几年正在迅速扩张，受众人群数量及销售额正呈逐年翻倍增长趋势。而在"互联网+"和新消费模式的环境背景下，棉花娃圈也形成了独具特色的传播营销策略，并与其他潮玩圈层进行融合沟通，推动自身定位的逐步转型与产业链的完善。对其营销策略的分析研究，既是Z世代消费群体需求的体现，也为文化产业的未来发展提供了多样性的可能。

关于Z世代群体背景及新兴圈层的案例，已有诸多文章针对其本身内容、传播与营销模式进行研究，而较少有学者针对"棉花娃圈"的营销模式及衍生现象进行深入讨论。笔者将依托已有的学术资料，从近两年引入并逐步发展的新兴"棉花娃圈"出发，探讨其传播营销过程及衍生的各类现象，在Z世代消费群体体现的显著特征中研究"棉花娃圈"营销策略的利弊，为更多新兴小众圈层的发展提供经验借鉴。

从理论方面来说，通过对已有的文献检索发现，目前学术界针对Z世代群体及众多新兴小众圈层等方面已有众多研究成果,但对近年来发展迅速的棉花娃圈研究数量较少。因此,本文从营销策略的角度入手,对 Z 世代下棉花娃圈的生产过程、传播方式、营销模式、衍生现象等进行深入研究,并对目前出现的问题乱象进行补充。同时,借助本次写作研究,能够更加了解棉花娃圈的相关案例及其特点,为更多新兴小众圈层的发展提供经验借鉴。

就现实意义而言,随着互联网社会的飞速发展,圈层文化的重要性逐渐被大众所认识,但是由于客观条件的限制,人们对于如棉花娃圈这类新兴圈层的重视程度依然有待提升。本次研究从 Z 世代的背景入手,通过分析该群体独特的消费特点,引出其对当今社会精神消费升级的强大助推力作用。此外,本文还通过引用大量棉花娃圈的最新数据、最新案例等方式,论证笔者所提出的特色营销策略,对棉花娃圈本身及众多相似的新兴小众圈层的发展有着重要的实践意义。

一 Z 世代背景下的群体消费特征分析

关于"Z 世代"一词的来源,最早可以追溯到 1999 年第五期《中国青年研究》中一篇名为《最新人群——"Z 世代"的生存状态》的短文,文中将 Z 世代定义为最早的一批"80 后"青年,即 1980—1984 年出生的人群,此文中关于 Z 世代的定义采用的是相对于 20 世纪而言的划分方法。[1] 随着时间的推移,如今的 Z 世代采用了新的划分标准和阶段,参考美国、欧洲对人口代际的划分以及中国的国内情况,按照 15 年为一个世代周期,将 1965—1979 年间出生的人口定义为 X 世代,1980—1994 年间出生的人口定义为 Y 世代,而 Z 世代则指出生于 1995—2009 年之间的青年群体。

据中国国家统计局 2018 年数据显示,中国大陆在 1995—2009 年出生的人口总数约为 2.6 亿,约占 2018 年总人口的 19%,其中"95 后"约为 9945 万人,"00 后"约为 8312 万人,"05 后"约为 7995 万人。[2] 作为占

---

[1] 张琳、杨毅:《从"出圈"到"破圈":Z 世代青年群体的圈层文化消费研究》,《理论月刊》2021 年第 5 期。
[2] 陈杰:《洞察"Z 世代"消费趋势》,《知识经济》2019 年第 26 期。

据中国总人口数近五分之一的Z世代群体，其自身独有的生活方式和群体个性偏好正随着整体年龄与消费能力的提高逐步成为主流，影响着后代青少年及中国未来经济的发展趋势。

Z世代又被称为网络世代、互联网世代，他们一出生就与网络信息时代无缝对接，受数字信息技术、即时通信、智能手机产品影响较大，是第一代幼时便同时生活在电子虚拟与现实世界的原生世代。相比于千禧一代，Z世代的成长伴随着中国经济与技术的高速发展，互联网的高速发展也促使Z世代群体拥有了更多了解世界的机会，相应的消费能力也正在不断提高。据第一财经商业数据中心CBNData发布的《2020 Z世代消费态度洞察报告》显示，我国Z世代的总开销达到4万亿元，人均月可支配收入3501元，占全国家庭总开支的13%。[1] 同时，Z世代群体受时代环境及群体总特点影响，在消费过程中也体现出了各种鲜明独特的消费特征，推动着中国消费市场的未来发展。

（一）注重消费体验，偏好个性定制

消费体验是指一个人在使用产品或享受服务时体验到的感觉以及认识。对于Z世代群体而言，随着生活水平的提高和精神文化消费需求的升级，他们拥有了更多用于文化娱乐的金钱和空闲时间，便会更愿意去体验身临其境的感觉，追求更高质量的消费体验，而在这一消费过程中体验的好坏在很大程度上也左右着他们的最终决策与心理偏好。Z世代特别看重购物体验、浏览体验、场景体验、试用体验、触摸体验、画面体验、视像体验、观感体验、氛围体验和服务体验等。[2] 在线上，电商平台的客服服务、店铺的顾客评价、购买过程中的渠道差价，以及快递运输的退换货服务等都是消费体验的重要组成部分；而在线下，消费体验则表现为实景中的试穿试用、商店的场景布局、店员的面对面服务以及销售售后等。

随着体验式经济的应运而生，各种体验式消费的活动也随之而来，较

---

[1] CBNData消费站：《2020 Z世代消费态度洞察报告》，https://m.cbndata.com/report/2381/detail，2021年。

[2] 敖成兵：《Z世代消费理念的多元特质、现实成因及亚文化意义》，《中国青年研究》2021年第6期。

为典型的例如实景游戏、VR 游戏、DIY 手工、沉浸式剧本杀、果蔬采摘园等，均为"95 后"和"00 后"近几年喜欢选择的娱乐活动。此类体验式活动注重的是需求方的感受过程，消费的不只局限于物品本身，更多的是快乐新奇、有趣刺激的心情，而在消费过程中所获得的体验服务，也成为 Z 世代较为注重的部分。通过体验服务，消费者能够参与产品的使用过程，从而获得更为直接真诚的消费体验，同时供应方也能够通过直接与消费者接触而改善和提升产品质量，站在需求方的角度上树立客户对品牌的忠诚度。

同时，伴随着体验式消费出现的，还有个性化、定制化的服务内容。Z 世代群体多为独生子女，他们的成长伴随着互联网大数据的飞速发展和完善，对于个人特色和自身需求关注度较高，是主动寻求消费升级、强烈推崇个性消费的群体。在消费过程中，他们希望供应方能够及时为其提供个性化、定制化的商品及服务，以便实现自身想要"与众不同"的需求。较为常见的如抖音、小红书、淘宝等平台的大数据个性化定制推送，以及各类文创产品的私人定制等，都在极大程度上迎合了 Z 世代群体的心理需求，使其获得独一无二、量身定制的优越感和满足感。

（二）多用电商网购，决策依赖媒体

自出生起便与网络信息时代无缝对接的 Z 世代，成了线上消费和网络购物最忠实的拥护者。相比于线下购物，一方面，电商网购的方式更高效快捷，无须耗费较长的寻找时间便能一键式搜索直达，省时省钱省力是最突出的优势；另一方面，线上购物的选择方式较多，且相对现金支付而言更为安全，售后权益更能得到充分保障。近两年突如其来的疫情也正在冲击着线下购物的渠道，更多的人群选择将购物消费向线上转移，推动着电商网购平台的发展。

目前，Z 世代群体不仅选择在线上平台进行购物，而且他们的消费决策多数也是通过线上的社交媒体完成。作为喜欢用手机获取互联网资讯的年轻群体，Z 世代也在社交媒体的潜移默化下完成了"种草"与"被种草"的消费行为。他们在购物消费过程中的不同阶段均依赖社交媒体，准备了解商品前会通过网络查阅相关信息资料，挑选商品过程中会进行多平台的价格质量对比，会仔细查看已购买人群分享的使用体验，会搜寻相关自媒体博主的心得体会，也会在线上询问亲朋好友甚至陌生人的意见建议。而在购买并收到后，产品体验的好坏也会影响他们下一步的决策。在对Z世代消费人群的调查中发现，41.8%的"95后"表示会向亲朋好友推荐好用的品牌，而超过30%的"95后"透露会转发有用的资讯，这也会在未来成为其他购买者"种草"或"拔草"的重要依据。[①] 在此过程中，Z世代群体使用的社交媒体大致分为两类：一类是以微信、QQ、微博、小红书为主的传统社交应用，通过稳定的交流沟通实现传播和获取资讯；另一类则是近几年迅速崛起的直播、短视频平台，如抖音、快手等App，通过电商主播或网红推荐等方式获得自己的购物需求信息。

（三）愿试新鲜事物，偏爱颜值商品

在满足自身基础日常生活的物质需求外，Z世代群体还愿意甚至主动去寻求新鲜事物，尝试自己未涉足过的领域。相比于年纪较长的中老年群体而言，Z世代的青年群体拥有更加开放包容的思想、更加充沛旺盛的精力以及更加渴求急切的好奇心，这些因素促使他们不局限于已了解的事物，而是以自身为中心不断向外扩散，将更多新鲜事物招收至自己的圈子里。最典型的例子如近年来日益壮大的"二次元圈"，起初是在日本经济衰退时期人们向往美好而营造出的虚构世界，是集各种卡通、动漫、电子游戏及其衍生品于一体的圈层。作为相对新颖的事物，二次元圈受到越来越多青年群体的喜爱，人们也以此为基础进行各种题材风格的个性表达，创造出更多新鲜事物。

同时，"颜值主义"也是Z世代消费过程中的关键词之一。他们信奉"颜值即正义"的准则，通常会因为某一件商品具有高颜值的外表而选择购买，这与他们追求精致生活的悦己消费观念密不可分。而获得幸福感的来源，多数来自萌趣、美好、有品质的外观类型，即颜值商品。在2022年北京冬季奥运会上，吉祥物冰墩墩受到国内外人们的强烈喜爱，其周边产品上架便被秒空，形成了所谓"一墩难求"的狂热场面，而造成这一现象的

---

① 陈杰：《洞察"Z世代"消费趋势》，《知识经济》2019年第26期。

原因，除了冰墩墩具有追求卓越、引领时代的美好寓意外，最直接也是最具有决定性的因素就是冰墩墩本身的可爱形象俘获了人们的心。

对于颜值商品的需求和消费，也存在社交媒体分享性的因素。眼下的大多数年轻人会在个人社交媒体平台上发布自己的生活痕迹，如朋友圈的视频、VLOG等，而这些分享的内容都需要展示出赏心悦目的感觉，以便获得他人的赞赏和共情。

（四）精神消费升级，关注产品赋能

随着我国经济发展，人民收入持续稳定增加，"互联网+技术"的迅猛发展，供给侧对于市场需求进行了敏锐的观察，也对自身的商业模式进行了创新，为消费侧的升级奠定了良好的基础。中国Z世代整体消费是未来消费市场增长的关键，代表着中国消费市场最多元化、最具活力、最有个性的一面。面对物质生活富足的今天，Z世代群体对物质消费的升级并没有呈现出太多执念，多数人并不会过度追求对奢侈品的消费，而与物质消费相对应的精神消费升级变成了他们关注的重点内容。2021年1月由爱奇艺出品的"无名"戏剧人生活生产真人秀《戏剧新生活》，借助观众喜闻乐见的综艺形式，让更多人了解戏剧、走进剧院，为戏剧这种舞台表演艺术的出圈提供了良好的途径，而该节目的主要受众人群便是Z世代，他们中的部分人通过节目播出对戏剧文化产生浓厚的兴趣，选择在现实生活中买票进入剧院观赏戏剧，实现自身精神消费的升级。

Z世代群体在购买过程中不仅关注消费对象的外观、质量、价格、实用性等因素，而且还越来越重视产品的赋能。所谓赋能，就是让产品拥有能量，让产品本身拥有相比于其他同类产品更高的竞争力优势。在同品类同功能的商品里，Z世代会更青睐拥有文化底蕴或IP联名加持的一方，简言之便是愿意关注产品背后的故事寓意。即使这类产品的价格往往会比普通款稍高，但只要在合理范围内并不会影响该群体的偏好选择，此时他们消费的对象并不只是简单的商品本身，更是优秀的价值观、文化和故事，许多文化创意产品便是因此得到了设计、开发和销售。品牌润百颜在2018年底选择与故宫达成深度IP合作，推出的故宫口红套盒受到大量年轻人的喜爱。实际上，润百颜此次推出的故宫口红与以往的普通款口红在质地、用料等方面并无明显区别，在价格提升的同时造成火爆销售的主要原因便是产品赋能：口红的六个颜色如郎窑红、豇豆红等均取自故宫的清代国宝，而口红外壳上的仙鹤、灵鹿、牡丹等纹样更是彰显了典雅的东方美。此时人们消费的对象，并不仅仅是口红本身，购买的也是口红背后关于故宫的文化故事，而通过调查，Z世代的确是购买此类赋能产品的主力军。

（五）寻求兴趣社群，形成各类圈层

在众多媒体和研究机构对Z世代人群消费面貌的报告中，还有一个出现频率较高的词为"独而不孤"。虽然该群体具备前卫、新潮、追求新鲜感的消费意识，但并不是将自己封闭起来的孤独人群。他们的鲜明个性体现在独立的思考及行为处事能力上，在确定了自己的兴趣爱好后便会借助互联网等社交媒体寻求所谓"同类人"社群，并通过此类兴趣社群展示自己的个性能力，实现个人价值。而在消费过程中也是如此，偏爱购买美妆产品的人群会选择主动关注相关美妆类博主，通过评论、私信、群聊等方式加入美妆类社群，在借鉴典型案例、与同类人沟通交流的同时分享自己的经验心得。

目前最典型的兴趣社群便是微博的超话社区。"超话"是网络流行词，是超级话题的简称，是拥有共同兴趣的人在一起集合形成的圈子，有明星、游戏、综艺、体育、电影、美食等几十种分类，而每一个大种类下又包含众多具体的超话小社区，可以精准寻找到自己的兴趣爱好。一方面，超话社区作为比粉丝群聊更为完善的组织架构和玩法，为普通爱好者提供了平等沟通的平台；另一方面，超话为微博这座城市搭建起了"坊市"区域，将公共频道与圈层社群内容进行了间隔，提供了构建兴趣圈层社群的可能。

圈层文化并不是网络信息时代的特有产物，但互联网作为加速器推动了Z世代圈层文化的发展，当前Z世代群体中已逐渐成熟的圈层化趋势，也正呈现出多元化和固化的双重特征。首先，圈层内的成员在自己的兴趣圈层内可以获得存在感、归属感、认同感，实现审美共情和艺术共鸣，近年来较为出名的圈层如汉服圈、二次元圈、盲盒潮玩圈等，在很大程度上促进了娱乐文化的繁荣发展；其次，兴趣圈层在初期兴起时维持的是较为固定的状态,内部存在一定的封闭性和审美固化现象,若想寻求更长足的发展,必须在扩大市场的同时寻求"破圈"的有效途径,实现各圈层的沟通互动和经验借鉴,近年来Z世代青年群体"出圈"消费的巨大体量和增速惊人的消费能力也引起了学术界和社会的密切关注。

二 "棉花娃圈"的崛起

在上述Z世代群体消费背景及特点的影响下,圈层文化快速兴起,"棉花娃圈"便是近年来国内出现的兴趣圈层之一。"棉花娃圈"的核心商品棉花娃娃由聚酯纤维等材料制成,刺绣精美,种类多样,是韩国粉丝经济的产物,传入国内后迅速崛起,被更多玩家接受并喜爱,其复杂的发展历程也为后续特色营销策略的分析提供了背景依据。

(一)天上掉下个"棉花娃娃"

棉花娃娃,是指主体用聚酯纤维制成的玩偶娃娃,身高多为10—20厘米左右,常用制作材质为超柔水晶棉布料、多色刺绣丝光线和高回弹蓬松PP棉。棉花娃娃与常见的毛绒玩具有很多相似之处,两者均由纺织面料为主要面料,以棉花为填充物,具有造型逼真可爱、触感柔软等优点;但棉花娃娃又区别于毛绒玩具,前者为人形且工艺较为复杂,而后者多为动物,一旦确定成品便能进行工厂大批量生产。另外,棉花娃娃与传统的布娃娃相比,最明显的特征就在于棉花娃娃的整体设计都有其特定依据,或符合明星外貌特征,或符合品牌调性,或符合文化内涵,而布娃娃则只是一类初衷较为简单的玩具,并无其他特殊设计和故事内涵。

棉花娃娃的刺绣和娃体制作是最直接区别于传统毛绒玩具的工艺,类型也是多种多样。身体皮肤部分的面料主要按克重进行区分,颜色以肤色系为主,兼有黑色、蓝色等特殊肤色,较好的面料会拥有更加细腻的手感,也会影响到刺绣呈现出的效果。头发的材料分为多种,市面普通的短发造型主要有超柔水晶棉、赛乐绒、人工兔毛等,其中最常见的超柔水晶棉布料易打理易加工,面料柔软且手感最佳,颜色丰富且出品稳定。近两年流行的长发造型主要采用的材料为炸毛、高温丝、牛奶丝等,在价格、质感、光泽度、直卷发等方面各有其独特优势。同时,娃娃的体型也随着发展而不断增新，目前市面上已经出现了站姿、坐姿、趴趴体等各种姿势的娃体，也有部分玩家选择将动物拟人化，制作出如带兽耳兽尾、人鱼体等的特殊棉花娃娃。

（二）"棉花娃圈"的源起与发展

棉花娃圈的主体"棉花娃娃"最早源于饭圈文化盛行的韩国，是韩国娱乐公司开发的多种明星周边之一，他们选择将知名娱乐明星的人物形象卡通化，制成身高10—20厘米的棉花娃娃，以官方周边的形式贩售流通。大概在2014年，韩国的几大公司在首尔开设了明星周边集合店，店中的许多周边如手幅、海报、应援灯等因基于明星的相关信息设计而成，所以受到了许多粉丝的"爱屋及乌"式的狂热追捧。在众多的周边商品中，棉花娃娃因其形象可爱又自带明星属性①，尺寸大小便于携带展示等，格外受到粉丝们的欢迎。同时，相较于其他类周边商品，棉花娃娃具有极强的陪伴性，多数粉丝会选择将其携带至明星活动现场为偶像应援，以缓解自身的追星孤单感。

2017年前后，国内的偶像文化发展迅猛，随之诞生的一批流量偶像也俘获了部分年轻群体的芳心，各种应援打榜活动层出不穷，但中国的经纪公司并未成为明星周边的生产者，率先进行引进学习的则是中国的粉丝群体。他们模仿韩国的各类明星周边进行自创，并以团购售卖、线下发放的方式进行传播，饭制周边的热潮兴起，而棉花娃娃也自然成为他们设计制作的主要对象之一。国内的第一批棉花娃娃也均是以明星为人物原型，在意义上说仅是粉丝"为爱发电"的产物，多数是凭借着对偶像的喜爱进行无盈利主动产出，他们从追星到自制，再到小范围分享，最终成了棉花娃圈的一员。

2019年前的棉花娃圈仅是一个小规模的兴趣圈层，甚至可以被简单定义为粉丝周边经济的附属品，呈现出的是"圈地自萌"的状态，其影响力和消费力也是随着粉丝经济的发展而缓慢推进的。直到2019年，名为《陈情令》的现象级耽改剧引起了全网的流量暴动，剧中主演的IP形象被

---

① 属性：指棉花娃娃的原型，如明星、动漫角色、游戏NPC等。

授权给各大品牌和媒体平台，以剧中人物形象为原型的棉花娃娃销量也相当可观，迈出了使棉花娃娃被更多人了解的第一步。2019—2020年，中国国内的文化创意产业和潮玩产业火速升温，棉花娃娃也随之迎来快速发展并正式出圈，大批娃圈爱好者选择投入棉花娃娃的相关设计、销售和消费环节中。2020年7月，一位微博ID名为"木鬼"的画手，推出了一对具有明星属性的棉花娃娃，定价100元，而在微店预售时，限量两万只的棉花娃娃却引发了13万人提前加购，上线后不到一分钟就被抢空。直至2022年的2月11日，这对棉花娃娃的第二次贩售已接近尾声，却仍有几千人在微博帖子下面请求进行三次贩售。从2020年下半年开始，在新浪微博超话社区"潮物类"中，"棉花美娃娃"超话长期占据该分类榜单第一的位置，这足以证明棉花娃娃已被更多玩家所接受并喜爱。

近日，微店发布了《2021棉花娃娃玩家洞察报告》。据调研统计，近年来棉花娃娃相关消费数据显著增长，2021棉花娃娃线上交易额已突破10亿元，相比于2017年数万人的用户规模，2021年的在线消费用户量已达百万人级别，棉花娃娃也从一个少数人关注的亚文化圈层，驶入了发展的快车道。截至2021年底，"棉花美娃娃"超话发帖数已近两百万，阅读数过百亿，① 作为近年来新兴的兴趣圈层，棉花娃圈正在实现从小众走向大众的转变。

同时，随着棉花娃圈传播范围的扩大与受众人群的增加，具有明星属性的棉花娃娃已形成相对稳定的格局，而不带明星属性的无属性②娃娃和各类娃衣则成了飞速发展的品类，棉花娃娃的自身定位和在玩家眼中的寓意也在悄然发生着变化。如今，棉花娃娃已不再是发展早期单纯的饭圈周边产品，不再是简单的粉丝经济的产物，而是逐步向着集文化消费、可爱经济、精神消费、国潮元素于一身的个性潮玩产品，并与Z世代青年群体的消费特征高度吻合，因而成了迎合精神文化消费升级、追求新鲜感和个

---

① 《2021棉花娃娃玩家洞察报告》，微店，https://www.youshop02.com/gaia/58926/634f7fa2.html?share_relation=5f1f1297fe2c88d8_1435154063_5&wfr=h5direct_wxh5，2022年3月20日。

② 无属性：设计开发无指定原型人物作为参考，仅依据完全独立的创意想法完成。

性化的商品。随着受众范围的不断扩大、自身定位的转型升级、部分典型案例的出现以及联名、非遗、公益等跨界合作的不断引入，棉花娃圈已呈"破圈"之势，为未来的美好前景打下了坚实的基础。

三 "棉花娃圈"的特色营销策略分析

近年来，随着"棉花娃圈"在国内市场的崛起，其生产程序和销售渠道愈加稳定，特色营销策略也日渐成型。"棉花娃圈"凭借自身的创意元素，运用独特的图稿、样品等方式在多个线上社交平台上进行宣传，在微店等平台进行销售，形成了多环节付款的团购营销模式，并带动了周边产业的兴起，通过联名等方式多次跨界出圈，其独特的营销策略则是棉花娃圈成功发展背后的重要因素。

（一）特色元素凸显，图稿样品先行

日下公人曾在《新文化产业论》的"文化生产性及输出效果"章节中提到文化产业的定义："创造某种文化，销售这种文化和文化符号。"① 由于文化具有创造性，商家通常会用将商品与特色元素相结合的方式来实现创新，在棉花娃圈中也是如此。为了更好地进行营销，多数商家和个体娃妈②都会选取特色元素融入棉花娃娃，从稿图设计环节开始便充分考虑到市场和玩家的需求和喜好。娃妈于线上平台寻找合适的画手，将自己的创意想法梳理为稿件需求，内含棉花娃娃的画风、发色、眼睛元素、身体刺绣图案等。画手依据娃妈的需求进行稿件创作，画出稿图并根据娃妈提出的建议进行修改，最终完成定稿。在此过程中，每一位画手都有其个人画风偏好，例如有些画手擅长画元素复杂的眼睛，而有些画手则擅长神态描绘，娃妈也会根据市场需求、厂家制作难度、个人喜好等因素决定画手的选择。由于棉花娃娃的制作工艺采取刺绣的形式，也决定了面部稿图的设计不能太过复杂，过于烦琐的设计可能会导致面部失调、刺绣混乱，抑或是脱离原稿。目前，棉花娃娃的画稿市场价在30—100元不等，盈利商用

---

① ［日］日下公人：《新文化产业论》，范作申译，东方出版社1989年版，第12页。
② 娃妈：指发起棉花娃娃或娃衣团购的中心领导者，负责联系画手、厂家，进行宣传销售等具体流程。

和买断①需要加倍收费。

在营销的前期筹备环节，除了利用特色元素和设计理念吸引大量玩家外，多数玩家还会根据稿图和实物的匹配程度来决定是否购买。由于不同娃厂会具有技术、材料等方面的局限，便会时常出现娃妈把精美的稿图交给娃厂，收到的却是"翻车"样品的意外情况。为了尽量避免此类现象的发生导致玩家信任缺失，多数娃妈在进行设计图宣传时，也会进行打样。打样，即制作样品，娃妈将完成的画稿交给专门制作棉花娃娃的工厂，并向娃厂确定好身高尺寸、体态、后续团购价格、具体颜色等细节，娃厂则会根据稿图和实际材料确定对应的制作方法，由客服交由娃厂内的专业师傅去制作样品。在此过程中，娃妈对于娃厂的选择至关重要，不同的娃厂由于人员技术、机器性能、专业程度等因素的不同，会有口碑、价格、工期等方面的差异，娃妈既要考虑到稿图的还原度，同时也要挑选性价比和评价较高的娃厂，才能尽可能获取自己心仪的样品，从而进行后续的宣传和营销。目前，市场上的多数娃厂提供的团购打样价格在 500—1000 元每只不等，如稿图较为复杂或有额外附加的绣花图案，则会在原价格的基础上加价 100—200 元，如后续团购超过一定数量，娃厂也会提供全款退打样费用的服务，这也在一定程度上促进了娃厂销售额的增加。

(二) 微博宣传为主，群聊互宣为辅

从 2019 年至今，随着棉花娃圈在国内文化创意行业中的快速发展，更多的商家和爱好者选择进入棉花娃圈，投入棉花娃娃及相关物品的设计制作、售卖消费中，而这一切的繁荣景象，背后也离不开棉花娃圈自身特色的传播宣传方式。微店平台调查数据显示，该平台的养娃群体中"00 后"占比高达 43%，"95 后"占比 26%，其次才依次是"90 后""80 后"和"05 后"。② 由于棉花娃娃的受众多为受互联网信息时代影响下的 Z 世代青年群体，一系列生产过程也均是在线上完成，所以该兴趣圈层的飞速

---

① 买断：若售卖的棉花娃娃用于盈利，则稿图就属于商业用途，通常要以原稿件两倍甚至多倍的价格将稿件的所有权买下，以便进行后续使用。

② 《2021 棉花娃娃玩家洞察报告》，微店，https：//www.youshop02.com/gaia/58926/634f7fa2.html? share_ relation =5f1f1297fe2c88d8_ 1435154063_ 5&wfr = h5direct_ wxh5，2022 年 3 月 20 日。

形成和发展也高度依赖于互联网平台的互通传播。

棉花娃圈作为与潮流玩具密切相关的新兴品类，多数人会选择在以微博为主的社交媒体软件上进行棉花娃娃的平台宣传。微博以"随时随地发现新鲜事"为主旨，可以用文字、图片、视频等多媒体形式实现信息的即时分享与传播互动，其平台为兴趣圈层设置的"超话社区"功能更是将各类爱好者高效聚集，实现了信息的有效搜索与交流。从 2020 年下半年开始超话"棉花美娃娃"长期占据微博超话社区"潮物"品类榜单首位，超越盲盒圈的知名品牌"泡泡玛特"，热度持续居高不下。截至 2021 年底，该超话已实现发帖数近两百万，阅读数数百亿的成就。

在"棉花美娃娃"的微博超话社区中，画手会选择在此发布自己的约稿信息，通过发布已绘制成功的画稿来展示自己的画风，吸引娃妈前来约稿；娃厂会在此发布自己生产制作的相关信息，例如价格区间表、已成功制成的样品、娃厂内部环境等，展示自己的优势；而娃妈会在超话社区内发布开团信息，如属性、尺寸、体型、材质、价格、联系方式等，消费者则会根据这些信息去判断自己是否有意向进一步了解这只棉花娃娃，从而根据联系方式完成后续购买，部分玩家还会经常在超话内询问各种问题、分享自己拍摄的照片以及分享养娃经验等，实现"种草"与"被种草"行为的共存。

此外，在微博和超话中还存在一类相对独立的账号——Bot。Bot 是 Robot 机器人的简称，起源于推特，指的是可以实现自动回复、自动定期更新的账号。目前微博的较多 Bot 类账号多数由人工在后台操控，给用户的则是假定第三方视角的体验，他们只负责信息的接收与传递，本身不输出带有感情色彩的主观评论。当部分棉花娃娃的兴趣爱好者想发布疑难问题、新奇事件、避雷吐槽等，却又因自己社交账号的私密性不愿直接分享时，通常会选择向 Bot 类账号进行"匿名投稿"，其余玩家则会在 Bot 上获取最新的资讯并发表个人主观评论，这样的方式也提高了有效信息获取的速度。目前，棉花娃圈已知较为成熟的 Bot 类账号有美娃娃 Bot、棉花娃衣 Bot、棉花娃吐槽 Bot、娃圈闲置 Bot、丑娃 Bot 等，其中较为知名的丑娃 Bot，每天不定时分享各种被玩家吐槽丑陋的棉花娃娃，曾创下两天内涨粉近三万人的成就,并因此登上了微博热搜。

除了以微博为主的宣传平台外,进行团购售卖的平台群聊也变成了传播信息的高效手段,由于每一只棉花娃娃都会有相应的玩家群聊,所以群与群之间便会产生互相宣传的需要。娃妈会在筹备期间提前找专业人员制作用于宣传的海报,娃圈内简称为"宣图",用金钱或物品奖励的形式来激励群内玩家进行群聊之间的互相宣传,即将本群的宣图发到其他群的同时,以其他群的宣图发到本群内作为交换,这也在极大程度上实现了互利共赢的传播营销。

(三)团购模式成型,付款环节多样

在棉花娃圈的营销策略中,较为显著的便是团购的销售模式。打样完成后,娃妈会在以微博为主的社交平台发布样品图片,吸引有兴趣的玩家通过线上团购的方式前来购买。娃妈会在微信、微博、QQ 等平台建群,有意向购买的人群便会通过宣传图进入群聊中进行购买。娃妈通常会选择微店、支付宝线上小店、快团团等无交易门槛便可开设线上店铺的软件进行销售,并将相关购买链接发布到群公告中,进入群聊且想购买的玩家便会通过链接下单。若是发展为一定规模的专业娃妈或工作室,则会选择投入资金开设淘宝店铺,彰显自身的专业性和可靠性。常见的团购规模有五十人团、一百人团、二百人团等,团购的人数取决于样品的可爱程度、宣传效果、粉丝数量等,当然也不乏上千人购买的超大团体。另外,若团购数量过多,也会造成品质把控不过关等不利影响,所以部分娃妈会采取限量、限购等方式,使团购维持在合适的数量上。

团购过程中,付款的方式也较为多样,常见的有两种:一为直接全款付,二则分为定金和尾款两部分。同时根据有无利润,团购也分为无盈利团和盈利团,无盈利团多出现于明星棉花娃娃中,需通过明细公示等形式来证明,盈利团则多出现于店铺、工作室和少部分私人的售卖中。就盈利团而言,买家购买一只棉花娃娃的价格 =(画稿费 + 打样费 + 杂物费)÷ 团购人数 + 单只成本价 + 单只利润 + 邮费,目前市面上的百人团,单只普通棉花娃娃的价格普遍在 60—80 元不等。据微店 App 棉花娃娃大数据显示,每只棉花娃娃的均价为 62 元,与动辄上千元的 BJD 娃娃相比,棉花娃娃的价格显得更为亲民。

当然,并不是每一只棉花娃娃都会顺利地受到多数人的喜爱,宣传效果如果在一定时间内较差,只有极少人表示认同并选择下单购买,则娃妈会采取流团措施,将购买者的钱退还并宣布放弃该棉花娃娃的团购,由流团产生的打样费、杂物费、宣传费等的亏损,多数情况下由娃妈自行承担。所以,部分娃妈为了避免承担亏损风险,会选择先对购买意愿进行数量调查或让消费者先交一部分定金,等待人数足够再去打样,这样虽会极大程度上降低亏损风险,但也会造成实际样品与前期稿图差异较大,耗费周期过长、新鲜感和热度下降等弊端。

(四) 线上平台为主,线下销售为辅

除了进行传播宣传的平台外,棉花娃圈也有玩家爱用的几类交易平台。有数据统计,2021 年棉花娃娃线上交易额已突破 10 亿元,在微店、淘宝、闲鱼等棉花娃娃交易较为集中的平台,越来越多的创业者和爱好者聚集在一起,持续推高着棉花娃娃的热度。除少数较为知名的娃衣店选择使用较为常见的购物软件淘宝外,大部分商家和消费者还是选择使用相对更小众的"微店"App。微店即"微型商店",创立于 2011 年 5 月并于 2014 年正式上线,数年来已从小微店主首选的开店工具转型为以兴趣为导向的玩家购物社区。随着微店平台定位的成功转型,其玩家社区目前已拥有棉花娃娃、爱豆星球、潮玩、三坑等近百个广受青年群体喜爱的兴趣领域与类目圈层。从微店数据来看,2018—2019 年两年间棉花娃娃玩家线上支付金额与上年同比增长率均超过 150%,更显著的则来自玩家线上支付订单数的增长,2018 和 2019 年同比增长率均超过 200%。[①]

微店 App 以"一起玩,玩出水平,玩成事业"为使命,致力于打造全方位的兴趣集聚消费社区。商家和娃妈仅需一部手机,便可以在微店的店长版中开设个人店铺,随时随地管理上架商品和购买订单;而消费者在这里可以通过多种便捷支付方式完成棉花娃娃的购买全过程,在关注的兴趣

---

① 《2021 棉花娃娃玩家洞察报告》,微店,https://www.youshop02.com/gaia/58926/634f7fa2.html? share_ relation =5f1f1297fe2c88d8_ 1435154063_ 5&wfr = h5direct_ wxh5,2022 年 3 月 20 日。

圈层中获取到店铺商品的最新资讯，还能与购买过同种产品的玩家进行交流沟通。同时，由于棉花娃娃的制作周期长、环节多，为尽量避免因消息接收延迟导致的矛盾，微店平台还设置了购买后即可一键加入微店群聊的功能，娃妈和店家可以在群聊中发布棉花娃娃的最新进展，可以通过投票的方式进行民意决策，也可以与消费者进行互动答疑。目前，微店平台娃圈粉丝数前十的商家粉丝总数接近 300 万人，以粉丝量最多的"三胞胎童心小铺"为例，自 2017 年成立以来日均吸粉超过 300 人。

此外，由于棉花娃娃具有上新速度快、商品种类多等特点，多数玩家会有交易二手闲置物品的需求，闲鱼 App 则完全满足了这一行为。闲鱼是阿里巴巴旗下闲置交易 App 客户端，用户无须复杂的流程便能自主手机拍照上传二手闲置物品，进行在线交易。棉花娃圈的爱好者在购买一只棉花娃娃后，如果对其失去了新鲜感和喜爱，便可以选择将图片挂在闲鱼上，填写品牌、状态、价格、是否包邮等信息，而需求者错过起初的线上团购后，便会通过搜索或个性化推荐找到自己心仪的娃娃，从而完成买卖双方的有效置换。

当线上平台日益成为主要销售方式，线下的销售渠道也在悄然扩展。2021 年，在北京、上海、杭州等一、二线城市的主流商圈，已经出现多种棉花娃娃的线下销售渠道，较为知名的有微店 Park 线下店铺、Rua 娃吧棉花娃娃专营店等，此外还有包括 Top Toy、X11、酷乐潮玩、九木杂物等多个品牌线下门店也选择引入棉花娃娃品类，并受到广泛好评。在保持线上平台销售稳步进行的同时，逐步开拓线下实体销售的路径，棉花娃圈此种"线上+线下"的一体化营销方式，有利于将两种方式的资源结合起来进行优势互补，从而迅速提升棉花娃圈的知名度和影响力，扩大未来的市场规模。

（五）火热 IP 联动，知名品牌联名

棉花娃娃虽源自明星周边产物，但却具有极强的可塑性和创造性，能够通过合理的设计开发赋予产品不同的文化内涵，实现自身定位的转变和产业链升级。同时，由于棉花娃娃本质是工艺复杂的人形玩偶，无论是明星爱豆、动漫形象、影视人物，还是文创 IP，甚至是品牌内涵，都能通过设计环节与棉花娃娃联动，生成更有故事的创意棉花娃娃。

在棉花娃圈的联名领域，规模较大的是"Rua 娃吧"品牌。Rua 娃吧成立于 2020 年 9 月，根植于深受青年群体喜爱的"Rua 娃文化"，是一个集 IP 商品研发设计、生产营销、及产品在线上线下渠道售卖的一站式购物平台。此品牌坚持用"始于热爱和分享，忠于正版和原创"的品牌理念，先后与汉服、洛丽塔、影视剧、潮流时装品牌、乐队、艺术家、茶饮等进行联名合作，目前已推出数百款官方授权的棉花娃娃，实现了众多 IP 的联动和知名品牌的联名。

在影视剧联名领域，Rua 娃吧会选择当下正在热播的电视剧人物形象进行合作。因棉花娃娃的制作周期较长，影视剧的播出及热度也有一定时限，所以品牌需要根据影视剧的播出情况及时做出是否进行合作的判断，才能在最佳时机获取相应流量加持和更多利润。2022 年 1 月，正午阳光影视有限公司出品的短剧《开端》引起大众的关注，作为国内少见的时间循环题材，其新奇的设定、高能的剧情、紧张的节奏等激发了观众的追剧热情，开播以来播放量一路攀升，创下播放期间登上微博热搜总榜 236 次的成绩。在剧中，由演员白敬亭和赵今麦饰演的主角肖鹤云和李诗情随着剧集的播出也受到了越来越多观众的喜爱，而 Rua 娃吧也抓住了这个出圈的机会，选择经过微博征稿和粉丝票选，将两位主角的人物形象制成棉花娃娃，并在播出结局的这个热度最高点进行宣传售卖。截至 2022 年 5 月，两只娃娃的销售总量近 3000 只，销售额达 50 多万元。除电视剧《开端》外，Rua 娃吧也与《相逢时节》《月光变奏曲》《长歌行》《快乐星球》等影视顺利达成官方授权联名。

对于影视剧、动漫等联名而言，棉花娃娃需做到的是尽可能还原人物形象特点，而对于其他部分联名来说，如何将品牌特色转化为棉花娃娃的外貌特征，则是设计开发中的一大重点。在 2021 年底，Rua 娃吧曾发微博称"将万物皆可棉花娃娃进行到底"，并紧接着推出了与茶饮品牌"茶百道"的联名限定款棉花娃娃。茶百道是创立于 2008 年的成都本土茶饮连锁品牌，目前全国门店已超 4000 家，曾与泸州老窖、敦煌博物馆等 IP 联名。茶百道品牌从建立初期便注重品牌人格化打造，选择用一只"蠢萌好哄,好奇心爆棚"的熊猫形象"丁丁猫"作为自身IP,而此次与棉花娃娃的联名更是将IP人格化推向了高潮。可爱贪吃的表情、圆圆的熊猫耳朵、品牌Logo转化而来的头套、招牌产品杨枝甘露的小挎包,棉花娃娃"丁丁猫"全身上下都充斥着品牌的鲜明特色,当其被摆放在线下门店时也招致了大批顾客的惊叹。

在娃衣联名板块,Rua娃吧则选择了深受Z世代青年群体喜爱的"三坑"及时尚潮牌进行合作。"三坑"是JK制服、洛丽塔和汉服的合称,属于泛二次元的小众文化圈层衍生品,在"95后"群体中较为流行,其风格与穿着方式也影响着青年群体的日常生活;时尚潮牌多指一些小众原创品牌,其商品背后有设计师独特的思想风格和生活态度,是年轻人追求个性、张扬态度的最佳选择。目前,Rua娃吧已与"天羽川JK"、洛丽塔"Precious Clove"、汉服"衿娥传统服饰工作室"以及潮牌"TNQT心碎创可贴""Sencela"等完成了联名娃衣的设计售卖。在娃衣的联名过程中,Rua娃吧以尊重合作方品牌特色风格为主,多选择合作方的招牌款式进行缩小比例还原制作,打造同款"亲子装"的效果。此类"跨圈式"联名不仅丰富了娃衣的风格和种类,也有效提升了棉花娃圈的知名度,更多其他兴趣圈层的人更是选择将棉花娃娃作为配饰,融入自己的日常穿搭中。

(六)可爱经济当道,娃片业务盛行

近几年,"萌经济"一词逐渐占据了人们的视野,为可爱买单的消费方式也正在影响着大众的日常生活。记者矫沂儒曾在《为可爱买单,"萌经济"因何盛行不衰》报道中提到:"萌经济的兴起,是源于消费者们具有求新、求美和急需彰显自我的心理,而一切跟萌有关的产品和营销模式都有着治愈、情感修补、柔性社交等功效。人们对萌萌哒事物的喜爱是一种本能,萌既可以治愈自己,也可以成为社交的润滑剂,让人们在压力丛生的社会生活中放松心情,达到减压效果。"[①] 这也指明了可爱的商品会更加受人们喜爱的原因。

---

① 矫沂儒:《为可爱买单,"萌经济"因何盛行不衰》,《国际公关》2021年第4期。

据微店报告调研的用户心理画像显示：人们喜欢和购买棉花娃娃的原因各异，因娃娃"外观软萌，治愈可爱"的占据85%，因其具有"情感寄托"和"收藏带来的快乐"的用户分别占58%和55%，此外还有29%的受访者享受"分享晒娃快乐"，20%的受访者享受"体验养成的快乐"。[①]综上所述，棉花娃娃满足了消费者追求新鲜事物和美好事物的需求，并给予用户温柔治愈的心理感受，是可爱经济背景下的典型产物。

如今，棉花娃娃在设计环节彰显出的也是愈加可爱的趋势。目前市面上销量较高的棉花娃娃多以温柔的发色、圆圆的大眼睛、微笑或大笑的表情、软乎乎的身体为主要特征，有部分还会附加以猫咪、兔子这类可爱动物的相关元素来增添娃娃整体的可爱感。以棉花娃圈较知名的微博画手兼娃妈"我待会去便利店"为例，微博粉丝达2.7万人的她已开售如"茶包""酱包"等娃为例的"X包"系列棉花娃娃，在不限量售卖的前提下每款娃娃的销量都高达数千只，而她笔下设计出的娃娃也多拥有以上可爱类型的显著特点。

在购买棉花娃娃后，玩家也会选择带着自己的棉花娃娃出行拍照，"娃片"业务随之盛行。关于娃片，在棉花娃圈大致可以分为两类：一类是专业拍照业务，当工厂完成娃娃的样品制作后，部分娃妈为了更好地宣传，会选择将样品送到专业拍娃片的人手中，拍摄者便会根据娃娃的具体风格选择合适的布景进行拍摄，而目前市场拍摄一套娃片（约十张）的价格多在50—100元不等，邮寄费用也需要娃妈自行支付；另一类则是业余拍照，指的是普通消费者对自己的娃娃进行的日常生活分享，当周末出门逛街或去景点游玩时，棉花娃娃玩家便会选择携带娃娃出门，并将拍摄的娃片分享到朋友圈、微博超话中，与更多的朋友分享养娃的快乐心情。

（七）周边产业兴起，娃衣配饰热销

随着棉花娃圈的火热发展，其所带动的周边产业也逐渐兴起。除了棉

---

① 《2021棉花娃娃玩家洞察报告》，微店，https://www.youshop02.com/gaia/58926/634f7fa2.html?share_relation=5f1f1297fe2c88d8_1435154063_5&wfr=h5direct_wxh5，2022年3月20日。

营销新境

花娃娃本身，其他可能会产生的养娃支出，如购买娃衣、配件，置办娃屋、拍摄场景，给棉花娃娃装骨架①、打腮红、做发型，添置出行时用来装娃的娃包等，也成了娃圈玩家关注的消费热点。

娃衣即棉花娃娃的衣服，与棉花娃娃本身一样都需要经历从稿图到打样再到最终实物的制作过程。由于娃衣创作的源泉多来自现实生活中的成衣，因此也会有明显的季节、款式和风格之分。现今市面上已出现如衬衫、裙子、裤子、外套等普通款娃衣，以及稍显特殊的羽绒服、泳装、COS制服等类型，而这些单件又通常会搭配成套装的方式进行售卖，根据整体风格的不同又分为古风、可爱风、潮酷风、简约风等，娃妈们则会根据个人喜好、性价比和适用程度等来决定是否购买。根据娃衣套装的包含件数、材料的成本价格及制作工艺的复杂程度等因素，不同的娃衣会有价格的高低差异，目前在棉花娃娃圈里一套普通娃衣价格在55—80元左右，多数玩家的手中每拥有一只棉花娃娃，便会相应配备1—3套娃衣。

除娃衣外，合适的配饰选择也会为棉花娃娃的整体造型添色。常见的娃用配饰有帽子、鞋、挎包、眼镜、贴纸、项链等，此外还有诸如水壶、滑板车、花篮等工艺较为复杂的产品。此类商品具备的优势是无属性，每一位棉花娃娃玩家都会有购置这些产品的需求，不存在类型界限的划分。但同时这些物品均需通过等比例缩小制作出来，其设计和开模等过程比较艰难，制作前期投入成本也相对较高，因此需要确定购买人群的数量才能尽量避免亏损风险。另外，置办娃屋所需物品如娃床、衣柜、衣架、秋千、沙发等也是如此，微博ID名为"育鹅小破啾"的店铺致力于上新各式娃用家具，售卖过多功能组合娃床、娃用木马、多彩衣柜等产品，该店于2021年6月推出的娃用凳子和跷跷板，售价分别为28元和69元，因造型可爱、细节处理良好受到了买家的一致好评。

由Z世代人群消费特征可知，如今的青年群体在消费过程中喜欢购买颜值高的产品，以此来实现自己精致生活的目标，而对于棉花娃娃也不例

---

① 骨架：指在棉花娃娃身体里安装的支架，常见的材质有铁丝、塑料等，安装后可以完成多种动作造型，便于拍摄照片。

外。由于棉花娃娃的身体由棉花填充，所以只能勉强拥有站立和坐两种基础姿势，为了在娃片拍摄过程中拥有更适合的体态，增强画面的生动性，部分娃妈会选择找专业的手艺人为娃娃安装骨架，以便摆出多种姿势；而棉花娃娃中的炸毛类型娃，在大货出厂时配备的都是未经修剪的基础发型，为了让自己手中的娃娃变得更加美观，多数娃妈会选择进行发型设计和修剪，甚至部分人还会将娃娃带到专业理发店，让发型师对娃娃的头发进行修剪，这都是由棉花娃娃所带动出现的消费现象。

四 "棉花娃圈"的衍生现象分析

随着棉花娃圈传播范围的扩大和营销模式的成型，部分衍生现象也逐渐出现，这不仅吸引了更多的商家和玩家进入棉花娃圈，也推动了相关平台定位的转型和功能的完善。线上活动的增多、线下娃展的开设、特色品牌的崛起等种种衍生现象都在彰显着棉花娃圈发展速度之快，而此类衍生现象背后的成因和意义也亟待进一步深入探究。

（一）各地开设娃展，玩家线下聚集

在Z世代互联网社交的环境背景下，棉花娃圈在发展的同时也会演变产生许多独特现象。相比于传统毛绒公仔，棉花娃娃具有更强的情感寄托属性和社交属性，当玩家购买第一只棉花娃娃后便会进入相应的粉丝群，在线上群聊中分享穿搭、装扮及玩法心得。在国内棉花娃圈的发展初期主要以小微商家为主，多数设计开发、宣传售卖等环节均是通过互联网社交平台进行的，在线下仅有部分潮玩店进行售卖。近两年，随着线上市场的蓬勃发展带动棉花娃娃逐步破圈，为实现更有效、有趣的社交沟通，吸引更多的兴趣爱好者聚集，商家和玩家开始在线下产生更多交集，各类娃展、快闪活动、零售店等实体业态正在加速发展。

在众多的线下活动中，高度聚集的大型娃展无疑是最令玩家期待的实体活动。关于线下娃展的类型，目前较为典型的有个体知名娃妈联合举办和专业机构品牌主办两种。与专业机构品牌主办的娃展相比，个体联合发起的娃展具有操作简单、成本较低的特点和优势，但由于自身的曝光量较低和宣传力度较弱等困难，往往参与的人数不多。2020年11月，名为

"棉花娃娃环游世界展"的娃展在深圳顺利举办,在短短的两天时间内30多家娃衣店在此集合,较知名的品牌如欢喜一朵朵、蜜糖仓库、三胞胎童心小铺等均带着各自店铺的主打商品如约到场,近两千名娃圈玩家在展会上面对面购买心仪的娃娃和娃衣,将自己的闲置物品进行线下直接交换,此外也可以将自己的棉花娃娃带至现场进行多场景打卡拍照。在线下活动火热开展的同时,针对无法到达现场的线上玩家,展会还联合三十多家娃衣店进行了联合抽奖,尽量让所有的用户都拥有美好的参与体验。

而在专业机构主办的大型娃展中,举办次数最多的是 Rua 娃吧和微店 Park 联合主办的"一起 Rua 娃吧"棉花娃娃大型 IP 展。2020 年 7 月,国内首场大型棉花娃娃展在杭州的微店 Park 线下店举行,吸引了超万名玩家排队参与,娃展所在的商场被很多人热情围堵。这次专业大型娃展,不仅有一万多件网红现货娃娃、娃衣售卖供应,同时还开设了新品线下发布会、集齐印章扭蛋、趣味体验课、娃圈许愿墙等环节,使得整个展会的趣味性和互动性得到了提高。在第一届线下大型娃展成功举办后,一线城市北上广深和部分新一线城市也陆续迎来了线下娃展,微店 Park 的各地线下分店也在相继筹备中。

(二)平台定位转变,功能日趋完善

微店作为棉花娃圈中常用的销售平台,在成立初期的受众并不是兴趣圈层的爱好者,而是因自身能力弱无法开设淘宝店的小微商家,在意识到自己的多数用户变成了 Z 世代的圈层文化群体时,微店也做出了趋向年轻化的定位转变,目前已发展成为兴趣玩家的大型购物体验社区。在棉花娃圈部分,除了常见的广告投放、圈子归类、线上互动社区、热门话题推送等,微店贴心地根据用户需求设置了更为精准化的功能,收获了大量用户的好评。

2021 年 8 月,微店首个名为"娃欧博物馆"的棉花娃娃线上博物馆在微店 App 正式上线启用。在这个线上博物馆中共有"发现""馆藏"和"我的"三个基础部分,玩家通过"发现"版块可以查阅到当日的最新商品资讯,了解当天有哪些棉花娃娃要开始进行售卖,同时也可以看到喜爱度较高的热门娃娃榜单等;"馆藏"版块作为该功能最突出的特色,像办理户口般记录了已经出现过的所有棉花娃娃档案,在无属性、有属性和娃衣三个类型中，玩家可以直观看到娃娃的图片、特征、尺寸及售卖店铺，信息的下方还有玩家的评价和晒图；而在"我的"版块中，会有玩家个人账号购买棉花娃娃的全记录，同时也包括了玩家个人心仪的娃娃类型、关注的店铺消息等。截至 2021 年 12 月底，微店棉花娃娃博物馆收录的棉花娃娃已达到 13280 只，并以日均 2—5 只的速度不断增加。

在 8 月同时上线的，还有娃圈用户一直渴望却未实现的"娃柜"功能。在此功能推出以前，娃圈玩家在购买娃娃的同时，时常会需要整理手中日渐变多的产品信息，部分玩家会选择用手写、自制电子表格等方式来整理，十分不便。而微店推出的娃柜功能，可以方便玩家详细查看、整理自己的养娃记录，拥有的棉花娃娃及娃衣、花费等信息一目了然，极大地便利了娃圈用户的养娃生活。在该功能开通当月，便有超过 10 万用户选择了开通。而通过 2021 年微店的娃柜数据显示，目前的娃圈爱好者人均已拥有 8.73 只棉花娃娃，在便利了娃圈玩家的同时，微店也通过此功能获取了有效的数据。在棉花娃娃的相关功能得到用户欢迎后，微店也相应在其他兴趣圈层推出了类似功能，如整理书籍信息的杂志书柜、手账圈的开售日历、手作烘焙区的手作测评、汉服圈的颜值 KOL 等，吸引了更多的爱好者下载并使用此平台。

（三）线上互动增多，活动举办频繁

在 2020 年之前，棉花娃圈通过线上平台只能实现基础的交流沟通、宣传售卖等，随着各社交媒体功能的完善和娃圈玩家创意想法的产生，线上互动的方式也逐渐增多，消费者的体验感也得到了显著提升。为了增进与消费者之间的互动，扩大传播范围，多数商家会在发布微博的同时设置抽奖，条件通常是点赞、评论或转发，奖品便是相应的棉花娃娃。凭借着"天选之子""万一就是我""试试又何妨"的心态，娃圈玩家便会心甘情愿地进行转发，变成商家借机用来传播的"工具人"。此外，部分商家或个人娃妈还会举办系列创意活动或比赛，较为常见的有最佳娃厂评选、双十一购物促销、中秋节穿搭大赛等，如果活动的创意新颖、奖品丰厚、受众人群范围较广，便会吸引大量玩家的参与。

在众多的线上活动中，规模较大的当数 2021 年的"棉花娃圈春节晚会"。作为国内首台娃圈春晚，在借鉴央视春晚的基础上，娃圈春晚的主办方也做出了独特的创新。首先，春晚直播活动虽名为直播，但因为棉花娃娃本质还是产品，无法实现自由活动，所以实际是主办方提前录制再进行播放；其次，娃圈春晚主持人和节目的确定，是在"娃要上春晚"环节的基础上根据微博票选产生的，节目的类型有小品、歌舞、功夫、走秀等，甚至还有非遗棉花娃娃合唱的经典曲目《难忘今宵》；最后，娃圈春晚的全录制采用的是逐帧动画、PS图片编辑和后期配音等技术，力图呈现出能跑、能跳、能换表情的灵动效果，让棉花娃娃"活"起来。最终，2021娃圈春晚也凭借这些创意吸引了大量玩家前来观看，当天开播后在线人数近10万，相关话题和节目视频被玩家疯狂转发，这也是娃圈节日类线上活动举办的第一次巨大成功。

此外，随着2022年北京冬奥会的顺利开幕，全民冬奥的氛围也日渐浓厚。棉花娃圈也借此举办了"小小冬奥会"，通过征集运动主题的照片、小剧场、视频等原创微博来响应"一起向未来"的主题口号，并颁发自制奖牌、冬奥鼓励金等奖品。同时，为助威中国运动健儿，Rua娃吧还联合"梅花体育"推出了红黄冠军款"中国娃衣"，印有"中国"字样的中国红娃衣和"必胜"发带一经开售便受到大量玩家的喜爱，部分玩家也分享与娃娃一起看奥运会的图片为中国加油。

（四）衍生用品研发，品牌特色凸显

2020年之前，棉花娃圈尚处于"为爱发电"的阶段，多数是从粉丝爱好者转化为个体商家，而到了2020年，越来越多的新市场参与者涌入，有成交记录的棉花娃娃商家数量从2017年底的不到400家到2020年底已经达到近万家。① 其中的部分商家历经几年积累，凭借着层出不穷的创意和专业系统的生产流水线，在众多的商家中脱颖而出，发展成为棉花娃圈的知名品牌。

从个人商户转变为品牌的过程是漫长而艰难的，从棉花娃圈的部分知

---

① 《2021棉花娃娃玩家洞察报告》，微店，https://www.youshop02.com/gaia/58926/634f7fa2.html?share_relation=5f1f1297fe2c88d8_1435154063_5&wfr=h5direct_wxh5，2022年3月20日。

名品牌来看，多具有以下特色优势：首先在设计生产环节中，多数商家会先确定一个合适的主题，再依据主题寻找知名画手进行画稿创作，每次的新品通常会在2—6套左右，以满足不同喜好的玩家需求；其次在打样生产环节中，知名品牌商家均有个人专属的或签约合作的厂家，可以进行无限次修改最终达到预期效果，无须像个人娃妈一样等待工厂排期；① 最后在宣传售卖环节，随着年岁的增长已经积累了一定量的粉丝和追随者，无须担心没有人关注或者购买人数不够而流团的亏损问题。在以上几个因素中，最本质也是最重要的便是产品的创意，如果品牌失去了自身独特的风格和不断创新的内容，即便有再多的追随者，最终也会沦为平庸，失去市场。

目前，棉花娃圈较为知名的品牌例如三胞胎童心小铺、豆乳实验室、白桃汽水、Riga里加加、蜜糖仓库等，每家店铺都有自己的独特风格，其产品多以娃衣为主，也有部分无属性娃娃。以原创娃衣品牌店铺"豆乳实验室"为例，店铺的所有娃衣均为原创无属性，且通常会分为春夏秋冬四个季节进行上新，每逢周年庆典还会推出周年娃衣福袋。豆乳实验室的娃衣多采用天蓝、嫩黄、粉红、浅绿等色彩和花朵、树叶等元素，整体风格清新可爱，适用于大部分表情的棉花娃娃，每次上新都会引发玩家的抢购。而豆乳实验室品牌的逐步形成，凭借的便是风格独特的原创产品，目前该品牌已与多家IP实现合作，微博粉丝高达24万人。

（五）融合公益潮玩，助力非遗回归

国内的棉花娃圈历经三年飞速发展，产品种类日益繁多，生产体系也逐步完善。在与众多青年群体喜爱的个性潮牌、影视IP完成联名的同时，棉花娃圈还选择从公益、非遗等特殊领域入手，以合作出品的方式助力正能量和文化知识的传播，在丰富自身产品文化内涵、实现"出圈"的同时，帮助更多新时代青年了解此类文化知识，更好地实现人生价值。

在公益领域，第一只真正意义上的公益棉花娃娃于2021年儿童节在浙江杭州诞生，取名为"浙小爱"。该棉花娃娃是在浙江省慈善联合总会、

---

① 排期：是指与工厂约定的制作时间，当工厂订单太多时会将不同订单按照收款的先后时间进行排序，娃妈需根据工厂给出的期限进行排队沟通。

浙江省互联网公益慈善基地的指导下,由浙江省公益IP"浙小爱"携手Rua娃吧,联合浙江省日月星辰自闭症儿童帮扶中心等多家公益机构,发起关爱自闭症儿童公益项目"点亮孤独星球计划"时推出的,玩家在购买公益棉花娃娃的同时,相关利润会用于支持自闭症儿童的社交融合活动。棉花娃娃本身具有治愈性,能够与儿童、温暖、公益等主题相呼应,做到两者的有机结合。同时,通过"公益+潮玩"的创新形式也能够让年轻群体更多地去关注自闭症儿童,为帮扶自闭症群体献出一份爱心,具有极强的积极意义。

同样,棉花娃娃在非物质文化遗产领域也实现了创新。2021年9月,Rua娃吧联合东华大学服装与艺术设计学院非遗教研中心柯玲教授团队,发起了一场"非遗传统工艺娃衣设计比赛",来自云南、贵州等民族地区的7位非遗传承人和21位服装设计专业的学生共同用非遗工艺创作出了21套民族特色娃衣,如运用仡佬族传统刺绣工艺制成的"如鱼得水"娃衣套装、运用贵州苗族蜡染传统技艺制成的"蜡染祝福"娃衣套装等,件件工艺精美,设计独特。其中,名为"龙吟"的娃衣所绣图案由苗族传统刺绣龙图案变化设计而成,娃衣的色彩主体为黑色和蓝色,运用打籽绣、锁边绣和平绣等刺绣手法将龙的头部和鳞片等元素融入其中,最终以超高人气获得了比赛的最佳新"绣"奖。通过这次联名活动,许多逐渐淡出大众视野的传统工艺又以一种新潮的方式重新呈现在世人眼前,完成了传统文化与时代创新的完美结合。

五 "棉花娃圈"的问题层出不穷

任何事物的发展都不是一帆风顺的,正如在棉花娃圈势头良好的未来趋势背后,也有发展过程中层出不穷的问题。由于画手、娃妈、厂家、平台、玩家等多方面因素,在前期设计、生产周期、资金安全、销售转卖等多过程中均存在不同的乱象,而这些问题背后的成因也需要进行更多的分析探究,相关案例和不利影响也应引以为戒。

(一)元素撞稿难判,创意抄袭难定

在棉花娃娃前期的设计开发环节,时常会有元素撞稿的事件发生。一方面，每位娃圈画手都有自己擅长的风格，棉花娃娃的表情种类也有自身的局限，所以会产生相似脸的情况；另一方面，棉花娃娃的前期构想多有现实依据，当两位甚至多位娃妈的创意想法相撞时，为维护自己的权益便会有争执发生。若没有确切的描图抄袭证据和时间线先后顺序，便很难判断事件的真实性，即便让娃圈用户来评判也只会造成众说纷纭、各执一词的局面。原创娃衣店"白桃汽水"曾在2020年推出了一款白底蓝花边的"数绵羊"睡衣款娃衣，受到众多玩家的喜爱，但开售后却被玩家发帖吐槽与游戏 BanG Dream 中日服里的一张卡面极为相似，并从同为蓝白配色、羊角帽子、卡通眼罩等方面来证明两者的相似度。该帖发布后也引起了娃圈的轩然大波，虽然大部分玩家认为配色、装饰、领口等方面有"擦边"之嫌，但店家也发博文回应称"没有抄袭，纯属偶然撞稿"，最终这场抄袭风波也在各方的评论中不了了之，这足以见得目前棉花娃圈在创意抄袭评判方面的局限。此外，除了巧合撞稿的情况，也有少数画手会选择投机取巧的手段，借鉴他人的创意想法或直接进行描图，虽然画手最终可能会获得高质量的画稿和大众的一时追捧，但这种抄袭行为对原创画手和娃圈玩家而言是极为可耻的。

（二）限量发行销售，高价倒卖常见

在棉花娃娃正式开售前，娃妈会确定团购的娃娃数量，此数量通常会综合娃妈提前统计的需求数、生产厂商的制作能力和娃妈个人意愿决定，如果数量太多会导致滞销，太少则会引起哄抢。多数娃妈为保证娃厂的生产品质，采取的便是限量发售的措施，又由于不想承担娃娃滞销导致的亏损，通常会选择数量较少的方案。当大量的需求者去购买少量的商品时，高价倒卖的情况便随之出现。目前娃圈常见的高价倒卖情况分为个人玩家和"娃贩子"两种：当某只棉花娃娃在市场形成供不应求的局面时，部分已抢先购买到的个人玩家会选择进行二手交易，而一些没买到的玩家也会心存执念，试图通过加价获取，当两方你情我愿之时，二手高价售出的行为已经发生；此外，随着这些现象的产生甚至还出现了专门进行棉花娃娃高价倒卖的"娃贩子"，他们会提前调研好哪只娃娃比较受欢迎，购买后迅速以高价卖给有需要的玩家。针对此类现象，棉花娃圈也有过个人ID限购、限时不限量等措施，但均无法从根源上解决问题。

（三）多为线上交易，资金安全难保障

由于棉花娃圈的受众多为互联网影响下成长的青年群体，其传播和销售过程也多在线上进行，线上平台在为玩家提供便利的同时，不可避免地也会有资金不安全的隐患，在棉花娃圈中主要体现在两方面。其一，娃圈个体娃妈进行售卖的门槛较低，消费者在线上无法确定社交媒体平台背后商家的身份信息，只能凭借对产品本身的喜好进行是否购买的选择。然而在线上交易的背后，有部分娃妈的实际身份为未成年人，多数人的心智尚未成熟，也不具备合理支配金钱的能力，时常会有拖延发货、卷款跑路的事件发生。其二，即便各平台的资金安全功能在逐步完善，但仍有骗子凭借部分玩家对娃娃的喜爱来骗取钱财，他们通常会以各种理由诱使玩家放下防备心，当玩家通过微信等平台直接转账后，便会消失不见。以上的确是使用线上平台进行消费的弊端，近年来娃圈的此类事件也是层出不穷，在影响玩家消费体验的同时，这些乱象也在不断警示着消费者：线上交易真假难辨，唯有提高防范意识才能维护自身的资金安全。

（四）生产周期较长，新品比比皆是

无论是棉花娃娃还是娃衣，都需要历经设计定稿、打样修改、宣传营销、批量生产等多个复杂阶段，生产周期短则一两个月，长则半年甚至一年，相比普通商品而言生产周期较长，需要玩家耐心等待。但同时与生产周期相矛盾的，则是层出不穷的新品速递。随着棉花娃圈知名度的提高，围绕着棉花娃娃的创业活动也越来越多，许多设计、动手能力强的年轻玩家尝试利用业余时间投身棉花娃圈，大量的设计稿也随之产生。棉花娃圈玩家在看到新颖的设计稿件后，便会产生购买的欲望和冲动，却又为较长的生产周期而犯愁，时常会出现如在冬季购买羽绒服娃衣却在夏日炎炎之时才到手的荒谬情况，玩家的喜爱也在一天天的等待中被消耗殆尽。同时，在等待生产的过程中又会有源源不断的新品出现，许多具有三分钟热度的娃圈玩家便会频繁地进行转单、退款等，极其消耗时间和精力。目前虽然已有部分商家选择用现货全款的方式进行售卖，但仍无法很好地解决大部分供应端的生产周期问题。

(五) 品牌经营不当，口碑每况愈下

伴随着年轻消费大军的崛起，新消费需求带动精神消费升级，棉花娃娃市场正迎来快速发展，品牌效应日益凸显。当众多商家凭借着人气积累、联名上新、风格鲜明等优势逐渐发展为知名品牌时，也有少数的早期娃圈品牌因经营不当被逐步淘汰，最典型的例子便是娃圈昔日的顶流品牌"日山鹅鹅"。早在国内棉花娃娃产业风起之前，日山鹅鹅便已经进入娃圈发展，称得上国内棉花娃圈的元老级商家。因其进入棉花娃圈的时间较早，且出品的娃衣均具有色彩鲜明、设计精美的优点，日山鹅鹅在发展的同时也积累了较高的人气，成为棉花娃圈的热门品牌。本应拥有美好发展前景的该品牌，却在逐步前进的道路上迷失了自己，先后被爆出新品抄袭、定价太高导致玩家无法承受、有意限量哄抬市价等丑闻，在娃圈的口碑一路下跌。2022年初，日山鹅鹅与另一品牌酥饼灿在联合发布的新品展示背景中出现了涉及辱华的"支那"词语，遭到全娃圈玩家的抵制，最终宣布彻底闭店，永不售卖。正是因为该品牌经营不当，才从当初的娃圈顶流沦为今天万人唾弃的惨淡结局。

六 "棉花娃圈"将何去何从

针对上文中提到棉花娃圈存在的诸多问题，目前已有对应的多种措施进行整改。总体而言，棉花娃圈未来发展趋势良好，如果能够针对局限之处采取有效措施，整治乱象，便能维持自身的发展优势。棉花娃圈将何去何从的问题也必须由各方共同努力解决，携手走向更美好的明天。

(一) 维护原创权益，严厉打击抄袭

棉花娃圈虽称得上是近年来发展较快的兴趣圈层，未来的发展前景也较为光明，但就其现状而言在不同的环节仍有问题和局限。在前期的设计开发中，如果面对的是画手风格、特色元素、常见表情等创意的偶然撞稿情况，娃妈在开始构思时便要及时记录下创意灵感，在与画手进行沟通时更要保留相关聊天记录，如果后续面临撞稿情况才能拿出有效的证据去澄清，获得更多玩家的信任。美国教授理查德·佛罗里达曾在《创意阶层的崛起》中提到："最根本的知识产权，即能够真正替代土地、劳动力和资

本的最有价值的经济资源，是人的创意。"① 所以原创画手在绘画设计的过程中也要保留系列用于记录创意产生过程的源文件，避免被诬陷抄袭后没有证据。

如果经过图层比对后确定为拼凑抄袭行为，原创者首先应保留侵权证据，联系抄袭者删除作品和公开道歉；如若遭拒，原创者便可向著作权管理部门投诉，要求抄袭者承担侵权责任。此外，由于棉花娃圈的大部分传播营销过程是在线上平台进行，大众舆论对商品的口碑有着极大的影响力，一方面娃妈在不确定对方是否存在确切抄袭行为，而只是怀疑的情况下，不能因维护自己原创权益的迫切性而去冲动发言；另一方面，娃圈玩家也不能在平台上随意站队、空口鉴抄，在不确定是否抄袭的情况下进行言论攻击，这样既不利于买卖双方的口碑，也不利于棉花娃圈整体良好环境的构建。

（二）平台合理管控，调节供求平衡

面对高价倒卖、娃贩横行的不良现象，可以从商家、玩家和平台三者入手进行改善。首先，商家和娃妈在对玩家需求进行初步调研的基础上，要对需求数量有大概了解，从而制定合理的价格和贩售数量，防止出现因供不应求产生的哄抢现象。如果无法准确预估需求量，可以采取限时不限量的营销方式，在规定的时间段内每个人都可以购买。若商家和娃妈担心因数量过多导致后续生产的商品质量较低，也可以采取分批的多次贩售方式。其次，站在娃圈玩家角度，每一位玩家在消费过程中都想以最合适的价格买到自己心仪的棉花娃娃，只有在无法买到自己喜欢的商品的情况下才会选择购买"娃贩子"手中的棉花娃娃，如果想尽量避免高价倒卖现象，玩家们就要树立起正确的消费理念，不从倒卖人的手中购入棉花娃娃并对此类人积极举报，不要让他人利用自己的兴趣爱好并从中牟利。最后，用于二手转让、售卖闲置物品的平台更要进行价格的合理管控，当卖家设置的价格与棉花娃娃的实际价格区间不符时，对卖家的行为进行警

---

① ［美］理查德·佛罗里达：《创意阶层的崛起》，司徒爱勤译，中信出版社 2010 年版，第 41 页。

告，从售卖渠道方面控制高价倒卖行为的发生。

（三）保护资金安全，提高防范意识

由于棉花娃娃的生产周期较长、付款环节多样、二手交易较多等特点，玩家在进行线上消费时必须提高自身的防范意识。一方面，玩家在下单购买棉花娃娃前，要对商家或娃妈有一定的了解，尽量去购买责任心强、圈内口碑和售后服务好的店铺商品；另一方面，在进行棉花娃娃的二手交易时，买家不要因收物心急而用微信、QQ或信用卡等直接给陌生人转账，应当按照规定流程在专业平台进行，卖家在售卖娃娃时也要留存好快递信息、打包视频等，以防有骗子借此漏洞进行恶意退款。同时，娃圈中的未成年人群体也要确定自己是否具有金钱支配的能力，在线上消费前必须与监护人意见达成一致，减少后续意外的发生。此外，即使是国内目前发展较为成熟的交易平台如闲鱼、转转等，也无法全方位无死角地保护交易过程中的资金安全，部分功能如小法庭、实名认证、信誉评级、秒拍退款等仍待进一步完善，资金安全问题仍需各方携手共同解决。

（四）缩短生产周期，切勿冲动消费

若要解决棉花娃娃生产周期较长的问题，必须从供应端的娃厂和商家入手。首先，娃厂在负责生产过程中应当努力缩短制作货物的周期，前期积累一定量的资金后及时扩大经营规模，增加人手，同时还应当学习先进技术，购置高端刺绣机器进行高效生产，在保证质量的前提下缩短生产周期，才能抢占市场份额，在娃圈内赢得一席之地。其次，目前发展规模较大的娃圈商家应当尽量选择现货售卖的方式，提前计划好生产周期及发布时间，在合适的季节和节日推出相对应的新品，提高玩家对品牌的好感度，也减少因周期较长导致的转单行为。个体娃妈在初步开团时因不具备大量启动资金，会面临流团亏损等风险，所以还是应当按照定金、打样、补款再大货的流程进行售卖，若要缩短生产周期，就要提前做好宣传，寻找靠谱的厂家并提高沟通效率。站在娃圈玩家的角度，面对如雨后春笋般涌现的新品时，一定要根据自己的实际消费能力和个人喜好去抉择是否购买，不要因一时冲动或盲目从众消费，否则只会耗费自己更多的时间和精力。

(五) 树立品牌形象，诚信良心经营

随着棉花娃圈在国内知名度的上升，更多的年轻人选择进入娃圈，利用业余时间成为个体娃妈，同时也有很多个体娃妈通过多次成功的营销经历、层出不穷的新品等突出优势逐渐发展成为品牌商家。如今，娃圈中的品牌众多，且都有自己专属的商品风格和显著特色，但若想获得长远的发展，还需要各品牌树立好自身形象，诚信良心经营，赢得更多娃圈玩家的青睐。首先，由于品牌形象最终需要树立在公众的脑海中，所以娃圈品牌应当多站在消费者的立场去思考问题，多浏览后台私信、微博评论、超话新帖等并根据自身实际情况及时做出调整，设身处地为玩家的兴趣和需求着想。其次，产品的质量是品牌形象的基石，也是品牌的本质和生命，各娃圈品牌在确定自身产品受众和类型的基础上，要不断推出创意新颖的高质量产品，用高人气和好口碑来稳固圈内地位，才能拥有光明的发展前景。再次，先前已有多家因言行不当被玩家吐槽、抵制的品牌案例，任何发布在互联网上的言论都会留下痕迹，所以如果想在娃圈继续经营，各品牌背后的运营人员必须在日常的传播营销过程中时刻注意言行，娃厂客服也要保持良好的服务态度，助力品牌良好形象的树立。总之，品牌口碑和形象的塑造是一项漫长艰巨的任务，唯有多换位思考、诚信经营才能获得更长远的发展。

结　语

综上所述，作为出生起便与互联网无缝衔接的Z世代群体，在消费过程中体现出的是注重体验和个性定制、多用电商网购、敢于尝试新鲜事物、圈层社交消费等特征。而在Z世代的群体背景及消费特点影响下，作为近年来国内新兴的小众圈层，棉花娃圈产品在生产过程中需经历约稿、打样、开团、大货等复杂阶段，在传播过程中多以线上社交平台为主，线下为辅，在销售过程中也多采用团购的方式，并与众多知名IP合作，逐步形成了自己的独特营销模式。同时，在棉花娃圈的发展过程中也出现了各类衍生现象如线下娃展、节庆活动、联名非遗等，有效提高了该圈层的影响力。虽然目前尚有部分问题和乱象，如资金安全、创意抄袭、高价倒卖

独乐乐不如众乐乐:Z 世代下的新兴"棉花娃圈"的营销策略研究

等,但综合其特色营销模式而言,笔者认为棉花娃圈的未来总体趋势是良好的,且随着数次跨界合作的成功案例与产品背后文化底蕴、创意想法的加持,棉花娃圈的产品定位正在向优秀文创产品转变。若棉花娃圈在完善自身特色营销策略的基础上,针对相关乱象采取对应措施加以整改,将会被更多人所了解,实现从小众到大众的成功蜕变。

(作者为赵睿智,指导教师为李辉)

新式线上笔记的流量密码
——"小红书"营销策略研究

互联网和新媒体技术的迅速发展,催生了一系列新式线上社交平台,聚集了一大批具有相同兴趣爱好、需求的消费者,顺应了大数据时代人们由被动"受众"转为主动"用户"的需求。其中颇具创意特色且用户参与度极高的当数有着"国民种草机"之称的"小红书"。"小红书"作为一种新式的"线上笔记",其创立之初旨在构建一个境外旅行购物分享攻略平台,为消费者提供专门用于推荐、交流海淘购物经验的线上社群。随着该线上社区内容的不断丰富、平台自身推广力度的加大、明星效应的推动以及用户口碑的积累,"小红书"逐渐吸引了不同类型的用户加入,用户数量不断增多,并以"标记我的生活"为标签,开始向美妆、个护、旅游、育婴、摄影、健身、综艺等多方面发展,成为多元化的综合性社交电商平台。

但同时,在资本逐利的影响下,此类"新式线上笔记"也不可避免地出现了虚假包装过度、软广笔记泛滥等一系列弊端,严重影响了用户体验,使越来越多用户对平台上所分享内容的真实性产生怀疑。而"真实性"本应是该类线上笔记最大的流量密码。因此,新时代下"小红书"迫切需要探寻可持续创新发展的新思路。

社交化电商是一种依托社会关系、通过消费者的社交互动等手段进行商品与服务买卖的新型电子商务模式。简言之,社交化电商就是"社交+内容+电商",其中"社交"是外壳,"内容"为中介,"电商"才是核心。

近年来人们消费习惯的巨大变化，使得中国电商模式越来越趋于社交化，越来越多的消费者在选择商品时，不再局限于对多家店铺产品的价格进行比较，而是更多地转向关注其他消费者的评价及用户体验。因此许多类似于"小红书""蘑菇街""拼多多"等的社交化电商平台具有非常好的发展前景，其营销策略有着极高的研究价值，对相关"线上电商笔记"的策划运营有着重要参考意义。

一 "小红书" 发展与转型的机遇与历程

2013 年 9 月，"小红书"正式上线出境购物攻略，其创立初期的定位是跨境商品购物指南，以分享型线上社区起家，其受众群体为收入相对稳定，具有一定消费能力与相对较高消费欲望的海淘爱好者。2014 年 12 月，"小红书福利社"模块首次出现，这标志着"小红书"开始初步尝试电商化转型。[①] 而近年来，由于我国跨境电商贸易额不断提高，居民实际收入日益增加，网络、金融、通信、物流等贸易基础设施进一步完善，人们的消费水平、方式与心理也随之发生了前所未有的改变。线上用户不再仅限于做信息的接收者，而更多地转向信息的传播者甚至是原创者。曾经主导世界贸易体系的 B2B 商业模式逐渐衰落，而 UGC 模式即用户生成内容性质的社区电商模式凭借其卓越的信息交互能力，高效定位用户的消费需求，精准总结用户的购买习惯，有效判定用户的消费趋向，日益成为主流贸易形式，进而催生出众多的移动虚拟型社区，此类虚拟社区经过一段时间的稳定发展，部分开始向电商转化。汇集上述综合因素的互联网大环境为采用 UGC 模式的购物分享电商社区即"小红书"的进一步发展与转型提供了重要机遇。

随着中国社会经济的迅速发展以及互联网大数据的日益大众化、普及化，中国的网络社会也于近几年迅速崛起，网络社会超越时空界限，发生了日新月异的转变。在此大背景下，社交化电子商务模式得以迅速发展，

[①] 喻晓马、程宇宁、喻卫东：《互联网生态：重构商业规则》，中国人民大学出版社 2016 年版，第 47—56 页。

"小红书"的用户参与度急剧上升,活跃用户数月值在波浪式起伏中呈现螺旋式上升趋势,总体上始终保持较快的提升速度,小红书社区也逐渐朝着多元化的趋势演进,涉及美妆、穿搭、学习、美食、护理、动漫、母婴、健身、运动、宠物、游戏、时尚、娱乐、景点、摄影等诸多领域,日益满足不同消费者的多样化需求,拓宽了用户获得信息的渠道。"小红书"由此逐步实现了由单一受众销售平台向多元化用户线上社群的转型。

二 "小红书"营销策略分析

"小红书"能在短短几年内迅速吸引大量用户入驻,培养了一批较为稳定的社群用户,得到相当不错的用户口碑,并在不断积累流量的过程中顺利引入电商,得益于其独特而高效的营销策略。分析"小红书"的营销策略,是探索此类新式线上笔记流量密码的关键,对研究其是如何有效引导社群用户进行消费,从而顺利实现流量变现具有重要意义。

(一)把握用户心理,利用社群效应

在当代社会,用户心理对新式社交化电商平台的影响越来越大,线上营销越发依赖用户口碑的反馈与积累。"小红书"便果断抓住了日新月异的用户因素,通过把握社群特质并精准定位目标受众,努力实现流量效益的最大化。

1. 关注用户心理,重视口碑营销

"小红书"是以用户为中心的交互性电商社群平台,旨在构建以消费者为出发点的社群化营销体系。"小红书"成功抓住了用户的参与心理、探实心理、分享欲望和从众心理,实行口碑营销,这是"小红书"备受欢迎的重要营销策略之一。线上购物市场中真假商品交织充斥,鱼目混珠现象屡见不鲜。而所谓的"小红书种草",就是抓住了消费用户渴求真实有效的信息反馈、想要避免在购物中"踩雷"的探实心理。"小红书"用户在决定是否购买一件商品或者要买某一类商品而不知该如何选择的情况下,往往会事先在"小红书"的搜索栏中进行查询。因为有相当大的一部分用户愿意在"小红书"平台上分享交流自己的购物感受与使用体验。

老顾客的分享笔记其实便是另一种形式的买家秀,传递真实消费体验

给其他用户，而这种经验分享在满足了分享者自身参与心理与分享欲望的同时，其可借鉴性相对于普通广告来说，也更易被其他消费者认可接受。一批用户在完成"记录式"或"炫耀式"的线上笔记分享后，相应地，同样感兴趣的用户也会顺着搜索引擎定位到此篇文章并加以咨询或评论补充，最终构成的连锁反应使得小红书中的优质内容被筛选出来，实现聚集积累，最终达到口碑营销的目的。

2. 提升用户亲密度，营造温馨社区氛围

"小红书"擅长营造用户亲密度，在新用户注册之初便为其推荐与通讯录、微信、QQ等社交平台相关联的一系列"可能认识的人"，这种功能以用户关系网络为基础打造，为新用户提供了十足的安全感与归属感。在备感安全的数据环境下，用户会在不自觉中增强对"小红书"平台的信赖，进而提升用户的参与度，激发用户的创作积极性，并在不断"关注新朋友"的过程中，增强对平台的黏性。人们加入社群，不仅是以兴趣爱好为依据，更多的是为了寻求身份情感认同。置身于节奏飞快、光怪陆离的现代社会，用户普遍渴望从孤独感、陌生感中跳脱出来，寻求归属感与慰藉。① 而电子商务与社交圈的结合，为用户营造出温馨熟悉的氛围，更加贴合新一代消费群体对"舒适安全区"的心灵需求，让用户在轻松自如的线上社区中实现消费变现。

与"蘑菇街"主推的"总有高手帮你挑"即"利用流量红人引导女性购物"的策略不同，"小红书"更加关注用户的自主创造性，引导更多用户自发成为内容生产者。纯粹的粉丝经济往往更具单向性，其用户认同感、归属感与交流度都远远赶不上社群经济。而在以"小红书"为代表的社群经济平台中，各类图文笔记与视频的发布流程操作起来又十分简单，让普通大众都能不受限地成为博主，自由分享自己的生活，以"标记我的生活"为主题，鼓励用户在"小红书"上记录生活中的美好，更快地融入线上社区，从而极大地提升用户在平台中的体验感与参与度。不仅如此，"小红书"中精致清晰的图片与亲切的文案总能让人倍感舒适，平台界面

---

① 吴智银：《社群营销与运营实战手册》，人民邮电出版社2018年版，第27页。

在色彩、排版、构图等方面均给人营造出舒心温馨的氛围。

3. 吸引明星入驻合作，扩大流量效应

"小红书"十分重视"名人效应"，通过利益合作使得众多流量明星纷纷入驻"小红书"平台，一句"小红书，标记我的生活"的广告词更是深入人心。不论是流量超高的明星，还是颇具名气的网络红人，均有一个共同特质，即拥有广泛的粉丝基础，具备一定的影响力与引导力。① 在传播学中，公众人物其实便扮演着"意见领袖"的角色，当人们在消费过程中面临"选择恐惧症"的时候，他们便会不自觉地模仿人设与自身需求相近的"名人"，从而很容易被成功"种草"，去购买该类"名人"所推荐的产品。人们总是倾向于在借鉴优秀者的过程中成为更理想的自己，而"小红书"正是准确迎合了用户的模仿从众心理，才得以顺利实现"内容+社区+电商"的闭环，不断促使流量变现。此外，流量明星还会经常在笔记评论区与粉丝进行交流互动，如通过"大家还想让我分享什么内容，可在评论区告诉我"等话术，进一步拉近与粉丝的距离，也有利于更加精确地把握粉丝需求，从而实现流量效应最大化。②

4. 定位女性用户，目标受众明确

"小红书"庞大的粉丝基数中超过50%为美妆消费用户，这也反映出了"小红书"的主要目标用户定位为来自一、二线城市，追求精致生活品质的18—34岁的年轻女性。千瓜数据显示，"小红书"中18—34岁的用户占比已超过80%，Z世代、年轻妈妈、新锐白领成为社区主体，此社群受众普遍热爱生活、追求精致、追逐前卫、爱新奇、爱分享且具有较高的消费能力。"小红书"平台的博主们主要通过讲授穿搭技巧、化妆知识、学习方法、美食秘籍、形体塑造方法等来吸引粉丝，稳固流量。直播间与视频合集就像是女生的课堂，为爱美、想上进的女性提供护肤、时尚、育儿、生活方式以及学业上的经验指南，帮助她们成为更美好的自己，改善

---

① 张小煜：《新媒体环境下的粉丝经济——以小红书APP为例》，《新闻传播》2021年第24期。
② 薛凤娇：《小红书中"晒客"的自我呈现研究》，硕士学位论文，安徽大学，2021年，第13—14页。

生活方式，提升生活品质。

同时，"小红书"会向她们推荐或出售彩妆、服饰、教育资源、育婴用品等。女性用户是新时代线上消费的主力军，随着社会经济的进步与发展，女性的地位不断提升，在家庭财政、收入支配等各方面掌握了越来越多的话语权，渐趋独立化。她们也有着相较于男性更大的感性消费冲动，在购买商品后更愿意分享自己的使用感受，也更愿意了解他人的使用体验。对目标受众的精确定位、对女性消费心理的精准把握以及对当下热门话题潮流的紧密关切追随，让"小红书"的用户忠诚度得到不断积累。

（二）高效检索分析，实现个性化推送

互联网中各类信息纷繁复杂，杂乱的信息与较低的检索速度，均会对用户积累构成巨大障碍。"小红书"作为新式社交化电商平台，善于利用大数据检索系统对目标信息进行高效、高速的查询，并智能记录个性化浏览偏向，从而提升检索页面与自动化推送内容的用户匹配度。

1. 精准检索大数据，高效查询目标信息

"小红书"凭借精准的检索系统帮助用户迅速查询定位到最优质的目标内容，检索关键词与平台作品关联度的高低、笔记的点赞量与收藏量、原创者的粉丝数量等都会成为影响推送顺序的重要指标，确保用户能够及时查询到相关问题的最优解，有效地节省了用户的搜索时间，提升了搜索效率。同时，小红书的用户在发布个人笔记时可以添加一些偏个性化的特色标签，比如品牌、产品、打卡、位置、人物、影视、音乐等。按标签划分出的同类内容往往会集中显示，便于用户进行系统浏览和对照比较，而不同的个性标签也便于平台最大效率地进行综合性优劣排序。用户能够及时查到满意有效的答案，自然而然会增加对"小红书"平台的信任与依赖，客户的忠实度也在积累中不断提升。

2. 记录浏览偏向，实现个性化推送

"小红书"会根据用户浏览不同页面的时长和搜索各类关键词的频率对用户进行消费习惯倾向分析，为不同身份、兴趣、性别、年龄的用户推送他们近期可能会感兴趣的内容和服务。同时参考用户日常点赞、收藏和评论的内容，分析推测用户最有可能想刷到的话题图文与视频，在页面上端的"推荐"一栏为用户生成极具个性化的推送界面。当然,"小红书"也会利用大数据对用户偏好与需求的分析,为用户推荐相关商品,并附带购买链接,实现精准销售。个性化推送使"发现式购买模式"逐渐取代传统的"搜索式购买模式",通过对用户数据的分析,挖掘用户的潜在购买需求,引导消费者产生购买冲动,高效减少从"种草"到"拔草"即"购买"的时长,大大提升商品成功出售的可能性。

(三)频道门类多元化,"社区+电商"功能多样

与当下大众兴趣爱好及日常需求日益多样化的现象相适应,"小红书"也设计了多元化的频道版块,努力营造包罗万象的虚拟社区环境。不仅如此,"小红书"还充分利用了"社区"与"电商"的双重功能,将两者优势进行有机融合,形成一种新式的社交化电商模式。

1. 分栏多元化主题,适应多样化需求

"小红书"页面不仅包含"情感""学习""搞笑""健身""旅行""护肤""穿搭""潮牌""彩妆""萌宠""综艺""影视"等众多主流分栏,还涵盖了"动漫""游戏""极限运动""潮流艺术"等许多小众领域,用户还可以自行选择主题标签,其涉及的内容具有很强的兼容性,能够最大限度满足不同用户多层次、多样化的需求。"小红书"主张爱好的多元化,只要是积极向上的兴趣偏向,都可以在"小红书"社群平台中得到认可与推崇。"小红书"致力于打造一个积极阳光、纯净自由的线上社区,让正当而小众的兴趣也能得到充分的尊重,它正凭借其有容乃大的包容性吸引着形形色色的用户不断融入。

2. "内容电商"附加"直播带货",社区助推线上商城

当代社会生活节奏的加快使年轻人面对面交流的机会变少,对外界信息的获取越来越依赖社交平台,日常购物也逐渐趋向电子商务。"小红书"正是抓住了这一现象本质,致力于将社交与电商进行有机结合。其实,"小红书"本就是以"跨境电商+社区"的模式发家的,又在海淘红利日益下降的情况下果断将重心定位于"内容电商",配合跳转链接下单,并开拓了"小红书商城",直接将第三方商家引入电商循环。传统电商模式往往针对的是有明确购买需求的消费者,即用户已经确定要

购买某类商品，从而进入平台直接搜索，综合比较性价比等因素后直接下单。而"小红书"这样的"内容电商"则侧重于争取隐性消费者，用户原本可能并没有购买欲望，在浏览页面图文视频后受到感染，进而于不自觉中产生购买行为，此时的消费往往更受品牌价值等感性因素影响，更具冲动性。与"抖音"和"快手"等受众较高的内容类平台一样，"小红书"也推出了直播功能，虽然其直播的观看人数远不及专项性顶级直播平台，但由于"社区"功能的加持和亲切真实感的打造，"小红书"的用户信赖度与粉丝黏性明显更高，"直播带货"中的消费现象往往更加顺其自然，而用户下单率与场均客单价也明显更高。由此，"小红书"顺利地将电商与社区相融合，两领域各取所长，以实现最高效的社群变现。

三 "小红书"营销存在的短板与危机

尽管"小红书"的营销策略中有许多值得其他线上社群电商平台借鉴的成功之处，它还是不可避免地存在一些短板。在笔记内容质量、价格折扣优惠、外部同质化竞争压力、社区与电商相融度、配套基础设施、监管力度、商品性能等诸多方面均面临许多亟待解决的问题。这些问题预示"小红书"将面临不可忽视的危机与挑战，而其也严重制约着"小红书"未来的可持续发展。

（一）虚假软广笔记泛滥，用户信赖度降低

近年来，各类社区电商层出不穷，逐利思维驱使"小红书"中出现了众多以营利为目的的虚拟用户。他们与商家合作，通过虚假宣传、刷好评、买赞等行为营造看似极佳实则虚伪的口碑，将原本应该纯粹真实的用户体验反馈变成了虚假广告，违背了平台真实"种草"的初衷，使用户对平台的信任度一降再降。不仅如此，现如今线上社区平台的代写营销团队也十分猖獗，他们甚至大肆明码标价，雇用专业写手通过编造发布不真实的分享笔记为产品造势，完全不顾及消费者真实体验，只为迎合品牌方需求。更有甚者，牟利者还会运用高端互联网数据手段让此类虚假的"种草"笔记登上热门榜单，实现流量造假，而平台方为了自身利益也常常对

此视若无睹,甚至发挥一定的助推作用。

当软广大肆盛行,分享式笔记变成商家的营销推广方式,线上社区的意义也就不再纯粹,这种行为不仅会直接误导、蒙骗大众消费者,还会严重影响电子商务环境的清朗。信任危机一旦被触发,就会如病毒般肆意蔓延,一发不可收拾,经过多次被骗与失望,用户对平台的忠诚度不断下降,甚至引发用户反感,最终会导致一部分用户快速流失。

(二)缺乏顶尖主播长期入驻,大幅优惠折扣较少

每逢"双11""618"等购物狂欢节,许多热门电商平台会与业内流量极高的顶尖主播合作,通过直播间抢货等方式,实行大规模的满减优惠营销策略,总能创下超高营业额,活动期间的盈利甚至能超过平台数月利润之和。除重大节日外,一些电商平台甚至会与顶尖主播如李佳琦等达成长期合作意向,定期进行福利式直播带货。这些顶尖博主往往与许多品牌方存在合作关系,消费者在直播间能以便宜很多的价格买到质量极佳的产品,这也在很大程度上提升了用户对直播平台的忠诚度。而这也恰是"小红书"所欠缺的一个重要方面,"小红书"虽然不乏许多有一定影响力的网红明星,却一直缺少能与顶尖带货主播号召力相媲美的合作对象。在其他平台鼓吹重大节日优惠和日常折扣时,"小红书"只能甘拜下风,眼睁睁看着消费者被分流。

(三)其他社群平台抢占市场,同质化问题严重

除了"小红书"以外,"抖音""微博""快手""拼多多""微信"等大热平台也在不断深化"社区"与"电商"的融合。"抖音"App陆续推出"抖音橱窗""抖音小店"和"抖音商城"等购物界面,通过与网络红人合作进行直播带货,直接售卖商品;"微博"也与"淘宝"进行了深度合作,以"淘宝"为载体展示商品橱窗,社区的分享内容后面会直接附加购买链接,构成完整系统的电商链条;"微信"亦开放了"好物圈"之类的日常好物线上分享社区,形成一边社交一边分享一边消费的体系。新旧社交平台纷纷齐聚,都想把握电商飞速发展的潮流,在社区电商市场中分一杯羹,这使"小红书"所面临的外部市场竞争压力越来越大。"小红书"能否在一众同质化平台中脱颖而出,展现出自己独有

的特色优势魅力,呈现自身的独一无二性,使用户克服审美疲劳,是其能否在瞬息万变的互联网市场中独占鳌头的重要影响因素,还需要不断地摸索与创新。

(四)社区与电商融合度欠缺,配套设施建设薄弱

虽说"小红书"当前的发展思路就是以"社区+电商"的模式为主,但社区与电商两大模块能否平衡且有效地实现完美融合,仍是亟待解决的难题。以娱乐交友为主题的社区分享模块并没有完全高效地实现电商化,相应所分享商品的更新速度总是难以满足消费者的即时购买需求。用户通过浏览社区图文内容发现了自己需要且备受其他用户夸赞的商品,被安利"种草"后产生了购买欲望,却时常会因为商城平台搭建得不够完善而无法快速查询并进入购买通道,从而不得不跳转至其他平台进行购买甚至放弃购买,这极大地降低了用户的平台体验感、应用便捷效率和购买转化率。而购物模块则主要以直接售卖商品为主,电商模块的社区感较低、引流话题少。总而言之,社区与商城的关系还是不够紧密。

"小红书"相应的基础配套设施条件也很薄弱,由于平台自身没有配套完整的产品供应链和物流系统,物流时长与运输路径的查询工作无法得到切实保证,附加费用不稳定。并且,其客服体系也不是很健全,服务人员的数量明显缺乏,客服回复速度较慢,解决问题的效率不高,退换货速度较慢,这些无疑都会影响用户体验,严重降低用户的"二次购买率"。

(五)监管力度不足,产品质量得不到保证

当下,"小红书"平台对出售产品质量的监管流程还不够严谨,内部监管部门为了省时省力甚至为了谋求利益,对非正版产品视而不见,因此,时有用户投诉在"小红书"买到了假货甚至过期商品。作为电商平台,产品质量出现问题实为大忌,商品质量得不到保障,久而久之就会导致购买率下降,客服信赖度降低,用户不断流失。由"社区"发家的"小红书",更应该明白用户对商品质量的高度看重,也必然明白用户口碑是其安身立命之本。若产品质量问题无法得到根本保障,真假混卖现象继续存在,无疑会成为制约平台发展的最大阻碍。

四 "小红书"营销发展的新思路

"小红书"要想在一众同质化线上社区电商平台中脱颖而出,顺利应对内外部的危机与挑战,积累并吸引更多用户,提升用户黏性,提高变现转化率,就需要不断加强改进与完善自身运营机制,在顺应互联网时代发展特点的基础上充分关注用户最新的切实需求,努力探寻新时期营销发展的新思路。

(一)加大平台监管力度,倡导优质产品与笔记

笔记的真实性与商品的优劣程度是评判社交化电商平台的两项重要指标,而"小红书"在这两方面的表现却不容乐观。此现象正严重威胁着"小红书"的口碑积累与商业化变现程度,需要平台不断完善监管程序,加大监管力度,努力兼备优质的产品与笔记。

1. 限制虚假代写笔记,奖励优质内容创作者

"小红书"应加强对社区内发布分享笔记的审查力度,提高用户"种草笔记"的真实性。消费者在购买商品前在"小红书"中查阅其他消费用户的笔记,是为了真实地了解产品的实用性与观赏性,而不是想浏览无尽虚假的广告式推销笔记。"小红书"应该珍惜用户给予的信任,建立专业且严格的针对性监管团队,对各类用户笔记进行定期审核,严密过滤虚假广告,确保平台页面所呈现信息的可信性。目前,小红书对线上软文笔记展开了新一轮的审查治理工作,2022年2月17日起,以医美品类为整治重点,首批已经处罚惩治16.8万个违规账号,清查删除了27.9万篇虚假笔记,[①] 治理成效颇为显著,未来仍需坚持与完善。

同时,"小红书"应进一步鼓励用户参与"内容把关",进一步完善用户自行举报功能,并给予相应的物质奖励,以降低平台审核成本,提升审核效率,增强用户自我管理意识,提升用户辨别能力。此外,应对消费者分享欲望有所下降的现状,"小红书"也应推出更为完善的奖励机制,以

---

① 数据资料来源于《小红书迎来最严医美专项治理!首批已处置违规账号超16万,违规笔记27.9万篇》,新浪财经头条,https://cj.sina.com.cn/articles/view/2389641745/8e6f0a1102001lxu2,2023年4月17日。

发表数量、浏览量、点赞数、收藏数、互评频率等作为评价标准，对发布优质笔记的用户给予补贴或折扣等切实奖励，并通过设置排行榜等手段激励优质创作者，从而提高平台的用户活跃度、积极性和参与度，鼓励用户主动分享心得感受。以此带动"小红书"更好地发挥其社区功能，维护平台所主推的"真实感"品牌形象。

2. 严格把控商品质量，积累优质消费口碑

"小红书"与"拼多多"同为社交型电商平台，皆将社交与电商进行了有机结合。但两者的不同之处在于，"拼多多"将营销重点放在分享式消费上，依托大众的参与、转发与拼单来带动盈利增长，而"小红书"则更关注内容盈利，以口碑积累拉动消费发展。这也使得两者的受众明显不同，"小红书"主要定位于年轻女性群体，产品种类颇具局限性，"拼多多"的受众范围则大得多，销售商品的种类更是五花八门，再加之"拼多多"主打以低价引导消费，相较之下，"小红书"不免处于劣势。然而，"拼多多"也有一个巨大的漏洞，即其质量问题无法得到切实保证。因此提升产品质量、积累用户口碑、获取消费者信任，便成为"小红书"战胜以"拼多多"为代表的价格低、受众广、门类齐全的同质化社交电商平台的关键举措。

"小红书"应与正规品牌方合作，确保产品的质量，使消费者能安心在平台上买到优质的正版商品。不断提升商品的内外品质，无论是外部包装、保质日期还是卫生安全，都应尽可能做到严谨规范。"小红书"应成立专门机构定期严查虚假商贩，随机抽检产品质量，规范与商家的合作监察流程，在签订合作意向前摸清商家背景，实行严格的实名身份认证制度，加强对买卖双方尤其是卖家注册信息的审核力度，在欢迎多元化品牌的基础上，绝不能肆意放宽供货方的准入条件。产品质量有保障，才能不断提升用户信赖度，留住平台粉丝，积累良好的消费口碑，从而吸引更多的用户及优质品牌方入驻。

（二）完善平台客服水平，优化保障服务

"小红书"需要不断完善售前与售后服务体系，设置高质量机器人自行回答顾客提出的简单问题，在机器人无法识别作答的情况下再转入人工

客服，以提升咨询及解答的效率。"小红书"还需招聘更多高素质的人工客服人员以确保用户咨询时得到及时反馈。同时应对线上客服人员进行定期培训，使客服具备妥善协助顾客完成退换货等流程的能力，完善用户对客服的反馈评价机制，把顾客体验感放在首位，在最大程度上提升用户的满意度。

当然，"小红书"还需要不断扩充自己的运营仓库，提升预测市场风向的能力。相关团队应根据科学的云计算数据排行，提前存储可能会成为爆款的产品，同时对于销量较高的商品，要尽可能保持相对稳定的库存量，加强供应链方面的管理，防止出现供不应求甚至断货的情况。同时，"小红书"应与固定的快递公司及海外品牌方达成稳定且长期的合作意向，或者直接自营物流链，提升物流运输效率，降低物流成本，尽可能减少产品在运输环节中可能发生的受损状况。充足的货源、高效的运输速度以及完好无损的货物，能有效提升用户体验，使更多消费者愿意继续在"小红书"平台上进行二度消费。

（三）加强与知名品牌及网红主播合作，提高优惠折扣

价格对消费者的购买欲望、购买行为以及最终购买数量有着极为重要的影响。"小红书"应与国内外知名大品牌方协商折扣优惠，并加强与知名主播的合作，甚至可以有计划地培养平台的高流量主播，利用其直播间的优惠带货效应，在特定的节日以相对划算的价格和优惠的折扣力度吸引用户，定期发放优惠券、满减折扣规则榜单、红包等。在保证质量的前提下，在价格上优惠于其他电商平台，势必会吸引更多消费者，形成"种草狂欢"热潮，在保证质量的基础上以量取胜，从而带动总盈利的增长。

而未来"小红书"加强与大品牌及高影响力主播的合作也完全具有现实可能性与可实施性。"小红书"的"种草"力十分强劲，近几年，许多知名品牌尤其是美妆品牌都凭"小红书"的宣传口碑而迅速提升了国民度。诸如薇诺娜、毛戈平等国货美妆品牌更是因"小红书"而热度飞升，销售量实现大幅度上涨。因此，即使可能需要降低些许价格，大品牌以及高流量主播的入驻，对消费用户、"小红书"平台、品牌方、主播团队四方而言，皆不失为一个极佳的选择。

(四) 密切与店铺的联系，构建完整商业生态闭环

未来"小红书"应该进一步加深小红书社交账号与店铺体系的关联度，进一步缩短从"种草"到"拔草"的流程，缩短用户和商家之间的交易链条。可以利用大数据在用户浏览"分享式笔记"后自动识别并推送相关商品的购买链接，同时安全绑定微信、支付宝、各类银行卡等多种线上支付系统，使用户在被安利成功后不用自行搜索便可直接购买到心仪产品，提升变现效率，形成"发现、购买、分享"的完整社区商业化闭环。当然，商业界面也应积极融入社区化内容，积极打造与品牌理念相契合的品牌故事。优质的内容可以使品牌形象、产品理念、特色功能、相关知识等更加深入人心，提升用户对品牌的认可度，提高购买率，加快内容变现速度。

结　语

互联网时代下，新媒体融入消费领域已是大势所趋，而内容电商势必会成为电子商务未来发展的重中之重。以"小红书"为代表的社区电商平台，将市场上看似碎片化的信息重新加工整合在一起，形成线上社交社群，在风起云涌的大数据浪潮中与各种机遇和危机并存共舞。此时的内容电商早已不再依赖纯粹的理性消费，而是将感性因素巧妙地附加于商业之中。因此，社群效应、热度流量、优质内容、用户心理、基础设施等仍是"小红书"社区电商平台未来亟待探索的板块，更是其能否取胜于其他同质化内容电商、独占鳌头的关键所在。

（作者为董建林，指导教师为张硕）

短视频时代的阅读：抖音平台的科普类图书营销策略研究

科普图书是我国图书市场的重要板块，承担着传播科学知识、提升国民素养的神圣使命。近年来，随着数字化营销模式的广泛应用，新媒体技术正在深度赋能科普图书营销业态。其中，短视频凭借强大的内容优势、传播优势和营销优势，迅速成为科普类出版机构拥抱数字化转型、开展图书营销的新阵地。在传统营销模式渐趋衰落的背景下，出版机构如何利用短视频拉动科普图书销售、实现营销渠道升级，具有很高的研究价值。

本文以科普类图书短视频营销的策略为研究对象，通过对相关案例的实证研究，分析了科普类图书短视频营销的优势、发展状况及现存问题，并在此基础上提出了具体的优化策略。研究发现，当前我国科普类出版机构在开展短视频营销方面还处于探索阶段。在短视频营销的推动下，科普类图书的营销模式和推广策略在不断地优化升级，但也呈现出内容创作粗放、行业定位模糊、推广模式单调等问题。因此，在未来的发展中，科普类出版机构应从创新内容模式、构建营销矩阵、深化媒体融合等方面入手，进一步优化科普图书短视频营销的策略。

科普图书出版是"提升一个国家文化软实力的重要依托力量，是指导科普工作、传递科学知识的文学载体，承担着为大众培育科学价值观、倡导科学精神的双重角色"[①]。2021年，国家新闻出版署发布《出版业"十

---

① 王太星：《科普图书出版的嬗变与突围——以上海科学技术出版社为例》，《出版广角》2019年第22期。

四五"时期发展规划》，明确提出要推出一批弘扬科学精神、普及科学知识的科普读物。① 在此背景下，科普图书的出版迎来了良好的发展机遇。但随着疫情的反复，我国的图书销售市场发生了巨大变化，线下营销渠道的衰落倒逼科普类出版机构加快数字化转型。后疫情时代，如何开展数字化营销、提高科普类图书的营销效能，成了传统出版机构亟待解决的关键问题。

近年来，随着互联网技术的革新和移动终端的普及，短视频迅速成为人们表达观点、记录生活的重要平台，并为各行各业的数字化营销提供了新的运营思路。新冠疫情防控期间，我国图书出版业受到剧烈冲击，国内出版机构开始大规模转向短视频市场。在众多图书品类中，科普类图书在疫情的影响下快速走红，成为图书行业开展短视频营销的重要部分。后疫情时代，人们对科普图书的关注度越来越高，科普类图书短视频营销也越来越普遍。根据《2021年抖音电商图书消费报告》，2021年抖音平台的图书销量同比增长了312%，其中科普类图书的销量同比增长最快。② 因此，本文选择科普类图书作为此次研究的主体，深入探究科普类图书短视频营销的优化策略，从而为出版机构的短视频营销和数字化转型提供有效的建议。

研究短视频时代的科普类图书营销有着重要的理论意义。短视频以其在流量获取、内容分发等方面的优势为图书行业提供了新的营销平台，但当前我国图书出版机构在开展短视频营销方面还存在诸多问题。一方面，短视频有着不同于传统媒体的叙事逻辑，其多元化的商业算法和营销模式常常把经验匮乏的出版机构搞得晕头转向；另一方面，短视频营销有着明显的垂直化特征，出版机构在营销过程中未能做好图书品类的细分工作，致使同质化现象泛滥。因此，在研究图书短视频营销的过程中，我们既要深入了解短视频营销的逻辑，又要针对某一具体的图书品类开展差异化研究。在众多图书品类中，笔者选择科普类图书作为本次研究的主体，其原

---

① 国家新闻出版署：《出版业"十四五"时期发展规划》，https://www.nppa.gov.cn/nppa/contents/279/102953.shtml，2021年12月30日。

② 《2021年抖音电商图书消费报告》，抖音，https://mp.weixin.qq.com/s/NjCC1MmWR-jNMS53W_2upw，2021年12月31日。

因主要包括两个方面：一是科普类图书具有较强的专业性和实用性，在普及科学知识、推动国家创新驱动发展战略中具有重要作用；二是科普类图书在短视频营销方面取得了一定的成效，同时也表现出了一些不足，对科普类图书短视频营销策略的研究具有较强的代表性和典型意义。在本文中，笔者将结合相关数据探究科普类图书在开展短视频营销方面存在的问题，并结合抖音等短视频平台的运营特点为科普类图书开展短视频营销提供优化方案，从而丰富相关领域的研究，助力科普出版业的数字化转型。

研究短视频时代的科普类图书营销有着重要的现实意义。

第一，促进出版机构转型。进入短视频时代，图书签售会、线下展销等传统的图书营销方式已经无法适应科普类出版机构开展市场营销的需求，大力促进短视频与图书行业的融合将是未来引爆图书销量的利好趋势。在实体书店集体遇冷的背景下，大力发展图书短视频营销无疑是出版机构打开线上市场、实现数字化转型的突破口。因此，本文研究科普类图书的短视频营销策略，既是为科普类出版机构开展短视频营销查漏补缺，也是为传统出版机构的数字化转型总结经验。

第二，营造全民读书氛围。短视频的崛起对于信息的传播具有革命性的意义，其"去中心化"的内容创作模式激发了大众表达观点、参与创作的热情，促进了知识的分享与传播。因此，本文深入探究科普类图书短视频的推广方式，有助于推动科普类图书进一步走向读者，从而营造"热爱阅读，全民科普"的良好氛围。

第三，助力国家科普事业。短视频与科普出版业的融合深刻改变了科普的形式，扩大了科学知识的传播范围，对我国科普事业的发展具有积极影响。通过分析科普类短视频的内容创作逻辑，本文将为科普类出版机构生产优质的短视频作品提供理论支持，助力科普类图书的销售，并进而推动国家科普事业发展。

一 相关概念界定及研究样本的选取

关于科普类图书的概念和分类，目前学界尚未有标准、统一的定义。《中国科普报告2002》中提到："科普图书有广义与狭义之分，狭义的科普图书是指关于自然科学知识方面的通俗读物,如天文、地理、物理、化学之类;广义的科普图书在此基础上,还包括各类实用技术类图书,部分社会科学和人文学科方面的图书,以及涉及人们日常生活的各类知识性图书。"① 结合当下科普出版领域及短视频平台的图书分类习惯,本文将立足广义的界定对科普类图书的短视频营销策略展开研究。

伴随短视频市场的持续扩张,短视频营销已经变成企业拓展产业营销渠道、推动经济加速发展的新方式,但关于短视频营销的概念,目前学界还没有形成统一的定论。艾瑞咨询将短视频营销的概念分为广义和狭义两个方面。就广义而言,短视频营销指以短视频媒体作为载体的所有营销活动的总称,主要包括网红活动、账号运营和跨平台整合等营销形式;就狭义而言,短视频营销主要指短视频媒体平台上进行的所有广告活动。② 基于广义的短视频营销概念,本文将短视频营销定义为立足短视频平台开设账号,通过发布短视频、开通直播或运营线上店铺等方式进行的一切营销活动。

与其他行业相比,出版业利用短视频进行图书营销的进程相对缓慢,对于"图书短视频营销"的概念也没有形成统一、明确的界定。本文将其定义为:出版机构依靠短视频平台,通过开设官方账号或联合优质账号发布与图书内容相关的短视频作品,以进行图书销售、品牌推广的数字化营销方式。

基于此,笔者将科普类图书短视频营销理解为:出版机构以短视频平台为阵地,通过发布与科普图书内容相关的短视频或开展直播活动来宣传科普类图书,并带动科普类图书销售的一切营销活动的总和,其范畴主要包括科普类图书短视频营销账号的运营、科普类图书营销短视频的创作、科普类图书带货直播以及账号商业橱窗的运营等内容。

本次研究采用多矩阵样本观测方式,在选取短视频样本时,以科普类图书营销短视频为主,以综合类图书营销短视频为辅;在对短视频平台进行选取时,以抖音短视频平台为主,以快手、B站、微信视频号等平台为辅。

在选取样本时,笔者以抖音数据搜索平台"抖查查"为工具,样本观

---

① 居云峰、雷碕虹主编:《中国科普报告2002》,科学普及出版社2002年版,第117页。
② 《中国短视频营销市场研究报告2018》,艾瑞咨询,https://mp.weixin.qq.com/s/dpiZ7LY2iFolLa1671ip8w,2018年12月6日。

测时间截至 2022 年 2 月 25 日。首先，笔者根据抖音发布的"2021 全抖音知识科普博主 TOP10 排名榜"对抖音平台上的科普类达人账号进行整理，从中筛选出参与科普图书营销的账号共 3 个；其次，笔者以"科普""出版社""书"为关键词各搜索 50 个账号，并筛选出其中的科普类图书短视频营销账号；再次，笔者又从以"书""出版社"为关键词搜索得到的 100 个抖音号中分别筛选出粉丝量排名前 20 的综合类图书营销号；最后，结合快手、B 站等短视频平台的相关账号，通过对科普类图书营销账号和综合类图书营销账号双矩阵样本的观测与分析来完成本次研究。

二 图书行业和短视频营销的融合背景

当前，随着数字化媒介的深度融合和大众图书消费习惯的变化，我国图书的出版营销出现了诸多困难。同时，新媒体技术的发展也为图书出版业开辟了新的营销渠道。以短视频为基点的变现模式和传播环境颠覆了传统出版业的营销逻辑，凭借低门槛、强交互的商业优势，短视频营销获得了众多图书出版机构的青睐。从 2018 年至今，已有大批 MCN 机构的图书营销类账号进驻短视频平台，北京磨铁图书、人民文学出版社、机械工业出版社等出版机构也纷纷尝试短视频营销。短视频在出版营销行业的应用是图书行业加速数字化转型，积极融入线上主流消费市场的良好机遇。本节将从传统图书营销渠道的衰落、消费者购书习惯的变化和短视频营销的崛起三个角度来探究短视频营销和图书行业融合的背景。

（一）传统图书营销渠道渐趋衰落

传统图书营销模式主要依赖新华书店、民营书店等销售渠道，配合新书发布会、作家签售会和活动促销等手段开展线下营销。但近年来，网络书店异军突起，传统实体书店举步维艰。数字化营销模式的崛起也让传统出版机构的线下营销渠道遭受了持续性的压制。2020 年，我国图书消费市场出现了近 20 年来的首次负增长，其中，实体店渠道同比下降 33.8%[①]，

[①]《2020 中国图书零售市场报告》，北京开卷，https://mp.weixin.qq.com/s/Rwg8v_G0GfLMIVRHMZ9pdw，2021 年 1 月 30 日。

大批出版机构因为无法适应线上营销模式而面临倒闭的风险。从营销渠道来看，当前我国图书销售市场线下线上呈现二八分立的格局，网络渠道快速增长，并承载了核心增量。在此背景下，一味固守传统的图书营销模式已经无法适应市场需求，只有及时转变营销思路，加快探索数字化营销模式才能推动营销渠道升级，促进出版营销环境健康发展。

（二）消费者购书习惯发生变化

随着网络媒体形态的更迭，消费者的购物习惯和购物渠道也在不断发生变化。短视频电商和直播的兴起对传统的图书购买方式产生了极大的冲击。目前，互联网用户逐渐习惯于通过短视频平台来购买图书。以抖音为例，根据《抖音电商图书行业发展数据报告》，2020年以来抖音图书出版相关内容搜索量呈现逐渐走高的趋势，到2021年底，月搜索量已经超过1亿次，最高峰时甚至超过1.4亿次。此外，抖音电商的图书消费人数也在持续上涨，截至2021年12月，抖音平台上的图书消费人数同比增长了205%[①]。相比实体书店和传统的线上购买方式，用户越来越倾向于通过短视频搜索和观看达人直播的方式来购买图书，一些出版机构也乘势开设了自己的官方账号，并通过与文化名人或知识博主合作的方式持续输出高质量的内容来获取读者信任，激发用户的购买欲望。以账号运营、达人打造为重点的图书短视频营销模式不断重塑着用户的购书习惯，并进一步推动了图书出版业与短视频的融合。

（三）短视频营销模式迅速崛起

短视频最早诞生于美国，具有内容多元化、获取移动化、推送智能化、时间碎片化等特点。从2014年开始，短视频在我国逐渐崛起。近年来，在5G互联网技术的推动下，以抖音为代表的短视频平台迎来高速发展。截至2021年12月，我国短视频用户规模已经达到9.34亿，占网民整体的90.5%。[②] 伴随不断增长的流量红利，基于短视频的内容消费、产品

[①] 《抖音电商图书行业发展数据报告》，巨量算数，https://trendinsight.oceanengine.com/arithmetic-report/detail/688，2022年4月22日。

[②] 《第49次〈中国互联网络发展状况统计报告〉》，中国互联网络信息中心，http://www.cnnic.cn/hlwfzyj/hlwxzbg/hlwtjbg/202202/t20220225_71727.htm，2022年2月25日。

推广逐渐成为推动经济增长的新动力,短视频营销正在"逐步打开品牌与消费者之间连接的新路径,成为移动互联网主流的消费形态"[①]。

以抖音平台为例。从2016年正式上线到2019年成为春晚独家社交媒体传播平台,抖音基于用户的需求属性,在智能推荐算法的加持下不断为用户提供精准化的内容,目前已经成为"年轻人相互表达观点、寻找圈层认同、展现自我形象和态度的重要阵地"[②]。截至2020年12月,抖音日活跃用户突破6亿人,视频日搜索量突破4亿次,用户规模持续增长,始终占据着国内短视频流量的顶端位置。[③]

抖音的走红迅速吸引了大批创作者涌入,除个人创作者外,旨在通过短视频实现品牌推广目标的企业、机构也开始加快短视频商业布局。在市场的推动下,抖音积极拓展电商业务,力图使短视频从单一的娱乐社交平台转化为新的营销阵地和传播方式。2017年,抖音全面开启商业化,通过上线电商功能、运营广告接单平台等方式加速推进流量的商业变现;2018年,抖音积极探索跨平台商业合作,开始在短视频中加入淘宝购物链接,并推出抖音小店、商品橱窗、蓝V企业号、"Dou+推广"等功能;2020年,抖音电商进入快速发展期,从罗永浩首播销售额破亿到全面禁止第三方链接,抖音高调进入直播电商赛道,吸引了大批商家入局,并开始创建自己独立的电商闭环;2021年,抖音提出"兴趣电商"的概念,同年上线"探店榜单""优惠团购"等功能,进一步将商业链条延伸到线下店铺。

短视频营销深刻改变了传统行业的营销生态和渠道路径,同时也推动了品牌方营销观念的转变。新媒体时代,人们获取信息的媒介发生了变化,杂志、电视、广播等传统媒体逐渐没落,以强交互、碎片化、趣味性为特点的短视频变成了人们休闲娱乐、分享生活的重要途径。媒介的变化必然会导致人们对事物认识观念的变化,这种变化反映在当下的品牌营销

[①] 何孝容、阳正发:《图书短视频营销的可行性发展路径——以磨铁图书为例》,《出版广角》2020年第16期。

[②] 高燕:《新媒体时代短视频营销模式的反思和重构——以抖音短视频平台为例》,《出版广角》2019年第8期。

[③] 《2020抖音数据报告》,抖音,https://mp.weixin.qq.com/s/70-OfjFPcdflUqCUDocnRA,2021年1月5日。

中，就是企业越来越重视短视频的作用，越来越重视与用户的互动，旧媒介时代以企业生产为中心的营销观念逐渐让位于以顾客需求为中心的现代营销观念。在短视频营销中，企业通过分析短视频平台的用户数据和粉丝反馈不断调整视频内容，并根据用户的观看喜好和消费习惯深入挖掘用户的潜在需求，从而缩短了消费者从观看视频到购买产品的转化路径。

三 国内外图书短视频营销的发展历程

短视频的崛起深刻影响了用户的消费行为，也推动了图书行业营销渠道的革新。《2022巨量引擎图书出版行业营销白皮书》显示，从2021年下半年开始，每月约有1000万的用户在抖音上购买图书，人均月消费在60元左右，越来越多的读者通过短视频内容发掘兴趣书籍，抖音因此成为新一代的读者聚集地。① 同时，众多国内外出版机构也在积极寻求数字化转型，不断探索图书营销的新渠道。在我国，国家新闻出版署发布的《出版业"十四五"时期发展规划》提出，要推进出版单位全媒体营销示范工程，支持拓展线上线下发行渠道，利用短视频、网络直播、新媒体矩阵等新型营销方式，提升出版物发行能力。② 在美国，抖音国际版TikTok旗下的图书分享社区BookTok成为图书出版商营销的主战场，各类出版机构大量招聘数据研究人员，并与专业的数字化营销公司达成商业合作。在数字化营销的潮流下，"出版+短视频"的模式已经成为国内外图书行业营销的新趋势。

（一）美国图书短视频营销的发展历程

美国是世界上最早在出版业应用短视频进行图书营销的国家，知名出版商哈珀·柯林斯集团早在2012年就开始在YouTube等社交网站上推广与图书相关的短视频。之后，企鹅兰登书屋也创办了自己的视频品牌——企鹅读书，并在Facebook、Twitter等社交媒体上开设官方账号，积极开展线

---

① 《2022巨量引擎图书出版行业营销白皮书》，巨量算数，https：//trendinsight.oceanengine.com/arithmetic-report/detail/622，2022年2月23日。
② 国家新闻出版署：《出版业"十四五"时期发展规划》，https：//www.nppa.gov.cn/nppa/contents/279/102953.shtml，2021年12月28日。

上营销。随着美国短视频社交平台的崛起和传统书业广告盈利模式的衰落，一些出版企业开始将营销的重点转移到短视频领域。

2020年4月，抖音海外版TikTok平台上的图书推荐标签BookTok正式发展成为阅读社区，并在新冠疫情期间吸引了大量用户，积累了众多分享读书心得和推广图书的短视频作品。截至2022年3月，BookTok标签的浏览量超过418亿次，大量创作者借助短视频来分享自己的阅读心得，许多图书因此被推为畅销书，一些旧书的销量也开始回温。庞大的用户流量为图书出版业创造了新的增长空间，美国出版商竞相加入TikTok开展商业营销，一些出版机构开始签约优质读书博主为图书的销售做宣传。在亚马逊平台上，TikTok已经成为推荐图书的爆款标签；北美最大的书店和出版商之一巴诺书店在网站上建立了BookTok图书推荐模块，其线下书店也专门开设了BookTok推荐图书的区域。

BookTok深刻影响了美国出版业的市场格局和营销逻辑，成为推动美国出版业营销模式创新的催化剂。目前美国图书出版业与短视频融合发展的态势已经形成，并且取得了良好的商业效果。

（二）中国图书短视频营销的发展历程

短视频在我国的起步较晚，利用短视频开展图书营销也是近几年出版领域刚兴起的热潮。2017年，广西师范大学出版社入驻梨视频，成为我国第一家参与短视频商业化布局的出版单位。此后，广西师范大学出版社又在各大社交平台陆续推出"名作者"系列、"编辑说书"系列等短视频栏目，其中"书店、阅读与人生"这一短视频累计播放量超过10万。

2018年，社会科学文献出版社在抖音上投放了第一个短视频作品，成为最早入驻抖音平台的出版机构。此后，国内出版机构开始大规模加入抖音，这一阶段抖音平台上的图书营销类短视频多以知识科普、图书推介为主。2019年，掌阅、磨铁等出版公司相继建立了短视频营销账号矩阵，这一时期，短视频内容中有关图书推广和直播预告的信息逐渐增加。

2020年，我国图书销售的实体店渠道同比下降33.8%，网店渠道同比增长7.27%，线上渠道以80%的销售码洋占比成为图书出版行业最重要的营销渠道。① 在此背景下，我国出版机构开始积极调整营销战略，尝试利用短视频平台打通线上营销渠道，实现数字化转型的目标。这一时期，借助图书带货达人开展短视频、直播营销成了图书销售的主流方式。

在各大出版机构积极开展短视频营销的同时，抖音、快手、B 站等短视频平台也借势推出各类读书活动，进一步促进了图书短视频营销的发展。2021 年 4 月，抖音联合国家图书馆、品牌出版社和文化机构共同推出"抖音全民好书计划"，并邀请著名作家、文化名人参与短视频和直播荐书活动。之后，抖音又陆续推出"dou 来新书季""云上书香"等活动来进一步开拓线上图书市场。在直播方面，抖音头部主播刘媛媛在"927 破亿图书大场"中销售额破亿；机械工业出版社、磨铁文化等出版机构抖音直播的月销售额也突破 200 万元。2022 年世界读书日期间，B 站与京东读书、言几又等图书品牌合作发起"读书等身"直播活动，邀请纪连海、罗翔、南派三叔等文化名人分享读书心得，并以为乡村学校捐赠图书为由鼓励用户发布读书视频。快手则与阅文集团联合推出"阅读·BOOK 思议"主题直播活动，邀请知名作家蒋胜男、李洱等开展读书直播活动。

如今，我国图书出版机构逐渐加大对短视频、直播领域的营销力度，促进了出版业与短视频营销的融合。截至 2021 年底，已有接近一万家的图书出版企业通过抖音认证，比去年同期增长了 134%。虽然国内图书短视频营销的趋势已经形成，但就整个图书行业来看，目前我国大部分出版机构在开展图书短视频营销方面进程缓慢，经验不足，并且暴露出许多问题。尽管很多出版机构已经开设了自己的短视频营销账号，但其营销思维落后、运营能力不够，致使大量图书短视频营销账号话题热度低、转化效率差，未能形成完善的短视频营销模式。

四 科普类图书短视频营销的发展现状

目前抖音、快手等头部短视频平台上优质的科普类图书营销账号数量

---

① 《2022 巨量引擎图书出版行业营销白皮书》，巨量算数，https://trendinsight.oceanengine.com/arithmetic-report/detail/622，2022 年 2 月 23 日。

较少,大部分科普类出版机构并未建立起专业的短视频内容生产机制,发布的作品寥寥无几;一些头部科普类账号发布的短视频则过于重视知识的分享与服务,忽视了图书营销信息的宣传。因此,本节将基于对科普类图书营销短视频和综合类图书营销短视频两类样本的研究,重点讨论科普类图书短视频营销的类型及其在内容创作方面的特点。

(一)科普类图书短视频营销的主要类型

"短视频凭借较强的趣味性和可视性、丰富的表现形式、多元化的使用场景引领了新媒体时代的潮流,成为当下各行业火热的营销渠道。"[①] 乘借短视频营销的东风,众多科普类博主和出版机构积极探索多样化的图书营销方式,目前已经形成了较为稳定的营销类型,具体种类如下。

1. 互动式营销

与传统营销方式相比,短视频营销更加注重企业与消费者互动场景的搭建,这为图书营销主体提供了了解受众需求、增强品牌影响力的渠道。在开展图书短视频营销时,品牌方常常借助短视频平台的互动阵地开展各种参与式的活动,以此来提升用户对图书短视频的信赖感和忠诚度,实现消费者复购和品牌传播的营销目标。关于如何通过短视频平台开展互动式营销,典型的运作逻辑包括两种。

一是加强视频评论区的建设。评论区是短视频平台开展用户互动与交流的重要部分,加强评论区的运营维护已成为图书出版机构开展短视频营销的普遍共识。首先,评论区是内容创作者的"意见箱"。品牌方会通过发起投票、提问回答等方式来征集用户的反馈信息,从而及时调整短视频的内容和营销策略,为用户提供更精准的消费服务,好的用户意见也会启发生产者实现产品的更新升级。其次,评论区是品牌推广者的"宣传栏"。在评论区内,点赞量多的评论往往会引发用户的从众心理,从而影响品牌的观众口碑。因此,图书营销主体十分注重评论区的话题引导,账号运营方会通过回复粉丝评论、点赞、置顶、删除差评等方式控制评论区的舆论

---

① 高燕:《新媒体时代短视频营销模式的反思和重构——以抖音短视频平台为例》,《出版广角》2019 年第 8 期。

方向，拉近品牌与用户之间的距离，强化消费者对图书品牌的价值认同。以"无穷小亮的科普日常"为例，视频观看者经常在评论区对科普博主提出相关问题，账号运营方则针对用户普遍关注的问题答疑解惑，甚至会挑选一些有趣的问题单独出一期视频来讲解。通过这种积极的互动，视频博主与用户之间建立了密切的联系，在带货过程中更容易得到用户的信任。

二是注重话题挑战赛的设计。话题挑战赛是图书出版机构提升品牌声量、展现品牌文化的重要方式，借助"PGC + UGC"的生产模式，话题挑战赛实现了短视频内容的高效聚合，从而扩大了品牌营销的主体。在短视频品牌推广的过程中，图书营销商会发起嵌有品牌信息的话题挑战赛并邀请用户参与，进而与用户展开互动，增强用户参与创作的积极性。通过鼓励用户参与话题挑战赛，出版企业和用户之间的互动性、关联性越来越强，消费者变成了品牌商的"宣传大使"，"品牌信息由出版企业被动传播转变为受众主动传播，信息的再生产与再传播得以实现"①。

以京东图书为例，为了加强与读者的互动，提升品牌曝光度，2021年秋季，京东图书抓住开学季的售书节点，联手抖音发起以"你读书的样子真好看"为主题的短视频挑战赛。在译林出版社、中信出版社等数十家出版机构和周国平、梅毅等名家大咖的支持下，话题挑战赛迅速吸引了大批读者参与，用户纷纷制作、上传短视频展示自己喜欢的读物和读书生活，由此产生了众多符合品牌调性的创意视频，进一步增强了京东图书的品牌影响力。

2. 全域式营销

全域式营销主要是指整合各类可触达消费者的渠道资源，旨在实现全链路、全数据无缝对接的跨渠道营销体系。当前，随着图书营销领域的全面拓展，布局多渠道、跨平台的全域式营销已经成为全面覆盖用户、抢占市场份额的关键手段。为此，一些图书出版机构不再局限于单一的渠道营

---

① 陈矩弘：《美国图书出版业短视频营销探析——以哈珀·柯林斯出版集团为例》，《出版发行研究》2019年第2期。

销，而是依托短视频平台强大的数据分析能力积极开展全域式营销，深化多渠道联动，推动线上线下、公域私域的一体化运营。通过多渠道的营销互动，出版机构打通了从流量到销量的营销链路，形成了完整的营销闭环。当前，图书出版机构全域式营销主要有两种形式，即线上内容分发、线下活动裂变和公域获取流量、私域沉淀用户。

（1）线上内容分发、线下活动裂变

"短视频营销的核心是流量支撑，有了精准定位、优质内容之后，还要进行引流，推动营销点蔓延到整个市场。"[①] 在图书短视频营销中，图书营销主体在利用短视频强大的内容分发能力和流量聚合能力完成用户和品牌的原始积累后，还要进一步搭建线下营销场景，为用户提供更具参与性和体验感的品牌活动，从而开展裂变式营销，增强图书品牌的市场参与感，推动线上线下多渠道协同营销，为品牌发展聚势赋能。如"樊登读书"采用多渠道协同的营销策略，一方面借助抖音打通线上互动通路，通过大规模的内容分发吸引粉丝关注并及时获取用户的消费偏好、购物行为等信息；另一方面积极延伸线下营销链条，通过线上短视频平台为线下活动导流，扩大产品的覆盖面和知名度。目前，"樊登读书"已经在国内众多一线城市开办了数百家实体书店，并借助"共读一本书""我是讲书人"等社群活动为用户提供多元化的产品和服务，从而推动了品牌的爆发性增长。

（2）公域获取流量、私域沉淀用户

公域流量主要指商家通过平台进行销售所获取的流量，属于集体共有；私域流量指的则是各平台自媒体运营号从公域引流到自己私域以及私域自身产生的流量，属于企业自营号私有。当前，短视频产业开始由增量竞争时代向存量竞争时代转变，图书出版机构逐渐认识到搭建私域流量池的重要性，开始加速公域流量和私域流量的一体化发展。在探索图书短视频营销的过程中，一些出版机构开始根据图书购买用户的数字画像在短视频平台上组建粉丝社群，将短视频积累的"公域流量"进一步转化为"私

---

① 高燕：《新媒体时代短视频营销模式的反思和重构——以抖音短视频平台为例》，《出版广角》2019年第8期。

域流量",并对私域用户进行精细化管理,通过优质的内容服务促进私域流量池发酵,从而借助私域社群开展社群营销。如"芒果台妈妈团"在抖音平台上创建了 7 个粉丝群,共计沉淀了 2000 余名用户。在粉丝群中,短视频博主会定期发放一些优惠券,用户需要邀请好友入群才能使用。通过这种人际型触发方式,品牌方进一步开展病毒营销,从而引导消费者宣传品牌信息,并吸引更多新用户加入。"樊登读书 App"则直接在抖音平台上开通了 App 直达功能,用户浏览短视频后可以直接进入 App 阅读或购买书籍,从而提高了商品转化率。

3. "种草"式营销

"种草"是近几年在互联网上兴起的一种流行现象。最初,"种草"只在各类美妆论坛、贴吧比较普遍,后来活跃于微博、微信、小红书等社交平台。近年来,在电商经济火热发展的背景下,"种草"逐渐与品牌推广和产品销售挂钩,并向抖音、快手等短视频平台扩散,迅速发展为一种高效的营销手段。一般来说,"种草"式营销是一种借助意见领袖的推荐,激发消费者购买欲望、形成消费偏好和忠诚度的品牌传播方式。其运营离不开人际关系的传播和用户口碑推荐。随着短视频市场的不断下沉,"种草"式营销逐渐向图书、阅读等领域延伸,在图书短视频营销领域,"种草"式营销的常见类型主要包括以下两种。

一是借助文化名人开展口碑营销。从本质上来说,"种草"营销是基于人际关系的口碑营销方式。文化名人、专家教授本身有着庞大的粉丝规模和传播权威性,在图书营销过程中更容易获得目标群体的信任,触发用户圈层的"羊群效应",从而为图书品牌打造良好的口碑。如莫言、周国平、余秋雨、易中天等作家学者社会知名度高、群众口碑好,粉丝对他们有着充足的信赖,凭借其名人效应,出版机构在短时间内迅速吸引了大批用户,并利用粉丝的模仿心理进一步打开市场,引发了图书的购买热潮。对于科普类出版机构来说,也可以寻找一些具有权威和影响力的科普名人来强化图书品牌的影响力,如被评为 2019 年科普中国十大科普人物的陈征博士、中国科学院汪品先院士等科普专家。

二是打造 KOL 开展直播营销。KOL(Key Opinion Leader)即关键意见领袖，指"具有一定传播影响力、专业权威性或是较高的社会地位的人，他们的观点更容易让人信服"[①]。在抖音、快手等平台上，KOL 是"种草"行为的主要发起者，直接影响着用户消费的行为和喜好，对品牌推广具有十分重要的作用。不同于微博、小红书等图文"种草"平台，抖音、快手等短视频平台将 KOL "种草"与视频直播联系起来，增强了达人"种草"的真实性和亲近感，变成了新的"种草"胜地。随着 KOL 直播带货的迅猛崛起，图书营销领域同样出现了一些行业意见领袖，如《超级演说家》冠军刘媛媛在图书直播中销售额破亿、央视主持人王芳在一年的时间内通过抖音电商售出图书超 1500 万套。在科普类图书营销赛道上，一些品牌方也在积极孵化或寻找符合自身品牌特性的意见领袖来撬动用户需求，如健康科普类博主"仙鹤大叔张文鹤"以自身的专业知识作为"卖点"，通过直播的方式潜移默化地为用户"种草"健康类图书，目前已经取得"10 万+"的销量。

无论是文化名人出镜荐书，还是 KOL 直播带货，二者都是"种草"式营销在图书销售领域的延伸，但在具体的运营中，二者又有不同。文化名人出镜荐书采用的是明星示范的思维逻辑，这种方式更适用于品牌推广阶段的市场扩张，对用户引流、品牌打造具有重要作用；而 KOL 直播带货采用的是熟人推荐的思维逻辑，KOL 和用户之间建立的是一种较为平等的互动关系，这种方式更适用于长期的图书营销直播，有利于打造"即看即买、即刻满足的消费闭环生态"[②]，促进"种草"的销售转化。

（二）科普类图书营销短视频的创作分析

短视频平台为出版机构提供了新的增量空间和营销渠道，随着短视频营销和图书行业的深度融合，出版机构加快图书营销类短视频的线上布局和投放，推动了传统书业的数字化转型。在此情况下，了解图书营销类短视频的创作状况显得尤为重要。通过对抖音、快手等平台图书营销类短视频的整理，笔者将从内容和形式两个角度探索科普类图书营销短视频的创

---

① 钟瑞贞：《移动短视频品牌营销研究——以 KOL 营销为例》，《视听界》2020 年第 6 期。
② 蒲鹏举、郝建军：《图书短视频营销策略创新探析——以〈减糖生活〉的抖音营销为例》，《出版广角》2021 年第 11 期。

作特色。

1. 对科普类图书营销短视频内容的分析

从内容上来看，抖音、快手等平台上的图书营销类短视频大都呈现三个特点。

第一，贴近用户真实生活，在受众和品牌之间建立紧密的心理联系。如"樊登读书App"在2022年1月1日至2022年2月27日推出的42期视频中，总共有14期视频与教育或家庭主题有关，有16期视频与励志或交往主题有关。

第二，抓住用户猎奇心理，激发受众的好奇心和求知欲，积极开展"兴趣电商"。如"无穷小亮的科普日常"从2020年4月起相继发布了37期以"网络热传生物鉴定"为主题的短视频，对各种奇异的生物进行了科普，共计获赞4000余万个；"严伯钧"发布了一期题为"北京惊现UFO?!"的短视频，对北京上空出现的巨型光圈进行了科学解释，视频共计获赞14.5万个，转发量达2300次。

第三，联系社会热点，通过科普热点事件和名人背后的奇闻逸事，推动短视频的病毒式传播。如2022年北京冬奥会期间，"混知"共推出了5期以"混知看冬奥"为主题的短视频，向用户介绍冬奥会的比赛项目和背景知识，共计获赞33万个，转发3.2万次；"铁铁的书架"则借助羽生结弦的名人效应顺势推出羽生结弦个人自传的营销短视频，该视频仅仅是对书中的图片和内容做了简单的展示，却在短时间内收获了11万的点赞量。

2. 对科普类图书营销短视频形式的分析

从形式上来看，抖音、微信视频号等平台上的图书营销类视频大致可以分为四类。

第一，推荐类短视频。这类短视频多以编辑说书、主播推荐为主，主打情感营销，通过精致的文案标题、金句语录来激发用户对视频内容和品牌的共鸣，如"樊登读书App""都靓读书""掌阅读书"等账号发布的短视频。这种形式的短视频对出镜人员的形象和短视频文案要求较高，策划者要时刻关注受众的情感需求，强化用户对品牌的价值认同，如"掌阅读书"发布的短视频均由年轻气质佳的女性编辑出镜荐书，并且主要推送与青年人有关的情感话题,至今已经打造出了众多爆款短视频。

第二,知识类短视频。这类短视频以专家科普、知识讲解为主,主打内容营销,通过专业的知识科普、实践演示来获取用户对短视频博主的信任,如"无穷小亮的科普日常""严伯钧""科学出版社"等账号的作品。这种形式的短视频对出镜人员的专业性要求较高,出版机构常通过邀请具有专业知识背景的专家学者为其产品背书,并通过一系列的商业包装,将其孵化成具有一定影响力和权威性的意见领袖,如"无穷小亮的科普日常"依靠《中国国家地理》杂志、中国农业大学硕士背书,其视频注重实物展示,具有一定的权威性。

第三,展示类短视频。这类短视频以图书展示、内容剧透为主,通常兼以价格营销,主要通过展示实体书的内容、封面、生产场景等信息来强化用户对于产品的认知,从而提高消费者的购买欲和期待值,如"铁铁的书架""九州汇通图书"等账号发布的视频。这种形式的短视频在内容制作方面较为简单,常用于民营图书公司开设的抖音账号,准入门槛低且带货效果好,如"芒果台妈妈团"在推荐《三十六计》时,直击图书的内容页面,对书的材质、价格、色彩等细节进行了详细的介绍,目前销量已经突破70万册。

第四,场景类短视频。这类短视频以场景展示、情节演绎为主,主打场景营销,通过编排有趣的故事情节、再现用户的生活场景来植入产品的使用价值和设计理念,从而为用户营造良好的消费体验,如"熙熙读书吧"等账号的作品。与抖音相比,微信视频号上的场景类短视频更多,如"栀子阅读""Hao读书"等账号采用的都是这种形式。场景类短视频的关键在于精准洞察用户的消费需求,为其搭建一个真实完整的消费场景,以此来触动消费者的痛点和痒点,强化用户对产品的认知。如今,抖音平台上的推荐类、展示类图书营销短视频同质化越来越严重,积极创作场景类短视频无疑是突破内容圈层、创新视频展示形式的重要方向。

除此之外,还有部分短视频采用文案展示、推送书单、影视剪辑的方式进行图书营销,但都没有取得较好的推广效果。截至样本搜集时间,抖音、快手等平台上的大多数图书营销类短视频仍然没有脱离以上4种形式,科普类图书营销短视频更是鲜有创新。在笔者整理的研究样本中，只有"混知"一个科普类账号在知识类短视频的基础上进行了创新（"混知"采用漫画的形式对历史、教育等科普类内容进行了全面的创新，增强了视频的趣味性）。

五　科普类图书短视频营销的价值优势

短视频为人们创造了一种新的内容生态、传播生态和商业生态，随着新媒体技术的发展，"万物皆可短视频"的时代正式来临。凭借庞大的用户流量和高互动性的传播优势，以抖音为代表的短视频平台逐渐成为各类品牌竞相抢占的营销战略新高地，短视频营销迅速崛起并成为传统行业开展线上营销的重要方式。与传统营销模式相比，短视频营销传播速度快、获客成本低、内容投放灵活且社交互动性强，是新媒体时代企业进行品牌推广和产品营销的关键手段。根据飞瓜数据发布的《2021年短视频及直播营销年度报告》，2021年抖音电商规模持续高速增长，销售额环比Q1增长258%，带货主播环比Q1增长204%[①]。由此可见，短视频营销在品牌推广、电商带货等方面有着巨大的商业优势。

（一）内容优势

随着5G网络的普及，短视频迎来爆发式增长，用户的内容需求也逐渐由文字、图片扩展到视频。抖音、快手等短视频平台的崛起改变了人们通过图文获取信息、开展社交的方式，为人们提供了多元化的知识与服务。

首先，短视频依靠精细化的叙事模式和轻量化的视频形态满足了用户在快节奏时代的内容需求。作为一种碎片化的内容获取方式，短视频倾向于一种微叙事模式，内容简洁而不失精致。一方面，短视频颠覆了传统影视作品慢热型的叙事节奏，直接跳过事件的开端、发展环节进入最精彩的部分，能够在短时间内充分调动音乐、动画、字幕等元素将用

---

① 《2021年短视频及直播营销年度报告》，飞瓜数据，https://mp.weixin.qq.com/s/kw8GN2btbM6T_0pROEaNKg，2022年1月19日。

户的观看体验推向高潮；另一方面，身处信息泛滥的时代，观众的注意力成为一种稀缺资源，人们接受信息的忍耐度下降。在这种环境下，短视频把播放时长限制在 15 秒到 5 分钟之间，不仅缓解了受众的阅读疲劳，还减轻了电影、影视剧等长视频带给用户的观看压力，填补了人们的碎片化娱乐时间。

其次，短视频凭借强大的内容表现力、视觉冲击力和趣味沉浸感给用户带来了新鲜的感官体验。一方面，短视频是一种视听触协同作用的信息传播媒介，其内容丰富、信息承载量大，进一步延伸了人们的感知器官，为用户带来了全方位的审美体验；另一方面，短视频"对抽象的文字处理能力、图文理解力与感受力的要求更低，其声画兼具的富媒体形式更具直观性与代入感"[①]，在一定程度上弥补了图文、广播等信息传播方式现场感不足、受众沉浸感差的问题，有效降低了用户对信息的接受难度。

此外，短视频平台通过"UGC + PGC + MCN"的内容生产模式满足了用户社交、娱乐和获取信息的多重需求。UGC 模式指的是用户原创内容，为了降低短视频内容创作的门槛，抖音为用户提供了专门的剪辑、特效工具，即使是普通用户也可以轻松制作一条短视频。PGC 模式指的则是专业生产内容，与 UGC 模式相比，其制作的视频内容更加精良，更新频率也更高。MCN 指的是一种多频道网络的产品形态，国内的 MCN 机构主要以内容生产和运营为核心，通过孵化或签约有一定影响力的网络红人，以平台化的运营方式支持品牌营销、内容电商等业态，从而实现多元化经营。凭借 UGC、PGC、MCN 三位一体的内容生产机制，短视频平台不仅保证了视频内容的持续供应，还提高了视频创作的专业性，在激发用户创作热情的同时也为开展内容营销打下了坚实的基础。

（二）流量优势

随着各大平台纷纷加码短视频赛道，短视频的泛在化程度加深，市场占有率越来越高。作为一种轻量化、碎片化、移动化的传播载体，短视频

[①] 蒲鹏举、郝建军：《图书短视频营销策略创新探析——以〈减糖生活〉的抖音营销为例》，《出版广角》2021 年第 11 期。

已经渗透到用户生活的各个场景，成为新媒体时代最大的流量聚集地。凭借强大的流量优势，短视频平台开辟了一个全新的市场空间，并逐渐从内容平台向营销平台过渡。

首先，短视频依靠庞大的流量基础为品牌商的市场营销聚集了海量用户，有效降低了企业的获客成本。在流量经济崛起的大背景下，企业越来越重视用户流量的获取、留存和转化，短视频平台的用户群体数量大、范围广，可以为品牌商提供多元化的引流变现服务。

其次，短视频平台上的用户流量蕴含着极高的商业价值。以抖音为例，巨量算数发布的《2021 抖音电商生态发展报告》显示，2021 年抖音电商购买用户迅猛增长，其中，女性用户是购买的主力人群，年龄主要集中在 30—40 岁之间，且一、二线城市用户占比最高。此外，"95 后"年轻用户的增长速度加快，他们引领着新的内容风潮和消费风尚，成为品牌营销的重点抢夺对象。① 这些年轻、庞大的消费群体构成了短视频平台的优质流量，他们购买意愿强、消费频率高且具备一定的经济实力，具有较大的商业转化潜力。

此外，短视频平台上的粉丝流量具有很高的留存度。首先，短视频平台上的用户在作为文化消费者的同时也可以转换为生产者，开放式的内容创作模式满足了用户展示自我、分享才艺的社交需求，当用户创作的视频得到其他人的点赞、转发后，"积极的反馈若高于预期则会产生被认同的自我满足感，进而激发积极性和对平台的认同感"；其次，短视频平台为内容创作者提供了多元化的变现路径，用户可以通过粉丝打赏、视频带货、广告合作等方式获取流量收益，在市场和平台的双重驱动下，短视频不断完善电商生态，吸引了众多品牌商和内容创作者入场。

（三）传播优势

"在社交平台进行创作和分享是网络文化的重要特征，短视频迎合了这种高渗透、高互动的传播特征"②，表现出了强大的传播优势。总结抖音

---

① 《2021 抖音电商生态发展报告》，巨量算数，https://trendinsight.oceanengine.com/arithmetic-report/detail/314，2021 年 4 月 29 日。

② 何孝容、阳正发：《图书短视频营销的可行性发展路径——以磨铁图书为例》，《出版广角》2020 年第 16 期。

等短视频平台的传播优势,主要包括以下三个方面。

第一,智能化推荐算法。凭借强大的智能推荐机制,短视频平台能够洞察用户的消费喜好,从而为其推送感兴趣的内容,促进了内容生产者和消费者之间的高效连接。依靠智能化的算法推荐模型,短视频平台不仅可以帮助内容生产者匹配到精准的用户,还可以为内容消费者匹配到感兴趣的内容,从而扩大用户的触达范围,提高用户的体验感和转发效率。

第二,扁平化的传播模式。抖音、快手等短视频平台基于移动互联网终端进行扁平化传播,传播者和受众之间的时间限制和空间距离被压缩。从生产端来说,扁平化的传播模式释放了内容生产者的创造能力,海量信息迅速向短视频平台聚集,为品牌营销提供了多样化的传播路径;从需求端来说,用户获取信息的成本降低,大量的消费资讯轻易可得,用户的消费需求被进一步挖掘。

第三,高互动的社交属性。短视频依托社交媒体积极开展线上互动,传受双方达到高度的统一。首先,短视频平台通过点赞、转发、评论、话题挑战赛、虚拟社群等功能为品牌方和用户搭建了高效的互动分享阵地。利用平台上的互动功能,品牌方能够准确获取受众的反馈,以便开展下一步的营销活动;用户也可以满足自己的社交需求,并进一步成长为影响品牌营销的意见领袖。其次,依靠去中心化的内容生产模式和多样化的社交功能,短视频打造了一个全新的传播闭环。受众在接受信息的同时也可以转化为内容的生产者和传播者,既可以欣赏视频内容,又可以创造、转发新的内容信息,这种双重性的传播角色有利于增加平台信息的曝光频次,促进信息的二次传播。

(四)营销优势

短视频平台创建的线上消费市场充分激发了短视频的营销潜力,为企业创造了众多变现的机会,成为当下流行的营销赛道。伴随着资本的注入和互联网技术的更迭,各大短视频平台加快市场布局,积极拓展营销环境,表现出了强大的营销优势。

首先,短视频平台的营销变现能力强。一是电商营销的精准度高。利用抖音、快手等平台的大数据分析技术,品牌方可以"搜集用户的基本信息、行为习惯、内容偏好、深度购买行为、社交圈层忠诚度及合作伙伴数据，进而对用户的商业价值进行精准分析"①。二是电商带货的转化率高。随着整个短视频产业电商生态的逐步完善，内容阵地和营销阵地的界限越来越模糊，各大平台都在积极备战商业化建设，短视频的商业转化率提高。根据索福瑞（CSM）《2021年短视频用户价值研究报告》的数据，2021年短视频电商转化率升至七成，72%的用户通过短视频平台购买过商品和服务。② 以抖音为例，作为头部短视频平台，抖音积极推出商业橱窗、抖音小店等功能，努力打通平台营销链路，缩短了用户从内容到下单的转化路径。此外，自2021年起，抖音开始加速布局在线支付业务，目前已经形成了从短视频内容引流到电商直播营销、再到在线支付的完整的短视频电商营销生态。

其次，短视频平台的品牌营销路径多。依靠短视频和直播的双擎驱动，抖音、快手等平台的电商产业规模持续扩大。《2021年短视频及直播营销年度报告》显示，环比2021年Q1、Q4，抖音平台的短视频销售额增长249%，直播销售额增长264%③，"短视频+直播"的营销模式为企业营销提供了多种组合方案，已经成为当下品牌社媒推广的焦点。利用短视频和直播两种渠道，品牌方可以双管齐下，同步开展短视频"种草"和直播带货业务，并通过视频广告、话题挑战赛、KOL带货等方式拓展营销路径，提高品牌的商业转化率。

六 科普类图书短视频营销的运营困境

短视频的营销优势引发了大批出版机构对该领域的探索，当下已有众多出版机构开设了自己的官方账号，但由于运营不善，这些账号普遍呈现出聚粉能力不强、关注度较低、品牌营销效果差等问题。尽管部分发展较

---

① 景义新、韩庆鑫：《我国短视频营销现状及未来趋势》，《电视研究》2020年第7期。
② 《2021年短视频用户价值研究报告》，索福瑞，http://www.199it.com/archives/1332103.html，2021年10月27日。
③ 《2021年短视频及直播营销年度报告》，飞瓜数据，https://mp.weixin.qq.com/s/kw8GN2btbM6T_0pROEaNKg，2022年1月19日。

早的出版机构已经形成了相对完善的运营模式，但大多数出版机构思路转化缓慢、缺乏品牌规划、商业运营能力不足，并未形成自己独特的短视频营销机制，科普类图书的短视频营销更是处于起步阶段，在具体的营销过程中暴露出了许多问题。

（一）内容制作粗放，购书渠道不畅

"图书生产与短视频生产存在截然不同的内在逻辑"[①]，因此，在创作科普类图书营销短视频时，要深入了解科普类图书和短视频营销的优势与特点，实现科普类图书和短视频营销的深度结合。但在这方面，科普类出版机构存在众多问题，相关表现如下。

1. 内容创作同质化严重

短视频平台具有去中心化、创作门槛低的特点，这导致大批账号涌入，视频内容跟风模仿，展现形式老套雷同，同质化现象愈演愈烈。在抖音短视频平台上，科普类图书营销短视频的主要形式是展示类，如"中国社会科学出版社""科学出版社"和"北京科学技术出版社"等账号几乎所有的图书营销类短视频都采用单一的实物展示形式，这些展示类短视频千篇一律，形式单调，甚至没有任何互动，缺乏与读者的情感交流，显得十分生硬呆板。以北京科学技术出版社为例，该出版社的抖音账号自2019年8月份开始更新，截至2022年2月25日共发布37期视频，平均点赞量13个，粉丝量为549人，其中，展示形式的短视频共有30期。通过数据可以发现，北京科学技术出版社在将近三年的时间内几乎没有对短视频的展示形式做出任何改进，而且短视频的更新速率慢，内容多为少儿科普，短视频的创作过程缺乏创新。

2. 视频内容专业性不足

持续输出高质量的视频内容是科普类图书营销短视频保持竞争力的关键。短视频为用户呈现的是综合封面图片、镜头画面、背景音乐、文案语言和人物形象的全面视听体验，出版机构在短视频的制作上不仅要体现图

[①] 田永江：《图书短视频营销的实践探索与路径升级——以人民文学出版社为例》，《中国出版》2020年第11期。

书信息，还要充分关注视频的观感体验，注重视频创作的专业性，但目前大多数科普类图书营销短视频粗制滥造、质量低劣，很难给用户留下好的印象，营销效果更是难以保障。以"科学出版社"账号为例。首先，该账号下的短视频出镜人物修图痕迹过重，导致整个视频在视觉上出现了严重的审美问题，影响了用户的观看体验；其次，出镜人物的语速过快且推荐文案理论性太强，这在无形中加大了用户获取信息的难度，导致短视频的趣味性不足；再次，该账号下的短视频画面模糊且剪辑效果差，甚至全程使用同一个背景。这些有失水准的短视频不仅不能强化出版机构的品牌，反而会给用户留下一种劣质、俗套的品牌印象，削弱或损耗了品牌影响力。

3. 图书营销信息不突出

科普类图书短视频最大的作用是宣传产品信息，促进品牌推广，但目前短视频平台上的一些头部科普类账号还是以纯粹的知识分享为主，短视频与图书营销的关联度较低，部分短视频找不到图书的书名和购买链接，一些出版机构的官方账号也存在过于强调品牌宣传，忽视营销转化的现象，如"河北科学技术出版社""科学研究出版社"等出版机构的抖音号作品数量少，内容质量低，甚至没有开通图书商业橱窗。这些问题带来的结果是，一些粉丝量大的科普类博主无法有效地利用自己的用户流量完成商业转化，一些科普类出版机构也没有在短视频平台上形成顺畅的图书购买渠道，以至于投入了大量的精力布局短视频营销，却没有获得良好的变现机会。以"科普中国"为例，截至 2022 年 2 月 25 日，"科普中国"已经在抖音平台上积累了粉丝 160 多万人，累计发布作品 1240 期，但其中没有一期短视频带有图书营销信息或购买链接，所有的短视频都在分享科普类知识，对于要售卖的图书却只字不提。目前，"科普中国"账号的商业店铺内一共有 165 种图书，但销售量只有 6000 多本，如此低的商业转化率与其短视频营销信息不突出有着直接的关系。

（二）市场定位模糊，互动意识淡薄

经过前期的野蛮生长，目前科普类图书短视频营销赛道的市场格局越来越清晰，早期入局的出版机构和 MCN 公司逐渐开展市场细分以拓展新的营销空间,后加入的企业则不断深耕垂直领域内容来提升品牌的市场占有率。但在探索短视频营销的过程中,一些出版机构和科普类达人仍然暴露出了两大尖锐的问题。

1. 市场定位不清

当前众多出版机构对自身的市场定位不明确,没有充分利用好自身的市场优势开展图书营销活动,这导致整个图书短视频营销行业跟风现象严重,马太效应明显。首先,在图书的品类上,短视频平台上的科普类图书营销短视频推荐的是清一色的少儿科普类书籍。其中,"芒果台妈妈团""九州汇通读书"等头部图书营销类抖音号发展规模大、商业运作机制成熟,已经占领了少儿科普类图书的大部分市场,其吸粉能力和图书带货能力也远远高于后起的科普类图书营销号。在有限的市场空间内,面临激烈的竞争压力,"科普中国""李永乐老师"等账号却依然将自己定位于少儿科普类图书营销号,不仅难以抢占粉丝市场,而且不利于发挥自己的专业优势,实现圈层突破。其次,在带货的种类上,"科学旅行号""安森垚"等众多头部科普类博主对自我的商业优势认知模糊,推销的产品与自己的市场定位毫无关系,致使自身的营销潜力被压抑,大批商业粉丝白白流失。以头部科普类账号"严伯钧"为例,该账号的功能定位是知识科普,其博主的人设为"科普作家",现在抖音平台上拥有544万名粉丝。目前,"严伯钧"的抖音商业橱窗内一共有34件商品,但科普类图书却只有5件。作为一个科普类博主,商业橱窗内却摆满了电动牙刷、控油水乳、护发素等生活用品,这完全偏离了该账号的商业定位。

2. 互动交流不够

在社群经济崛起的背景下,品牌方与用户之间的互动交流尤为重要,为此,短视频平台为品牌方搭建了多元化的互动阵地,但在大部分科普类图书营销账号中,真正能够实现有效互动的短视频却少之又少,大多数出版机构的短视频账号互动频率低,缺乏用户参与,并没有实现提高用户品牌黏性的目标,反而忽视了受众的消费需求,致使粉丝大量流失,拉低了短视频的流量转化率。在笔者收集的样本中,许多出版社的官方账号作品评论量都不多,一两个评论甚至无评论成了出版社账号的常态。如"社会科学文献出版社"自2019年4月起共在抖音上发布了124期短视频,其中有115期视频粉丝评论量在5个以下,在这些视频的所有评论中,获得官方账号点赞或回复的评论只有30个左右。许多用户在评论区询问"视频中的图书在哪买?""有没有直播链接?",还有部分用户建议出版社开通直播服务、适当调整图书价格,但这些问题和需求都没有得到账号运营方的回应。评论区是出版机构与用户互动的主阵地,也是出版社深入了解用户需求的有效手段,但许多科普类出版机构没有意识到评论区建设的重要性,长期停留于视频问答、预告邀请等单向的表层互动,导致出版机构无法准确获取用户需求信息,更无法进一步优化视频内容。

七 科普类图书短视频营销的优化策略

当前,无论是以科普类达人为主体开展营销的个人账号,还是以出版机构为主体开展营销的官方账号,都面临着各种各样的发展困境。本节基于前文对科普类图书短视频营销现存问题的分析,结合短视频平台自身的商业优势和国内外综合类图书短视频营销的经验,提出以下建议。

(一)创新内容模式,发挥长尾效应

短视频时代,创意始终是短视频营销的关键竞争力,内容为王的原则永远不会变。在信息爆炸的时代,人们会更喜欢那些有特色、更新颖的内容。因此,出版机构在短视频营销的过程中需要不断强化和改进短视频的内容,既要发挥长尾效应,展现自身的独特性,又要借鉴头部账号的成功经验,加强视频创作的专业性。

1. 强化个性展示

"对图书产品特色的精确分析以及视频内容的创意制作始终是短视频营销的制胜点。"[①] 在创作短视频的过程中,出版机构要时刻立足于自身的产品特质,认真分析图书的卖点,根据目标用户的消费画像为短视频选择合适的背景音乐、色彩风格、画面场景以及出镜人物,从而避免视频内容

---

① 高燕:《新媒体时代短视频营销模式的反思和重构——以抖音短视频平台为例》,《出版广角》2019年第8期。

的同质化，打造差异性账号。如抖音平台上的生物类科普账号"史前巨兽"在推广图书《大开眼界科普玩具书：重返恐龙时代》时，先是在开头插入电影《重返侏罗纪时代》的剪辑片段来吸引观众，再根据该书立体化的特点详细展示书中的"互动机关"，最后再利用彩蛋的形式激发用户的购买兴趣，整个视频充满乐趣和神秘感，目前已获得了2.3万的点赞量和360条评论。①

2. 组建专业团队

短视频技术的发展日新月异，传统出版机构的转型却相对迟缓。目前，大多数出版机构没有建立起专业的短视频运营体系，专业的制作团队和运营人才匮乏，导致科普类图书营销短视频经常出现质量低劣、互动效果差、营销策略落后等问题。因此，出版机构要想在短视频营销领域构筑新一轮的竞争优势，就必须首先解决团队专业性差的问题。

对于实力雄厚的大型出版机构来说，可以学习哈珀·柯林斯出版集团的经验，分别从两个方面提高短视频运营的专业性：一是成立单独的短视频运营部门，着力培养一批熟悉短视频平台特性和营销逻辑的专业人才，并对标头部账号，掌握更多的商业玩法，从而推动营销策略的升级；二是投入资金，引进先进的拍摄设备，并招聘专业的脚本创作编导和视频拍摄人员，从整体上提高短视频的内容创意和拍摄质量，从而改善用户的观看体验，提高品牌格调。

对于规模较小的出版机构来说，则可以考虑与头部、腰部的知名科普类短视频博主或MCN机构合作，凭借其庞大的粉丝基数与带货能力实现品牌推介和图书营销的目标。2021年，抖音平台拥有万名以上粉丝的网络达人成为图书销售的主力军，其中有1万至300万粉丝的网络达人创造了图书出版行业超过七成的销售额，② 图书带货达人的营销能力由此可见一斑。但目前，"脑洞科普君""科普匠""张朝阳的物理课"等粉丝超百万的抖音科普类达人都没有开展短视频带货，这反映了当前科普类头部账号

---

① 数据来源于抖音短视频平台，短视频账号为"史前巨兽"，统计时间截至2022年5月1日。
② 《抖音电商图书行业发展数据报告》，巨量算数，https://trendinsight.oceanengine.com/arithmetic-report/detail/688，2022年4月22日。

粉丝流量的利用率之低，也为众多科普类出版机构提供了发展的契机。

（二）深化媒体融合，实施整合营销

出版机构在推进品牌传播的过程中要注意打通不同媒体和平台，互相引流，从而促进品牌内容的多渠道分发和联合推广，形成多平台相互联系、多角度循环营销的传播逻辑。

首先，科普类出版机构要强化各营销平台之间的跨界合作，将科普类图书营销短视频向多个平台分发，借助不同的渠道和手段创建全方位、立体化的营销网络，从而改变微博、视频号、小红书、短视频等平台相互分离、各自为战的状态，并通过整合各个平台的营销优势来扩大营销范围，提高营销效能。以哈珀·柯林斯公司为例，为了扩大图书营销信息的传播范围，该公司会先在 YouTube 网站上发布短视频，然后将短视频推送到 Twitter 等社交平台，之后再把视频分发到亚马逊、巴诺书店网站等电商平台，以此来搭建完整的图书营销生态，促进图书信息的多媒体分发和二次传播。

其次，科普类出版机构在实行多渠道分发的过程中要注意对症下药，深入了解不同平台的营销逻辑和用户画像，有选择地进行内容分发。如微信是一种熟人社交平台，科普类出版机构在布局视频号时就可以针对性地分发一些生活类、健康类和心理类科普视频，并邀请科普名人来助力口碑推荐；小红书的用户多集中在 30 岁以下，对于新事物有着更高的接受度，因此可以分发一些萌宠类、情感类科普视频，并寻求一些符合自身营销定位的 KOL 开展"种草"式营销。

（三）构建营销矩阵，扩大投放规模

通过对样本的分析，笔者发现：以"樊登读书"作为关键词在"抖查查"上搜索，可以得到1000多条结果，除去"樊登读书"的官方账号，这1000多个账号中大部分是基于"樊登读书"这一 IP 衍生出来的分账号，其中既有"樊登读书"讲书人的个人账号，又有"樊登读书"线下分店的官方账号，还有专门用于线上营销的直播服务号。全方位的账号矩阵在提高图书销量的同时，也不断强化着"樊登读书"在短视频营销领域的影响力。

相比"樊登读书"这类超大型的图书营销类账号，抖音上的科普类图书营销账号规模小、声量低，营销效果也不尽如人意。因此，科普类出版机构需要学习"樊登读书"的成功经验，构建多维度、多层次的短视频营销矩阵，以组团发力的模式实现对用户的规模覆盖。

首先，科普类图书营销方应加强对企业官方账号和子账号的培养力度，加大对头部、中部、尾部科普类达人的投放力度，实现"以官方账号为主导，多类达人账号声量共振、相互引流的营销态势"①。

其次，科普类出版机构还应积极搭建直播矩阵，打造"短视频+直播"的双矩阵营销模式，利用科普类短视频的流量聚合效应为图书直播宣传造势，形成短视频"种草"引流、直播间流量变现的营销格局。此外，图书品牌方还可以邀请科普名人、意见领袖来直播间与用户实时互动，依靠KOL为图书价值背书，实现直播营销与KOL"种草"的深度结合，有效抢占用户需求，提高消费者对图书品牌的归属感和信任感。

结 语

科普类图书是传播科学知识、提升国民素养的关键手段，是推动创新驱动发展战略的基础性工程。近年来，受多种因素影响，我国图书行业的线下营销渠道日渐式微。同时，短视频为科普类图书的出版营销提供了新的机遇。随着互联网与出版业的深度融合，以短视频为核心的数字化营销模式将深度赋能图书出版业态，并对整个图书行业的营销观念、传播模式和阅读体验展开深度重构。在数字化营销的趋势下，"发挥短视频营销的情境化、社交化功能优势，对图书产品进行内容补充、阅读辅助和营销推广，能够有效拓展图书的推广渠道与利基市场"②，颠覆整个图书出版行业的营销逻辑。

本文对科普类图书短视频营销的价值优势、发展现状和运营困境进行了分析，并尝试提出了相应的优化策略。通过研究可以发现，当前科普类

---

① 蒲鹏举、郝建军：《图书短视频营销策略创新探析——以〈减糖生活〉的抖音营销为例》，《出版广角》2021年第11期。

② 田杰：《图书短视频营销的实践探索与创新策略——以抖音头部账号为例》，《出版广角》2020年第19期。

出版机构在开展短视频营销方面还存在许多问题，面对新的营销环境，大部分出版机构思路转化缓慢，营销策略落后，并没有组建起专业的运营团队，其短视频账号也没有产生足够的影响力。对于这些问题，科普类出版机构可以借鉴国内外图书短视频营销的成功经验，从创新内容模式、构建营销矩阵、实施整合营销等方面入手，加速促进科普类图书短视频营销模式的创新升级，努力实现数字化转型。

短视频营销是数字化时代产品推广的关键手段，是开辟图书营销渠道的革命性力量。随着"短视频+"模式的快速应用，科普类图书短视频营销已经是大势所趋。如何更好地利用短视频开展图书营销，仍然是学界需要深入探究的问题。由于笔者自身学术水平的限制，本文存在许多不足，如对国外科普类图书短视频营销策略借鉴较少，对科普类图书的研究不够深入等。道阻且长，行则将至，行而不辍，则未来可期。期待更多的问题得到进一步研究，为我国图书出版事业的发展、科普事业的发展做出新的更大贡献。

（作者为崔董振，指导教师为李辉）